青土社

聖者崇拝

キリスト教の正体

ピーター・ブラウン

阿部重夫＝訳

聖者崇拝　目次

聖者崇拝　キリスト教の正体

凡例

一　本書が底本としたのは Peter Brown, *The Cult of the Saints : Its Rise and Function in Latin Christianity*, Enlarged Edition, 2015, The University of Chicago Press である。序文は二〇一四年版とあるが、刊行年は二〇一五年になっている。

二　Augastine や Jerome など英語表記の人名や地名など固有名詞は、原則としてラテン圏はラテン語読み、ギリシャ語圏はギリシャ語読みとし、長音は煩わしいので多くを省いたが、ゲルマンなど異族の名称は、日本での慣用を優先している例もある。地名も分かりやすくするため、ローマ時代の旧名でなく現在の地名としたところがある。

三　訳語について現存宗派への顧慮は無用と判断、宗派色のない訳語とした。「斎食」「壺中の天」「影向」「鬼祓い」などは、原書の象徴人類学的な志向を考慮して敢えて選んだ訳語である。patriarch は「総主教」「大主教」などとも訳されるが、原語は同じなので「大司教」に統一した。practice のように多義的に使われる語は「実践」「お勤め」「施療」などと訳し分け、religio のように時代により意味が変遷している語も「神事」「宗教」と随時変えた。

四　原注（丸カッコに数字）は巻末にまとめ、訳注（＊に数字）は脚注とした。補注は訳者によるものである。原注は多数の参考文献を載せており、できる限り査読し、論考の筆者のプロフィルを補注で追跡したが、言語及び時代の壁があって入手できず参看できなかった文献がある。また原著の校正ミスで、参考文献の著者名に誤記があった箇所は、本訳書で修正してある。

五　訳注、原注などの生没年表示で、cは「およそ」、dは「没年」、fl.は「盛期」の略号とする。

六　原則として、文中の（　）は原書本文の補足、［　］は引用文中の原著者ブラウンの補足、〔　〕は訳者による補足である。

はじめに

ピーター・ブラウンが以下の本編で記したとおり、エリートの宗教経験と俗衆の宗教経験を截然《せつぜん》と切り分ける区別は、デヴィッド・ヒュームが鋭く析出してみせた『宗教の自然史』よりずっと以前からよくある風潮でした。じっさい、この「二層モデル」は現在まで生きのびています。人びとの心を揺るがすような宗教経験は、毎度のように、その知的な指導層の経験だけに限定されてきたのに、人びとの日常の宗教活動の多くは大衆の迷信の領域にいつも格下げされてしまうのです。

しかしこの二層モデルは、ヒュームやその同時代人にとってほど、現代のわれわれの胸に響く説得力がありません。過去の学界ではしばしば無下にされてきたような、女性や貧者やその他のグループに、学究たちがしだいに関心を寄せるようになりました。なかには言い訳を書きながら警告調のものもありますが、そうした論考の多くはわれわれが人間の宗教経験の広大な範囲を理解していくうえでしっかり貢献してくれました。しばしば知られていなかったこと、また知られてはいたものの誤解されてきたことを、読み解くよすがとなってきたからです。そしてそのもっとも優れた論考は、宗教現象自体だけでなく、その現象が内部から発生し、特定の政治的、経済的、社会的状況に寄与したありようを理解するうえで、われわれを手助けしてくれました。

こうした優れた学究たちのなかで、一九七八年にシカゴ大学神学校でおこなわれたハスケル講義ほどの好例をわたしは知りません。われわれにとっては幸いにも、講師がピーター・ブラウンだったことでした。その博識に加え、ことばの入念な職人芸と達意の識見をもたらしてくれたのです。それこそが『アウグスティヌス伝』[1]の著者から、われわれが期待していたことでした。その結果は、われわれ聴衆の多く——学部生も大学院生も、学部に属す教員たちもひとしく、忘れられない一週間となりました。以下のページで証明されるとおり、これが傑出した達成であることには数々の理由があります。

第一に、かれは聖者崇拝《カルト》の勃興という驚くべき物語を語ってくれました。古代末期の世界で起きたその衝撃的な発展を、余さず網羅するような全史を用意したわけではありませんが、彼の記述はじっさいひとを魅了する物語を——深い理解と共感と表現の至芸とともに語って余りあるものでした。大勢の大学院生がわたしに述べた感想は、この五回[2]の連続講義が始まるまで、聖者崇拝に何の関心も抱いていなかったが、講義を通しで聴いた結論は、自身の研究エリアよりもこの聖者崇拝にすっかり惚れ込んだというものでした！　ピーター・ブラウンが語ったように、それは驚くべき物語だったのです。

第二に、この講義全体を通じて彼は、聖者崇拝をその社会的、政治的、そして建築的でもある文脈《コンテクスト》の内部に巧みに組み込んでいます。彼が記したとおり、これは四世紀と五世紀のあいだに進行した根源的な変化のダイナミックな文脈でした。この時代のダイナミクスは、古代末期の世界でしだいに重要さを増してきた聖者崇拝のありようを、一部は反映し一部は下地を整えるものでした。

最後に、ブラウンの講義がわれわれの胸を躍らすものになったのは、古代末期の世界を描いた彼の闊《かっ》達《たつ》な絵筆のおかげです。参考書がいっさいなかったら、われわれの多くにとって、古代末期の世界はせいぜい仄暗く霞んだ世界にすぎません。ところが（すくなくとも二層モデルの支持者にとっては）迷信めいた断片に見えるものでも、彼に書かせると、古代末期社会の芳醇な複雑さを、何がしか細部まで浮かぶような視野を与えてくれます。その点でわれわれは、彼からなお恩義を被りつづけています。

ハスケル講義の講演者として、ピーター・ブラウンはその優れた伝統を引き継いでくれました。比較宗教学のハスケル講義は一八九五年に創設され、海外からもシカゴ大学の内部人材からも宗教史を先導する数多くの学究を招待してきました。ピーター・ブラウンの名はこの講筵《こうえん》に新たな栄誉を授けるものとなります。本書をより広く公衆の目に触れるものとすることもまた、ハスケル講義の委員会にとって栄誉となるでしょう。

ジョゼフ・M・キタガワ〔北川三夫〕*3

*1 **『アウグスティヌス伝』** Peter Brown, *Augustinus of Hippo, A Biography*, 1967で、邦訳は出村和彦訳が二〇〇四年に教文館から出版された。

*2 本文は六章あるから「五回」でなく「六回」の誤記か。

*3 **北川三夫**　一九一五年大阪生まれで、一九三七年に立教大学を卒業、一九四一年に渡米した宗教学者。戦時中は日本人収容所に入り、戦後にシーベリ・ウエスタン神学校を経て、シカゴ大学で神学研究科のPh.Dを修了、ヨアヒム・ワッハ門下で空海と真言宗を主題とする博士論文を書いて神学の教師となった。鈴木大拙とは長年の親交があり、宗教学者ミルチャ・エリアーデとは同僚で、一九七〇～一九八〇年にシカゴ大学神学部長を務めた。シカゴ大学出版では「ハスケル講義」シリーズの編集を手がけ、柳田國男の三女と結婚した宗教民俗学の堀一郎（一九一〇～一九七四）の『日本の民間信仰　継続と変化』（英文）を出版した。

序（一九八一年）

本書の六つの章は、わたしが一九七八年四月、シカゴ大学神学校で講師の栄に浴した「ハスケル記念講義」を少しだけ拡張したバージョンです。そんな場でしかありえないことですが、あらためて結語としたのは、多くの友人や同僚の仲間にまじって、私がまだどれだけ学ばなければならないかを学び、それを学べるよう教えていただく人たちの静かな信頼を分かち合うことでした。あのときのたぐい稀なる経験については、何よりもまず最大の感謝を、温かく倦むことなく、折々にご配慮いただいたジョゼフ・キタガワ〔北川三夫〕学部長に、そしてシカゴ大学神学校の同僚のみなさんに捧げます。その前年に二つのセミナーが開かれ、第一は初期キリスト教のヒューマニズムをテーマとしたメロン・プログラムの一環であり、アメリカ・カソリック大学のエリザベス・ケナン教授が組織したものです。第二はトロント大学の比較宗教学プログラムでウィル・オクストビー教授が組織したものでした。そこで主要テーマを議論し、軌道修正しながら、彼らに示していただいた率直な態度とエネルギーの支えがなければ、その後のシカゴ講義もありえなかったでしょう。そうしたトピックが、正式の講義シリーズとして発表する価値がある、とわたしに思わせたのは、前哨戦のセミナーでいただいた寛大な熱意があったからです。

とはいえ、初期教会やその文化的宗教的環境を研究してきた偉大な学究の面々が、優に一世紀以上も労を惜しまず詳査してきた物語を、このわたしがたった六回の講義という短期間の枠内で引き受け、いまや自らの言葉で語ろうと試みていると思うと、ちょっと冷や汗が出ます。わたしの取り上げ方が、あらぬ方向に誤解されないことを祈ります。

古代末期に起きた聖者崇拝の擡頭について、本書は一分の隙もなく網羅したものではありません。解釈しながらのエッセイなので、称賛と感謝の意をこめてあれこれ引用しましたが、百科全書的な蘊蓄を再現するような試みではありません。わたしに影響を与え、挑戦し、閃きを与えた著作に限って言及しました。それが他にも似たような効果を及ぼすかもしれないと期待し、わたし自身の結論を引き出した情報を、他の研究者の方々とも共有できるようにしたのです。

自分でも書いたように、わたしの問いの範囲が、いささか狭かったことに気づきました。古代末期のキリスト教の広汎な世界のなかで、地中海沿岸のラテン語を話す国々とガリア北部の拡張域は、わたしにとって特異な領域として前景に迫り出してきて、それだけで文化的にも宗教的にも連続体《コンティニウム》を形成し、その原史料の豊富さ、近づきやすさ、一貫性からして、こうした研究には理想的でうってつけだったのです。

さらにいえば、本書全体を通して、とりわけ第二章の末尾で明らかにしたことですが、聖者崇拝の擡頭および機能を解釈し直すことは、古代末期の宗教的な状況をもっともよく表せそうなものとして、この時代の社会のどの史料、どの分野に集中すべきかの決断を、学究の方々に迫るものと信じています。わたし自身の決断もそれを強いるものでした。四世紀後半のノーラのパウリヌスやアンブロシウスから、六世紀後半のトゥールのグレゴリウスやウェナンティウス・フォルトゥナトスに至るまで、卓抜かつ高邁な仲間、じっさい、「見えざる友」の見事な可視の朋《とも》の仲間に、わたし自身も悦びを感じているのに気がつきました。そうした人びとの動機、期待、その社会的文化的な世界は、彼らのことばを彩り、見えざる死者への愛情と忠誠を受けいれる彼らの温かな包容力に、類をみない匂やかさを漂わせました。それはこの対象の他の側面よりも、われわれによく知られていることです。告白しましょう。そうした原史料をわたしは両手でしゃにむにかき集めたのです。

そうしつつも、古代末期の聖者崇拝のこの本は、他にもいろいろと書けるよう空き地を残しました。やがては、ビザンティウム（東ローマ帝国）や中東もカバーする本が現れるでしょう。拝所の周りに日ごろから群がる、言葉を持たない卑賤の民――貧者、病者、女性、巡礼者たちを、わたしより公平に扱う本も出てくるでしょう。そして何にもまして、本書のバランスを修正する本も現れる、とわたしは信じています。それは、高邁にして影響力のある聖職者エリートが、建築や詩歌や歴史の叙述や祭礼で懸命に研鑽した、眩しいほどの創造のさらに先を見据えることによってです。彼らの目的は、聖者を拝むことの意味や冥利をめぐる彼らなりの解釈を広め、キリスト教共同体内の他の集団に対し公正を期すことでしたが、他の集団も同じ崇拝がそれとは別の要求を満たしていて、そこではときおり聖者への愛情が噴き出してきます。まるで異なる表現形態なのですが、それに劣らず意味のあるものなのです。さらには聖者崇拝が、別の地域の別の集団（キリスト教共同体の他宗派の集団まで含め）から見れば、どれほど小さな意味しか持ちえなかったか、という本さえ現れることでしょう。本書がそうしたアプローチをとる何人かに道を拓くだけでもう十分です。そうした人たちの誰をも排除したと思われるべきではありません。それが本書の肝です。

なぜなら、わたしにはどうしても抗えない印象があるからです。辛苦の末に汗牛充棟の知識が累積しているにもかかわらず、聖者崇拝の研究者はいまじぶんが、あらゆる立場のなかでもっとも楽しい位置にいること――原点に立ち帰り、もう一度、探究のためにかつて慣れ親しんだ領域を呼びもどしていることに気がついたのです。中世史の耆宿《きしゅく》のことばを借りましょう。「なによりも先ず、われわれの先祖の思考、共同性をめぐる共同思考が、ゆっくりと再考されることになるだろう。そこには発見もあるが、陋習も形づくられる(1)」

――〔本文の最後にまとめた〕原注が一九八一年以降、このテーマで書かれた論考のごく一部しか代表していないことは、読者諸兄にも知っておいてほしい。わたしは可能であれば、どこでも最新の著作を引用しようとしてきた。それはそうした著作を注や文献目録に載せることで、ここ三十年来の学界に最大限のアクセスを与えるからである。

二〇一四年版の増訂版序文

本書の初版は一九八一年に出版されました。ある学問がたどった十年間の熱気と限界を反映していますが、いまやその時代から隔たること三分の一世紀が経ちました。あれからわたし自身の心境も、学界全般も多くが様変わりしています。

それゆえ、読者のご寛恕を庶幾《しょき》して、この序文でわたしがじぶんの個人的な知的遍歴、すなわち一九七八年四月にシカゴ大学でこの講義を準備していた時期から、今日に至るまでの成り行きを概観しましょう。我執《エゴチズム》から回顧するのではありません。むしろ学問に停滞などないことを読者にご理解いただくためです。Scripta manent[*1]——文業は残る——は正鵠を射た金言ですが、作者にとっては重圧ともなりかねません。学者にとって一冊の著書は、不動の記念碑というより、旅路の一里塚とみなしたほうがいいのです。われわれは同僚の本を読みながら、それをあまりにもしばしば忘れがちです。書物を冷凍保存してしまう。古代の学説史《ドクソグラフィー》のように、内容を小分けにした断片に裁断する。そうやって覚えやすくした見解の一覧表を振りかざして、古代末期を専攻する有識者はやたらと博学多識をひけらかしました。誰それがこう考えた、誰それはこう反駁した、誰それはこれこれの点を反証した、などなど。そういうかっちり整序された棋盤のうえで、史学史ゲームを演じることは、学界にはよくある反応です。ところ

＊1　**Scripta manent**　本来は verba volant, scripta manent（口舌は去れど、文業は残る）という箴言の一部。

が、そんなことにかまけているうちに、本自体に内在する動きが見過ごされてしまいます。ある本が周囲の学界との対話から得た最初のきっかけ《モメンタム》、それが筆者の心の中でずっと尾を引いて、出版から現在までの長い歳月を経ながら、反芻され続けた成り立ちが忘れられてしまうのです。

旧来の学問、新しい機会

裂け目を修復する

それではまず、この『聖者崇拝《カルト》[*2]』が書かれた、一九七〇年代当時の学界にちょっと引き返してみましょう。そのころの聖者崇拝の研究にわたしが最初に感じたのは、聖者が蔑《ないがし》ろにされているという印象ではなく、むしろ聖者が当然の存在とみられていたこと、しかも奇妙な股裂き状態が当たりまえとされていたことです。

初期キリスト教、および教父研究の世界では、聖者とその崇拝という分野は、ボランディスト協会[*3]の司祭たちや他の初期教会研究者が、長らく模範となるような緻密さで研究を重ねてきました。しかし数多くの丹念な調査によって洗い出された生々しい人物像《フィギュア》や儀礼から、社会的な文脈《コンテクスト》を探ろうとする試みはほとんど皆無でした。そのうえ、該博な知識と社会的文脈のあいだの裂け目は、二つの時代の分断[*4]と重なりあっていました。一方には初期キリスト教の時代があり、その時代に登場した聖者たちに関する研究は、たいがいがその生涯の信憑性と、多くの聖者崇拝が育まれた環境の研究に局限されていたのです。他方には五世紀の蛮族の侵入以降、ルネサンスや宗教改革に至るまでの西欧の中世が広がっていて、そこに現れた聖者の闡明《せんめい》は空前の盛況と思えました。前者の時代がいかにして、またなぜ後者の時代に発展していったのか。それを問いかける学者はほとんどいませんでした。素人にはいささか難解な、初期キリスト教の聖者伝《ハギオグラフィー》の考究対象が、周囲の社会に根をおろしたのはどうしてなのか？　聖者がこれほど世間を揺さぶったのはどのようにしてなのか？　ローマ〔帝国〕没落後のヨーロッパにぽっかり口をあけた数多くの断裂を、長大な橋の大きな径間《スパン》がひと跨ぎするかのように、古代と中世を橋渡しする西欧キリスト教の数少ない制度の一つとして、聖者崇拝が出現したのはどうしてなのでしょうか？

ほかの何にもまして、わたしはこの二重の裂け目を埋めたかったのです――われわれの手元にある聖者に関する堂々たる文献的知識と、ローマ末期の生きた社会で彼らが果たしていた役割のあいだの分断、あるいは聖者崇拝が臆面もなく花を咲かせた、古代と中世のキリスト教のあいだの断裂を補綴したかったのです。

＊2　**聖者崇拝**　英文は the cult of the saints だが、秋山聰のように「崇拝」adratio と「崇敬」veneratio とを訳し分けないのは、聖者の影向《ようごう》と神の再臨を区別した中世ほど、古代末期は截然と切り分けられていないと思えるからだ。むしろ拝所での「天と地の邂逅」は、ジャン・ヴィルトが整理したほどその区別に意識的でなかったからだと思う。むしろ本書では saint を「聖者」、the holy man を「斎《いつ》きの人」と訳し分け、前者を故人、後者を生前と解した。Hagiography は両方を含んでいるが「聖者伝」と訳すことにした。

＊3　**ボランディスト協会**　十七世紀以降、ベルギーのイエズス会を中心に、聖者伝や殉教録などを厳密な史料考証によって研究している団体。イエズス会系の大学講師だったヘリバート・ロスウエイドに始まり、大学学長のジャン・ボランドスが継承し（協会の名称は彼に因む）、機関誌「聖者行伝」Acta Sanctrum を定期刊行して、伝説と史実を批判的に切り分ける聖者学の嚆矢となった。

＊4　**二つの時代の分断**　日本語の参考文献である秋山聰『聖遺物崇敬の心性史　西洋中世の聖性と造形』（講談社学術文庫）は副題が示す通り、中世の聖遺物崇拝が中心で、聖者崇拝の初期にあたる四～五世紀の記述はさらりと触れるにとどまる。秋山の本の文献目録は貴重だが、主に依拠しているハンス・ベルトゥンク、ヨゼフ・ブラウン、パトリック・ギアリーらも史料の豊富な中世に重きを置いていて、聖遺物をめぐる図像学的研究だったといえる。

新しい考古学

当時のわたしを鼓舞してくれたのは、周辺の学問の世界で起きた二つの新たな発展でした。第一は「民衆宗教」popular religion に対し、従来ほど蔑視しないアプローチが登場したことです。第二は前近代および非ヨーロッパ社会において、儀礼が果たす役割への関心が花開いたことです。この二つの関心は一つに収斂《しゅうれん》しました。以前の学究の目には、しばしば過剰とも尊大ともみえた壮麗な祭礼行列《ページェント》とともに、聖地の周りに蟻集《ぎしゅう》する無知な群衆としか見えませんでしたが、われわれにはそれが新たな意味を帯びて見えてきたのです。こうしたあらゆる奇妙な行動が、ついに理解可能になりました。こうした儀礼は、ある台本に従った社会劇の演技と解釈しうることが分かったのです。その台本をわれわれで再現し、評価法を学べるかもしれません。この概して考古学的なアプローチは、キリスト教の聖者崇拝と結びついた、きわめて挑戦的な出来事やドラマの数多くを、ついにリアルな社会に根づいたものとして捉え、リアルな民のリアルな要求に応じて行動に表したものとして見ることを——しばしば初めて——可能にしたのです。

イスラームから初期キリスト教へ

こうした熱狂に駆られたのに加えて、わたしに決定的な影響を及ぼした要因として付け加えたかったのは、その時点ではイスラーム世界の聖者崇拝の研究でした。[*5] ここには、西欧中世および宗教改革の学究の誰もが知っていたように高度な、主たる一神教の文明が併存していたのです。古代末期や中世のキリスト教社会と同じく、そこでは神と人間の集団のあいだを繋ぐ媒介《なかだち》として、死者への崇拝がハレ〔饗〕の場にありました。学識のあるムスリムのエリートからは（こうした崇拝はキリスト教圏よりもずっと問題含みなので）原則的に顰蹙《ひんしゅく》を買っていたのに、それでも死者崇拝がしばしば盛んだったという事実は、キリスト教社会とイスラーム社会の比較をすこぶる興味深いものとしました。しかもこれは、われわれ自身の戸口で、われわれの時代にあって、なお現在進行中のことなのです。マイケル・ギルスナンの『現代エジプトの聖者とスーフィー』(1)は当時、常にわたしの座右の書でした。現代の中東の国々で、生者であれ死者であれ、聖化された人の周りに大勢を集《つど》わせる至誠と希望を、この本が密着しつつ共感しながら進めた観察に胸を打たれたからです。

さらに、一九七六年にわたしがロンドン大学に奉職した際、同僚のアーネスト・ゲルナー*6が彼らしい知的な懐の深さをみせて一臂《いっぴ》を仮してくれたのです。古代末期の聖者崇拝の本を書きたい、という意図を打ち明けるや、わたしのオフィスに大きな段ボール箱がでんと置かれました。箱には現代イスラーム社会の聖者や拝所、巡礼、その憑依の最新の研究文献がいっぱい詰め込まれていたのです。その少し後ですが、わたしは自らイランに旅してまわるうちに、東部イランのマシュハドにあるイマーム・レザーの拝所*7で濃密な時間を過ごしました。広大な広場を（遠くから）*8眺め、拝所の入り口を遮る銀色の欄干越しに、燦然と万華鏡を散りばめたような霊廟を囲む空間をふり仰いで、憧憬と解放感がほとばしる空

＊5　**イスラーム世界**　ブラウンがイスラームに強い関心を抱くのは付け焼刃ではない。彼の自伝『心の旅』The Journeys of the Mind : A Life In History によれば、アイルランド人の父はスーダンの鉄道管理マネージャーで、幼時のブラウンは夏はダブリン、冬はスーダンの二世界で暮らしており、第二次大戦中は父がスーダンに単身赴任だったという背景がある。

＊6　**アーネスト・ゲルナー**（一九二五〜一九九五）　パリ生まれのユダヤ系歴史学者。一九三九年に英国に亡命、戦後に一時、チェコのカレル大学でフッサールの弟子のヤン・パトチカに指導され、オクスフォード大学で社会人類学を学んだ。ナショナリズムを産業社会の勃興と国民形成から捉える近代主義アプローチを採ったほか、イスラーム社会の研究を手がけた。『民族とナショナリズム』『イスラム社会』には邦訳がある。

気を満身に浴びていました。わたしが書こうと意を決したのは、これらの文献の解読や現地体験を心に思い浮かべたからです。

民衆宗教をめぐる論争

第一歩は、知的な障壁の所以《ゆえん》を説明し、それを取り除くことからでした。聖者崇拝は、言わば一定の距離を置いて、初期キリスト教や中世神学から遠ざけられてきました。わたしが見つけなければならなかったのは、はなから聖者崇拝を見下して遠ざけてきた無関心から、古代末期や中世キリスト教のこの重要な一面を救いだす方途です。〔聖者崇拝への〕蔑視は長らく学界の習わしとなってきました。

宗教改革と啓蒙の時代以降、カソリックの聖者崇拝を、民衆の迷信の奇妙に倒錯した形式とみなす傾向が学界にはありました。そこに何らかの歴史があるとしても、お仕着せ《デフォルト》でしかない。古代の神々への崇拝とほとんど見分けがつかず、庶人大衆という顔の見えない人びと――一般には「その他大勢」とか「無知蒙昧《もうまい》な細民」と片づけられてしまう層――の信仰を代弁していて、キリスト教の標準的な教会史で語られたり、ラテン教父の高調した著作で支持してもらえるような、キリスト教史の王道を歩んでいるわけではありませんでした。

わたしがこの本を書いたのは、そうした一見のっぺらぼうの連続体《コンティヌウム》*9を歴史の流れに差し戻すためでした。四世紀、五世紀、六世紀のラテン圏のキリスト教に生じた聖者崇拝には、まさしく社会的な文脈《コンテクスト》があり、それは古代末期のローマ社会に脈打つ周知のリズムと密接に連関していました。それが世に顕在化《マニフェストレーション》したのは、異教時代の千古の昔から、時を超えて「生き残り」、頭がからっぽのまま生きながらえているからではありません。古代末期から中世初期にかけての聖者崇拝は、実質的には新たな創造でした。新しく形成された宗教共同体――イタリアやアフリカ、ヒスパニア、ガリアのキリスト教徒会衆《コングリゲーション》のなかで生まれたのですが――そのリーダーたち（カソリックの司教や聖職者ですが、詩人や作家、教養ある俗人のパトロンも伴い、男女両方にまたがっていました）にしても、さほど学のない庶人の層と同じ信仰の宇宙を泳いでいたのです。

従来の見解は「民衆信仰」という〔異教の〕惰性でしかない残り滓《かす》に拘泥するだけでしたが、それを乗り越え、または背を向けて――わたしが強調したかったのは、これらのリーダーたち（聖俗ともに）が、こうした信仰を高度かつ異彩を放つ手法で分節化しながら担った積極的な役割でした。彼ら自身の背景や、仲間《ピア》の社会経験から得た言語でそれをやってのけたのです。友情や庇護《パトロネージ》、執り成しといった、胸が熱くなるような概念に、貴族のサークルで長らく流布されてきた赦し《アムネスティ》への期待を合わせ技にして、鋭敏で優秀な末期ローマ人が信者と聖者の関係に立ち向かったのです。

＊7　**イマーム・レザーの拝所**　毒殺された第八代イマーム（導師）、アッ＝リダー（七六六～八一八）の殉教の地マシュハドにある拝所。預言者ムハンマドの娘ファーティマを娶った第四代カリフ、アリー（イブン・アビー・ターリブ）は、クライシュ家の名門ウマイヤ家のムアーウィアと対立、六六一年に暗殺されて、ムアーウィアがウマイヤ朝初代カリフに就く。アリーの信奉者はアリーこそイスラームの初代の導師としてカリフ制に対抗、アリーの血を引くイマームを代々立てて継承させ、後のシーア派の原点になる。シーア派の力を借りてウマイヤ朝を倒し、サファヴィー朝を起こしたアッバース一世が、イスファハーンからマシュハドまで一三〇〇キロを徒歩で巡礼したことから、イマーム・レザーの拝所を含む尖塔《ミナレット》や黄金のモスクへの巡礼が盛んになり、いまはイラン最大の観光地である。訳者も一九九八年七月に訪れた。

＊8　一九七〇年代にはブラウンのような非信者の内陣立ち入りは制限されていたのだろう。現在も境内にカメラ持ち込みは許されていないが、スマホ撮影は可能らしい。

＊9　**連続体**　この概念は、ピーター・ガーンジーとキャロライン・ハンフリーの『古代末期の世界の進化』から借りたのかもしれない。ブラウンの『貧者を愛する者』には「二極性なるものはなまくらだ……垂直的スペクトル或いは連続体という比喩のほうが、私たちがより深く探索のメスを入れることを可能にしてくれるかもしれない」という引用がある。

宗教的言語を創造する

初期キリスト教の聖者崇拝の宗教的内容には、不ぞろいな凸凹がありましたが、わたしはそれを均《なら》すために飛び込んだわけではありません――それどころか、わたしがしたことは、これまでキリスト教のリーダーや知識人、名門の貴婦人ら人目につくグループに帰してきたものを、もっと意識的な代理人《エージェンシー》に置き換えることでした。こうした人びとは単に崇拝を独り占めにしたのではない。ましてや、制度を私物化したわけでもありません。しかし感化力の強い宗教言語を創りだすために、彼ら自身の優れた声をそこに重ねあわせました。彼らの作品は、今まで思いもよらなかった美と洗練の想像界へとわたしを導いてくれました。そこは詩から遠くありません――ローマの地下墳墓《カタコンベ》に刻まれた教皇ダマスス〔一世〕[*10]の手になる碑銘から、[2] プルデンティウス、[*11][3] ノーラのパウリヌス、[*12][4] ウェナンティウス・フォルトナトス[*13][5]らが公にした数々の傑作を経て、トゥールのグレゴリウス[*14][6]が醸しだす、ほとんど抑え難いリリシズムまで網羅すれば。

壮大な新しい聖域《サンクチュアリ》の輝ける荘厳さとも遠くありません。ローマの埋葬地区や、ノーラの郊外チミティーレ――「墓地」の意味――にパウリヌスが建てた素晴らしい拝所、[7] さらにはトゥールのグレゴリウスの時代に建った数多くの拝所[*15]のようなところです。『動的な絢爛』Dynamic Splendor とは、クロアチアのポレチュ（ポレンツォ）にある六世紀の聖堂《バジリカ》[*16]の研究書に冠せられたタイトルですが、それこそわれわれが見出した世界を端的に言い表しています。[8] この時代の詩や、想像の力学や建築をめぐる最近の研

*10 **教皇ダマスス**（一世）（c三〇五～三八四）第三十七代教皇とされるローマ司教。三六六年に教皇の座をウルシヌスと激しく争い、西ローマ正帝ウァレンティアヌス二世が干渉した。アポリナリオス説とマケドニオス説を排除し、三八一年に第一回コンスタンティノポリス公会議を開催した。「ダマススの信条」二十四カ条で異端を排斥した。秘書役のヒエロニュムスにラテ

ン語訳聖書決定版（ウルガタ聖書）の翻訳を命じたほか、ローマ郊外のカタコンベに葬られた貴人の墓碑銘を多数書いた。碑銘はホメロス調の六歩格で書かれた哀歌である。その書体がダマスス書体と呼ばれるようになった。

＊11　**プルデンティウス**（c三四八～c四一〇）ローマ末期にキリスト教の教義を平易に説いた詩人。ヒスパニアの裕福なキリスト教徒の家に生まれた。ローマで修辞学と法律を修め、故郷で法律家になったのち、帝国の行政官となり、テオドシウス大帝のもとで出世、その子ホノリウス帝の側近となった。ローマの高位神官《ポンティフェクス》の廃止を「老いた蛇の皮を脱して、洗礼を受けた清浄純白の衣を身につけ」たと描き、ギボンが『ローマ帝国衰亡史』第二八章で引用した。公職を退いてから帰郷し、タラコネンシス属州の修道院で詩作に励み、キリスト教殉教者に捧げた抒情詩集『殉教者の王冠』Liber Peristephanon などを残した。

＊12　**ノーラのパウリヌス**（c三五三～四三一）フランス西南部のアクィタニアで生まれた詩人で、元老院議員や執政官、南イタリアのカンパーニア知事を経て、妻テレシアの影響で三八九年にキリスト教に改宗、カンパーニアのノーラの正門前にその膨大な資産を投じて、三世紀のデキウス帝の迫害で殉教したという伝説のある聖フェリクスを記念する大聖堂を建立した。教会の礼拝に鐘を導入したのは彼が最初だという。妻の没後にノーラの司教に叙階された。讃美歌や書簡が残っており、アウグスティヌスとも文通した。その論敵ペラギウスを後援したこともある。第三章参照。

＊13　**ウェナンティウス・フォルトナトス**（c五三〇～c六〇〇／六〇九）メロヴィング朝フランク王国の王たちに仕えた六世紀のラテン詩人。イタリアのトレヴィーゾ近くで生まれ、ラヴェンナで古典教育を受けた。東ローマの遠征軍がイタリア奪還戦争を始めたため、戦火を逃れてガリアに移る。五六六年にアウストラシアの首都メス Metz に落ち着き、フランク王ジギベルトとアウストラシアのブルンヒルデ女王の祝婚歌の詩を書いた。ジギベルト王のほか、チルペリク王、キルデベリク王らの宮廷の食客となる。彼の頌詩 panegyric 体の作品は、中世ラテン詩への橋渡しとなった。第四章後段参照。

＊14　**トゥールのグレゴリウス**（五三八～五九四）トゥール司教。ガリア・ローマ人の貴族階級で生まれ、フランク領内の司教の多くは彼の親戚だった。メロヴィング朝の政争で多くの亡命者がアウストラシアの彼の教会に逃れてきた。属州ガリアの橋頭保的な存在だったトゥールには、のちにフランスの守護聖人になった聖マルティヌスの墓があり、その聖者崇拝の「座元」である。俗ラテン語でフランク史を綴った『歴史十巻』Decem Libri Historiarum のほか、二十人の聖者伝である『師父の生涯』Vita Patrum を書いた。ブラウンの聖者論はパウリヌスとグレゴリウスの精読に負うところが大きい。

＊15　**拝所**　中世の聖者崇拝では、Schrein が切妻屋根を持つ家屋状の聖遺物収納箱を意味するようになった。shrine と語源は同じだが、金銀細工を施した木製または象牙製の豪華な中世のシュラインは、ローマ末期にはまだ存在しない。必ずしも墳墓とは限らず、聖遺物を収めた祠もあるので、あえて「拝所」を訳語とした。秋山『心性史』参照。

＊16　**聖堂**　パウリヌスが市の正門前に建てた聖フェリクス巡礼のための聖堂は、巡礼者の数が膨らむにしたがって手狭になり、晩年に新聖堂 Basilica Nova を増築、一九三三～一九九九年に行われた調査と修復の結果がT・レーマンによって公刊された。

究は、これら傑出した人びとの創作力や、深く宗教的で真摯な姿勢を生き生きとよみがえらせました。自らが属す上流階級の文化のゆたかな血流を教会に注ぎこんだのは、そうした人びとだったのです。

考え直し

一九八一年時点〔本書初版公刊時〕での現状はそこまででした。そうした努力を今のわたしはどう考えるか？　一九八一年以来、指数関数的に急拡大した〔「古代末期」という新規〕分野を簡潔に整理するため、読者のお許しを得て、六つの主要テーマに絞りこんでわたしが考え直したことを要約しましょう。聖者崇拝は、わたしが研究に着手した当時より、一段と広汎な地理的背景のもとで見直していいと思います。わたしが最初に手掛けた研究は、主にアウグスティヌスのアフリカ、イタリアの一部、そしてガリアで顕著になったことだけでした。聖者崇拝のパトロンや帰依者は、わたしが想定していたより広い社会層 social spectrum から流れこんでいました。キリスト教共同体そのものは、宗教的実践《プラクティス》の公的な柱と私的な柱のあいだで、わたしの認識以上に分断されていました。聖者の儀礼の公的な理解を一方的に強調したせいで、そこに潜む内訌の度合い、さらには聖者崇拝をしばしば取り囲んでいた不信の痕を、過小評価するほうへ引きずられたかもしれません。わたしがいまキリスト教共同体の異なる部門《セクション》間で交わす「対話的《ダイアロジック》」関係と呼んでいるものを、当時は十分引き出せませんでした。共同体内で多くのグループが求めていたのは、主たるパトロンやリーダーが最初に標示したものとは異なる、別の聖者の遺物や祝祭だったのです。最後になりますが、少なくとも聖者崇拝は、宇宙そのものの古代像が滅びていく最後の数世紀に、神と人類をつなぐ真新しい純粋な媒介《なかだち》の擡頭によって、壮大なヒエラルキーが姿を消していく時代の証言者だったという視点を提供したのです。

より広い地平

わたしがいまとりわけ意識しているのは、わたしの聖者研究が集中的に進めてきたラテン西方圏とは別系統の聖遺物[*17]や殉教者、聖者崇拝の銀河全体を、そこに付け加えていくことによって、われわれの地平を広げる仕事がどの程度までわたしの聖者研究を脇に追いやるかです。その別系統の崇拝とは、ブリテン諸島から[9]、欧州西部や北アフリカを越え[10]、ギリシャ東方やエジプト[11]、東部シリアの草原[12]、さらにメソポタミアのシリア系キリスト教共同体、イラン高原と中央アジアにまで[13]及ぶものです。

そうした研究の光に照らされて、わたしがいま気づいているのは、ほかにも数ある帰依《デヴォーション》のなかで、自分が専念してきたのは、キリスト教の帰依のたった一つの「方言」に限られていたことです。ラテン圏のキリスト教だけでも、そうした聖性の地域分化が数多くありました。例えば、ブルターニュやケルト世界の多くでは、聖者への熱烈な崇拝は[*18]、文献テキストの劇的な干渉なしに、口伝の記憶だけで維持されてきたのです[14]。トゥールのマルティヌスやノーラのフェリクス[*19]のように[15]、好んで一人の守護聖人だけを崇拝していた地域もありました。わたしがいちばん注目したのは、それらの聖者だったのです。し

＊17　**聖遺物**　原文はrelicsで、ラテン語ではreliquiaeだが、単なる聖者の亡骸またはその一部でなく、どんどん拡大解釈されてカテゴリーが厖大になった。聖者崇拝も末期の十六世紀初頭に刊行されたヴィッテンベルク聖遺物書の目録によれば、対象は下位から①〜②処女または寡婦、③証聖者、④〜⑤殉教者、⑥十二使徒、福音記者、⑦長老、預言者、マリア、アンナ、キリスト、⑧受難関連の遺物と十字架である（秋山『心性史』）。その部位にいたっては、遺骸、遺骨、遺灰、生前に身につけたもの、それら聖遺物に触れた〝間接的〟聖遺物などで、ほとんどが贋作だろうから、仏舎利などとおなじく壮大なフィクションの集塊である。

かし他の多くの人びとは、神聖にして澎湃《ほうはい》と湧きだす地方の聖者たちに[16]ただ感激するか、あるいは聖ペテロや聖パウロやその他の使徒崇拝の広がりによって[17]、主として西方を代表するとはいえ、より「グローバル」なキリスト教世界に参加して幸せを感じるかでした。

西方の教会と貴族制

シャルル・ピエトリとジャック・フォンテーヌ*20が、模範的な丁寧さと深い学識と正確さでもって書いた二編の批評[18]を読んで、わたしはすぐ考えこみました。この崇拝の歴史には——無知蒙昧な迷信がはびこったというよりはむしろ——意識的な代理人がいたという概念を導入しようとするわたしの試みは、危険をひとつ孕んでいます。それを二人は同時に指摘しました。ありていに言えば、わたしがローマ末期のキリスト教を「貴族化し過ぎ」ていると彼らは感じたのです。この崇拝の分節化についてわたしが記述したことが、彼らには頭でっかちと思えました。分節化しているとしても、ほんのひと握りの上流階級のグループのリーダーに、大きな声を与えすぎ、代弁する度合いも意識的すぎたというのです。

さらに悪いことに、わたしが「インプレッサーリオ」〔座元〕の単語を〔比喩に〕使ったために、代弁の意味を変に強めてしまったらしい。そうした語彙は大陸のガリア人には耳障りに響き、「まあ、人聞きの悪い[19]！」と思われます。わたしに答えられることは、フランスの環境ではインプレッサーリオという単語のニュアンスは、「ショー・ビジネス」で人を操り、利を貪る意味合いが、英国よりも強いのかもしれないということだけです。英国でのインプレッサーリオのイメージは、よりソフトな意味合いを帯びています。貴重な文化イベントを——必ずしも金銭的利益を得るためでなく——管理して出し物にする人でした。わたしがその単語を使ったとき、これしか脳裏になく、他意があったわけではありません。

思い返せば、「大旦那衆《グラン・シニョール》」grand seigneurs の小グループの唯一無二性（および潜在的には非宗教的動機）を強調する際、その活動（文通、詩作、聖者伝の著述、碑銘、建築物）の一連の自己表現の鮮やかな光度と明晰さに目をくらまされるほど、わたしは大きな過ちを犯したわけではないと思います。彼らに光をあてることで、わたしが見過ごしてしまったのは、もっと日陰の存在でした。聖者崇拝の勃興と機能にそれが累積的に与えた寄与は、ともすれば無視されがちなのです。

例えば、チミティーレにある聖フェリクスの拝所の参道を覆うおびただしい落書き[20]を、当時のわたしが知っていたらと悔やまれます。そこに草の根運動がどんどん高まる圧力の一端をかいま見ることがで

＊18　**トゥールのマルティヌス**（c三一六〜三九七／四〇〇）　ローマ軍の将校だった父に倣い兵士となって、ガリアのアミアンの城門で半裸の乞食に遭遇、マントを半分裂いて恵んだが、この乞食がイエスだったという伝説が広がる（ワシントン・ギャラリーに展示されているエル・グレコ『聖マルティヌスと物乞い』San Martín y el mendigo 参照）。改宗したマルティヌスは西方教会初の修道院を建て、トゥール司教となってからも質素に暮らし、八十一歳で天寿を全うしたが、殉教することなく初めて列聖された聖人となった。千年以上経ったエル・グレコの時代にもまだ絵に描かれるほど人気があり、十九世紀にはフランス第三共和国の守護聖人に選ばれた。

＊19　**ノーラのフェリクス**（d二六〇）　ノーラの長老。百人隊長の長男で、父の没後は財産を売り払って貧者に喜捨した。叙階後、デキウス帝の迫害があり、ノーラ司教の聖マクシムスの身代わりとなって拷問を受けた。それで殉教したとの説や、殉教したのはヴァレリアヌス帝の迫害時だったとの説もある。墓地が巡礼地となり、パウリヌスが大聖堂を建立した。

＊20　**シャルル・ピエトリ**（一九三二〜一九九一）　マルセイユ生まれのフランスの歴史家で、古代教会史の第一人者、アンリ・マルーの後を継いでソルボンヌ大学教授を務めた。ブラウンの「古代末期」概念はマルーにも負うところがあり、その門下の批判はブラウンにこたえたはずである。妻のリュス・ピエトリらとともに『キリスト教史　起源から現代まで』Histoire du Christianisme des origines à nos jours を刊行、これは中世教会史家のオーギュスタン・フリシェが二十世紀前半に書いた『教会史』に代わる記念碑的な大著である。フォンテーヌは本序文の原注2補注参照。

きるからです。地味だけれどすでに賑わっていたその聖地に、パウリヌスが見事な美辞麗句とモザイクの燦《きら》めく鎧で飾りたてた拝所を建てましたが、このカルトの劇的な「新装《リニューアル》」をその落書きは数十年も早く先取りしていたのです。

　では、その結果、われわれに何が残されたか。ここ十年以上、西欧のキリスト教会の社会的構成と富の源泉について研究を進めてきて、〔二〇一二年刊行の〕拙著『針の穴を通して――富とローマ没落と紀元三五〇～五五〇年のキリスト教の形成』[21]に至ると、紀元三五〇年から五五〇年のあいだに起きた西欧キリスト教の歴史で、もっとも重大な発展が教会の「貴族化」だったという確信は、わたしのなかでは一九七〇年代の学者たちよりずっと薄れてきています。さらに、聖者崇拝がこの貴族化の主たる現われのひとつだというわたしの説も、以前ほど確信が持てなくなっています。

　思いだすべきでしょう。一九七〇年代には、西方の貴族制の組織構造《テクスチャ》と、教会の宗務への関与の度合いは、わくわくするような新しい展開だったのです。こうした貴族制の政治的文化的な役割についてジョン・マシューズが書いた著作[22]、ガリアの教会では元老院と司教の支配が連続しているというマルティン・ハインツェルマンの著作[23]、そして西方と聖地のキリスト教徒の関係で貴族の支援が果たした役割を調べたデヴィッド・ハントの著作[24]が、われわれの展望を広げる視野を与えてくれました。あのころはローマ末期の貴族制の研究が檜舞台に立って意気揚々の時代だったのです[25]。

　今や潮目が変わりました。全体としてローマ末期の社会の組織構造（およびそこに内包されているキリスト教共同体）は、われわれが考えていた以上に複雑だったことが示されました。かつて想像していたような、もっぱら大地主の言いなりになる社会を論じているのではありません。キリスト教徒の平民《プレブス》の群衆は、まだ古代ローマの意味では「平民的」にとどまっていました。が、かつての〔共和制〕ローマの平民のような、大パトロンにまったく言いなりの道具にはけっしてなりませんでした。多くの地域の教会の資金調達は、比較的余裕のある層――「中流層」the mediocres――から集める寄付に依存していて、一人でぽんと大金をだす貴族からの寄進に頼るだけではなかったのです。じっさい、「真ん中あたり」Mediocritas の層は、出自が非貴族でも、たいがいの地域で聖職者の折り紙付きの寄進者だったのです。(26)ガリアでさえも、元老院議員〔の貴族〕が直接支配する教会の飛び地は、われわれが考えていたほど広範囲ではありませんでした。(27)貴族のパトロンとして振る舞うキリスト教の司教を頂点とした、急傾斜の位階ピラミッドの代わりに、いまのわれわれはもっと多焦点構造の教会をイメージしています。キリスト教共同体の信仰心が、完全にトップダウンで合奏されることなどありえません。聖者崇拝がいかなる一グループの想像も越えて広がり、富貴を得るに至るには、潜在的に呉越同舟の成員のあいだで――司教と配下の聖職者同士、男と女、そしてほとんど目につきませんが、絶えずちらつく巡礼や乞食らと知識人のあいだで、常に対話が求められていたのです。

これは他山の石 Pro nobis fabula narratur *21 です。一九七〇年代のわれわれにとっては、ラテン圏のキリスト教会で、ローマの上流階級が果たした役割を説明する新しい道具立てとして、胸の躍る発見だったものが、呪文《マントラ》のようなものに化けてしまいました。「パトロン」としての司教、「恵与指向」euergetism *22

＊21 **これは他山の石なり**　逐語訳は「これは我らのための物語なり」だが、ここでは歴史学界ももっと対話が必要だという戒めだろう。よく似た金言は、詩人ホラティウスが飢渇の責め苦に遭う亡者タンタルスを取り上げた詩の一行「名を変えれば汝の物語なるぞ」Mutato nomine de te fabula narratur だろう。夏目漱石も『三四郎』で「ダーターファブラ」とラテン語のまま引用し、三四郎が何のことだと聞くと「ギリシャ語だ」と答えさせている。明らかに漱石自身の半可通か与次郎のチョンボである。また漱石の弟子である内田百閒は、ビール飲みたさの喉の渇きを「タンタルス」と題するエッセーに書いた。

としての教会建築、大勢の「取り巻き《クライアント》」としての文人や貧者を語ることが、スリリングになって――ときには目から鱗《うろこ》が落ちる思いもしたのです。ところが今になって愕然とするのは、その挙句にあまりにも多くが異なる文脈への移し替えで失われてしまったことです。[*23] むしろわれわれに必要なのは、幅広い多様性をもつ宗教言語で捉えたキリスト教、幅広い社会的支持層が関わるキリスト教にふさわしい、もっと三次元の「対話モデル」を見出すことなのです。

公事と私事、墓と家庭と教会

ここからどうすればいいのか。死者の世話と日々の礼拝で、家政 household はどんな役割を果たしていたのか、最近出現した二つの画期的な著作から始めましょう。わたしは一九八一年にこの作品に出会えていたらよかったのにと思います。

古代末期のキリスト教徒の埋葬について、エリック・ルビヤール[*24]がおこなった抜本的な見直しでは、平均的なキリスト教徒の墳墓――すなわち、聖者などになれない庶人の墓は、私的であるだけでなく、教会とも根っから無縁だったことを示しています。ルビヤールはそうした死者の世話が家族に委ねられていたことを示しました。現代のわれわれは専らキリスト教の共同墓地に葬られ、臨終の床には聖職者が立ち会い、葬儀も彼らに先導してもらうことに慣れていますので、これをもう一度再考するには想像力を羽ばたかせることが必要です。遥かに遠くの太古の世界――共同墓地以前の世界に立ち返りましょう。キリスト教徒の大半はまだ家族とともに死を迎え、家族によって葬られていたのです。そこはしばしばユダヤ人や異教徒の墓のすぐ隣の場所でした。(28)

キリスト教徒の家政そのものについては、キリスト教共同体のおそらく全会一致の合意があって、緩やかな規範《カノン》にとどまっていました。キンバリー・ボウズ*25の『古代末期の私的礼拝、公事の価値および宗教的変化』という著作は、素晴らしい考古学的材料を示して、キリスト教の礼拝が、プライベート〔空間〕である家庭内と地主の地所内で、どれほどおこなわれ続けたかを例示するだけではありません。ボウズはまたこの発見の意味をよく考えるよう、われわれに促しています。新しい考え方は、ゆっくりとしばしば相剋しながら生まれてきますが、これからその誕生を追っていくことにしましょう。その考え方とは、キリスト教徒の礼拝は、〔教会の〕公務の人びと——司教や聖教者——の案内に従い、教会の公的スペースでのみ行われるべきだというものでした。単一の完全に公的な焦点に集約された、このキリ

*22　**恵与指向**　フランスの歴史家、アンドレ・ブーランジェとアンリ・マルーが、ヘレニズム時代の表彰状の εὐεργετέω（euergetéō、善行）から造語した新語で、訳語はヴェーヌの『パンと競技場』鎌田博夫訳から。高位の富裕層が気前良さを誇示するために、個人でなく社会に富を分配する行為を指す。古代ローマ社会の「パンとサーカス」はこれが根幹にあり、「パトロン」patrones が「取り巻き」cliens を扶助または庇護する代わりに、パトロンの名声に喝采を送り、政治職や聖職に立候補すれば支援し、戦争にも同行するなど食客的な役割を務める独特の互酬関係のネットワークができていた。この恵与指向が三世紀以降下火になったのは、蛮族の侵入など帝国の基盤が揺らいだうえ、庇護（patronage または clientela）が教会への寄進にとって代わられたことも一因だったとされる。ブラウン『貧者を愛する者』参照。

*23　**移し替えで失われてしまった**　原文は lost in translation。フランシス・コッポラ監督の娘、ソフィア・コッポラが西新宿のパークハイアット東京でロケしたビル・マレーとスカーレット・ヨハンソン主演の映画（二〇〇四）のタイトル。現代人の孤立のメタファーか。

*24　**エリック・ルビヤール**　パリ・ソルボンヌ大学を経て米コーネル大学教授。古代末期のキリスト教殉教者の物語の収集と研究を中心に書いた『宗教と埋葬　古代末期の教会、生者、死者』は、聖者や殉教者ではない一般のキリスト教徒の埋葬を論じた。キリスト教徒はセクトとして社会から孤立していたわけではなく、非キリスト教徒と交流しながら生活し、墓地も非キリスト教徒と共有していたと、古代末期の宗教的な多元性を強調している。

*25　**キンバリー・ボウズ**（一九七〇〜）　米国の考古学者兼古典学者で、プリンストン大学でPh.Dを取得、現在はペンシルヴァニア大学教授。考古学と古代ローマの物質文化の接点を追求、ローマの非エリート農民の生活様式へ関心をシフトさせている。

スト教共同体の禁欲的で「求心的」centripetal なモデルの登場とともに、宗教が占める大きな領域を「家族と友人」に委ねるという、ローマ古来の大前提が蒸発し始めました。家政がはじめて完全な私事《わたくしごと》になったのです――すなわち既定《デフォルト》の排他的な私事となり、外界から遮断された場となります。そこはよくて内輪の女性の信仰の主たる舞台ですが、悪くすると、異端の疑いをかけられ、こっそり女性の感化を教会の事案に及ぼすと疑われて、どこかの司教や聖職者にその汚れを指弾されかねない暗い後戸《うしろど》の場となったのです。(29)

コンセンサス、相克、疑念

こうした習俗の全面的な変容が、多くの場所で聖者崇拝に接触したのです。今やキリスト教共同体は、われわれが想像していたより、強固な多焦点構造を持っていたと考えるべきでしょう。この共同体は、かつてわたしが示唆したほどコンパクトではなく、必ずしも聖職者や裕福なパトロンによるトップダウンの差配に従うとは限りませんでした。これは単にわたしの側で史料の博捜に漏れがあったからではありません。往時の宗教史家たちが利用した人類学研究のロジックが、社会における儀礼の役割について、「求心的」で相剋のない見方の肩を持つ傾向にあったからです。根本的には楽観的な見方でした。儀礼は調和と合意《コンセンサス》をもたらすべく設計されていて、共同体を再結集させる手助けになるとみられました。聖者崇拝と結びついた祭礼や、主要な巡礼地のドラマチックな場面は、伏在する緊張を和らげ、潜在的な疑念を鎮めるよう、ブームがもたらす柔らかな気泡に参加者ごとくるみこんでしまうと思われていたのです。

こうした面を強調するあまり、排斥とか不信に対して、キリスト教共同体内部にわだかまる相剋に十分な余地が与えられていませんでした。たとえば、ウザリスやヒッポ*26に奉遷〔移葬〕された聖ステファノスの聖遺物が引き起こした熱狂の衝撃は、アウグスティヌスやその同僚が著述で示唆したほど広がりを持たなかったのかもしれない、と認識するようになりました。(30) さらに悪いことに、この聖遺物が四一七年にミノルカ島*27のマオンに運ばれると、そこで起きたブームは到底無垢とはいえませんでした。聖遺物が到着するや、ユダヤ人共同体の無残な虐殺が引き起こされたからです。(31)

さらに、このあまりにも合意優先《コンセンサス》の見方では、疑念や懐疑の余地はほとんど残されていませんでした。率直に言えば、ほんとうに墓所やその他の地で、聖者が奇蹟を起こせるなどと誰もが信じていたのでしょうか？　この疑問はすこぶる秀逸な解を得ています。カラグリスのウィギランティウス*28が、五世紀前半に聖者崇拝を批判しており、それをデヴィッド・ハンター*29が余さず示してくれました。(32) マシュー・ダル・サント*30が最近出した本『大グレゴリウスの時代の聖者崇拝』(33)も、ビザンティン〔東ローマ〕帝国と西方の双方で、聖者崇拝をめぐって間断なく闊達《かったつ》な議論が交わされていて、中世初期の聖人

*26 **ウザリス**は現在のチュニジア北部の地中海岸にあるエル・アリア。**ヒッポ**〔・レギウス〕はその西、チュニジアとアルジェリア国境にあるアンナバ。いずれも古代ローマ時代には司教区があり、アウグスティヌスはヒッポの司教だった。

*27 **ミノルカ島**　ヒスパニアの東方に浮かぶバレアレス諸島の一つで、第五章訳注37参照参照。

*28 **ウィギランティウス**（Vigilantius、三七〇～fl.c. 四〇〇）　アクィタニアのカラグリスに生まれてキリスト教会の長老となったが、教会を批判したため、反禁欲主義のヨウィアヌスやセバステ司教のアエリウスとともに、プロテスタントの原型と呼ばれた。ノーラのパウリヌスの手紙を持って、ベツレヘムのヒエロニュムスを訪ねたが、やがてオリゲネス批判で袂を分かったことは、ヒエロニュムスの『ウィギランティウス反駁』で知れる。聖遺物崇拝を偶像崇拝と批判し、神とケガレを一緒くたにしていると非難、生きている者のみが他者のために執り成しの祈りをすることができると主張した。

*29 **デヴィッド・G・ハンター**　ボストン・カレッジ神学部教授。Marriage, Celibacy, and Heresy in Ancient Christianity: The Jovinianist Controversy（Oxford University Press, 2007）などの著書がある。

伝の古典の一つである教皇グレゴリウス〔一世〕の『対話』Dialogiが、そのほんの一端を代表するものでしかなかったことを示していました。ローマからメソポタミアまで、数多くの地位のある教会人は、庶人のキリスト教徒の魂が、死後も活動的であり続けるのか、それとも復活の日が訪れるまでただ休眠しているのか、確信が持てませんでした。いったん昇天した聖者が、地上の出来ごとに干渉したり、拝所に鎮座し続けようとしたがるだろうか、あるいはそれは可能なことなのかと、やはりウィギランティウス以降、疑うひとが多かったのです。こうして絶え間なく活発な議論が交わされたために、われわれがともすれば鵜呑みにしてきた中世初期の西方の知的雰囲気には、否定的な見方を容れる余地がほとんどありませんでした。ジャック・ル・ゴフの『煉獄の誕生』[34]の、辛辣ですが誤解を招く章の見出しにならえば「学の停滞、想像力の謀反」ですが、そんな時代ではなかったのです。

模倣か参加か、聖者をめぐる対話

こうした議論で面白いのは、聖者の実在が一度も疑われなかったことです。議論の俎上にのぼったのはむしろ、現世で聖者が活動的でありうるのかどうか、もしそうであれば、どんな働きをするのかでした。こうした関心は、わたしが〔裕福な知識層と無学層の〕「二層モデル」*31の解体に専念していた際に取り上げた「民衆の迷信」をめぐる議論とは、ほんのわずかな接点でしか重なっていませんでした。迷信をめぐる議論はたしかにありました[35]。しかしそれは聖者が実在したかどうかの議論より重要でなかったのです。

いまだに私が残念なのは、この二層モデルと結びついた〔聖者崇拝〕蔑視の低音が鳴りやまず、粗野なモデルのせいで、遠い昔のキリスト教徒の心や感情の襞《ひだ》に分け入ろうにも阻まれてしまったことです[36]。

しかしトルコに旅してみると——そこは異教とキリスト教とイスラームの拝所が折り重なるように建っており、つい最近までイスラーム教徒とキリスト教徒が拝所を共有していた地域ですから、それと結びつけて読んでいくと、この件の「対話」的な見方にわたしも開眼することになりました。

われわれが直面しているのは、お座なりで無反省な手法の「洗礼」を受けた、非キリスト教徒の無思慮なのっぺらぼうのお勤め《プラクティス》ではありません。われわれはもっとダイナミックなもの——斑《まだら》になったキリスト教共同体内の部分部分が、聖者の働きに各自が別の期待を投射する状況を扱っているのです。わたしがこの本を書く際に集中した文書に肉付けした人たちのような、聖者がどんな役目を果たし、いかに崇拝すべきかの断定的な説明に、こうした期待のすべてが合致していたわけではありません。

一例を挙げましょう。あれから十年と少し経ちましたが、わたしは「古代末期の聖者を楽しむ[37]」と題する記事を『初期中世ヨーロッパ』誌に寄稿し、そこでアウグスティヌス時代のアフリカその他の地域で、殉教者の祝祭《フェスティバル》に伴って生じた熱狂を考察する機会を得ました。わたしが発見したのは、これらの祝祭の目的の有力な定義が、どれほど歯切れのよいものだったとしても、また殉教者が神の前でどう振

＊30 **マシュー・ダル・サント**　オーストラリア出身の教会史家。シドニー大学を経て英国ケンブリッジ大学でPh.Dをとったが、オーストリア外務省の政策官やコペンハーゲン大学のフェローとなり、ロシアのツアーリと正教会の合体を論じるなど多面的な活動をしている。

＊31 **二層モデル**　ブラウン自身が『古代末期の世界』（一九七一年）で述べているように、ローマ帝国が人種や宗教の偏見とは無縁で、「彼らが要求したのは、文化的な画一性、つまり彼らとおなじ生活様式や教養を身に着けることだけであった。また、ローマ帝国の西部ではラテン語、東部ではギリシャ語を話せる能力が要求された。この条件を満たせない者だけが『田舎者』『野蛮人』ということで軽蔑され、支配層の仲間入りを拒否された」（宮島直毅訳）といったようなどちらかというと単純な初期モデルから、ブラウンは自力で脱却を図ったという。

る舞い、キリスト教共同体と関わった言表がどれだけ明解だったとしても、それとは異なる期待が半ば影のように寄り添って、その全体がこの大イベントの周辺に漂いつづけていることでした。

われわれの耳に流れてくるのは、同じキリスト教の会衆の内部に併存する二層の対話なのです。会衆は殉教者を見習うために集まってくる、という見方にアウグスティヌスは固執しました。しかし会衆はしばしば、それとは異なる目的でも群がります。いわく言いがたいところですが、もっと秘めた理由があるのです。彼らは模倣を望んでいません。参加するために来たのです。せめて祝福の瞬間だけでも、英雄的な男女の縁《えにし》によって神の栄光の炸裂に触れたいのです。殉教者たちが言語を絶する苦難に打ち勝ち、直ちに天国に迎えられると、それが群衆を通して霊的なエネルギーの衝撃波を送りだしました。

これと同じく、典礼の彫琢された言葉遣いや、無数の聖者伝に記述された章句は、ローマ末期の社会的な経験からじかに借りたことばを駆使して、執り成し役《インターセッサー》としての聖者の役割を強調していますが、信者が聖者との関わりに寄せる期待のすべてを網羅していたわけではありません。信者が集まったのはただ拝跪し、祈り祈られるためだけではなかったのです。彼らは手で触れに来た――手ずから墳墓を撫でまわし、その塵芥や蠟燭の蠟を持ち去り、燈明《みあかし》の油を舐めにきたのです。彼らが望んでいたのは参加することでした。それはほとんどあの世との「共生的」symbiotic[*32]な関係だったと言えるかもしれません。

その片方を他方より「キリスト教的」だとして扱うことなど不可能です。こうした大きな祝祭によって覚醒した期待感もまた、「一般の群衆」に限りませんでした。殉教者の祝祭と結びついた陶酔《ユーフォリア》は、常に強大なるもののミクロコスモス、歓喜に噎《む》せかえる癒しの大波と思われました。復活祭になると、その大波とともに、ローマ末期のキリスト教徒の全階層、文化の全レベルが、キリストの復活や、殉教のお手本とその頭目を寿《ことほ》いだのです。

さらに言えば、聖者崇拝のエリート信者たちは、自らを黒衣《くろご》としてのみ見ていたわけではありません。彼らもまた、自身と憧れの的《ヒーロー》の男女とが、ほとんど共生的な絆で結ばれることを切望していました。かつては燦然ときらめく連続体のもとに、異教徒やユダヤ教徒、そしてキリスト教徒の魂を、守護天使や万霊《ダイモーン》に連関《リンク》させたように、彼らが抱く聖者のイメージは、もっと親密な絆を示唆するものでした。（古代の宇宙の表現では）守護天使や万霊は常に、大地と遥か彼方の上天に坐《おわ》す神との巨大な深淵を埋めるものと思われてきました。ローマ末期の社会実践をモデルとした執り成しだけでは、その広大な概念の分断を埋めるのに十分とは言えません。

聖者、人間、自然界

それとともに最後にたどりつけるのは、われわれの物語で他の何よりも沈黙していながらなお存在するもの、宇宙そのものです。古代末期の歴史家は「コスモス」を忘れてはなりません。現代人――すなわち、その信仰や不信仰のレベルがどうであれ、啓蒙の時代の申し子たるわれわれ全員と違い、現代の伝道論者、アンドリュー・ウォールズ*33が「〔現代ヨーロッパの〕キリスト教伝道にのしかかる空虚な天空」(38)と呼んだものを、古代末期の信者たちは心に抱えていません。むしろ彼らの心は、目に見える世界とお

*32 **共生的** サンゴ礁のなかにサンゴや藻類、捕食する側も捕食される側も異種の生物が共存すること。これに人種共存などを主張する過激派「シンビオニーズ解放軍」（ＳＬＡ）の黒人創始者がインスピレーションを得て、一九七四年に新聞王ハーストの孫娘を誘拐した。

*33 **アンドリュー・Ｆ・ウォールズ**（一九二八～二〇二一） 英国の伝道史家。アフリカで教鞭を執り、キリスト教のアフリカ伝道を研究した著作がある。のちにアバディーン大学やエディンバラ大学などで教壇に立った。

などように大きく多様な、見えざる世界のイメージで満たされていました。(39) 強大なるもののヒエラルキーに分配された、潑溂たるエネルギーが脈打つ宇宙の一部として感じていたのです。

さまざまな形態をとって興隆したキリスト教が、宇宙のこうした古代的なイメージを受け容れ、また浸食していったありようは、地上におけるキリスト教の活動とほとんど同じくらい、わたしを魅了しつづけました。わたしが絶えず回帰したテーマはそれだったと、ここで注記しておきましょう。(40) 一九七八年に公刊したわたしの『古代末期の形成』では、星辰の上に広がる目くるめく不可触の天界と、月下で暗黒物質が渦巻く地界とに分かれて、ぴんと張りつめた宇宙観を喚起しています。キリスト教の聖者の擡頭によって引き起こされた、この天地の境界の揺らぎの第一歩を私は見つけだしました。おおよそはキリスト教徒でしたが（でもけっしてそれ以外を排除したわけではなく）、そこにどんどん人が加わって、神やその他の天界の稜威《みいつ》との親密な紐帯を持つうえでは、聖者こそ他の霊能者に優ると主張したのです。こうしたつながりはとても例外的で、とても強烈で、とても親密で、より保守的な思考のひとにとっては、地上から遥か彼方の天国まで一歩一歩、堂々と雲梯を昇っていくはずの強大なるもののヒエラルキーを、*34 短絡回路《ショートサーキット》にする脅威ともなりかねないほどでした。(41)

聖者崇拝とともに、キリスト教による「コスモス」への挑戦は、異教徒の心にとってはいっそう鋭く──露骨でおぞましいものとなります。キリスト教の聖者崇拝が、「古代の間仕切りの緩慢かつ恐ろしい崩壊」(42) をもたらす恐れが出てきました。死者の墓は、天国の不穢《ステンレス》な完璧さが、単なる人間の朽ちた亡《なき》骸《がら》と混ぜあわされる場所だと、キリスト教徒が信じる中心となったのです。人間の面影《フィギュア》が（多くは最近死んだ人であり、暴力に虐げられたひとですが）、伝統的な天国への道行きをしだいに妨げるようになりました。彼らは星辰への死出の旅路に寄り添う護衛を申し出るのですが、以前は、あの世をみそなわす神々や天使の永遠の集まりが、敬虔な人びとにお守り役の手を差し伸べてくれたものです。アルフォンス・デュプロン[*35]の言葉を借りれば、宇宙の「ヒト化」hominization[*36]への大きな一歩がそこに見られます。この「ヒト化」は、おそらく容赦なく、自然界の非神秘化へとわれわれを導いたのです。いったん聖者や天使が去ってしまえば、実際、われわれに残るのは「空虚な天空」ですから。

ジャック・フォンテーヌが、その犀利で雄弁な評で示唆したのは、勃興する聖者崇拝のなかに見え隠れする宇宙の強烈に人間中心的な（いわゆる「ヒト化」）モデルと、人類がごくささやかな位置を占めるにすぎない「コスモス」という古代宇宙とのあいだに、わたしがあまりにも劃然と線を引いたことでした。(43) しかし、キリスト教以前の宇宙の後景をなす古代的な満天星の代わりに、古代末期の死者崇拝から生じた変化の長期的な意味合いを見出していくなら、こちらの方向に進むべきだとわたしは今も考えています。

＊34 **ヒエラルキー** 天と地の広大な懸隔を埋める古代宇宙のヒエラルキーが、いかにぎっしり犇めきあっていたかは、古代性を残すグノーシスの宇宙観を見るといい。グノーシス系キリスト教のヴァレンティノス派では、宇宙は上界、中間界、物質界の三層に分かれ、すべては至高者から一元的に流出して垂直に降りてくるのだが、三界には「ホロス」という間仕切りがある。上界＝プレーローマ（充溢）界の頂点にはアレートス（発言しえざる者）とシゲー（沈黙）が対になり、それからパテール（父）とアレーティア（心理）の対、ロゴス（言葉）とゾエー（生命）の対、アントローポス（人間）とエクレシア（教会）の対と続いて計三十の神的属性（アイオーン）が流出する。さらに中間界、物質界も流出が行われる。これらは、天と地の間の古代のコスモス空間を埋める取り次ぎ役の連鎖とみることができる。

＊35 **アルフォンス・デュプロン** Alphonse Dupront（一九〇五〜一九九〇） フランスの歴史学者兼作家。ソルボンヌ大学から分離したパリ・ソルボンヌ大学（パリ第四大学）の初代学長を務めた。十字軍の集合的無意識を分析した著作のほか、中世初期から連綿と続いてきたユーラシアの西の果てへの巡礼行を論じて、西欧文明の根源を探った『サンティヤゴ巡礼の世界』には田辺保の邦訳がある。第五章原注3参照。

＊36 **ヒト化** 第六章訳注28参照。

とはいえ拙速は禁物です。わたしがトゥールのグレゴリウスのような作者の著作を知れば知るほど、古代末期および中世初期に実行されたは想像された聖者崇拝が、霊的なエネルギーで自然界を満たしつづけたありさまにますます感動を覚えます。聖者たちはけっして、遠い天の宮廷に仕える、単なるお偉方でもなければ、提灯《ちょうちん》持ちでもありませんでした。彼らは深く内在する存在でした。聖者はそこに降りてきたのです。彼らが触れると、人体は本来の自然な完全性を回復することになりました。天国の濃厚な薫香は、墳墓から漂ってきたのです。墳墓の傍らに植えた大樹に万朶《ばんだ》の花が咲きました。[44] トゥールのグレゴリウスが記したメリダの聖エウラリア[*37]の拝所の描写は、聖者が大地に帰還したすえの緩やかな変容を表しています。エウラリアの拝所を描写しながら、紀元四〇〇年ころプルデンティウスが詠った詩[*38]を要約しているのです。プルデンティウスは『殉教の王冠』Peristephanon——で、エウラリアの魂が光り輝く白鳩のごとく、その口から星空へと飛び立つさまを記しています。さながら異教世界の英雄や、神聖化された皇帝たちや賢人たちのように、粗野な大地を置き去りにして。

グレゴリウスはそれと対照的ですが、まるで異なる色合いを添えました。彼が指摘したのは、エウラリアの墓の傍らに、いまや三本の大樹が生い茂っていることでした。十二月の祝祭まで、大樹は裸のままでした。そこに鳩のように白い、甘い香りの花々が咲き誇ったのです。聖者を寿《ことほ》ぐなら、この花々も宝石のように輝くことでしょう。

> 花々は神酒《ネクタル》のごとき芳香を放ち、その出現で心の哀しみを幸せに転じ、甘やかな香りで心を洗い流した。かくて花びらを丹念に拾い集め、教会の司教に奉挙した……私は知っている。これらの花びらがしばしば病める人を助けたことを。[45]

遥か遠方から人を見守る守護聖人とはまるで違います。メリダのエウラリアはその墓で天と地を合体させ、自然そのものに命を吹きこんだのです。

われわれが考究する時代の最後、紀元六八八年に、ブラッタ夫人はローマの聖クリストファロス[*39]の墳墓の傍らに伴葬されました。その墓碑銘は、彼女がそれに値するひとであったと宣しています。

＊37　**聖エウラリア**（d三〇四）　ディオクレティアヌス帝とマクシミアヌス帝の共同統治時代の迫害により、ヒスパニア南西部のエメリタ（現メリダ）で殉教した少女聖者。およそ十二歳だったが、マクシミアヌス帝を呪い、服をはがされて身を固定され、松明で焼かれる拷問を受けた。三五〇年に列聖されてエウラリア崇拝が盛んになり、五六〇年にギリシャ人のメリダ司教フィデリスが拝所を建て、七八〇年ころにはアストゥリアス王がヒスパニア北部のオビエドに奉遷させた。彼女と同時期に殉教したバルセロナのエウラリアとよく混同される。

＊38　プルデンティウスが『殉教者の王冠』第三巻に載せた詩では、エウラリアがけなげにこう述べ、口から白鳩が羽ばたいたという。

Isis Apollo Venus nihil est,
Maximianus et ipse nihil:
illa nihil, quia factu manu;
hic, manuum quia facta colit.

（イシスもアポローンもウェヌスも実在せず
もとよりマクシアヌスもうつつにあらず
それは手づからこしらえたる無なるもの
かくて、つくりものを崇めければ）

トゥールのグレゴリウスは六世紀にメリダの聖エウラリアの命日を祝う十二月の祭典で、木々に奇瑞の花が咲いたと記し、このプルデンティウスの詩を引用した。

＊39　**聖クリストファロス**（d二五一）　デキウス帝の迫害で殉教したといわれる聖者。もとはレプロブス（またはオフェロス）という名だったが、改宗して人助けをするため、急流で人を背負って渡る渡し守になる。子どもを背負って川を渡ったところ、漱石『夢十夜』の第三夜のように急に重くなる。名を尋ねると「キリスト」だと言われ、全世界の罪を背負うから重いと教えられる。渡り切ると祝福され、キリストを背負ったという意味で「クリストファロス」と名づけられた。この伝承には尾ひれがつき、弘法大師伝説のように地面に挿した杖から大樹が生えた奇瑞譚や、それを聞いたデキウス帝が彼を捕らえて斬首したとの殉教伝もある。正教会ではクリストファロスは地獄の犬ケルベロスと習合したのか、犬の頭に描かれている。

熱烈にキリストの殉教者と離れまいとしたがゆえに、彼女こそキリストを背負ったクリストファロスの同伴者たるに値する人である(46)。

本書の再版とこの序文が、悠久の彼方のキリスト教に舞い戻る長途の旅路をたどる一助となり、聖者の熱烈な愛好者、ブラッタ夫人のような人びとの胸の内に、引き続き深く食い込もうとしている学問を、少しでも知るよすがとなるのなら、まことにわが本懐とするところであります。

ピーター・ブラウン

プリンストン大学、二〇一三年十月十五日

第一章　聖なるものと墳墓

本書は天と地の合体、その邂逅において、死者がどんな役割を果たしたかを探求する本です。一般にはキリスト教の「聖者崇拝」として知られていますが、古代末期に登場したこと、その編成と機能を取り上げましょう。そこには紀元三世紀から六世紀にかけて地中海西方圏のキリスト教会が、宗教生活と組織化にどんな役をつとめたか、すべての墓所や遺骸、斎《いつ》きの男女や証聖者、殉教者の亡骸《なきがら》と密接に関わる聖遺物について、どんな役割を果たしていたかも含まれています。

古代末期に出現したような聖者崇拝は、やがて洗練されていくのも当然と思われそうなほど、それ以降のキリスト教一千年《ミレニアム》史の一部となり、一連のものとなってきました。その起源がそれなりの注目を集めてきたのは、文献および考古学の両面で、証拠となる原史料が目につく状態だったこと、今後もその状態が続きそうなことによります。しかし、死者の墳墓で天と地が邂逅するということは、現代人にとって何を意味するのでしょうか。それを限なく明かすために、それに見合った徹底した探求がこれまでなされてきたわけではありません。それは地中海圏の人びとの心の裏側で一千年間も培われてきた間仕切りを破ることであり、ふだんは細心の注意を払って対極に分けられてきたそれぞれのカテゴリーと場所を、一つに重ね合わすことだったからです。

古代末期の地中海圏の宗教について、確実に言えることがひとつあります。それはこれまでよりも明確な「他界性」を帯びていたわけではなかったかもしれませんが、「上方性」を最大限に強調したことです(1)。その出発点は、宇宙の表層を覆っている障礙《しょうげ》を信じることにありました。月の上天には、汚れのない安定した星辰があって、そこに宇宙の神聖な原質*1が呈示されていました。ところが、大地は月下にあって——in sentina mundi（世界の下層にあり）——透明なガラス瓶の底に溜まった厖大な澱《おり》となって沈んでいたのです(2)。死はこの障礙を跨ぎ越すことをおそらく意味していました。死に臨むと魂は、現世の澱が雑《まじ》った躰《からだ》を離れ、地の遥か高みへ、手の届かぬ天に吊り下げられた銀河の、重畳たる雲塊のなかへと昇っていき、万照の透明な光に包まれて、真の自然と仲睦まじく座を得るか、本来の座を再び占めることになっていました(3)。これが未来永劫なのか、それともユダヤ教徒やキリスト教徒が望んだように、魂は天界の不動の明るさを享受しながらも、かたや亡骸は〔地上に残されて〕、死者が復活する前の長い休眠のあいだだけ、残りの月下の世界の不安定と不透明の淵にしばし雌伏することになるのか、どちらであるにせよ(4)。

紀元二世紀に書いた文章で、プルタルコス*2がそのことを打ち明けています。〔ローマの始祖〕ロムルスの遺骸の「神格化《アポテオーシス》」apotheosis*3——亡骸が天国に消え去ったという民間信仰——は、「原始的な心性」が作用した悲しい一例だと嘆いているからです。なぜなら、宇宙の周知の構造はそれに反しているからです。有徳の魂*4であれば、星の神性を分かち合うことができますが、それは五体が尸解《しかい》されて初めて起きうることでした。下界の湿った躰《うつそみ》の雲を脱した魂は、雷光一閃たちまち揮発して、天空へと翔けあがり、本来の座に帰っていきます(5)。死者の復活を信じるがゆえに、ユダヤ教徒とキリスト教徒は、いつしか宇宙の間仕切りが破れる日が来る、と幻視できました。ロムルスには〔霊も肉も昇天することは〕可能でなかった、とプルタルコスは述べていますが、それはすでに預言者エリヤとキリストの両人がなしえたことでした。しかし当座のところ、大地と星辰を隔てる間仕切りは、他の古代末期の人と同じく、普通のキリスト教徒にとってもびくともしない堅牢さを保っていました。かくて四世紀後半のキリスト教徒プルデンティウスが、[*5]復活を詩の主題に取り上げることになったとき、その間仕切りがなかなか抜き難いことを暗々裡に認めるほど、旧来の世界観に従って後ずさりしながら、辛うじて言葉のうえでのみ、復活を信じると表明できたのです。

*1　**宇宙の神聖な原質**　典型が世界を「数」で捉えようとしたピュタゴラスのコスモス音楽論だろう。それを集大成したボエティウスの『音楽教程』（伊藤友計訳）でも、音楽の根幹に星天を運行させる、人間の耳には聞こえない音楽を「天空の音楽《ムシカ・ムンダーナ》」としている。

*2　**プルタルコス**　四六年ころ、ボイオティアに生まれたギリシャ人で、アテーナイ、サルディス、アレクサンドリア、ローマに遊学し、デルフォイ神殿の祭司もつとめ、『対比列伝』（英雄伝）のほかエッセイの原点といわれる浩瀚な『モラリア』などを書いた。ローマを建国した初代王ロムルスの記述は『対比列伝』でアテーナイを建国した王テーセウスと比べたくだりにある。双子のレムスを殺し、パラティーノの丘にローマの都を建てたロムルスは元老院を創設したが、豪雨のなか突然消え去った。戦神に連れられて天国に帰ったとされたが、歴史家リウィウスらは王の強権に耐えかねた元老院による暗殺を示唆する。二〇二〇年二月、フォロ・ロマーノの元老院議事堂地下から、ロムルスを埋葬したものではないかという石棺が発見された。

*3　**遺骸の「神格化」**　ロムルスの失踪後、元老院議員ユリウス・プロクルスが演説し、王が夢枕に立ち、神になったと告げたと述べた。リウィウスは暗殺を糊塗するための偽証といい、キケロもユリウス・プロクルスに貴族たちが圧力をかけたという説を唱えているが、このストーリーそのものが聖者神格化の遺骸発見譚とよく似た構造になっている。

*4　**有徳の魂**　原文はvirtuous soulだが、このvirtusが曲者で、古代ローマでは、邦訳の「徳」の儒教概念ほどには抽象化されておらず、語呂合わせではないが、ウイルスに似た感染性のものと考えられていたらしい。この無敵のウイルスは、骨や髪や爪や歯ばかりか、聖者が触れたもの、衣や器などあらゆる無機物に感染し、分割し、拡散できた。「聖人の遺体は、生前と同様に、ウィルトゥスによって、人々に奇跡を引き起こす。〔中略〕聖人の身体さえあれば、それが生きた身体であろうが、遺体であろうが、関係なく、奇跡を期待することができたことになる。事実、聖人の墓には、聖人が現前すると考えられていた」（秋山『聖遺物崇敬の心性史』）。おそらくここにブラウンは、死穢の「不浄」から「浄め」への逆転を見たのだろう。

*5　**プルデンティウス**　本書「二〇一四年版序文」の原注3補注参照。

> しかし魂の烈火の本質は、その高みにある起源に思いを寄せるべきであり、生の鈍麻した穢《けが》れを一掃すべきなのだ。かくてそれは、魂をいったん預かり、また星辰に返すことになる躬《うつそみ》まで、ともに持ち去ることになるだろう。[6]

とはいえ、〔死者の〕復活は想像を絶するほど遠い未来のことでした。しかも、プルデンティウスは、ひたすら進取の気趣に富んだ詩人だったのです。石碑を彫る石工とそのパトロンたちは、ありきたりのキリスト教徒でしたから、五世紀から六世紀のあいだずっと、旧来の世界観を当然視する詩句を墓碑に鏤刻しつづけました。[7] たとえば六世紀前半のリヨン〔古代名ルグドゥヌム〕の司教は、目も眩むようなパラドクスとの板挟みにあいながら、蒼古から持ち越したこのアンチテーゼ――Astra fovent animam corpus natura recepit（星は魂を守り、躬《み》は自然に奪い返される）[8]――さえあれば十分と割り切り、下手に迷子にならずに済んで、おそらくほっと胸を撫でおろしていたのです。

それでも、背教者ユリアヌス帝のほぼ同世代人で〔ユダヤ教〕ラビのピンハス・ベン・ハマ[*6]は、聖者の墓をパラドクスだと指摘できました。彼は常々こう言っていたのです。

> 世界の父祖たち（大族長《パトリアーチ》たち）[*7]が、没後の安息の地を上天にもとめたいと庶幾《こいねが》うなら、そこに安らぎを得たことだろう。しかし彼らが「聖者」の名に値するのは、没してのちここ下界に墓を設けて、岩塊の蓋で封印したときである。[9]

なぜならラビが語っていたのは、聖地にある大族長たちの墓のことなのです。墓の主が「聖なる」存在となったのは、上天で安らぎを得たかもしれない霊能と慈悲のちからを、この地上にもたらし、墓のまわりに集まる信者たちもその余瀝《よれき》に浴す手段にしたからです。聖者の墳墓は——それが聖地のユダヤの大族長たちの荘厳な岩磐《いわくら》の墓所であれ、キリスト教徒の内輪の墓や亡骸の聖遺物であれ、さらにはそうした亡骸に触れた物理的な聖遺物であれ——天と地の対極が邂逅する特権的な場所でした。以下の章で見ていきますが、古代末期のキリスト教信仰は、それまで遠く隔たっていたこの二つのカテゴリーが、人間の心理の内奥で邂逅した瞬間に生じうる不思議な閃光に執心し、凝集したものでした。

六世紀末まで、旧西ローマ帝国の諸都市の大半で、聖者の墳墓は城壁外の共同墓地に置かれていて、その地域の教会生活の中心をなしていました。[10] これは上天の聖者が、地上の墓に「坐《おわ》し」ますと信じられていたからです。例えば、聖マルティヌス＊8の魂は「[上天に]凱旋する」かもしれませんが、トゥールの地に眠るその亡骸が「墳墓のなかで朽ち果てていく」とは、必ずしも思いなされていなかったのです。地元のユダヤ人医師ならこう疑ったかもしれません。「マルティヌスは何の役にも立つまい。いまでは大地に安らい、土に還るのだから……死者は生者に何の癒しも与えられない」[11]。ところが、墓に刻まれ

＊6 **ピンハス・ベン・ハマ** Pinhas ben Hama〔Ha-Kohen〕は四世紀半ばのアモライーム（賢者、単数形はアモラ）の一人で、紀元二〇〇年ころ編纂されたミシュナー（口伝律法の集成）とトセフタ（補遺）を研究しゲマラ（注解）を残した。ミシュナーとゲマラを合わせてタルムード（学習の意）と呼ぶ。五世紀にパレスティナで編纂されたエルサレム・タルムードと、七世紀初頭に出来たバビロニア・タルムードがあり、ピンハスは前者のアモライームに属す。

＊7 **大族長**（patriarch） ギリシャ語の *πατριάρχης*（一族を支配する＝族長）から。旧約聖書のアダムからノアまでの人類の父祖、またはイスラエルの先祖のアブラハム、イサク、ヤコブとその十二人の息子を指すが、初期教会では司教の最高位の敬称となり、カソリック、正教会でも大主教などの称号となった。ここではイスラエルの先祖という意味だろう。

＊8 「二〇一四年版序文」の訳注6参照。

た碑文は、その疑念を共有していないのです。

Hic conditus est sanctae memoriae Martinus episcopas
Cuius anima in manu Dei est, sed hic totus est
Praesens manifestus omni gratia virtuum.

［これは司教マルティヌスが眠る聖なる記念堂なり。その魂は神の御手に抱かれしも、ここに躬《み》はありありと坐《おわ》しまし、あらゆる奇蹟を証しとせむ(12)］

聖者の拝所を同時代人が設計する際の仕様やその描写ぶりからみても、天と地の邂逅は一目瞭然でした。巨大な燭台がぎっしりと立ち並び、まばゆい光の塊が、燦《きら》らのモザイクに乱反射して、金襴《きんらん》の天井に揺らめく。そんなローマ末期の「記念堂」memoriae は、墳墓の数フィートの内に銀河の静謐な光暈を持ちこんでいました(13)。

旧来の背景を持つ地中海圏の人びとにとって、その多くは〔冒瀆の〕瀬戸際すれすれであり、いくつかは端的に不愉快だったでしょう。ダルディスのアルテミドロス*9が二世紀に書いたように、革鞣《なめ》し職人になった夢*10を見ることは凶夢なのです。「なぜなら革鞣し職人は、死体の始末をするので、都市の外に住んでいたから(14)」。キリスト教の聖者崇拝は、ローマ世界の諸都市の外に広がる大きな共同墓地で頭を擡《もた》げたものです。そして、亡骸の始末となると、キリスト教の聖者崇拝は、たちまち遺骸を掘りだし、移葬〔奉遷〕させて、死者の骨を切り刻み――熱狂のあまり触ったりキスしたりすることとはまったく切り離して――いったん掘りだした地に、死者を埋葬し直すこともしばしば含まれるようになりました。

宇宙の既存の地図を塗り替えるキリスト教徒の周囲には、あるパラドクスの要素が常に揺曳しています。しかしローマの都市の位相を一変させたこの聖者崇拝の衝迫力は、隠れようがありません。賑やかな都市の公的生活からは、アンチテーゼとしてしか扱われない城外の番外地に、比類ない意義を与えたのです[15]。しかもこの時代の終わりまでに、古代末期の多くの町の城壁内に〔聖者の〕遺骸が入りこんできて、そのまま居座ってしまい、その周りに普通人の墳墓が続々集まるに及んで、生者の都市と死者を隔てる昔からの間仕切りが破られるようになりました[16]。本来の場所、死者の眠る〔ネクロポリス〕一帯に封じ込めたとしても、参詣の規範となる公の拝所と、そうした死者の墓は一体となります。異教やユダヤ教の想像力では、ほとんど及びもつかない参詣のありさまと頻度になったのです[17]。

古代末期の聖者崇拝に、それとなく立ち現れる古代の間仕切りの撤去、たまに起きるその反転は、人間と宇宙のあいだに築かれた既存の関係性の見方に終止符を打ったように見えます。その直接の結果は、間仕切りが動いたことです。地中海圏の人びとが、死者のうちでもとりわけ血縁や地縁などの強い絆を

＊9 **ダルディスのアルテミドロス**（Artemidorus of Daldis） 二世紀の占い師で、父がエフェソス出身だが、母が内陸リュディアのダルディス出身だった。古代の普通人がどのような夢を見て、それをどう思っていたかが分かる『夢判断の書』*Ὀνειροκριτικά* の作者。前半は友人に宛てて、後半は息子に宛てて書かれた体裁をとって、見た夢から何を読み取るべきかを示す実用書であり、ジークムント・フロイトの夢分析の先駆といえる。城江良和の邦訳（国文社刊）があるほか、オクスフォード大学教授ピーター・トーネマンの『古代ローマ人は皇帝の夢を見たか　アルテミドロス「夢判断の書」を読む』の邦訳（藤井千絵訳）もある。ミシェル・フーコーは『性の歴史』Ⅲ（自己への配慮）で同書を取り上げた。三世紀初頭のテノメテュライ司教アルテミドロスとは別人。

＊10 **革鞣し職人になった夢** 革なめしは石灰で脱毛、脱脂した獣皮を、濃度の異なるタンニン槽に漬けて柔らかくしてから水で洗浄する工程を繰り返すため、タンニン槽は強い異臭を放つ。バングラデシュのダッカ郊外ハザーリバーグの工場群のように、多くは城外に設けられた。死骸の処理に慣れていることから、人間の亡骸も任されたことは想像に難くない。

持つ死者の役割に、これまで一線を劃してきた仕切り線が移動したのです。[18] 異教の同類項および先行例では、これまでのところキリスト教の聖者崇拝の理解のトバ口までわれわれを導くことしかできません。そのおおよその理由は、人間と神聖なもの、死者と生者の間を切り分ける、これまで慣れ親しんできた地図が、微妙に塗り替えられた世界にいると異教徒自身が気づくからです。

よく知られた事例を一つ挙げましょう。古代のヘーロース〔半神〕崇拝[*11]と、キリスト教の殉教者崇拝の関係です。[19] 死者の理想化は、ヘレニズムからローマ時代にかけての人びとにとって十分自然なことだったようです。世を去ったひとに遺族として敬意を表し、あるいは英雄や皇帝といった卓絶した故人に捧げる公的な崇拝の一部として、何らかの拝礼の形式を設けることは、厳密に定義された範囲内なら両者に共通していました。かくて「ヘーロース化」が行われたとか、とりわけ特別に建立された墓廟に祀る「ヘーロース」として、遺族が故人に捧げる私的崇拝が行われたという説は、初期キリスト教の記念堂である建築および美術的な問題を部分的に説明するものとして、引き合いにだされてきました。[20] ところがその後、ヘーロース崇拝の分析の辻褄が合わなくなります。なぜなら、人間の死穢《しえ》に触れた存在と、触れていない存在の間を劃すきわめて古代的な地図によって、ヘーロースの立場には制約があったからです。ヘーロース崇拝と、不死の神々への崇拝の形式は、どちらかといえば截然と切り分けられていました。[21] 何よりもまず、異教の信仰ではヘーロースが〔没後に地上で〕果たす役割などほとんど皆無と思えるのに、キリスト教の著作家たち全員が、殉教者はまさしく人間として死んだがゆえに、神と密着した関係を享受することになると言い張るからです。神との親密な絆は、いわば、同類の人間を守るための執り成し能力を持つ必須の条件 sine qua non でした。殉教者は「神の朋《とも》がら」なのです。ヘーロースには決してなしえなかった方法で、神との執り成し役になったのです。[22]

こうしてキリスト教信仰では、墳墓も、死者への追善も、そうした祠《ほこら》を囲んで建っていたかもしれない宗教的な石碑類も、神と死者と生者の関係がまったく異なる構造のもとに置かれていました。異教のヘーロース崇拝の延長線上で、キリスト教の殉教者崇拝を説明しようとしても、ほとんど助けになりません。[23]それが無駄な骨折りであることは、拱廊《アーケード》に組み込まれている古典期の建物の数本の柱や柱頭をもとにして、古代末期のキリスト教聖堂《バジリカ》の形状と機能を再構築しようとする試みがときにありますが、それと同じだからです。[24]

キリスト教の古代末期は、エウリピデスの戯曲『ヒッポリュトス』*12のちょうど裏返しなのだとみなせば、うまく言い表せるかもしれません。この劇の手厳しいメッセージは、神々と人間を分かつ一線を堅く厳守すべきだというものです。生前のヒッポリュトスがどれだけ女神アルテミスに寵愛されたとしても、ひとたび死穢に触れるや、不死のアルテミスと死ぬ定めの人間ヒッポリュトスとのあいだには〔越え難い〕深淵が口をあけるのです。女神はもはや彼に眼差しを向けることすらできません。

＊11　**ヘーロース崇拝**　古代ギリシャのἥρωςは「守護者」が原義で、神々と人間のあいだに生まれた「半神」であり、ヘラクレスの武勇譚やホメロスの『イーリアス』『オデュッセイア』などは、暗黒時代から出現したヘーロース信仰の典型といえる。もとは「力に満ちた死者」への崇拝であり、儀礼は親族の死者への儀礼と、神々への儀礼の中間程度に位置していたため、天の神に捧げる犠牲獣を焼いた煙ではなく、地下の神クトニオスに捧げるのと同じく犠牲の血を地下に献げることでもあった。先行するミュケーナイ文明の痕跡とする見方もある。

＊12　**ヒッポリュトス**　エウリピデスはアテーナイの開祖テーセウスの子ヒッポリュトスの悲劇を二度劇にしている。第一作は義理の息子に横恋慕する王妃パイドラの描き方が不評で、第二作では女神アフロディテの悪だくみによって起きた悲劇に書き換えた。処女神アルテミスの狩りの従者として愛でられたヒッポリュトスは、王妃に言い寄ったとの濡れ衣を着せられ、父の呪いによって海神ポセイドンの送った牡牛に襲われ、瀕死の重傷を負う。そこにアルテミス神が現われ、真相を明かすという筋立てで、ラシーヌ『フェードラ』の土台になった。

ἐμοὶ γὰρ οὐ θέμις φθιτοὺς ὁρᾶν
οὐδ᾽ ὄμμα χραίνειν θανασίμοισιν ἐκπνοαῖς
〔死にゆく者をこの目で見んこと、
死穢の人間の霧でわが視界を曇らすなぞ、もってのほか[25]〕

二つの世界がどれだけ隔たっているかを測るには、ラテン作家が殉教者の役目を説明しようとして、よく引用する『詩篇』の詞句「主の目は義しき者に注がれ、主の耳は祈りに開かれたり」Oculi Domini super iustos, et aures eius ad preces eorum（詩篇33・16[26]）と見比べるだけで事足りるでしょう。地中海圏の異教徒たちが、人間の死者と生者を区分けするため、かくも長年求めてきた間仕切りが、四世紀の半ばまでに、ゆえ知れぬ何かの宗教感情の激流に押し流されたという憶測ほど、誤解を与えかねないものはありません。それとはまるで違っていました。この点で、異教世界に擡頭してきたキリスト教が、深く浸透し、分節化した存在になっていく道筋を、何よりも忠実に図示できます。なぜならこの崇拝が盛り上がるほど、異教徒にとっては、古代の間仕切りが緩やかに跡形もなく崩れていくこと、あらゆる古代の痕跡を消していく「古き神話が語るあの無明《むみょう》」が、再び地上に蔓延する予兆を詳述することになるからです[27]。背教者ユリアヌス帝は聖者崇拝を難じて、福音の新味は何の保証もないことだと攻撃しましたが、虫唾《むしず》が走るほど〔キリスト教に〕満腔の宗教的嫌悪を見せるようになったのは、キリスト教のお勤め《プラクティス》に由来する生者と死者の亡骸の〔混在〕関係のせいなのです。「汝らは新たに逝った亡骸を、ずっと昔の亡骸に加上しつづける。汝らは墳墓と石壇《セパルカ》で全世界を充満させてきた[28]」。聖者の墓でお勤めをする崇拝《カルト》に対し、旧約聖書の預言者たちが吐いたありとあらゆる呪詛を、ユリアヌス帝も浴びせかけました。それは妖術や呪《まじな》いの邪悪な目的のために、墳墓や岩窟に憑かれた連中を〔旧約聖書の〕預言者たちが指弾した言葉でした[29]。皇帝としてのユリアヌスは、死者を本来の場所にとどめおく古来のローマの法制を再現することによって、自身の心底からの嫌悪に声を与えてきました。キリスト教徒の遺骸を担いで練り歩く葬列の行進に、どうして人は耐えられるのか、と。

> ……大勢の人びとが集まるなか、ぎっしり詰めかけた群衆を掻き分けて、死者の亡骸を担いで練り歩けば、死者のありとあらゆる忌まわしい光景に視界が穢《けが》れてしまう。そんな風に死者に触れて、その日が幸運だったなんてことがありうるのか？　そうした儀式に参列したのち、誰が神々や神殿に近づけるというのか[30]。

サルディスのエウナピオス*13は、エジプトの異教が終焉していく過程を記録しましたが、それによってキリスト教の興隆がもたらした納骨堂の恐怖が余すところなく知れます。

> なぜなら彼らは、数多の罪を犯して処刑された犯罪者の骸骨や髑髏《されこうべ》を集め……それを神々に仕立て直すと、墳墓の中で朽ちて自らを穢《けが》すよりもましだと考えた。死者たちは「殉教者」と呼ばれて、人々

*13 **サルディスのエウナピオス**　四世紀半ばにアナトリア西部の内陸にあるリュディアのサルディスに生まれ、フィロストラトスのソフィスト列伝を継承した『哲学者およびソフィスト列伝』（Βίοι Φιλοσόφων καὶ Σοφιστῶν）を残した弁論家。イアンブリコス門下の新プラトン派、クリュサンティオスの親戚でもあった。本章原注27参照。

の祈りを携えて神に謁見する、ある意味で公使、いや大使となったのである。[31]

四世紀後半から五世紀にかけて、殉教者崇拝が進むにつれて、大半の古代末期の町では、生者の暮らす地域と死者が眠る地域の重みの均衡《バランス》に、目に見えるような〔重心の〕移動が現われました。巨大な建築物が茸《きのこ》のようにむくむくと共同墓地に聳立《しょうりつ》したのです。一例だけ挙げましょう。五世紀の初頭、北アフリカのテベッサの城市*14は、巨大な巡礼場という脇役に押しのけられたかに見えました。巡礼場が〔城外の〕共同墓地の、おそらくは聖クリスピーナ*15の墳墓の周りにできたからです。拝所はテオドシウス帝の古典回帰《ルネサンス》と相俟って、紛れもない公共建築の様式で建てられました。柱廊玄関《ポルティコ》と街路が立ち並ぶ古典的な都市テベッサの城外にありながら、巡礼の参道は長さが百五十メートルもあり、大きな凱旋アーチの下をくぐり、拱廊の中庭を通ると、墓地のあいだに殷々とこだまが響きわたりました。[32] 同じ年、ノーラのパウリヌスも、まだ Cimitile（共同墓地）と呼ばれていた市の周縁の墓地に拝所の複合建築を完成させ、自ら祝福していますが、そこは聖フェリクスの墳墓の周りにあって、旅人が通りすがりに見たら、別の町ができたかと思うほど、強烈な印象を残す建物群でした。[33]

じっさい、古代人の文明地図において、実在の場所 places と非在の場所 non-places を区切る均衡線が動き出したとき、キリスト教はローマ末期の景観を一変させる異才となりました。四世紀になって修道院運動が盛んになると、露わになってきたのは、裕福な郊外暮らしにはまるでそぐわない土地を選んで、キリスト教徒が惜しみなく共同体に寄進することでした。聖アントニオス*16と彼の修道士たちの事績を顕彰した〔アレクサンドリア大司教〕アタナシオス*17の言葉によれば、修道士たちは「沙漠に城市を築いた」、つまり、城市などあるべくもない場所に〔信仰の牙城を〕卜定《ぼくじょう》したのです。[34] 四世紀後半から五世紀になると、キリスト教の司教たちは、町と町ならざる地を仕切る均衡線を動かし、沙漠から市の城壁のすぐ外まで肉薄するようになりました。つまり今度は共同墓地に城市を築いたのです。(35)

さらに顕著なのはこのシフトの結果です。西ヨーロッパの司教たちは、古いローマの城市内部の権力の基盤を、この新しい「町の外の町」に置くよう、聖者崇拝を巧みに演出《オーケストレート》するようになりました。司教の住居と主たる聖堂は、依然として市の城壁内にあるものの、市から少し離れたところ――ローマ対岸のヴァティカンの丘に建つ聖ペテロ〔現サンピエトロ〕大聖堂や、トゥールの城壁のすぐ外の聖マルティヌス廟など――に、念入りに仕組んだ歴然たる関係のある巨大な拝所が建てられました。おかげで、かつてのローマ帝国の大都市の司教たちが、中世初期のヨーロッパで檜舞台に立てるようになったので

＊14 **テベッサの城市**　アルジェリア北東部、チュニジアとの国境に近い県都だが、前一四六年にローマ帝国に併合されてテヴェステと呼ばれ、凱旋門や大浴場、さらにキリスト教会堂の遺跡がある。一八五一年に占領したフランスが Tébessa と改称した。

＊15 **聖クリスピーナ**　ディオクレティアヌス帝の迫害で三〇四年十二月五日に殉教したとされる女性。ヌミディアの裕福な家に生まれ、結婚して子を持ったが、テヴェステの属州長官の前で異教の神への供犠を拒否、頭を剃られてさらし者にされた。子が泣いても信仰は揺るがず、死刑を宣せられると、喜んで首を差し伸べて斬首された。アウグスティヌスは説教でたびたび彼女の名を挙げ、その堅信を称えている。

＊16 **聖アントニオス**（c二五一～c三五六）　修道院の創始者ゆえに「大アントニオス」とも呼ばれた。アタナシオスが書いた伝記によると、エジプトのコーマで生まれ、両親に死別すると、財産を貧者に寄贈して沙漠で独り苦行を始めた。庵の周囲に彼を手本とする弟子たちが集まり住むようになり、修道院の原型が形成された。ブラウンはその門下を「修道士」monk としているが、厳密には修道院制度ができる前なので「隠者」hermit と呼ぶべきだろう。アントニオスは百六歳の高齢で逝ったが、洞窟でさまざまな誘惑や試練と闘う姿は、ヒエロニュムス・ボス、グリューネヴァルト、デューラーらが絵画化し、フローベールも小説『聖アントニウスの誘惑』を書いた。

＊17 〔アレクサンドリア大司教〕**アタナシオス**（c二九六～三七三）　沙漠の教父たちと親しく交わり厳格な修練を是とするポレミークで、三二五年のニカイア公会議では三位一体説を主唱してアレイオス派（アリウス派）と論争した。その『アントニオス伝』は平凡社の中世思想原典集成1に小高毅訳がある。

す。
こうした拝所を司教が牛耳るのは当然だなどと、見過ごさないほうがいい場合も間々見られました。ワーテルローの戦いをウェリントン公爵が評したとおり、勝利は「ほんの紙一重の差」a dam' close-run thingだったのです。しかし、いったん勝利を収めてしまえば、西ヨーロッパの教会史上、これによって勝負が決することになりました。独特なレトリックを操りだしながら、ヒエロニュムスは聖遺物崇拝を批判するひとに挑んでいます。

［ではおまえは考えるのだな］、それゆえローマ司教は過ちを犯したと。われわれには由緒のある骸骨だが、おまえにはただの塵芥の山にすぎない、〔使徒の〕ペテロとパウロという死者のうえに、司教が主に犠牲を捧げ、彼らの墳墓をキリストの祭壇とみなしたのだから。(36)

それ以降の教皇庁がみごとに成功したといっても、証明できるのはローマ司教が下手を打たなかった、ことだけなのです。
この優位を得るために、古代の間仕切りはさらに薙《な》ぎ倒されなければなりませんでした。墓と祭壇が合体したのです。司教と聖職者たちは、人間の死者の近くで公の礼拝を行いましたから、さぞかし異教徒やユダヤ人の感情を逆撫でしたことでしょう。それればかりか、他の古代末期の人びとと同様、前世代のキリスト教徒も心中深く共有していたはずの、公私を隔てる古代の間仕切りを彼らは踏みにじったのです。聖者の墓は公共の資産と宣せられました。他のキリスト教徒は、誰の墓もそんな処遇を受けたことなどありません。なのに、聖者の墓は誰でも参拝でき、共同体全体に共通する儀礼の形式の要《かなめ》となりました。建築や美術、祭礼や文芸といった工夫が総動員されたのは、共同墓地を占めていた家族の墓より、聖なる墳墓や聖遺物のほうがずっと華やかで近づきやすくなるよう、下地を整えたからでした。じっさい、古代末期の誰であろうと、墓が故人の一族の所有であり、没後の身じまいを委ねた「心地よく秘密めいたところ」*18なら、聖者の墳墓と聖遺物なんてせいぜい高浮き彫りの記念像が立つ程度だったでしょう。それではしかし「墳墓失格」non-graves なのです。

西ヨーロッパの教会位階制が死者の墓と合体したせいで、中世のカソリック教会はビザンティン〔東ローマ帝国〕からも、中東の隣人――〔他宗派の〕キリスト教徒、ユダヤ教徒、イスラーム教徒――からも切り離されてしまいました。西ヨーロッパでは、司教の権力は拝所の力と一体になる傾向がありました。これが西ヨーロッパ以外の地域だと、拝所は自立しがちでした[37]。地中海東岸および中東では――エルサレムでさえも――西ヨーロッパとは違って、キリスト教会の権力構造を維持する土台を形づくるために、大がかりな拝所や巡礼地が動員されることなど決してなかったのです[38]。

ユダヤ教では、聖なる墳墓とラビの制度はだんだん乖離していきました。ラビのピンハス・ベン・ハマの見解では、天と地が邂逅する「場《ロキ》」はまだ顔見世の「座元《インプレッサーリオ》」impressario*19を欠いていたのです。〔ユダヤ教にも〕数多くの聖なる墓があったし、ユダヤ共同体で敬仰されていたことを否定するわけではありません。しかしユダヤの学識と霊性を培う指導者たちは、キリスト教の司教たちのように墓に依存

*18 **心地よく秘密めいたところ**（A fine and private place） 一九三九年生まれの米国の作家ピーター・S・ビーグルのファンタジーの表題。創元推理文庫に山崎淳の邦訳があるが、「秘密めいた」は意訳で、直訳すれば「妙なる私《ひそ》かな場所」。ニューヨークの巨大な共同墓地の霊廟に住む中年の世捨て人が、孤独な死者たちの霊の相手をつとめるという内容である。

*19 この一語が誤解を招いたことは「二〇一四年版序文」参照。

する道を選びませんでした。その結果、彼らは地味な存在にとどまりました。それを当然とみなす彼らの仕儀からいえば、ヨアヒム・エレミアス[*20]が古代末期におけるユダヤ教の聖なる墳墓の重要性を余すところなく恢復してくれる一九五八年まで、われわれが待たなければならなかったのも、あながち驚くほどのことではありません。[39] イスラーム圏では、状況が一段と面白い。イスラーム世界の全圏で、測り知れないほど重要と思われている聖なる墓は、常にムスリム正統派の傍らに小さく蹲《うずくま》っています。[40] 現代のイスラームの拝所は、われわれを中世初期の西ヨーロッパへ直接時間を巻き戻してくれるかのように見えますが、その民族学的に生きた素材は、イスラームの伝統ある乾燥地帯の中心部ではなく、常に肥沃な周縁部――モロッコの山岳地帯[*21]や、インドネシアから〔北アフリカの〕アトラス山脈にかけて点々と散らばる、常時豊饒なスーフィズム（イスラーム神秘主義）の苗床《ロッジ》に由来します。[41] かくてユダヤ教でもイスラームでも、聖なる墳墓は実在しました。しかし在るだけでは十分ではありません。公事《おおやけごと》でも私事《わたくしごと》でも、伝統的な宗教リーダー層と聖なる死者の霊威が、西ヨーロッパほど一致することが、ユダヤ教やイスラームではついになかったのです。われわれの手元にある証拠の状態は、これまで記してきた進化の何がしかを反映しています。ですから、西ヨーロッパで聖なる死者が擡頭するのをかなりしっかりと追跡できます。おおよそのところそのわけは、双眼鏡で眺めるように、拝所と公的な宗教リーダーという両眼レンズを通して、二つのイメージ連合をたやすく重ね合わせて〔立体像が〕得られるからです。

　教会位階制との関係がどうであれ、キリスト教の地中海圏およびその東方と北西への拡大から、天と地が邂逅する所定の場所が点在するようになりました。それが墳墓を含む拝所です。聖遺物の断片を祀る祠《ほこら》であることもしばしばありましたが、呼び名はかなり単純化されて「その場所」や、loca sanctrum（聖所）とか ὁ τόπος（あそこ）で済ますことがよくありました。[42] 墳墓を支配している通常の法制が、そこだけ治外法権となる場所です。聖遺物についても、人間の亡骸は冷たい無名性に帰るはずが、最愛のひとが丸ごと残ってまだ重みがあると思われていたのかもしれません。ニュッサのグレゴリオスが言うとおりでした。

彼ら〔聖者〕を見る人びとは、いわば花盛りの生きた肉体を抱きしめる。目と口と耳のあらゆる感覚を注ぎこみ、崇敬と激情の涙を流す……あたかもそこに坐《おわ》しますが如く、執り成しの祈りを殉教者に捧げる。(43)

これは祟《たた》りの脅威にもなりえます。ヒエロニュムスはこう書いています。

自分が憤っていたり、心に悪しき考えを抱いていたり、邪《よこしま》な夢に眠りを妨げられたとき、わたしは殉

*20 **ヨアヒム・エレミアス**（一九〇〇〜一九七九） ドレスデン生まれのルター派神学者。チュービンゲン大学でヘブライ語など東方言語を学び、新約聖書外典の改訂やタルムードでイエスの出自に触れた部分についての研究がある。晩年修道院長となる。

*21 **モロッコの山岳地帯** マグレブ南方の褶曲山脈であるアトラス山脈の西端部分にあり、イスラーム圏では最西方にあたる。古来ベルベル人の住む地帯である。大西洋に面した平地は後ウマイヤ朝以来、移住してきたアラブ人が中心となったが、イスラーム化したベルベル人は絶えず平地のフェズや現首都のマラケシュと衝突し、完全には融合されなかった。ベルベル人の最後の大王朝であるメルニー朝が崩壊した十五世紀以降、危機に陥った聖者（マラブー）崇拝を、十七世紀にリウスィーが立て直し、超能力（バラカ）を持った者（神に憑かれた者たち）が世に出現するという教説を根づかせる。この聖者崇拝を巧みに利用した独立モロッコのスルタン、ムハンマド五世については、米国の文化人類学者クリフォード・ギーアツが第二次大戦後初期におこなった優れた分析 Islam Observed, Religious Developement in Moroco and Indonesia (Yale University, 1968)、林武訳『二つのイスラーム社会』（岩波新書）がある。

教者の拝所にあえて足を踏み入れない。心身ともに震えが走る。[44]

六世紀のある俗信徒は、ガザにいる心の師父と仰ぐ人にこんな手紙を書きました。

わたくしが聖なる殉教者の聖遺物のある場所にいると知るや、中に詣でて礼拝せねばという思いに居ても立ってもいられなくなります。その前を通るたび、わたしは必ず頭を下げるべきだと感じるのです。

心の師父たる老人はこう答えました。一度ひれ伏すだけで十分だろう。もし強い切迫感があるのなら、三度ひれ伏せばよろしい。すると、俗信徒はつづけて問い返しました。もし神への恐怖に打たれたら、〔祠の〕なかに入るべきでしょうか。

ならぬ。恐怖から入るな。祈りにふさわしい折にだけ入りなさい。

しかし、わたくしが入ろうとしたとき、真に神への恐怖に襲われたのです[45]！

彼ほど声高でない魂の仕振りからもうかがえるのは、おおよそは既成部分から成っていても、拝所の格子状のネットワークが縦横に張りめぐらされている地中海の風景です。紀元六〇〇年ころ、上エジプトを徘徊していた盗賊団なら、〔その網の目をたどる〕泥棒行脚もありえたでしょう。まずアンティノエ*22の郊外の行者《アパ》*23コロウトスの「場所」を手始めに、聖ウィクトル将軍*24の祠まで数マイル南下してから、ナイル川を渡って行者ティモテウスの「場所」を襲い、それから再び夜陰に乗じて下流に引き返し、行者クラウディウスの「場所」を荒らしに行けばいい。祭壇用の銀板の垂れ幕や、絹布と亜麻布、さらにミイラ化した聖者の首に巻かれた首飾りや十字架までかっさらうのです。[46]

キリスト教が中世初期に入るあたりでは、どこの土地にも聖者の「臨在」presence が併せて持ちこまれました。それが想像を絶する北方、スコットランドにまで及んだといえるのは、ローマ末期のガリアの高浮き彫りの石棺[*25]の外形を、地元の職人が自らこしらえた「祭壇墓」で転写しようとしたからです。[47]あるいは、沙漠の辺縁にもそれが届いたでしょうか。〔シリアの〕リサーファにある聖セルギウスの拝所[*26]では、ローマとペルシャとアラブの三つの世界が合流し——拝所の宝物のなかには、ペルシャの異教を

*22 **アンティノエ** アンティノポリスとも呼ばれ、ハドリアヌス帝が愛した寵臣の美青年アンティノスの溺死を惜しんで、その記念にエジプトに建てたローマ風の都市。ナイル川河畔でカイロから百三十キロ南のファイユームにある。この一帯にはエジプト中王国時代に建てられたピラミッドも多数残っているが、古代末期にはテーベ支配下のキリスト教司教座が置かれ、多数の霊廟や修道院が建てられたほか、ミイラとともに埋葬されるようになったリアルな死者の肖像画が多数出土しており、その画法はローマの美術様式を反映したもので、その後のコプト美術やビザンティンの板絵に継承されている。

*23 **行者《アパ》** apa はコプト教会の聖者または聖職者を指すコプト語 ⲁⲡⲁ が由来。語源はギリシャ語の ἀββα（父）から。

*24 **ウィクトル〔・ストラテラーテス〕将軍** アレクサンドリア知事ロムルスの息子で、四世紀初めのディオクレティアヌス帝迫害時にアンティノポリスで殉教した。二十歳でローマ軍の将軍だったが、異教の神々への供儀を拒んだため、車裂きや石窯に投じられたり、舌や耳を切られ、焼けた鉄の兜を被らされるなどの過酷な拷問に耐え、最後にステファノスという兵士の十五歳の娘が彼の信仰を証したのち息絶えた。この娘も斬首されたというコプト語の行伝と頌辞が伝わっており、没後は癒しの聖人となり数々の奇瑞が記録されている。

*25 **高浮き彫りの石棺** high-ridged sarcophagus とは、ローマで発見された大ルドヴィージ石棺のような石棺を指すか。これは三世紀後半の作で、蛮族を制圧するローマ兵が躍動する深彫りのレリーフで、下辺に敗れた蛮人が組み敷かれるダイナミックな構図である。

奉ずる諸王の王、ホスロー二世アパルウィーズ[*27]までこの聖者に敬意を表した銀の大皿が、含まれていました。その〔隔てのない寄進〕スタイル[*28]のおかげで、この「奉納品」ex voto は、中東の君主が超自然の存在に献じた最後の供物になりました（最初の供物のひとつは、ホスローの先達であるアケメネス朝のキュロス〔二世〕が、ビストゥンの岩壁高く彫らせていましたが）[48]。あるいはさらに東方へ進み、イラクやイラン、そして中央アジアのキリスト教ネストリウス派[*29]の間にも持ちこまれました[49]。いずれにせよ、古代末期のキリスト教は、外界を侵蝕していく拝所であり聖遺物だったのです[50]。

これこそが、数多くの生の現実の宿命に苦しんできた生の現実なのです。微かな戸惑いの色とともに、その実存は認められています。だとしてもなお、「あまりに自然すぎるだけ」と受け流すのが常で、長たらしく仰々しい精査に時間を割く対象ではありませんでした。なぜそうすべきだったか、理由を呈示してこの章を終えたいと思います。さらに、古代末期の社会でキリスト教会が占める立場からは、明らかに核心をなした宗教生活の形状を、このように突き放すアプローチを選ぶ古代末期の宗教史および社会史の歴史家が、不利な立場に立たされることも指摘しておきます。

なぜなら、宗教感情の本質をめぐる特定のモデル、その結果である「民衆宗教」の定義のせいで、われわれの好奇心が鈍麻している、とわたしには思えるからです。われわれが継承したのは営々と学識を積みあげてきた伝来の態度ですが、そうした思考の過程や、古代末期の聖者崇拝の擡頭と拡大を導いた必然性にまで、深く切りこむ手がかりとするには十分鋭敏とはいえませんでした。そうした旧来のモデルがわれわれの血管に脈々と流れていることは、一つの事実を示せば事足りるでしょう。聖者崇拝の擡頭という問題が、宗教改革以後の論争では、専門家の論題設定から外されて久しく経ちます。以来、あらゆる宗派、および無宗派の学者たちは、この現象に直面すると、ひとしなみに無口になり、無理解な

＊26　**聖セルギウスの拝所**　リサーファは現在のシリア中部にあり、ローマ・ペルシャ戦争の最前線で、シリア沙漠を渡る隊商ルートの要衝だった。聖セルギウスはバッカスとともに四世紀ガレリウス帝時代のローマ軍将校だが、キリスト教徒に改宗していて、異教寺院での礼拝を避けようとして露見。鎖で繋がれ女装の屈辱を味わったが、友人だった裁判官の説得にも応じず、拷問で先にバッカスが死ぬと、セルギウスの夢に霊が現われて永遠に一緒にいようと励ました。セルギオスも拷問で死ぬと、軍人殉教者の二人を祀る聖堂がリサーファに建ち、セルギオポリスと改名された。その拝所はユスティニアヌス大帝ばかりか、サーサーン朝のホスロー二世、東ローマと組んだアラブ系ガッサーン朝のアル・ムジール三世も後援した。

＊27　**ホスロー二世アパルウィーズ**　イスラームが擡頭する直前のサーサーン朝の最後を飾るシャーで、在位は五九〇〜六二八年。妻シーリーンがアラム人またはアルメニア人のキリスト教徒だったため、キリスト教に当初は寛容で、ネストリウス派と単性論者の争いでは単性論者の肩を持った。ビザンツ帝国との関係も良かったが、マカリウス帝が配下の将軍に殺されると、アナトリアへ侵攻を始め、六二六年にはコンスタンティノポリスを包囲したが、海戦に弱く侵攻に失敗した。ビザンティン帝国のヘラクレイオス帝の反攻で、今度は首都クテシフォンが窮地に陥り、ホスロー二世は貴族に処刑される。イスラーム軍が蹶起して、下イラクを制したのはその五年後で、やがてサーサーン朝は滅亡する。ホスロー二世と愛妃シーリーンの悲劇は、ペルシャの詩人ニザーミーが壮大な叙事詩（東洋文庫に岡田恵美子訳）を書いている。

＊28　〔寄進〕**スタイル**　古代には敵対する部族の守護神でも、攻める側が祈禱でその神を呼びだし、今以上の栄誉と崇拝の代わりに寝返るよう呼び掛けることがあった。このためローマの守護神の名は秘匿されたという（大プリニウス『博物誌』二十八巻より）。アドルフ・フォン・ハルナック『マルキオン　異邦の神の福音』津田謙治訳の「知られざる神」も参照。「我々の紀年法で一世紀のアテーナイとローマ、またおそらくは他の諸都市でも、〈知られざる神々へ〉もしくは〈アジア、ヨーロッパ、アフリカの神々、そして知られざる異邦の神々へ〉あるいは〈知られざる神へ〉などと書かれた祭壇碑文を読むことができた」とある。ハルナックは、使徒行伝で「この知られざる神と異国の神々は一緒にされ、まさに使徒パウロもアテーナイで同じことを行った」としてこの時代を混淆主義とみなしている。

＊29　**キリスト教ネストリウス派**　四三一年のエフェソス公会議で異端と認定された、キリストの神性と人性を別とする宗派。コンスタンティノポリス大司教ネストリウスが主張した説で、アンティオキア対アレクサンドリアの政争になったが、公会議で敗れると、シリア派異端の総称となった。すでにシリア派はメソポタミアなどに布教拠点があり、サーサーン朝の治下で「東方教会」を形成すると、その高度な教義とギリシャの知識を携えてさらに東方へ布教し、中央アジアから中国まで達して「景教」と呼ばれた。「大秦景教流行中国碑」参照。イスラーム時代に東方教会系キリスト教徒が名医として宮廷に出入りしたことは、前嶋信次『アラビアの医術』に数多くの事例が載っている。

態度で身を固めて結束しているじぶんに気がつきました。明らかに、何か頑丈な、見るからに動かせない文化的な調度が、われわれの心の背後、だだっ広い物置のどこかに積み上げられているのです。その一部なりとも同定し、動かすことができれば、われわれは別方向から聖者崇拝にアプローチが可能だと気づくかもしれません。

　古代末期と中世初期の宗教史が依然として、われわれが思う以上に背負っているのは、一七五〇年代にデヴィッド・ヒュームがその論考『宗教の自然史』で、きわめて説得力のある論を展開して要約した態度です。『哲学百科事典』〔マクミラン社版〕は、この論考をいささか見下すように「二次史料による安楽椅子人類学の楽しいお稽古」と評しています。[51] それでも、より重きをなす追随者たちとおなじように、意識下にはその主概念がずっと居座り続けていて、その後も学界全体を覆っているのですが、そのわけを説明するのは、まさしくヒュームの論考に「安楽椅子」的な性質[*30]があるからなのです。なぜならヒュームが利用しているのは、あらゆる教養人が読んでいて、現代まで読み継がれるような古典作家たちの手ごろな証拠史料ばかりです。彼はこうした証拠史料を、実に器用かつ上手にまとめているので、『宗教の自然史』は自明なことを歯に衣着せず賢明に述べた点では、抗し難い重みがあるように思えます。一般論として宗教的な心の働きを解きほぐしていくヒュームの、正攻法の手さばきに疑念を呈するのはなかなか難しい。とりわけ、周知の古典作家たちから引用した、古代世界の迷信の本質や原因を祖述していくうえで、彼がみせた正確無比な筆法に挑むことなどとても不可能だったのです。

　ヒュームが真っ向から対峙したのは、宗教思考の起源と多様さという問題でした。彼はオーソドクスな同時代人に背を向けてこう主張します。ひとは生来の一神論者ではない。これまでもけっしてそうではなかった。〔旧約聖書の〕アダムや大族長《パトリアーチ》たちに許されたような、「至高の存在」を信仰するという原初の単純さは、〔原〕罪を経てもなお失われませんでした。〔唯一神の〕有神論は理想にとどまりましたが、それはいつだって不安定な理想だったのです。これは人間の罪深さゆえではなく、平均的な凡人の心の知的限界によるものです。有神論の知的前提、そして暗黙のうちには文化的かつ社会的前提は、達成するのが困難でした。なぜなら、ヒュームの見解では、有神論は筋の通った《コヒーレント》――そう、つまりは合理的な――宇宙観の達成に依存しているからです。たとえば、啓蒙された精神であっても、眼に見える世界の秩序から、またなすべき尊敬のかたちから、或る「至高の存在」を演繹することができるかもしれません。かくてヒュームは結論づけるのです。真の一神論は極めて稀れであり、遠い太古の洗練されない時代には、実質的に不可能であった、と。

おまけに、有神論の用語で思考を組み立てられないのは、まさしく社会的な「座《ローカス》」――「俗衆《ヴァルガー》*31」の定席があるからでしょう。

*30 **「安楽椅子」的な性質**　二十世紀の文化人類学は、フィールドワーク（野外調査）を重視する現場主義を標榜したから、『金枝篇』のジェームズ・G・フレーザーのように、探険家や伝道師、植民地官吏らが書き残した文献をひたすら書斎で渉猟するだけの十九世紀の人類学を「安楽椅子」人類学と批判した。十八世紀のヒュームも、原史料がカエサルやキケロ、プルタルコス、プリニウス、ストラボン、タキトゥス、クルティウス、スエトニウスらローマの古典作家のほか、プラトンやエウリピデス、クセノフォン、アリストテレスなどギリシャの古典に限られていることが原注から分かる。もちろん、ヒュームの時代にフィールドワークなどはなく、ないものねだりに等しいが。

*31 **俗衆**　ヒュームの遺作『自然宗教をめぐる対話』を参照。ただ、岩波文庫の大塚元訳ではvulgarに対し「通俗的な」（一章）と「一般の人びと」（一〇章）と訳し分けているがその根拠は不明。日本語で「通俗」と「一般」は大きく異なる。いくら原文が鼎談形式の対話篇とはいえ、ヒュームの水晶のように明晰な英文を、ただ初心者に分からせようという平易路線で恣意的に訳語を変えるのはかえって混乱を来す。岩波文庫編集部の再考を促したい。

俗衆とは、すなわち、ごく少数を除けば、実は全人類のことだが、無知で無学で、天国へ思いを馳せても……それが至高の心なのか、もともとの神意なのか、見分ける程度ですら一度も考えたことがない。(52)

ヒュームが強調しているのは、この欠損が「俗衆」の知的な限界のみに拠るものではないことです。この限界は、合理性に敵対する文化的社会的環境の全体を反映しています。「俗衆が……無知蒙昧」なため、筋の通ったいかなる宇宙観も土台となりうるような、抽象的な秩序の経験が断片化しがちなのです。なんとなれば有象無象の庶人は、直に接する環境から抽象的な一般原則を引き出す教育が欠如しているので、こころにその備えがないため評判がよくありません。いずれにせよ、もっとも特権的な世代においてだけ、しかも囲われたエリートの間でのみですが、抽象的な言葉で思考できない無学な知性の生来の蒙昧に、恐怖と懸念を募らせることになり、人知を超えた因果の働きを勝手に擬人化《パーソナライズ》する方向へと誘導してしまいます。かくて思考が多神論の道に滑りこみ、深みにはまっていく。結果として、ヒュームにとっての人類の宗教史は、単に本来の一神論から堕落した歴史ではなくなります。有神論と多神論のあいだで、思考の緊張が絶えず刻印されることになるのです。

顕著なのは、宗教の原則が人間心理に満潮と干潮をもたらしてきたこと、偶像崇拝から有神論へ盈《み》ちてくるかと思うと、また有神論から偶像崇拝へ虧《か》けていくという自然の傾向が人にあることである。(53)

平均的な人間の思考の限界について、いかにもヒュームらしく悲観的で、よく考え抜かれたこの評価と、その限界から宗教思考に常に生じる「満潮と干潮」に反映されるこの仕振りとは、ヒュームとその追随者たちに、宗教の変容に対する文化的社会的な前提条件というモデルを提供しました。人間の心の「満潮と干潮」には、歴史的な次元があるからです。ある時代にそれは、少なくとも限界的には、他の時代より多神教的でなくなります。より堅固なものになって、エリートの教養が深まり、おそらく「俗衆」をより効果的に制禦できるようになるのです。あるいは、少なくとも俗衆の不条理な気まぐれがあっても、それを超えて浸透していけるようになります。それ以外の時代は、あれやこれやの形式を取り繕うだけで、偶像崇拝への逆戻り以外の何ものでもなくなりました。だから合理性の擡頭と没落のそれぞれの面が、いかなる社会であっても、「俗衆」と、潜在的には啓蒙された少数のそれぞれの強さについて、また一方の側の見方が他方に及ぼす互いの圧力についても、評価の物差しになれたのです。

とはいえ『宗教の自然史』の最大かつ直接の遺産は、変化の感覚ではありませんでした。「俗衆」の宗教的な実践の裏に潜む惰性《イナーシア》の力に、さりげなく敬意を示すことにあったのです。ヒュームは多神教的な思考法を、受け容れやすく、ほとんど普遍的で、見た目は根絶不能なものに見せました。この論考のそういう側面を、即座にギボンが把握しました。『ローマ帝国衰亡史』第二十八章[*32]の一貫して達観した叙述の背後には、それが横たわっているのです。そこでは、ローマ帝国の異教の宗教の本質と異教廃絶

*32 **『ローマ帝国衰亡史』第二十八章**　中野好夫・朱牟田夏雄訳は「異教崇拝の最終的壊滅——キリスト教徒による聖者および聖遺品尊崇の始まり」という副題のもとに、四世紀後半のテオドシウス帝治下の異教徒弾圧を扱っている。そこでは「〔ミラノ司教〕アンブロシウスが、グラティアヌス帝の若さとテオドシウス帝の篤信とに乗じて収め得た自分らの勢力を利用して、これら両新発意《しんぼち》帝の胸に迫害の根本原理を吹き込むことに成功した」として、十五人の神祇官《ポンティフェクス》が統帥していたローマの異教組織がいかに解体されたかを記述している。ギボンはまた、キリスト教に改宗した「俗衆」を「時を得顔の宗教へと俗世的動機から転向するこういう取るに足りない俄か信者の大群でどこの教会も満員になった」と決めつけている。

の叙述に始まって、キリスト教の聖者崇拝の興隆へと滔々と流れていきますが、宗教の一様式から他の様式へと移行する目印となる渦流にはさほど目もくれず、「ヒューム氏は……哲学者のように、多神論と有神論の自然な満潮と干潮を観察している」[54]と割り切っています。ギボンにとって哲学者ヒュームは、多神教から聖者崇拝への移行をはっきり明示したひとだったのです。

> これまでは普遍的な〔第二〕原因を脳裏に描いてこれを崇拝しようと、苦しい努力を重ねて想像力を掻き立ててきたが、今では粗野な理念や不完全な能力にもっとふさわしい、亜流の崇拝の対象を熱烈に抱きしめるようになった。原始キリスト教の崇高で簡潔な神学は、しだいに朽ちていく。天上を統べる「君主制《モナーキー》」はすでに、形而上学的な煩瑣な細部で曇らされていたが、大衆神話の導入によって堕落し、多神教の領野を再び構築する方向へ向かった。[55]

もっと驚くのは、ヒュームのモデルの輪郭を硬化させ、その二番煎じを中世初期のキリスト教の数多くの現代的解釈の一部としたものが何かあるとすれば、それは十九世紀の宗教復興〔運動〕だったことです。これがどのように生じ得たかを知るには、〔十九世紀の〕首席司祭ミルマン[*33]の『ラテン・キリスト教の歴史』に目を転じさえすればよいのです。ローマ風の熱狂に染まって、暗黒時代のヨーロッパに聖者崇拝が燃え広がっていくありさまを、ミルマンは示しました。それでも彼の精神的な調度の相当多くは、ヒュームのモデルに負っています。[56] なぜならミルマンは、啓蒙された少数派の有神論を、キリスト教会の高揚したメッセージと同一視したからです。とはいえ、ヨーロッパに移住してきた蛮族たちが経た精神の遍歴を、ヴィーコ[*34]のロマンチックな読者であるミルマンが「詩的」と評したとしても（ギボンが突慳貪に「凶暴で無学」[57]と突き放したのとは違って)、そこにはまだヒュームの「俗衆」の十全な資質が残っていました。蛮族たちは、教会をリードする啓蒙層より、ずっと下層の思考様式を代表していました。ミルマンはただ、ギボンが下地にしたローマという画布《キャンバス》に、蛮族が跳梁する西ヨーロッパの全幅の絵を付け加えたにすぎません。

今や、不合理でも不当でもなく、キリスト教の神秘《ミスティック》の時代と呼ばれていいかもしれない時代が始まった。キリスト教が社会の下層階級へと下方に向かって働きかけ、その領域内で残忍で無知な蛮人を受け容れていくにつれ、それが及ぼす一般的効果は、宗教が自体の高潔な基準に時代を引き上げるというより、むしろ時代が自らのレベルに宗教を引きずり下ろすことしかありえなくなった。[58]

じっさい、過去の宗教的習わしに対し、感じやすく教養ある心の主が見せた、装いも新たな至誠は、国教会派《アングリカン》もカソリック派も同じように、平均的な庶人も思考を持つことへの共感の欠如を亢進させまし

＊33　**首席司祭**〔ヘンリー・ハート・〕**ミルマン**(一七九一〜一八六八)　オクスフォード大学教授だった詩人兼歴史家。悲劇『ファツィオ』を書いて世に知られ、『エルサレムの陥落』や『アンティオケの殉教者』などの詩作品もある。学問分野では一八二九年の『ユダヤ人の歴史』のほか、一八五五年には『ラテン・キリスト教の歴史』を出版した。ギボンの『ローマ帝国衰亡史』を編集、『ギボン伝』も書いている。准男爵を叙爵、一八四九年にロンドンのセントポール大寺院の首席司祭に任ぜられ、没後に大寺院の地下に埋葬された。

＊34　〔ジャンバティスタ・〕**ヴィーコ**(一六六八〜一七四四)　イタリアの哲学者で、その歴史哲学は数学至上のデカルトに対抗したもので、「真理は事実と交換できる」として、循環運動のように進む歴史に数学と並ぶ地位を与えた。著書に『新しい学』『学問の方法』『自伝』などがあり、上村忠男の邦訳が出ている。清水幾多郎『倫理学ノート』を参照。

た。伝統的なキリスト教の高度な真理を維持したい人びとは、「真の宗教」についての彼らなりの見解と、「俗衆」が常習とする迷妄《ミスコンセプション》のあいだに、かつてなく厳しい一線を劃さなければならなかったのです。

第二に、聖なる魂、洗練された魂にちからを及ぼせるものもまた、潜在的には群衆《マルチチュード》をも動かせる。そして群衆の宗教は、常に低俗で異常なのだ。〔信者が〕どんな人物であろうとも、それはいつも狂信と迷信の色合いを帯びることになるだろう。[59]

今度はヒュームではありません――ジョン・ヘンリー・ニューマン枢機卿[*35]です。宗教感情、とりわけこの感情が「俗衆」のあいだで「民衆宗教」として採る形状の本質と起源の特定のモデルが、プロテスタントやカソリックの学界の大いなる伝統に浸透するようになったのは、こうした段階なのです。その習わしに今なおわれわれは縛られ、古代末期と中世初期の時代の宗教と教会の歴史についてせっせと積み重ねた学識に依存しているのです。

現代の学界では、こうした態度は「二層」モデルの形態をとっています。「俗衆」間には常套の思考法が流布していて、そこから継続的に突き上げられると、少数の潜在的な啓蒙層がその圧力に屈してしまうと思われています。少数派の知的かつ宗教的な素養については、われわれがいま説明したばかりのヴィクトリア朝の逞しい教会人たちと比べても、ヒュームは遥かに悲観的でした。それでも彼は、「俗衆」の成り立ちに疑いを容れません。大衆の知的文化的限界と考えるものについて、ヒュームは残酷なほど単刀直入でした。ヒュームの「俗衆」像は、今でもわれわれのもとに留まっています。一例を挙げましょう。『殉教者伝』の歴史的核心を再現しようとしたイポリット・デレハイェ[*36]の勤勉な著作は、ヒュームとよく似た悲観を特徴としています。初期教会の歴史文書から、後日の牽強付会の伝説への変遷をたどる作業は、この生真面目なボランディストにとって、「少数の啓蒙層の心」が綴った正実な記録が、あっけなく衆愚《クラウド》に呑み込まれていくありさまを記すにひとしかったのです。

En effet, l'intelligence de la multitude se manifeste partout comme extrêmement bornée et ce serait une erreur de croire qu'elle subisse, en général, l'influence de l'élite... Le meilleur point de comparaison pour en démontrer le niveau est l'intelligence de l'enfant.

（実際、群衆の知性は、極めて視野狭窄な心として現れる。すなわち、一般にエリートの感化に従属するとされるが、そう信じこむと誤謬に陥ることになる。……そのレベルを示すには、子どもの知性と比較するのがいちばんである）[60]

古代末期の宗教の変転の本質に「二層」モデルを適用した場合、古代末期の人びとの敬虔な信心が一変したのは、聖者崇拝の擡頭と連動していて、以前は「俗衆」の間でだけ流布していた思考様式に、キリスト教会の啓蒙層のエリートまで屈服した結果に違いない、といった推測を歴史家に促すことになります。その結果は、古代末期の文化および宗教の歴史の多くを、エリートと大衆の間の関係に劇的な「地滑り」が起きたからだと説明する傾向となりました。「文化の民主化」、あるいは大衆の要求に屈服

＊35　**ジョン・ヘンリー・ニューマン枢機卿**　「二〇一四年版序」の原注36補注参照。
＊36　**イポリット・デレハイェ**　本章原注42補注参照。

する劇的な瞬間は、古代末期および中世初期の一連の「突然変異」をもたらしたとみなされました。(61) ローマ世界のエリートたちは、三世紀の危機*37にすっかり脅かされ、それが迷信的な恐怖に道を開き、新たにキリスト教帝国の支配階級になる層が導入したお勤め《プラクティス》の洪水を招き寄せることになったというのです。(62) キリスト教へ雪崩を打って「集団改宗」mass conversionしたのは、コンスタンティヌス大帝が自ら改宗し、キリスト教を国家宗教として公認した結果と思われてきましたが、それがかえって教会のリーダーたちを拘束し、幅広く多様な異教の礼拝の受容を余儀なくされたと言われています。ビザンティン世界のエリートが、さらに「大衆の素朴な精霊《アニマ》思想」に屈したがために、紀元六世紀後半に偶像《イコン》崇拝の隆盛をもたらしたとされています。(63)

こうした、「民主化」のそれぞれについて、こう言うこともできます。

おお、けっしてけっして、疑わないようにしよう
誰も確かめていないことなのだから*38

こんな具合に適用された「二層」モデルは、その説明以上に、初期教会史の劇的な転回点を創りだしてしまったかに見えます。

このモデルを放棄したら、何が得られるかを見てみましょう。わたしがお勧めする最大にして直接の利点は、古代末期と中世初期の時代に「民衆宗教」と呼ばれていたものを、もっとダイナミックに扱えば、一段と歴史理解に近づきやすくなることでしょう。なぜなら「二層」モデルの根本的な弱さは、宗教の変転を説明するのに、エリート層以外にはほとんど目を向けていないこと、関心があったとしても

ごく稀れなことにあります。「俗衆」の宗教は、どれも金太郎飴と仮定している。時系列もなければ顔もない。思考の様式をエリートに負わせることによって、変化は起こせますが、それ自体は何も変わりません。

今ではわざわざ釘を刺しておく必要がほぼなくなりましたが、比較的単純な社会でさえ、信仰を共有していても、社会の部門がそれぞれ異なると、大きく異なった体験となり、使い分けができるのです。一方の部門が他の部門の宗教行動に対して、欠陥があるとか、脅威だとか考えることも十分ありえます。(64) とりわけキリスト教は、習合された信仰*39への帰依だと分かっていました。その完全な理解と正確な公式化は、常にある文化のレベル*40を前提としていたのです。そのレベルは、キリスト教会衆のメンバーの大半とリーダー層のあいだで共有されていないことが知られていました。(65) それでも顕著なのは、三位一体

*37 **三世紀の危機** 二一七年にカラカラ帝が暗殺されて以降、軍人皇帝が国境防衛に東奔西走する時代となり、帝政は絶えず暗殺や叛乱などによる皇帝交代で動揺したほか、皇帝の諮問機関と化した元老院が形骸化していったことを指す。ブラウンが『貧者を愛する者』で手際よく要約したように、一九七六年のポール・ヴェーヌ『パンと競技場』、七七年のイヴリーヌ・パトラジアンの『ビザンツにおける経済的貧困と社会的貧困』では、ローマ帝国の東方圏で人口が増加し、それによる貧困を市民モデルが吸収できなかったのがローマ衰亡の主因とされ、キリスト教の救貧事業はその結果にすぎないという。この説は西方圏でも蛮族襲来で窮乏化が起きたとするブライアン・ウォード゠パーキンスの『ローマ帝国の崩壊　文明が終わるということ』とともに、ブラウンの「古代末期」説を批判する双璧となった。

*38 **ヒレア・ベロック**（一八七〇〜一九五三）の詩「微生物」the Microbe からの引用で、試料の微生物を顕微鏡で覗きこむ場面である。ベロックはフランス系英国人の作家兼歴史家で、オクスフォード大学を最優秀で卒業、政界に出て自由党議員となるが、政治に幻滅して著述に専念した。H・G・ウェルズやチェスタトン兄弟と親しかった。

*39 **習合された信仰** キリスト教がユダヤ教を母胎とし、そこからパウロらヘレニストによる海外伝道で離脱したこと、正典に本来はユダヤ教のものである旧約聖書を含み、しかもヘブライ語原典とは大幅な異同のある七十人訳のギリシャ語版旧約をもとにするという、屈折した起源を超克するために三位一体などの教説を立てざるをえなかったことを指す。

の本質といった「教義《ドグマ》」を詳述しようと鋭く意識し、その内容が「無学《アンレタード》」なひとには近づき難いと知っているリーダー層でも、大概はその同じ「無学」層からじぶんが孤立しているとは、ほぼ感じていなかったことです。共同体が宗教的な実践《プラクティス》を共有するようになったときも、またこうした実践に集約された人間と超自然な存在の関係を前提にするようになったときも、孤立感はなかったのです。[66] 宗教的な実践に明け暮れる人生の領域——現代人よりも古代人にとって、その測り知れないほど広く、親密に感じる領域では[67]——階級と教育の違いなど大した役割を果たしていません。アルナルド・モミグリアーノ[*41]が、彼らしい機知を利かせ、確信をもって述べたとおりです。

かくて、ローマ末期史の歴史家たちに、民間信仰を問い質すわが審問は、そんな信仰など存在しなかったという報告で打ち切りとなる。四世紀と五世紀にはもちろん、二十世紀の歴史家なら喜んで民衆的と呼びそうな信仰がふんだんにあった。ところが、四世紀と五世紀を専攻する歴史家たちは、いかなる信仰も断じて大衆性の特色があるものとして扱わず、結果的にエリート層のあいだで不興を買った。民間信仰の講義と、ローマ末期史の歴史家たちを、厳しく問責すべきだろう。[68]

古代末期史の歴史家たちがふつう呈示する「民衆宗教」のモデルには難点があります。「民衆宗教」は、エリートの視点からのみ理解可能との前提があるからです。「民衆宗教」は、何らかの形で「民衆的ならざる宗教」の縮小版か誤解版、あるいは汚染版として示されます。[69] 素っ気なく「民衆の迷信」と片づけられるか、「信仰の下位形態[70]」に分類されるか、どちらにしろ、「民衆宗教」は、何か他のものになれなかった出来損ないとしてなら、いちばん理解しやすい思考と崇拝のかたちを表すと思われています。なぜなら、エリートの指南を受け容れられなかったのは、「民衆」信仰に何か特定の妥当性、または意味のある内実があったこととは無関係、と必ず銘記されるからです。それは常に「俗衆」のお定まりの限界に帰せられます。だから、民間信仰はのっぺらぼうな持続としてしか自らを表せない。それは「無知蒙昧」な、すなわち「ごく少数を除き、全人類」のあいだで通用する信仰の、変わり映えもせず、昇華されない残り滓を表しているのです。

ギボンはこの意味を見抜きました。カソリックの聖者崇拝が、異教の斎事を直接転写したかどうかという、なお一触即発だった争点を俎上に載せるために、彼は卓越した文章技術でそれをとことん利用したのです。

> 同じ制服を着た、迷信の始原の精霊が、もっとも遠く離れた時代に、信じやすい習性を瞞着《まんちゃく》し、人類の感覚を惑わせるため、同じ方法を示唆していたのかもしれない。[71]

現在に至るまで、地中海の平均的な「宗教人」homo religiosus、もっと極言すれば、ありふれた女性たちが、くまのプーさんのように「ちっぽけな脳みそのクマ」だという前提は、依然として常識《ノーマル》になっ

＊40　**ある文化のレベル**　原始キリスト教団はイエスや使徒はアラム語（後のシリア語）を日常語としていたと思われるが、半世紀後の福音書やパウロ書簡など新約正典となった文書が、すべてローマ東方域の公用語《リンガ・フランカ》であるギリシャ語で書かれており、初期教会のリーダーが識字層だったばかりか、バイリンガルの知識人が加わったことを示す。

＊41　**アルナルド・モミグリアーノ**（一九〇八～一九八七）Arnaldo Momigliano はイタリア出身の古代ローマ史学者。トリノ大学教授の座を反ユダヤ人法で追われて英国に移住、オクスフォード、ロンドン大学で教授を務めた。『伝記文学の誕生』『歴史学を歴史学する』などは邦訳がある。

ています。[72] そうした彼または彼女の宗教観で想定されているのは、粗野で、古めかしい斎事と迷妄に頑なにしがみつく人士です。[73]「啓蒙」の時代は「俗衆」をあからさまに軽蔑しましたが、われわれの時代はそこに少なくとも軽く優しい筆触を加えて色づけした程度でした。地中海の片田舎の人びとが、有史以前から馴染んできた習慣として、われわれが好んで思いたがるものへ、ロマンチックな郷愁を募らせたのです。それによって、あらゆる「民衆」の宗教的実践は、古典的な異教の分身《アヴァター》とみなされます。[74] 異教もキリスト教もひとしく、人間の条件に対する共通の反応とみて、われわれはその追跡に気を遣うようになりました。[75] こうした現代の気遣いは、古代末期世界の「民衆的」キリスト教に及ぼした異教の背景の研究に、純然たる人間的な温かみや正確さ、そして古代末期の異教世界の研究に傾けた巨大な蘊蓄《うんちく》を加えることになります。フランツ・デルガー*42の作品との連想で、「古代とキリスト教」Antike und Christentum という概念が定着するようになりました。[76] キリスト教の聖者崇拝の擡頭とその分節化の研究ほど、惜しげもなく蘊蓄が傾けられた分野は他にありません。[77] それでもなお肝に銘ずべきは、教会のリーダー層の見解がどれほど新しくとも、古代末期の「民衆宗教」の研究は、持続するものの研究でなければならないことです。変化の研究ではありません。何となれば、キリスト教を培った不動の底土を掘り起こす研究がこれから想定されているからです。ギボンはかつて、そうした研究と距離を置き、畢竟、聖者崇拝の興隆にはさして驚くものはない、と仄めかす方向に身を躱《かわ》しました。われわれもその限りでは、この骨惜しみの定式からそう離れていなかったのです。

かくも静的で差別化できないモデルに、古代末期史の歴史家が今後も長く安住していられるかどうか、そろそろ問い直す時期のようです。板挟みの苦境に足踏みしているからです。古代末期の政治的、社会的、経済的激流が、日々安全に暮らしを営んでいた人と人との関係に、深刻かつ取り返しのつかない転機をもたらしました。それを歴史家は知っています。西ヨーロッパでは帝国が没落し、古典時代に通用していた社会関係の構造が、新たに置き換えられましたが、全体として地中海圏はじっと激動に耐えました。この転機は異なる地域で異なる現われ方をしましたが、これは単にエリート層だけでなく、あらゆる階級、あらゆる文化レベルの地中海圏の生活に、じわじわと深く効いてきました。それでも古代末期史の歴史家は、古代末期の世界で人口の大多数を占めた層のために、一見壊れそうにない持続するものの展望を示しました。「変われば変わるほど、いよいよ同じもの」plus ça change, plus c'est la même chose とは今でもなお、古代末期の「民衆宗教」研究にあって、息長く続く優れた習わしの指導原理と思えます。

とはいえ、本章の冒頭でわれわれが見てきたのは、天と地のあいだ、神的な存在と人間のあいだ、生者と死者、市《まち》とその対蹠地のあいだにあって、古代人を囲ってきた間仕切りのあらかたを、間違いなく、聖者崇拝の擡頭が壊したと同時代人が感じたことです。聖者崇拝の擡頭と公的な分節化に伴う歴然たる間仕切りの崩壊は、「民間信仰」の怠惰な大海の波面《なみも》に散る泡沫《しぶき》以上のものではない、と一蹴するのがもはや可能かどうか、わたしには疑わしい。聖者崇拝が想像力の変容を含んでいるからです。少なくともそれは、ローマ末期の社会一般の人間関係のパターンと適合していたかに見えます。死せる人間を金《きん》甌《おう》無欠の崇拝対象と定め、見えざる面影を見誤ることなく、精確に可視の場所にリンクさせ、多くの地

＊42　**フランツ・ヨーゼフ・デルガー**（一八七九～一九四〇）はドイツのカソリック神学者で教会史家。ブレスラウ（現ヴロツワフ）やボン大学教授を務め、学術誌『古代とキリスト教』を創刊、初期教会と異教社会との関係を研究した。ボン大学に彼の名を冠した研究所がある。本章原注16の補注、同66の補注参照。なおドイツのビザンティン研究家、フランツ・デルガー（一八九一～一九六八）は別人。

では、精確に生きた代理人に結びつけたのです。そうした適応から察せられるのは、小さな変容ではなかったことです。しかし、こうした変容を枝葉末節まですべて理解するために、われわれは「二層」モデルを放逐しなければなりません。少数派と多数派両派のあいだで交わされる対話として、聖者信仰の擡頭があったというよりも、もっと大きな全体の一部として——古代社会の膨れあがっていく成員が、前のめりに突進したと見てみましょう。それは新しいリーダー層のもとに結集し、新しい場所、新しい対象に、根本的に新しい崇敬のかたちをめざしていて、その推進力は、少数派も「俗衆」もひっくるめて、霊威の行使の新しい形態、互いに依存する人間の新しい絆、変転する世界で保護と正義を求める新たな他人事でない希望とともに、全員共通の恍惚境に浸りきる必要から導きだされていたのです。

第二章　心地よく秘密めいたところ

われらみな、尊き墓にふさふ調度を飾り
われらが母セクンドゥラの墓と銘せる祭壇に
石の卓を据ゑ、母の善行をあまた
思ひだして座に着くとは、これ嬉しやな。
食膳と盃を並べ、座布団を重ぬれば
胸を噛みし辛き傷心も癒されん。
こうして、われらがよき母を称へ
歓談しながら、宵を過ごしたり。
われら全員を育みし老貴婦人は
いまは黙して横たはり、永遠に粛々と眠りたりき。

使徒ペテロのみもと、正面入り口の前、
左から、男口から入ると、玄関の第二列に
ルキウスと、その妻、淑女のユヌアリアを祀る。

穹窿の下、出口の扉を抜けて、
ホールの形をした共同墓地に入るとき
通った扉の右手、壁に沿っていくと、
墳墓がみつかる。わたくしはそれを
はっきり知らしめたい。彼女の墓を見て、
彼女がした善行をすべて追想すべし。
ここは聖なる甘い香りに包まれて
彼女の骨が休らう場所だから。とりわけ子孫の
誰しもに庶幾《こいねが》うのは、せめて命日には
多くのひとの習慣とおなじく……彼女の
横たわる場所に、来たれよかし。

墓碑に刻まれた三つの章句です。最初は三世紀後半のマウレタニア[*1]の異教徒の碑文[1]です。二番目はキリスト教徒の碑文で、五世紀、ローマの聖ペトロ〔現サンピエトロ〕大聖堂から[2]。三番目は、十五世紀前半のフィレンツェからで、ジョヴァンニ・ディ・パゴロ・モレッリの家族の追想録『思い出』Ricordi の抜粋[3]です。

どれをとっても、地中海圏では死者の身じまいが、どっしりと安定していることをうかがわせます。

大半の文化で埋葬の風習は、真っ先に槍玉にあがるほど、梃子でも動かせぬ一面です。それはまた社会の宗教生活の要素の一つでもあります。わたしが前章で触れたように、宗教史の伝統に基づく宗教行動の形状に、通常貼られるラベルには見事なほど左右されません。「異教的」か「キリスト教的」か、「民衆的」か「迷信的」か、ときれいに分類できないのです。というのも、その起源が現代の学者にどう見えようとも、死者の身じまいをめぐる風習は、それを人間であることの一部またはひと続きのものとして、ただ実践する人たちが体験することだからです。六世紀のエジプトの貴婦人が宣したように、そうしたお膳立ては人間として果たすべき責務であり、τὰ ἀνθρωποπρεπῆ μου νόμιμα（人間的たることはわが法《のり》なれば）だからなのです。(4)

〔葬殮《そうれん》の〕お勤めそのものと同じく変わらないのは、死者の身じまいで遺族が果たす圧倒的な役割です。それでもここに、相剋《コンフリクト》の要素が浮上することがあります。なぜなら、〔遺族以外の〕親戚たちもある程度まで、あるいは何らかのかたちで、死者への関心を表明できるからです。それが全体として、共同体の求めるところと齟齬《そご》を来たすことになるかもしれません。葬祭の儀礼をやたらと華美にしすぎるとか、故人の追悼およびその墓に誓う至誠のことばが物議を醸すとかは、死者の名を借りて、或るグループが生者の身内のあいだで幅を利かそうとする場合のテコともなりえます。墳墓はまさしく「心地よく秘密

＊1　**マウレタニア**　古代北アフリカにあった先住民のベルベル人マウリ族（ムーア人）の王国。マウリはギリシャ語の黒（マウル）に由来するとされ、のちオセロのように「ムーア人」とも呼ばれた。フェニキアの植民市カルタゴに支配され、ついでローマの属州となったが、王制を維持し、イスラーム征服後もアトラス山脈の奥地にいて、独自の風習と文化が今日まで残っている。マウレタニアの西半分はティンギス（タンジール）を中心とした今日のモロッコである。アフリカ大西洋岸のもっと南にある現在のモーリタニアは名のみ継承していて、古代のマウレタニアとは別である。

めいたところ」だからこそ、遺族と共同体のあいだで軋轢《あつれき》が起きる緊張点となりかねません。このため、地中海圏の歴史全般を通じて、こうした故人の追善供養の取り扱いは、近しい人を亡くした肉親や友人の内輪を飛び越えて——葬祭の儀礼や埋葬の慣習、定期的な追善供養といった具体的なかたちをとるかもしれません。そうしたブレがむきだしになることがあります。ある社会では、すでに亡くなって社会的政治的生活に積極的に参加しているわけではない故人の供養を、それ相応に縮小していこうと決意していますが、別の社会では、せめて生者のあいだでだれか故人の声望を保たせ、お馴染みのことですが遺族を筆頭に担ぎだして、生前の勢力を維持しようとする意志を持っていることもあります。

　ですから、アテーナイの民主政は、葬儀で遺族があらわな感情表現をみせると、容赦なくとことん取り締まる構えでしたが、古代ローマの貴族階級《パトリシエイト》のほうは一族の誇りとその継承を見せつけるような葬儀を積極的に奨励しているのです。[5]もっと後年になると、イスラーム世界では遺族と共同体の緊張が、ムスリムの葬殮のお勤め《プラクティス》の幅広い多様性に現れてきます。オーソドクスな埋葬は寒々しいほど自己抑制的で、灌漑のない乾燥した土地で弔いを手早く済ませ、余計な碑銘を省いてしまう薄葬を理想としており、「目印の石」の下に死者を横たえるだけですが、それは信者すべてが神のもとでは平等であり、あらゆる社会的な差異が復活の日の前には無に帰すという共同体の一員であることを、亡きムスリムとその近しい親族が最後にきっぱりと認めることなのです。それでもこれとは裏腹に、信者の共同体内に残る社会的な差別化という罪深き因習《オールド・アダム》のせいで、カイロの「死者の街」*2の霊廟《マウソレウム》には、壁で四方を囲ったガーデンハウス式の墳墓がしぶとく生きのびています。そこではムスリムの大都から来た一家とその近親が、生者のあいだに存する社会的差異の忠実な複製《レプリカ》を墓によみがえらせて、〔イスラームの〕厳格かつオーソドクスな〔平等〕観を長らく骨抜きにしてきました。[6]また、それとはまるで異なる環境になりますが、英国の田荘階級《ジェントリー》が教会にしつらえた華やかな《フランボワイアン》墓と、マサチューセッツ州ケンブリッジにある十八世紀の共同墓地*3でいちめんに立ち並ぶ、地味で寡黙な墓石の列とのコントラストも、アメリカの民主政の起源を知るのにこれほど格好な証拠物件はありません。(7)

これらのどの場合でも、われわれはあからさまな宗教問題から遠ざかりました。埋葬や供養の風習に表れてくるような、他界信仰の内容とか、死者と生者のありうる関係のような問題から離れて、遺族と共同体の関係といった分節化の難しい問題へと比重を移してきたのです。墳墓と、墓の周りで生者がやれると思うことは、変化の時代になれば、両者の相剋する異論をとことんぶつけ合うのにふさわしい闘技場《アリーナ》となりうるからです。(8) キリスト教圏では、後世のムスリム圏とおなじく、この問題をめぐる緊張は、片や死者の運命についての正しい教えがあり、他方には「真」の教えを間違って解した典型と思われる妄信とその実行があって、そのあいだに生じる相剋として分節化されています。後者にはキリスト教以前〔異教《ペイガニズム》〕、あるいはイスラーム教以前〔無明《ジャヒーリーア》〕の「迷信」が混入し、「真」のお勤めを汚染したとして、しばしば烙印を押されてきました。それでも、わたしが提案したいのは、こうした相剋の動因の発生とその解決は、緊張のさほど顕在化していない分野――遺族と共同体のあいだの緊張――を念頭に置いたほうがずっと理解しやすくなるということです。

*2 **カイロの「死者の街」** 旧市街にあるアル・カラファ地区は、城壁外のマコッタムの丘の裾野にあって、四マイル四方の広さのネクロポリス。一般市民の墓にまじって、スルタンなどかつての権力者の霊廟が林立するが、市内に住めない貧者が入りこみスラム化した。

*3 **十八世紀の共同墓地** ハーヴァード大学構内にある旧墓地 Old Burial Ground だろう。看板には一六三五年開設とあり、大学の学長八人の墓のほか、南北戦争の犠牲者も埋葬されている。初期の墓石には中世の伝統を反映して、羽のついた髑髏が刻まれていたが、十八世紀のニューイングランドの大覚醒運動で、羽のついた天使の図柄に置き換えられた。

これはとりわけ、四世紀末から五世紀初めにかけてのラテン圏のキリスト教会の場合にあてはまるようです。一世代のあいだ、地中海一帯の共同墓地の周辺では、キリスト教会の内部で「迷信」について侃々諤々《かんかんがくがく》の議論が火花を散らしていました。三八〇年代にはミラノの司教アンブロシウスが、(9)三九〇年代にはヒッポの司教アウグスティヌスが、キリスト教徒の会衆のあいだで行われている葬祭の悪習を制限しようとしました。真っ先に槍玉にあげられたのが、家族の墓所または殉教者の「記念堂」のいずれかに詣でて、死者を祀る墓前で斎食《おとき》をする風習でした。*4 アウグスティヌスが歯に衣着せず述べた所見では、こうしたお勤めは異教の信仰の穢《けが》れた遺産でした。

教会に平和が訪れるや、キリスト教に入りたがっている異教徒の集団は堰《せ》き止められた。彼らは偶像を崇める祭りの日々を、いつだって牛飲馬食で過ごしていたからだ。(10)

その異教徒たちがいまや教会に入ってきて、悪しき風習を持ち込んだというのです。(11)十年後にヒエロニュムスは、キリスト教の聖遺物崇拝を擁護する文書を〔パレスティナの〕聖地から発しなければ、と感じているのを自覚しました。〔スペイン北東部の〕エブロ川渓谷上流のカラグリスから聖地を訪れた聖職者、ウィギランティウスに反駁したのです。この「不快な蠅取り紙」(12)がわざとぶつけてきた怒りの背後には、ガリア南部とスペイン北部の信者のサークルが、聖遺物崇拝や殉教者崇拝のありように、真剣に困惑していた様子がうかがえます。「われわれの目には、宗教的な慣習という口実のもとに、教会に持ち込まれた異教崇拝の儀式に見える」(13)と直言しているからです。

さらにそのあとの四二一年には、キリスト教徒の貴族キュネギウスの埋葬に際し、ノーラ〔司教〕のパウリヌスが故人の母フローラの頼みを容れて、同地の聖フェリクスの墳墓のすぐそばに伴葬することを許可しましたが、この許した葬礼についてアウグスティヌスにお伺いを立てたので、神学的な賛否両論を丁寧に説いた論評を彼から引き出してくれました。deposito ad sanctos（聖者の傍らへの伴葬）は当時、けっして珍しいことではありませんでした。パウリヌスも、じぶんの息子の亡骸を、アルカラ Alcalá の聖者たち[*5]の傍らに伴葬しています。(14) それでもこれは問題なのかもしれないと〔パウリヌスは〕気が咎め、アウグスティヌスに見せる価値があると考えたようです。アウグスティヌスは、一般的なキリスト教の埋葬の本質に十分深遠な論題を提起するものと考え、とりわけ聖者崇拝について長文の明晰な解を与えるに値すると思いました。それが「死者のための身じまいについて」De cura gerenda pro mortis という論考です。(15)

＊4　**斎食をする風習**　「冷蔵庫」の語源となった refrigerium（追善の供宴）のことだろう。埋葬の当日と葬儀の九日後、そして毎年の命日に、故人の霊を慰めるため一族の墓所や殉教者の霊廟に集まって共餐する風習で、三世紀初頭のテルトゥリアヌスは「最後の審判」の日まで待たなければならない死者を慰安するものとみて肯定的だったが、四世紀後半になると、墓場で飲めや歌えの度が過ぎると顰蹙を買うようになったらしい。はしゃぎ騒ぐことが邪霊除けでもあったのに、いつしか忘れられたということだろうか。

　斎食の風習は日本にもあって、沖縄の津堅《つけん》島では、人が死ぬと、莚《むしろ》で包んで、後生山《ごしょうやま》と称する藪に放《はふ》って風葬にしたが「死人がもし若い者である場合には、生前の遊び仲間の青年男女が、毎晩のように酒肴や楽器を携えて、之を訪れ、一人々々死人の顔を覗《のぞ》いた後で、思う存分、踊り狂って、その霊を慰めたのである」（伊波普猷「南島古代の葬制」）。追善供養の法要に親戚らが集まって、仏事ののち会食するのもその名残といえる。

＊5　**アルカラの聖者たち**　ディオクレティアヌス帝の迫害時の三〇四年、ヒスパニアのアルカラ Alcalá でまだ学童だった十三歳のユストゥス Justus と九歳のパストル Pastor が、皇帝の布告を聞いて、当局の邸宅に駆け込み、キリスト教徒だから生贄の遥拝などできないと言い張って斬首された。二人はアルカラの守護聖人とされたが、八世紀に亡骸が〝再〟発見され奉遷されたのち、十六世紀にアルカラ・デ・エナーレスに帰り大聖堂に埋葬された。

それゆえ、この時期に墓をめぐる甲論乙駁があったのです。わたしが前章で論じた宗教史の「二層」モデルが重みを増す方向へ、これはあきらかに誘導する議論です。なぜならこの場合、キリスト教会の誰の目にも傑出した教養人であるリーダー〔アウグスティヌス〕が、会衆のあいだに根づいた「キリスト教以前」のお勤め《プラクティス》に、反対の立場をとろうとしたと思えるからです。こうしたお勤めは、異教徒の集団がキリスト教に大挙して改宗するにつれて、重みを増していったかに見えます。異教から流れこんだ思考やお勤めのやり方の圧力もまた、儀礼を拘束したり、新しい殉教者崇拝の信仰に活路を見いだしていました。そう考えると、教会のリーダーにとってこの世代は、ピュロス王の勝利[*6]〔のように割に合わない勝利〕で終わったのです。キリスト教以前のお勤めは、俗信徒自身の私的な墓所で俗信徒が取り仕切っていました。これがハメを外すようになると、殉教者の祠の斎食《おとき》から完全に締め出されてしまいます。にもかかわらず民衆の輿論が、不満げな少数派を除く全員に迫っていたのは、儀礼の異教的な様式を素直に受け入れ、聖遺物や聖者の墓への崇拝では、墳墓に眠る魂をローカル化するという、潜在的には「迷信的」な見方も受け入れることです。だから、歴然と文献に残る「俗衆」の勝利は、聖者崇拝が四世紀末から五世紀早々にかけて、にわかに日の目を見てハレを迎えたことの根源にあったと考えられます。その勝利がどの程度だったかは、アウグスティヌスの『神の国』[*7]の驚くべき最終巻で見てとれます。そこでは、肉体と魂の関係について、プラトンやキケロ、ポルピュリオスの見解に対抗して高尚な議論を繰り広げたのに、肉体の復活の可能性からいきなり話が飛んで[*8]、ヒッポやウザリスに〔奉遷された〕聖ステファノスの地方分祀の拝所[*9]で、新たに発生した奇蹟の長いリストに遭遇するのです[16]。いきなりトーンが一変するため、現代の学究たちはほとんど例外なく困惑を覚えます。キリスト教のもっとも洗練された精神〔アウグスティヌス〕が、「俗衆」の信仰によってわずか数十年のうちに、どれだけ下から突き上げられるようになったか、これは最悪の疑念を裏付けたものとも思えます。

こうしたばかげた物語を、間違いなく烏合の衆［A・H・M・ジョーンズ*10『末期ローマ帝国』の表現］が信じたとはいえ、アウグスティヌスのような知的に卓越したひとでさえも、彼らに一目を置くべきだった時代の表れなのである。(17)

古代という時代全体を通じて、エリートが形成されているというのが、「二層」モデルの強みのひとつです。このエリートは、ヒュームやその後の学者が輪郭を素描してみせたのと、見た目は大差ない受け止め方で、自らの社会の宗教的な変容*11を経験しています。そうしたエリートにとって、「迷信」は主

＊6　**ピュロス王の勝利**　ピュロス王は前四〜前三世紀の古代ギリシャのエペイロス王で戦術の天才。南イタリアの都市国家タレントゥムがローマに攻められた際、象軍を含むピュロス軍が加勢して戦った。ヘラクレアスとアスクレアムの戦いで大勝を収めたが、大勢の兵を失うなどの犠牲を払い、「もう一度ローマに大勝したら、われわれは滅びる」と慨嘆したという。

＊7　**ポルピュリオス**（二三四〜三〇五）　フェニキアのテュロス生まれの新プラトン派哲学者。師プロティノスの『エンネアデス』を編纂した。『神託から得た哲学』De Philosophia ex Oraculis Haurienda や『反キリスト教論』Adversus Christianos を書いてキリスト教を批判、ディオクレティアヌス帝などのキリスト教迫害の根拠に使われたとされる。

＊8　**話が飛んで**　アウグスティヌス『神の国』第二十二巻八章以降。キリストの復活など「はじめの奇跡」は正典で知られているが、「いま起こっている奇蹟」はまだ知られていないとして、カルタゴの代理総督顧問のインノケンティウスの癒しから始まり、ヒッポに来たカッパドキア出身の兄妹が、聖ステファノスの記念堂の格子にしがみついて祈るうちに失神し、身体の震えがやんだなどの実例を次々に挙げていく。

＊9　**地方分祀の拝所**　［二〇一四年版序文］の原注30補注参照。

＊10　**アーノルド・H・マーティン・ジョーンズ**（一九〇四〜一九七〇）　ユニバーシティ・カレッジ・ロンドンやケンブリッジ大学の古代史教授。古代末期研究の先駆者で、ブラウンの「古代末期」概念の提起で、その『末期ローマ帝国』が読み直された。

として正しからざる妄信 incorrect belief の問題でした。その妄信は「俗衆」にはちゃんとした社会的な「場」locus があり――女性全員が自動的に「俗衆」に属するものとされて「あの臆病で敬虔な性[18]」として扱われます。こうしてヒエロニュムスは、殉教者崇拝の行き過ぎは「俗人の単純さ、必ずや信心深い女性の単純さ」のせいに違いないと断じて[19]、その「迷信」的な意味合いには責任を持てない、と単純に突き放しました。ヒエロニュムスとその聖職者仲間たちは、特異な自意識を持った「緊張」の世代の一員でした。彼らは四世紀後半のキリスト教会で、新しい聖職者のエリート層を形成していました。禁欲者の背景を持ち、厳格で霊的な知的傾向を持つ聖職者層であるアンブロシウス、アウグスティヌス、ヒエロニュムスは、「上から下へ」(de haut en bas) とひとを見下す目線で、帰依者の大多数がしたがっていた宗教的風習に反撥してみせたのです。ちょうどそれは、「二層」モデルの伝統のもとで仕事をしている現代の学究が、世に喧伝されるどんな「民衆宗教」に対しても見せるだろうと思われる〔拒絶〕反応とよく似ていて、やはりと思わせられます[20]。アウグスティヌスがはっきりと標示した説明や、ヒエロニュムスがウィギランティウスの批判に返答して、多少ぶっきらぼうに示唆した説明に、現代の学究たちは大いに満足したようです。だから、旧来とは別の説明をもとめようとすれば、ほとんど自明のことを否定するかのように思えました。

それでも、当初から失念していることがあります。アウグスティヌスが明言したこと、すなわちキリスト教の会衆内で異教のお勤めが増え、それを集団改宗《マス・コンバージョン》[*12]に起因するものだと述べたことは、明らかに物のはずみでした。聖職者のユーヒーマリズム euhemerism に照らせば、それは腑に落ちる一言でもありました。とはいえ、蒼古の起源が何であれ、前世代まですべて本物のキリスト教徒のお勤め《プラクティス》として受け容れてきたものだとも述べています[21]。墓前で追善の斎食《おとき》をした人びとは、必ずしも半ば異教徒の改宗者とは限りません。同じくらい、上流のキリスト教徒の家族だったこともありえます。アウグスティヌスは、そうしたお勧め〔の内情を〕をあからさまに説明することによって、彼らを恥じ入らせ、改革に従わせようとしたのです。しかも、一見自明と思えるそうした所見は、中核をなす断定を当然と思わせてしまいます。その顰《ひそ》みに倣うべきではありません。四世紀の過程で起きた「集団改宗」の史料は、実は古代末期のいずれの時期においても、思ったよりはるかにあやふやなのです。(22) とりわけ、ヒッポの考古学調査では、アウグスティヌスが描いてみせたような、キリスト教会衆の急膨張を支持する証拠は、今のところ出ていないように見えます。これまで発掘された教会跡は、四世紀のいかなる時期においても、キリスト教の会衆が、新たな改宗者がにわかに殺到するような「地滑り」に呑みこまれたという印象を与えるものではありません。(23) 後年、新世界に上陸したカソリックのヒエラルキーや、アフリカやアジアに派遣された欧州の伝道団なら押しつけたかもしれない〔異教徒を〕順応させる布教様式は、古代末期の条件から言えばまるで無関係でした。「福音を届かせること」や「改宗させること」のいずれも、後世のキリスト教伝道が直面することになった問題ほど、大がかりな軋轢《あつれき》となりませんでした。その代わり、われわれは驚くほど頑強で内向的なキリスト教共同体を相手にしているのです。洗礼を前にして初信者教育《カテケーシス》 catechesis を施す初期教会の規律をめぐる儀式や、日曜の典礼に参列した洗礼志願者《カテキュメン》

＊11 **自らの社会の宗教的な変容**　ブラウンが古代社会の宗教的変容と対比させているのは、彼の自国である英国およびアイルランドのピューリタン革命など、王政打倒に及んだカソリックとプロテスタントの宗教戦争だろう。その仮借なき宗派抗争が、新大陸まで飛び火してアメリカ独立に至ったからである。

＊12 **ユーヒーマリズム**　神話の神々は偉人が起源だという合理的解釈のこと。前四世紀にシチリアのマケドンの宮廷にいたエウヘメロスが唱えたとされる説で、ゼウスはクレータ島で死んだ王が起源で、その墓が残っていると主張した。プラトンの『パイドロス』で、ソクラテスが同じように北風の神ボレアスを例にあげている。

catechumen の名前の厳かな朗読は、もっと緩やかに物事が動いていた時代からあったお勤めでした。圧倒的な数の圧力があったとされるにもかかわらず、それは六世紀のアルル[*13]と〔シリアの〕アンティオキアのように、遥か遠く離れた地中海の諸都市でもまだ当たり前とされていました。[24]「二層」モデルは、起きてもいない地滑りを捏造したのかもしれません。どうせ教会の内部で「民衆」の宗教感情に、見た目は新しい形が誕生するのに遭遇し、それを体系立てて説明する必要が生じたけれども、その必要を充たせるのがキリスト教会に殺到する「俗衆」の地滑り説しかなかった、からでしょう。

それゆえ、二層モデルで説明する形式を脱却して、宗教的実践《プラクティス》の相剋に置き換える時機が来ています。「迷信」をめぐる四世紀末の議論は、それより広汎な背景との相剋があることを示しています。われわれは、幅広い範囲のキリスト教共同体から証拠を呼び出して、キリスト教徒が死者の身じまいと殉教者崇拝にどんな態度をとったかを幅広い範囲で考察しなければなりません。そのうえで、高度に分節化された単一世代にとどまらず、西方ラテン圏のキリスト教共同体のあいだで、聖者の拝所がハレの座を占める最後の擡頭に至るまで、その筋書きをたどっていかなければなりません。そうすれば、ローマ末期の社会に起きた聖者崇拝の根幹にもっと深く踏みこんで触れることができ、この崇拝の「座元」impressario を務めた、キリスト教リーダーたちの傑出した世代が、解き放ったエネルギーに少しでも近づけるかもしれません。

『ルネサンス期フィレンツェの家の営みと係累』という素晴らしい本のなかで、フランシス・ケント[*14]は、「親族関係の色ガラスを通して感情や経験を見るという、中世社会に普遍的な傾向の重要性」[25]に言及しています。われわれも古代末期のキリスト教会を、この「親族関係の色ガラス」を通して見るために、一瞬だけ立ち止まってみましょう。この時代を扱う歴史家は、めったに孤立した個人に出会えません。宗教的な実践は、家族とともに、家族のためにおこなわれていたのです。

そしてわれわれはカナの地に至った。そこはわれらの主〔イエス〕が婚礼の祝宴*15に加わったところである〔と巡礼団は書いている〕。われわれはまさしくそれと同じベンチに身を横たえ、そこに値しない身であっても、わたしはわが親族の名をすべて記した。(26)

一見、同質ともみえかねないキリスト教共同体は、時が進むにつれて解体し、たちまち家族史のゆるい束と化してしまいます。歴史家のソゾメノス*16にとって、アスカロン*17とガザのキリスト教徒の物語は、彼自身の一族、および近隣の一族の物語でした。

＊13　**アルル**　地中海岸のローヌ川河口にギリシャ人が建設、前六世紀にケルト人に占領され、アレラーテ（Arelate）（「湖（池、潟）の近く」の意味）と名づけられた。ライバル都市はマッサリア（マルセイユ）だが、カエサルに味方してガリア・ナルボネンシスの主要都市となった。コンスタンティヌス大帝が気に入り浴場を建設したほか、西ローマ帝国末期に首都となったため、円形闘技場、円形競走場、劇場、凱旋門、円環状の市壁などの遺跡がある。古代末期には、北アフリカの禁欲者の厳しい戒律を実行する修道院が建てられ、アルルのカエサリウスらを中心とする西方ヨーロッパ圏の修道院運動の起点となった。

＊14　**フランシス・ウィリアム・ケント**（一九四二～二〇一〇）　オーストラリアの歴史家。メルボルン郊外のモナッシュ大学で講師やパーソナル・チェアを歴任した。同書は一九七七年刊行で、一四二〇年から一五五五年にかけて、フィレンツェの有力貴種だったカッポーニ家、ジノリ家、ルケッライ家の家族史を研究、その父系制の構造を明かすとともに、核家族が必ずしも大家族制に反するものではないことを証明した。

＊15　**婚礼の祝宴**　ヨハネ福音書第二章冒頭で、ガラリアのカナの地で行われた婚礼に、イエス一行と母マリアが参列した。「ワインがなくなった」と母が言うと、イエスは異様につれなく「私と何の関係がある。私の時は来ていない」と退けたが、六つの大きな水甕を用意させ、甕のなかの水をワインにする奇跡を起こした。カナがどこかは確定していない。

この地で生まれた最初の教会と修道院は、わが一族の一員によって造営され、その権力と、よそ者や困窮者への喜捨によって支えてきた。この一族に属す何人かの優れた人びとは、わたしの時代にも矍《かく》鑠《しゃく》としていて、若いころに見かけたことがあるが、すでにかなりの高齢であった。(27)

それと同時にわれわれが忘れてならないのは、キリスト教会がハレの舞台に躍り出た理由は、おおよそのところ、中心となる儀礼の実践《プラクティス》と、しだいに中央集権化するその組織と資金管理が、理想的な共同体を異教社会に差し出したからなのです。それは親族の絆を修復し、方向を変え、仕切りまで設けると豪語していました。(28)教会は人為の〔疑似〕親族集団でした。その成員たちは、連帯感や忠誠心、以前は肉親に限られていた義務感の公正な目安を、新しい共同体に投射することが期待されています。死者の身じまい以上に、これをはっきり明示する分野はほかにありません。三世紀の初めまで、〔帝都〕ローマの共同体には独自の共同墓地がありました。その担当の助祭カリストゥス*18〔のちのローマ司教〕が、ローマ教会に大きな影響を及ぼすようになるのに、この共同墓地は十分に重要な存在だったのです。(29)ときおり貧者や非キリスト教徒もそこに埋葬されるので、親族限りという仕切りを突破していると強調しました。(30)もっと頻繁に起きていたことは、新しい親族グループと、それ以外のグループのあいだで、重要性の仕切り線がしばしば引き直され、厳格化されたことです。不信心者や背教者、破門者は排除されますが、共同体はその成員だけを覚えていればいい。(31)殉教者や司教が死んだ命日を注意深く記載することは、キリスト教共同体に憧れの人《ヒーロー》やリーダーの記憶を守りつづける永遠の責務を与えたのです。(32)

こうして四世紀の司教たちは、潜在的な相剋含みで一触即発の状況を引き継ぎました。彼らはあちこちに散在する城市に置かれた共同体の単一のリーダーとして現れます。(33)その教会で典礼をおこなったこと、故人の属していた特権的カテゴリー内で彼らが特別な立場を占めていたことが、キリスト教共同体内部で求心力を強く凝縮させたのです。それでもこれらはおおむね儀礼上で事を解決していました。キリスト教は、平均的な庶人の墓にまで手を出していません。キリスト教会衆の圧倒的多数にとって、家族の墓は「心地よく秘密めいたところ」のままだったのです。そしてキリスト教の聖職者も、彼らが何を望んでいたにしろ、そうした家族の墓を持つ俗信徒からの扶助に依存しつづけていました。ですから、キリスト教の儀式に保存されている強い共同体感覚は、味はまろやかでも、どんどん脆くなっていくケーキのてっぺんに載せられた、裕福なキリスト教家族の糖衣《アイシング》にすぎなくなりました。(34) この世紀を通じてはっきりしたのは、家族の墓や、なおさらのこと(a fortiori)*19ですが、殉教者の墓が、求心的な要素の鬩《せめ》ぎ合う相剋ゾーンになりうることでした。信者の共同体の理想は、墳墓に納得のいく儀礼表現を見い

*16 **ソゾメノス**(生年未詳〜四五〇) パレスティナの裕福な家に生まれた教会史家。ベリュトゥス(ベイルート)で法律を学び、コンスタンティノポリスで法律家となり、テオドシウス二世の宮廷に仕えたようだ。その教会史はエウセビオスやソクラテスの『教会史』などを下敷きにしていて、イエスの昇天からルキニウス帝までを十二巻にまとめた第一部と、それ以降のウァレンティヌス帝までの九巻の第二部(最後の第九巻は未完)がある。ほかに郷里パレスティナでユダヤ人などの口承伝承を録した著作があったらしい。

*17 **アスカロン** 現在ではイスラエル南部、地中海岸の都市Ashkhelonで、古代には港があり、ソゾメノスの一族も住んでいた。ガザ回廊の北端に位置するため、パレスティナ人組織ハマスが発射するロケットは、しばしばアシュケロンに着弾する。

*18 **カリストゥス**(在位c二一八〜二二三) Callistus/Callixtusと書き、ヘリオガバルス帝からセウェルス帝にかけてローマ司教だったとされる。司教職をヒッポリュトスと争って初期教会が分裂した。奴隷の出身で主人のカネを使い込んで逃亡、サルディーニアの鉱山に送られたが、コンモドゥス帝の愛人マルキアの執り成しで救われた後、ローマ司教ウィクトルの知遇を得て助祭に抜擢されたとされる。担当が共同墓地だったために、権力を笠に着たのか。井戸に投げ込まれて殉教したが、その波瀾万丈の生涯の大半は敵対者の説なので信用できない。

*19 **a fortiori** ラテン語の成句。「より強い理由で」の意。

だしましたが、強い遠心力も働いていたのです。家族の墓の前で賑やかな斎食《おとき》を催すかたちにせよ、強烈な家族への私的忠誠と結びついたお勤めを殉教者の墓まで広げていくにせよ、家族の信仰心は宗教的な実践の「私物化《プライバチゼーション》」につながりかねないものでした。

これはさまざまな面で私事《プライベート》と共同《コミュナル》のあいだを緊張させ、四世紀末から五世紀初めにかけての時代で、先述したような「迷信」をめぐる議論を炎上させることになります。アウグスティヌスはそれを公然と議論の俎上にのせたのです。最初はヒッポの会衆が相手で、そのあとは「聖者の傍らへの伴葬」の葬殮《そうれん》に直面したときです。ウィギランティウスが、聖遺物崇拝を責めた口ぶりでさえも、似たような緊張に直面していたことを示しています。聖なる死者に個別の忠誠心を抱き、これ見よがしにそれを誇示するような真似をすれば、信者の理想の共同体を攪乱させるのではないか。彼はそう危惧する見解を代表するスポークスマンでした[35]。葬殮が聖者をローカル化して、信者が誰でも近づけるわけではない墓に固定されてしまうと、それによってローマ世界に特権的な位相《トポグラフィー》ができてしまい、辺境の僻地に位置するキリスト教共同体はそこから除け者にされたと感じかねません[36]。エルサレムや〔パレスティナの〕聖地のために、それ以外の地方教会が蔑ろにされ[37]、各地の殉教者を称える新しい祝祭日が、全土共通の祭日である復活祭の価値を薄めてしまう危険[38]は、ガリア南部やスペイン〔ヒスパニア〕の地方聖職者のあいだで、現実に直面している事態で、よく理解できる懸念対象だったのです[39]。

こうした緊張がやって来るのは、「二層」モデルが想定したのとはかなり異なる方向からです。すでに見てきたとおり、「集団改宗」からの圧力という証拠史料は誇張されていました。迷信に淫したお勤めの座《ローカス》が「俗衆」にあるということも、何ひとつ根拠がありません。じっさい、それとはまるで事情が異なります。はっきりと記録されているのは、裕福なキリスト教の俗信徒の男女という新しいエリート層の求めるところが、しばしば同一の階級から出てきた同じく新しい司教のエリート層の決意と合致していたことです。公に確立したキリスト教共同体の「庇護者たち《パトローニ》」patroniになるべくしてなったのは、彼らだけなのです。嫌がる「少数派」と「烏合の衆」のあいだで、「迷信」をめぐってやりあったという〔仮想の〕対話の代わりに、ローマ末期の人びとにとってずっとありそうな相剋――ライバルとなったパトロン体系《システム》同士の相剋を始点としなければなりません。

　こうした考察は、殉教者崇拝の擡頭を、もっと視野を広げて見る手がかりになるかもしれません。結果として、その〔変容の〕各段階を闡明《せんめい》できるかもしれないのです。ともすれば便宜的に四世紀末の「聖者崇拝の擡頭」と呼んでしまいますが、司教たちやローマ帝国の支配階級が、この崇拝を〔都合よく〕利用しただけなのかどうか、確たることはほとんど分かりません。この崇拝そのものには深い根があります。斎《いつ》きのひとholy figures[*20]や殉教した死者に執心する強い感情は、後期ユダヤ教までさかのぼれることです。それは信仰の素晴らしい連続体《コンテイヌウム》の一部でした[40]。とはいえ、キリスト教共同体の内部で、こうした信仰を表現し、合奏《オーケストレート》させる役はいったい誰が独占すべきなのか、まるで曖昧でした。四世紀の初頭はそこが五里霧中だったのです。権門のパトロンには大きな強みがありました。庇護者である彼または彼女なら、さしたる抵抗もなく殉教者の亡骸《なきがら》を入手できましたし、ふさわしいと思うかたちで安置することも可能でした。二九五年以降、貴婦人ポンペイアナは、若き殉教者マクシミリアヌス[*21]の遺骸を

*20　**斎《いつ》きのひと**　教会のヒエラルキーに属す聖職者だけではなく、教会外の隠者や修道士も含む「聖なるひと」という意味。聖職者と紛らわしいので、「穢れを避けて神事に仕える」という意味の「斎」とした。白川静によれば、斎（齋）は神事に奉仕する婦人（斎女）の簪飾《さんしょく》をいう。ブラウンにとってこの区別は本源的で、西方キリスト教の擡頭は、広義の「斎きのひと」が、王侯貴顕だけでなく、庶人を禁欲と懺悔の戒律で取り込んだところにあるとみているからだ。

転用することができました。

行政長官から亡骸を手に入れ、それを自室に祀ったあと、カルタゴに持ち込んだ。その地では、知事の宮殿近くの丘裾に運び、殉教者キュプリアヌスの遺骸の傍らに伴葬した。十三年後、彼女自身が世を去り、おなじ場所に埋められた。それでも亡き青年〔マクシミリアヌス〕の実父ウィクトルは、歓喜に浸って家に帰ったのである。[41]

ポンペイアナは、明らかに遺族を押しのけて、当局から故人の亡骸を横取りでき、それを聖キュプリアヌスの墓を含む特別な墳墓群に安置できたのです。墓群のなかには自分の墳墓まで入っています。三〇四年に〔イリュリアの〕サロナ[*22]では、殉教者アナスタシウス[*23]の墓のうえに、キリスト教の「記念堂」の第一号として知られた拝所が、裕福な貴婦人アスクレピアによって建立されました。その建物は、彼女自身や一族の墓も納められるよう設計されていたのです。[42] このように、権門の俗信徒にとって、常に「心地よく秘密めいたところ」である墳墓は、手を伸ばせば殉教者を転用できる場でもあり、それによって直接的にか、暗示的にか、聖なる墳墓をキリスト教共同体の全体から引き離し、単一の家族の軌道へと取り込んでいたのです。[43]

こうして、裕福なキリスト教徒一族による「聖なるものの私物化」は、三世紀と四世紀の曲がり角に立つキリスト教会の未来の発展にとって、容易に現実となりうる可能性となっていました。この問題はしばしば、自明すぎることとしか語られていません。カルタゴ在住のヒスパニアの貴婦人ルキッラは、周到に喜捨をばら撒いて、三一一〜三一二年には、息のかかった取り巻きの人間がカルタゴの大司教座に就けるよう「仕組める」立場にいました。[44] 彼女は殉教者の遺骨を借りだし、聖体拝領の前にその骨に口づけするのが習いでした。聖なるものを「私物化」できる接近手段があることと、共同体とそれを分かちあって聖なるものに参加することとは相矛盾していますから、ルキッラの所作の表現には厳しい儀礼的な枷がはめられました。権門の力づくが利く淑女（potens et factiosa femina）だった彼女は、その折に助祭から受けた問責を断じて許しませんでした。[45] それでも、ルキッラは時代の象徴だったのです。コンスタンティヌス帝治下でキリスト教が公認されたときは、皇帝から直に勅令を垂下して、圧倒的なパトロンが居座るようになったことを赤裸々にみせましたから。

こうした出来事を胸にとどめておけば、四世紀末から五世紀初めにかけて、墳墓の周りで火花を散らしていた懸念に、最上のアプローチができます。例えば「聖者の傍らへの伴葬《デポジト・アド・サンクトス》」の実践も、聖なる墓の周りの家族の陣取り合戦を、あまりに安易に割り切るだけに終わりかねません。ある碑文が語ったとおり、それは「欲するひとは多かれど、得るひと尠《すくな》し[46]」の特権だったのです。いったんそれを得たら、聖者のおそばに近習して安らぐ特権として、奇妙なほどわざとらしく、キリスト教共同体内部で社会的権

＊21 **マクシミリアヌス**（二七四〜二九五） 東ヌミディア（現アルジェリア）のテベステ（現テベッサ）生まれで、父ファビウス・ウィクトルが元ローマ兵だったため二十一歳で徴兵された。キリスト教徒を理由にアフリカ属州長官ディオンの前で兵役を拒否し、斬首されたという。四世紀にその殉教者伝 Acta Maximiliani が書かれ、マクシミリアヌスと属州長官との対話場面がある。十六世紀の神聖ローマ皇帝、マクシミリアン一世はこの名に由来する。

＊22 **サロナ** イタリア半島の対岸、イリュリア（現在のクロアチア）にあった古代の城市。ローマ帝国ではダルマティア属州の州都（現在はスプリト近郊のソリン）だった。ディオクレティアヌス帝が退位したとき、ここに隠居用の宮殿を造営した。

＊23 **殉教者アナスタシウス** ディオクレティアヌス帝（在位二八四〜三一一）による迫害の殉教者。サロナで縮絨布を商うキリスト教徒だったが、他人の殉教を見てじぶんも志願し、十字を描いた布を身にまとい、イザヤ書の言葉を引いて「おれはキリスト教徒だ」と街路で呼ばわった。たちまち捕まって首を刎ねられ、その亡骸は捨てられて海の藻屑となった。

力のバランスを決定する要因となりました。死者の共同体と私的な地位を得ようとする要求のあいだの緊張は、常に嘲弄の的となるようなパラドクスを見せていたのです。

ここに、礼拝堂の扉の下にわれわれは横たわる。
ここに、貧者ゆえにわれわれは横たわる
お布施が多ければ多いほど
ここに、彼らとおなじく暖衣して横たわる。(47)

しかしこのパラドクスはまた、もっと深い問題を引き起こしました。死者の魂を共同《コミュナル》で世話するのか、私事《プライベート》として世話するかの関係です。アウグスティヌスが「死者のための身じまいについて」を書いたとき、これが彼の懸念の第一でした。フローラの私的なイニシアティヴは、愛息の亡骸を誰よりも聖フェリクスのそばに葬ってやろうとしたがゆえに、教会の共同的な関心、キリスト教徒全員が最後の審判の日に、聖者に近習する恵みを授かるという「忠実な共同の母」pia mater communis という役割を弱めてしまいそうに見えます。(48)フローラは息子のために特権を得たのだと、じぶんに言い聞かせたように見えるかもしれませんが、それは差別することなく全キリスト教徒のために祈ることによって、教会だけが得られる特権だったのです。「聖者の傍らへの伴葬」の問題について、アウグスティヌスは司教であり、カソリック教会一体の理想の雄弁な主唱者でもあり、さらにひとが推測するように、才気渙発《かんぱつ》な男でもあって、「卑しき市民」tenius municeps の倅でありながら、教育と聖職を両立させた履歴からして、西方ラテン圏の貴族社会の構造から少しだけ距離が置ける存在でしたが、それでも煮え切りませんでした。彼はフローラが依頼した〔伴葬の〕葬殮を受け容れたのです。しかし、パウリヌスとその貴人の友人たちが一世代以上にわたって、極彩色のパレットで飾り立てた聖フェリクスの「記念堂」との結びつきに比べますと、アウグスティヌスは紛れもなくそれを淡彩の翳にしています。(49)

家族の墓の前で催す斎食《おとき》の追善供養に対しても、アウグスティヌスの反応は同じでした。究極のところ「私物化」は、「迷信」よりもっと重大な危うさがあることから彼を揺さぶっていたのです。そうした墓前の斎食の起源について、彼がどんな説明をしようとも、いざどうすべきかを決める段になると、彼はそれが直接及ぼす社会的機能をさらに警戒していました。これ見よがしの斎食は、社会を分断しかねません。(50)とりわけ上流階級がカソリック系とドナトゥス派*24で二分されていたような〔北アフリカの〕共同体では火種になります。何かと分裂しがちで悪名高いその会衆は、家族への忠誠心が遠心力として働くため、当時のアウグスティヌスはその危惧で頭がいっぱいだったのです。(51)そこで彼は、墓前の斎食が負けん気を掻き立てたり、人を排斥したりするものでなく、一族がその取り巻きの広がりを誇示するようなものでない限り、一部を受け容れる構えでした。

それでも、キリスト教世界の異なる領域に目を転ずるだけで、共同《コミュナル》なコントロールと家族感情のあいだのバランスが一変し、がらりと態度を豹変させるかもしれないと認識するには十分なのです。たとえ

*24　**ドナトゥス派**　三一一年にカルタゴ司教の叙階の際、主にヌミディア人の聖職者が反対、カルタゴ教会が分裂したことに端を発する分派。指導者の司教ドナトゥスの名からドナトゥス派と呼ばれ、のちにカソリック主流派から異端とされた。教義上の異端というより、一度棄教したり背教した者は、再洗礼を受けなければ秘蹟に授かれないとする厳格派だが、アフリカ属州におけるローマ系植民者と先住民の対立に根があり、アウグスティヌスは鎮圧に手を焼いた。彼の著作にも、ドナトゥス派駁論の文書がある(ボニファキウス宛書簡の邦訳は教文館版『アウグスティヌス著作集8』)。本章原注44補注参照。

ば〔帝都〕ローマのキリスト教会は、裕福な俗信徒のパトロンによる支援の緩やかな上げ潮に乗って、ハレの舞台にのし上がりました。シャルル・ピエトリ[*25]は愛情のこもった細部と見事な歴史の手さばきによって、四世紀末から五世紀初めにかけての証拠史料を収集してくれましたが、これは「キリスト教の恵与指向[*26]の偉大な時代」la grande époque de l'évergétisme chrétien[52]でした。それはいかなるときも「迷信」などと貶されて、邪魔が入ることなどない「偉大な時代《グラン・エポック》」だったのです。元老院議員のパンマキウス[*27]は、亡き妻の命日に、貧者向けの追善供養の斎食《おとき》を供しましたが、それを自ら聖ペテロ大聖堂でおこなったのです。パウリヌスは感激しました。元老院の議員全員がこれに類する慈善を施せば、ローマは黙示録の威嚇に怯える必要がなくなるだろう、と彼は書いています[53]。こうしたお勤めと彼らが寄せた喝采は、アウグスティヌスとはまったく異なる環境にわれわれを連れ出してくれます[54]。それが指呼する先には、古代末期のローマ司教たちが、だんまりに徹して得た決定的な外交的勝利があります。広大な共同墓地がかくもたやすく、後戻りできないほど〔力と富の源泉となり〕、もはや手綱が効かなくなりかねない事態に直面して〔四世紀を通じて墓地では何か奇妙なことが起きていましたが[55]〕、しかも惜しみない散財によって家族の名声を保つことに慣れている俗信徒のリーダーたちに依存しながら、それでも教皇[*28]たちはこの権門の俗信徒がパトロンとして庇護する仕組みと、自らが後ろ盾になる機構を何とか縒《よ》り合わせていくのです。地下の墓所《カタコンベ》の偉大なパトロンである〔ローマ司教〕ダマスス[*29]は、宿敵たちに綽名された「貴婦人転がし」auriscalpus matronarum[56]の呼び名に、むしろ誇らしさを感じたとしても何ら不思議ではありません。司教たちと助祭の寡頭制《オリガーキー》の暗躍に呆れて、ヒエロニュムスがローマの貴人の家族間でおこなわれた「談合」conversani を辛辣に描きだしていますが[57]、その彼らがたゆみなく地道な努力を重ねなければ、ローマにおけるキリスト教の聖者崇拝が、これほど一見何の苦もなく擡頭し、西方ラテン圏全体の同時代人をのけぞらせるほど殷賑《いんしん》を極めるとは想像できなかったでしょう。

いまやわれわれはもっと密着して、特定の司教たちが聖者崇拝の庇護を引き受けたイニシアティヴに、どんなタイプがあったかをみるべきです。明らかにわれわれは、これまで想定されていたのとは異なる状況を扱っているからです。われわれが直面しているのは、嫌々従うわけでもなければ、膨れあがる「民衆」という宗教性の形式に対する政治的な落としどころでもなく、また「迷信」という同毒療法《ホメオパシー》の麻酔薬を打って、無統率な異教の「烏合の衆」を吸収する手段だったわけでもありません。むしろわれわれが扱っているのは、キリスト教共同体そのものの内部で、リーダーの質に生じた変化をくっきりと分節化する聖者崇拝の変容なのです。

エルンスト・ダスマン*30の最近の研究が示したように、(58)〔ミラノ司教〕アンブロシウスの事例からもこのことは明らかです。ミラノでは三八五年に、〔双子の殉教者〕聖ゲルウァシウスと聖プロタシウス*31の遺骸

＊25　**シャルル・ピエトリ**　「二〇一四年版序文」の訳注13参照。

＊26　**恵与指向**　「二〇一四年版序文」訳注22参照。

＊27　**元老院議員のパンマキウス**（d四一〇）　ヒエロニュムスの修辞学校時代からの友人で、恵与指向の強い裕福な慈善家。妻のパウリナの母は、ヒエロニュムスのパトロンでパレスティナまで追って「沙漠の母」となったパウラである。産褥で妻を失ったあとはその魂の安らぎを願って盛大な寄進で貧者に施すとともに、ティベリウス川河口に巡礼者の宿坊 xenodocium を建てた。アウグスティヌスやノーラのパウリヌスとも文通しているが、彼が受洗してキリスト教徒になったかどうかは不明。

＊28　**教皇**　ギリシャ語の πάππας（父）に由来し、各教会のトップである司教の別名だったが、西方教会ではレオ一世（在位四四〇～四六一）の時代にローマ司教だけの別名となった。厳密には Pope ＝「教皇」はそれ以降とすべきだが、カソリックは全教会に対するローマの優位を喧伝するために、それ以前のローマ司教に対してもインフレで「教皇」と呼ぶ。

＊29　**ダマスス**　「二〇一四年版序文」の原注2補注参照。

＊30　**エルンスト・ダスマン**（一九三一～）　ドイツの教会史家。ボン大学教授のほか、一九七二年からフランツ・J・デルガー古代末期研究所の所長をつとめた。聖パウロ、アンブロシウス、アウグスティヌスが専門。

がみつかり、これが世間を聳動《しょうどう》させる一大事となりました。しかし、ミラノで亡骸が発見され、受け容れられるのはこれが初めてではありません。キリスト教徒の共同墓地には、すでにかなりの規模で殉教者の「記念堂」が点在していました。新しかったのは、アンブロシウスが亡骸を転用した手早さとしたたかさです。発掘地の聖フェリクスとナボル*32の拝所から、彼が自身のために建てた新しい聖堂に双子の遺骸を奉遷（移葬）したのは、拝所完成からわずか二日後でした。自らの石棺を置くことになっていた祭壇の下に、みつかった殉教者の遺骸を安置したのです。この奉遷によって、ゲルウァシウスとプロタシウスは、司教が建ててしばしば自ら居住する教会でおこなわれる、共同の典礼に分かちがたく結びつけられたのです。そうすれば二体の亡骸は、全体として共同体にも利用できます。アンブロシウスは遺骸発見を「全員に供した」――つまり qui prosint omnibus したわけなのです。[59]

アンブロシウスの狙いは「殉教者の復活」resurrectio martyrum でした。以前は聖なる墳墓があったものの、何が目玉なのかぼやけてきた墓地では、「まずひときわ目を惹く」べきは、司教の聖体拝領の典礼と周到にリンクさせた少数の墳墓なのです。[60]と同時に、ほかの「記念堂」ではどこも共通して勝手気ままに催されていた斎食《おとき》を、異教徒の一族追善の饗宴に酷似しているとして、アンブロシウスは制限を加えました。[61]数年のうちにミラノの富貴を誇る俗信徒たちが、渋々厳命に従っていたことがおのずと分かります。司教が新たに設けた聖なる場所に、精巧でやたらと仰々しい石棺群が入り込んできたからです。そのひとつに、「有名な一族に属し、並外れた富の持ち主で、困窮者の母」であり、ほかでもないマンリウス・テオドルス*33の姉妹だったマンリア・ダエダリアの石棺が含まれています。このテオドルスこそ、貴人かつ宮廷人かつ文人であり、アウグスティヌスのパトロンとなり、将来はイタリア道長官 praetorian prefect となるひとなのです。[62]

アンブロシウスがミラノに聖者崇拝を「導入」したわけではありません。ましてや、従来のお勤めにただ受け身で渋々従っていたわけでもない。彼のイニシアティヴはしっかり〔筋書きが〕固まっていて、さまざまな点で尋常ではありませんでした。彼は亡骸を奉遷すること、それを新しい教会の祭壇に決定的に係留することの両方を為し遂げる心算でした。彼はむしろ、古くなった配線システムを張り替える電気工に似ています。より強靭で絶縁された電線をつたって、共同体の指導者としての司教に、もっと強い電気が流れるようにしたのです。ほかの地域でも、司教たちに似たようなイニシアティヴが働きました。テベッサでは、アレクサンドロス司教が建てた新しい拝所[*34]のど真ん中に、「しかるべき古きもの」がいまや「麗しき座」beautiful seat を占めていたのです。

＊31　**聖ゲルウァシウスと聖プロタシウス**　アンブロシウスは三八六年に自身の大聖堂（後の「サンタンブロ大聖堂」）を建てたが、そこに祀る本尊を後から見つけると約束していた。夢のお告げに従い、ローマ兵士の殉教者、聖ナボルとフェリクスの墓を掘り直すと、二体の遺骸がみつかった。二世紀に殉教した双子のローマ兵士でゲルウァシウスとプロタシウスとされ、アウグスティヌスは『告白』第九巻七章や『神の国』第十二巻第八章で、二体の奉遷の際に盲者の目が見えるようになるなどの奇蹟が起きたと書いた。二人の殉教伝が書かれ、ミラノの守護聖人になったが、アンブロシウスの後付けの伝承とも見える。

＊32　**聖フェリクスとナボル**（d・c三〇三）　外典となったその殉教伝によれば、二人はマウレタニア出身で、マクシミアヌス帝時代にローマ軍兵士となったが、次帝デキウスの迫害で、ミラノで斬首刑に処された。ミラノ司教マテルヌスによって葬られたが、その後は行方不明となり、アンブロシウスが再発見したことになる。ノーラに祀られた同名の聖者とは別人。

＊33　〔フラウィウス・〕**マンリウス・テオドルス**（fl.c. 三七六〜四〇九）　ローマの政治家。その生涯は詩人クラウディウスの頌詞 Panegyricus dictus Manlio Theodoro consuli で知られる。生まれは貴族でなかったが、行政官としてイタリア道長官、アフリカ属州知事、マケドニア執政官を歴任（道長官 praefectus praetorio とは、ローマ帝政前期には近衛軍団を統率する役職だったが、帝政後期にローマ四大行政区の一つを統括することになった）。姉妹は不詳。
　三八三年に公的生活から一時引退し、『韻律について』De metris などの著作を著した。そのころミラノに来ていた若きアウグスティヌスを知り、『エンネアデス』など新プラトニズムの知的刺激を与え、パトロンにもなったとみられる。『至福の生』はマンリウス邸で行われた討論を取り上げている。ブラウン『アウグスティヌス伝』第二部9、同11参照。

かつては長き安眠に、われらが眼隠しされしところ、ふさわしき台座に光輝き、喜びとともに集い、光冠に花ぞ咲く……キリスト教徒の、老いも若きも、彼らを見ようとて、四方から流れこみ、幸いにも聖なる敷居を踏んで、その賛歌を歌いつつ、手を差し伸べ、キリストの信仰を歓呼せり。(63)

ヒッポやウザリスの聖ステファノスの拝所で起きた奇蹟物語は、アウグスティヌスやその同僚たちの側に、これと似たような決意があったことを示しています。拝所での奇蹟の癒し《ヒーリング》は、以前なら私的な出来事か、個人の憑依として、受けた側もある種のためらいを覚えたものですが、いまではわざと人目にみせつけるようになりました。(64) 文書が保存され、(65) 癒された人は起ちあがって、会衆におのれの姿を見せるのです。ウザリスでは、熱気に浮かされ退屈した群衆が、一段と劇的な治癒《キュア》のアンソロジーを享受していました。(66)

この「配線張り替え」の過程で、殉教者自身の面影《フィギュア》も変わりました。この崇拝の「座元」として行動した人びとが、その見えざる朋《とも》がらや保護者とともに築きあげた強い個人的な絆を、われわれは次章で見ることになるでしょう。それは複雑で切実な物語です。でも、その結果は明らかです――殉教者はローマ末期の特徴をなす顔役を引き受けました。殉教者はいまや「庇護者《パトロヌス》」patronusです。目に見えませんが、天に扈従《こじゅう》する引き立て役で、司教を介して地上でも触れられる存在です。ですから、殉教者の祭礼の作法も変わります。アウグスティヌスとアンブロシウスが、殉教者の拝所から駆逐しようと躍起になっていた墓前の斎食《おとき》、すなわち「追善の供宴」laetitiaeは、家族の墓でやりだすと、あれほど破壊的で、見栄っぱりで負けん気になるのに、まだ依然として、理想の親族グループが一対一で交わる親密さをいくらか残していたように見えます。初期キリスト教の美術〔フレスコ画など〕では、死者の食事は、ほとんど必ず目と目を合わすものとして描かれます。誰も主人らしく見えません。ひとつの例外を除けば――それはローマの都市知事[*35]だった貴族のユニウス・バッススです。[*36](67) 帝国全土を見まわしても、あの〔石棺の〕溢れんばかりの雄弁ほど、印象的なものはありません。それとともに、司教たちの新世代はいま、殉教者の祭礼を家族が催す「追善の供宴」でなく、見えざる複数の「庇護者《パトローニ》」patroni が地上の客人に振る舞う、正装の公式の饗宴に仕立てたのです。ローマ末期の依存と大盤振る舞い《マニフィセンス》の関係の壮大な儀式性のおかげで、言葉も讃仰の重みにずっしりと撓《しな》りました。(68)

それを言葉のうえだけで留めるべきだと、司教が誰しも感じたわけではありません。聖フェリクスの祝祭で厳粛に酒を振る舞えば、農民たちやアブルッツィ[*37]の家畜商たちの暗鬱な暮らしに、しばしひとしずくの無垢な喜びを垂らすことになるだろうと、ノーラのパウリヌスは承知していました。そう、遠い

＊34 **新しい拝所**　テベッサには、北アフリカ最大の聖堂の遺跡がある。もとはローマ駐屯軍の兵舎だったとみられ、二九五年に同地で殉教したマクシミリアヌスについては本章訳注21を参照。四世紀から五世紀にかけて増築や改修で大聖堂は拝所の複合体となり、三五〇年の碑文ではディオクレティアヌス帝の迫害で殉教した聖クリスピーナも祀られている。

＊35 **都市知事**　ラテン語では praefectus urbi。ローマ建国以来、王政、共和政、帝政時代を通じて首都の知事の肩書だったが、早くに兵権を失い、有力者の名誉職になった。ローマ市では九世紀まで、コンスタンティノポリスでは十三世紀まで続いた模様である。

＊36 **ユニウス・バッスス**（三一七〜三五九）　父が道長官の元老院議員で、コンスタンティウス二世帝に仕えたが四十二歳で没し、ローマ末期ではもっとも有名なレリーフ彫刻の石棺を残した。もとはヴァチカンの旧聖ペテロ大聖堂の地下にあって一五九七年に再発見され、現在はヴァチカン博物館所蔵。レリーフは三次元に近い陰影法《キアロスクーロ》で高浮き彫りされており、アダムとエヴァやイエスのエルサレム入城などの聖書の場面が並んでいる。彫刻の枠を凝らした肉感的なレリーフは、その巨富と権力の象徴とも見える。

＊37 **アブルッツィ**　ローマの東方、アドリア海に面したアペニン山脈の山岳地帯。現在の州都はラクイラ。

昔の神の稜威《みいつ》の偉大な働きの数々を示す、豪奢な新しい絵を飾った煌々と明るいホールで、[69]寒い冬をとぼとぼ歩いてきて疲れ切った人たちに、温かな座を設け、盃を傾ける「楽しみ」gaudia をパウリヌスは許したのです。[70]その風習は続きました。トゥールのグレゴリウスは、ある殉教者への徹夜祭で、ワインを回し呑みする奇蹟の宴会に、夢見心地の散文二十行を寄せることになるでしょう。[71]グレゴリウスとその会衆が自堕落になったせいではありません。むしろ見えざる「庇護者《パトロヌス》」のもとで、司教が可視の「庇護者」の役を務めるため、これまで以上に眦《まなじり》を決して入ってきたのです。その一つの中心にくっきり庇護《パトロネージ》の一線を引くと、斎食《おとき》がまた始められます。

このことばをわれわれは貧者について語った。神はこの斎食ゆえに司教を定めたもうた。斎食で貧者を慰めたおかげで。[72]

何がこの転位を引き起こしたのでしょうか。まず、従来とは別種の司教、「大旦那」grand signeur の役を演じ慣れた権門一族出身の司教が、キリスト教共同体の主導権を握ったことです。[73]ちいさな町の学校教師に負けないよう、アウグスティヌスが懸命に祈りをあげていたころ、アンブロシウスは差し伸べた手に自分の母親まで喜んでキスをさせる司教を演じていました。ここには「司教一色」satis episcopaliter となった世界に、どう対するかを知っている男がいました。[74]ラテン圏聖職者の狭小な世界でアンブロシウスは、北イタリア全土にその基調を定着させることができました。その個人的な感化は、ヒッポやルーアンのような遠隔地にも及んだのです。[75]〔聖者の〕亡骸を取り込む彼の「スタイル」は、たちまち西方ラテン圏のモデルとなりました。[76]

でも、他の大勢の司教が、まるきり出自も異なり、多くの異なる地域から来ているのに、どうして我も我もとアンブロシウスの事例に追随したがったのでしょうか。ここで忘れるべきでない要因がひとつあります。累積する教会の巨富です。(77) 他の手段よりも相続によって富が次から次へと盛大に溢れ出ていく社会では、一世紀のあいだ何にも妨げられず寄進を貯めこみつづけたラテン教会の司教たちの手元に残ったのは、前代まで夢にもかなわなかったような莫大な富でした。(78) 彼らに重くのしかかってきたのは、新たな改宗者たちの群れではありません。新たな富の堆《うずたか》い山でした。四一二年までに、司教としてのアウグスティヌスは、それまでの彼の個人財産の二十倍の資産を管理していました。(79) 四二六年まで、厳密には無産者のはずの聖職者からなる彼の共同体が窮したのは、教会に任せられたカネを費やすに足るほど十分な使いみちがないことでした。(80) あの手この手の課税を免れ、(81) 俗世の出世に伴う定期的なカネの瀉《しゃ》血《けつ》にも従わないでいるうちに、キリスト教共同体のリーダーたちは窮地に立たされていることに気づきました。彼らには社会的支配《ドミナンス》の手段がすべて備わっているのに、それを世に受け入れられる形にしてみせる手立てが何もないことです。なぜなら古代の世界では、苛烈な嫉妬が分配されざる富を狙い撃つからです。司教たちも、世間の「権力者」potentes とおなじくらい、これを痛感したかもしれません。それでも彼らは、世の俗人たちが発作的な大盤振る舞いで、これ見よがしの喜捨に身代を傾け、世の妬みをカネで黙らせるといった通常のはけ口を持っていませんでした。(82) キリスト教の伝統的な喜捨のカテゴリーでは、これまで積もりに積もった富をもう吸収できないからです。象徴的なカテゴリーとしてはまだ重要でしたが、貧者、よそ者、病者やその他のカテゴリーも、西方ラテン圏では余剰の富の消費先としては限界に達していました。地中海東方の多くの地域が見舞われた惨禍 misère は、増大する人口が限られた資源に重くのしかかる危うさが根底にありました。今ではイヴリーヌ・パトラジアン*38がそれをみごとに示してくれていますが、イタリアや北アフリカ、ガリア〔など西方圏〕ではその影響があったようには見えません[83]。ほとんどの城市が、教会保有資産の分配を優先した〔東方圏のような〕規模の問題を抱えていませんでした。アレクサンドリアでは、貧者のためにシャツを配るか、建築への切なる願いのどちらかを、司教が択ばざるをえなかったのですが[84]、西方の司教たちはそれと対照的に、カネを湯水のごとく費やす新しい手立てを講じなければならなかったのです。

ただひとつの出口は、新しい参詣の焦点と結びつけて、拝所を建てて祭礼を増やすことでした。それには殉教者の墳墓よりほかにいい場所があったでしょうか。市の城壁の内側だと、実務的かつ社会的な問題に直面するので、できれば避けようとしたでしょう[85]。アレクサンドロス司教がテベッサの城壁の外に、またパウリヌスがノーラの郊外に、それぞれ立地を決めた規模の拝所を建てられるところは、共同墓地のほかになかったのです[86]。しかも、拝所の建築とそこでの祭礼は、司教が保有する富が孕むパラドクスを、他の何よりもぴったりと集約したものといえます。なぜなら、それは「非–富」であって、私有ではありませんでした[87]。だから「とても心地よく秘密めいたところ」の密集するど真ん中に屹立する「非–墓」に置かれることになったのです。もっと言うなら、ローマ末期の「庇護者《パトロヌス》」のあらゆる特徴を備えた人物が、見えざる存在となるなかで、富と祭礼がご開帳されることになります。聖者は都合のいい「庇護者」でした。神への執り成しがうまく通り、その富は万人の手に委ねられ、その「力能」potentia が暴力抜きで発揮され、聖者への至誠は無制限に示されるのですから。司教もその聖者の代理になれました。豪奢な建築があり、壮麗な祭礼があり、そうした拝所でのお祭りだったので、〔教会に〕累積した富とその庇護に浴すという厳然たる事実をきれいに払拭してくれました。いまや、生者が住まう市の城壁のすぐ外で、司教たちが実生活で供奉《ぐぶ》するのですから[88]。聖者崇拝は、嫉妬抜きで富を費消できる焦点であり、義務で縛らずともおこなわれる「庇護所《パトロキニウム》」patrociniumだったのです。(89) それまでの古典社会の市民生活で見られたような、富と権力を誇示するほとんどのはけ口よりも、それはずっと明々白々で腐蝕しない解決法でした。四世紀末になって突然、聖者たちが「起ち」あがってハレの場に出始めたのは、驚くまでもないことです。テベッサの碑文にアレクサンドロス司教はこう書いています。

ここは汝らが光の天蓋を戴く城壁をみるところ、
ここは高き屋根と聖なる祭壇が聳え立つところ、
この場所は貴人の建てたるものにあらず
アレクサンドロス司教の栄光に永遠に帰するものなり(90)

あまつさえ、聖者崇拝と結びつけて、司教が気前よく施しを与えるようになったキリスト教共同体も、いまや彼らなりの理由からまさしくそうした崇拝を必要としていました。ローマ世界のそれぞれの大都市で、キリスト教の会衆が住民の多数派になったと自覚できるようになったため、キリスト教会は都市共同体として自らをどう定義するかを呈示し、この定義を表現するような儀式をおこなう圧力にさらさ

＊38 **イヴリーヌ・パトラジアン**（一九三二〜二〇〇八） Évelyne Patlagean はフランスの歴史家でビザンティンの貧困や女性問題が専門。一九七七年の博士論文は、古代末期の人口学的変化が経済的貧困に結びついたとの内容だった。ブラウンは七八年の『古代末期の形成』第一章の注で「すばらしい研究」と称賛しているが、二〇〇〇年のイスラエル講演『貧者を愛する者』Poverty and Leadership in the late Roman Empire では「古代末期に人口学的変化はなかった」と留保をつけ、ローマ末期の貧困化というパトラジアン説に距離を置いた。

れました。キリスト教が示す自らの都市共同体の定義は、古典的な都市の定義とはあきらかに違っていました。キリスト教共同体には、正体がよく知られておらず、潜在的には火種となりかねない二つのカテゴリー、すなわち女性と貧者が含まれていたのです。聖者崇拝は、まさしくこの二つのカテゴリーを合流させる道筋を指し示し、それによって古代末期の城市に、司教の庇護のもとで新しい連帯の基礎ができるよう促す方途となりました。

最初に見てみましょう。既存の都市共同体との関連で、拝所そのものの役割と位置取りがどうなるか。すでに見てきたように、聖者の墳墓が置かれた共同墓地のエリアは、生者が住んでいる都市の周縁に固定されていました。[91] 聖者に参拝するときは「市が〔拝所に〕居場所を引っ越した」movetur urbs sedibus suis とヒエロニュムスは評しています。[92] この〔城壁外まで参拝に出かける〕移動から得るものは大きかった。キリスト教徒が大挙してぞろぞろ外に出てきます。見えざる閾《しきい》を越えるスリルから、お咎めなしの寛大さを経験することになりました。[93] 四世紀に入って時が経つにつれ、一定の機会があるたび、その頻度が増していくのです。彼らは「境界《リミナル》」状態を求めて、高度に固定した構造を持つ世界を離脱しました。ヴィクター・ターナー[*39]が指摘するように、こうした構造のない状態を求めて既知の構造をかなぐり捨て、その結果、自ずと仲間感覚が解き放たれますと、それが固定化した社会のなかで、巡礼の経験がもたらす永続的な魅力のひとつになるのです。[94] 住み慣れた社会という世界は、ほんの少し市外を出歩くだけで、まるで違った風景に見えてくるものです。ウィリアム・クリスチャン[*40]は、北スペインで近隣の聖者の拝所へ巡礼する効果をこう表現しています。

社会的な全体性をイメージするうえで、巡礼の列はある追加の意味を帯びた。村人たちは一年に一度

だけ、村を地理的な単位としてきた建物や立地でなく、そこから抽象された社会的な一単位として見たのである。(95)

まさしくこうした場面が、聖ヒッポリュトス[*41]の拝所のある田園地帯へ流れ出す群衆を描くとき、詩人プルデンティウスを感動させたのです。ここには真のローマがある。歴とした社会的地形的《トポグラフイカル》な特徴のある祝日ゆえに、ローマは輝いていると。

ラテン人もよそ者も一体となった宗教的な群衆の愛……かの大都が吐き出すローマの人びとの流れは、熱に浮かされた参加者も、出迎える平民もひとしく、肩と肩を寄せあって雑じりあう。信仰は身分の差をなくすから。(96)

都から邑里《カントリーサイド》へと伸びていく道端には、合流点まで設けることができたのですが、それは巡行の群れ

＊39　**ヴィクター・ターナー**　本書第一章原注41補注参照。

＊40　**ウィリアム・クリスチャン**（一九四四〜）アメリカの宗教史家。独立系で、スペインが専門。北部スペインのナンサ川渓谷で神と人の関係を調査研究した。独立系の研究者だが、カリフォルニア大学サンタバーバラ校の特別客員教授を務めた。

＊41　**ヒッポリュトス**（c一七〇〜二三五）三世紀前半、様態論のサベリウスを排撃してローマ教会が紛糾した際、ローマ司教カリストゥスと対立したが、「対立教皇」になったとの説は信憑性が乏しい。オリゲネスに匹敵する多作家で、さまざまな異端を列挙した『全異端反駁』が代表作とされる。二三五年にマクシミヌス・トラクス帝の迫害でサルディーニャ島に流されて没した。早くから殉教者として列聖され、カソリックでは八月二十二日が祭日だったが、現在は八月十三日となっている。ヒッポリュトス像とされる大理石像については、拙訳のウィリアム・タバニー『聖霊の舌』第十六章参照。

に加わった町方の衆のためだけではありませんでした。町方の衆とよそ者にまじって、首都が食料を依存する近郊の村人たちの姿も、ちらほら見えたのです。[97] チミティーレの聖フェリクスの拝所の場合は、巡礼の中心地がカンパーニアの町方と邑里《いなか》のバランスを変えたかもしれません。山地の村々の緩やかな連合の接点として拝所が機能するようになり、四世紀を通じ、この地域の伝統的な市部の中心であるノーラの出費によって、山地の村々の重要性が増していったのです。[98]

古代末期の都市社会が抱えていたあらゆる溝のなかで最大の断裂を埋めたのも、こうした巡礼の場合でした。歓喜に浸る危うい瞬間に、性別を隔てる公の間仕切りが破れたのです。実際に男女が群れて入り混じることはなかったとしても、古代末期の都市事情からいえば、女性が人目にさらされるのはごく稀れな事象のはずですが、確かにここでなら眼福にあずかれるようになりました。[99] だから、ある聖職者のことを伝記作者は、生涯童貞を貫いたけれども、と書いて、それでも若年のころはしばしば殉教者の祝祭に加わっていた！　と付け加えることができたのです。[100]〔緩んだ風紀に〕愕然とした聖職者がしばしば非難を浴びせ、それでも成就した色恋の物語は、祭礼が最高潮に達すると始まるのです——それはカルタゴの大聖堂に通いつけた若きアウグスティヌス*42の時代から、北イラクで催された大いなる「枝の主日」*43の巡礼で、練り歩く美しいキリスト教徒の娘たちを一目見ようと、若きムスリムの「血」が流れることになった中世初期にまで及ぶのです。十一世紀のチュニスの首長《エミール》は、七百年前の同じ熱い夜のアウグスティヌスのように、「あなたへの愛のために、キリスト教の祭りを愛し、詩篇の朗誦の甘い旋律の香りに浸る」ことを学びましたが——そこに示されているのは、人を陶然とさせる万能薬《エリキシル》をわれわれが扱っていることです。[101]「抑え難き社交の欲」indiscreta societas[102]。キリスト教徒のモラリストは、巡礼や殉教者の祝祭と結びつけてそう指弾しましたが、その場限りのたまゆらの瞬間は、失われた連帯感をともに蘇らせ、地中海世界のキリスト教の都市共同体に張りついた社会的敷居を低めようという、希望の温かな息吹きを運んできたのです。[103]

とはいえ、こうした胸躍る瞬間が、毎日起きていたわけではありません。聖者の祝祭はいつも、世俗の祭日の牢固とした伝統と、しのぎを削らなければなりませんでした。世俗の祭日が規律を保ったままもっと伝統に即して、系統立った〔社会〕構造からの解放を成し遂げられたのは、これと似たような瞬間を設けることができたからです。古代末期の都市部で非キリスト教徒が営んでいた儀式的な生活の発散する宗教性が、引き続き盛んで重くのしかかっていたことを軽視するのは愚かなことでしょう。[104] それでも聖者の拝所は、そのユニークな立地とユニークな参拝客に由来する優位から、ちゃんと収穫を得ていたのです。

古代世界の女性にとって、共同墓地のエリアは常にこころの「低重力」ゾーンでした。仲良しの女性同士の動きと選択は、墓参りとなると男性の監視が緩やかになり、家族の手綱に従わなくなっていたのです。[105] 新しい拝所は、祭礼の日の人込みがなければ、静謐と美のオアシスでした。水が滾々《こんこん》と流れ、梢をそよ風が吹きわたり、白鳩たちがクークーと鳴き交わす音色に満ちています。[106] ウザリスの聖ステファノスの拝所では、そこを包む広大な静けさが、都市の険しいしがらみに縛られた女性を呑みこんで、ど

＊42　**若きアウグスティヌス**　ブラウンの伝記第一部四章「知恵」に以下のくだりがある。「アウグスティヌスはカルタゴで、カトリック教会に忠実であり続けた。彼はすでに、大聖堂の荘厳な復活徹夜祭を愛するようになっていた。彼はこの教区の新米者であったので、ガールフレンドを見つけるために教会に行っていたのも当然であった」（出村和彦訳）

＊43　**枝の主日**　復活祭前日までの一週間である「聖週間」の始まりの日曜のこと。キリストが驢馬の背に乗ってエルサレムに入城、民衆が椰子の枝を振って出迎えたことに因む。集まった会衆に、教会が棕櫚などの枝を配るのが習いになっている。

れだけ癒してくれたかが察せられます。
　メゲティアはカルタゴから来た貴人《あてびと》の女性でした。妊娠四カ月の悪阻《つわり》で激しく嘔吐して、下顎が外れてしまいました。心身耗弱《こうじゃく》とグロテスクな畸形の両方に苦しみ、権門の女性の立場ですと、厳粛に人を訪ねて敬意の口づけをしてまわる一連の行事があるので、彼女にとってこれは絶え間ない屈辱の原因となりました。[107] 妊娠七カ月で胎児を流産してしまいます。[108] メゲティアに残された出口は、恥辱と不名誉の重荷に苛《さいな》まれるしがらみを断つことでした。男たちは彼女とその母親に、近隣のウザリスに詣でる旅を許可しました。[109] そこで彼女は高貴の身ながら恥じらうことなく、袋状の薦《こも》の衣を着て灰をかぶり、拝所の前に身を伏せることができました。[110] そのときずっと彼女に寄り添い、助言していたのは女たちだけでした。[111] 聖ステファノスが彼女の夢に現れたときですら、メゲティアが無意識に期待していた仕草をみせることはなく、男の医師がするように顎を持ち上げて診《み》ることすらしませんでした。[112] そのかわり、彼女がまだ告白していない罪があることを思いださせただけです。子宝も能わず、顔が歪んでしまった貴人の女性の恥辱が、ありがたくも私的な罪に置き換えられたので、彼女はうまくその屈託をねじ伏せられたのです。[113] 彼女が回復の段階を踏み上がっていくことができたのは、ウザリスの聖ステファノスやカルタゴのキュプリアヌスの拝所に——参拝したのが機縁でした。親族の絆がややもすると個人を万力のように絞めあげ、不確かな世界での保護と隷従《コントロール》を強いるような社会[114]では、アンブロシウスが指摘したように、女性が自由に選べる唯一つの血縁者は聖者なのです。[115] ローマ末期のどの都市の住民であれ、その半ばを占める女性に、聖者の拝所は休息と保護を与えました。他の場所では、見つけ出す自由すらなかったものに恵まれたのです。[116]
　女性たちに貧者が加わります。祭礼と結びついた連帯感と理想の施しの雰囲気が、聖者の拝所を貧者の群がるお目当ての場所にしたのです。[117] とはいえ、キリスト教の市内施設の戸口に立っても、貧者は救《きゅう》恤《じゅつ》の援助を得られたはずです。[118] 共同墓地で行われる慈善活動がそれよりふさわしいとされたのは、墓地の周縁的な位置取りのせいです。墓地が与えた利点は、都市の周縁にあることでした。それに乗じてキリスト教会は、四世紀から五世紀の変わり目に頂点に達した議論、いったいだれが都市共同体の正規の成員なのか、という議論に介入することになりかねませんでした。

　誰よりも適切な手法でイヴリーヌ・パトラジアンが示してくれたのは、古典社会からポスト古典社会への原理的な変化のひとつで、それは都市を単位として、市民か非市民かでその構成を定義しているような特定の社会の政治モデルが、もっと全員を包摂するような〔横断的〕モデルに置き換わることでした。後者のモデルでは、あらゆる社会で見られるように、市部も邑里《いなか》もひとしく富者と貧者に分かれていて、富者は貧者を扶助する義務を負っています。それが厳密に宗教的な言葉で喜捨と呼ぶものです。[119] ローマ以上に、こうした変化が一点に局限して起きたところはないでしょう。

　ローマでは、古い都市構造が十分に象徴的な生命力を保っていました。ローマの城壁内ではローマの「平民《プレブス》」plebs[*44]が、昔ながらの給付地点で食料の配給を受け続け、[120] 昔ながらの場所に紐づけされた昔ながらの祝祭で、気前のいい施し largesse にありついていました。[121] そうした贈与を彼らが受けていたのは、

＊44　**平民**　ローマは王政から共和政にかけて、元老院に拠る「パトリキ」と、民会に拠る「プレブス」の二極の葛藤と牽制の構造だった。前者はふつう「貴族」と訳されるが、後者は他部族がローマに吸収されたもので、宗教や行政面で制約があったため「平民」と訳される。しかし民会による拒否権と護民官の制度ができて、裕福なプレブスが元老院に入り、通婚も可能になって両者の差異は薄れた。帝政後の「プレブス」は、本来の貴族でも元老院議員でも騎士でもないが、奴隷ら貧者とは別の「一般市民」の意味となり、「パンと競技場」の既得権を享受したのが、古代末期の都市共同体だった。本章原注30補注参照。

ローマという場所にいたからであって、必ずしも貧しかったからではありません。彼らはあくまでも「ローマの平民」plebs Romanaでした。それでも、まさにこの時点でローマの人口は高水準を維持しており、ほぼ確実に窮乏に苦しむ近郊の小さな町や農園から窮民が流入していたのです。しかもローマはそうした邑里から供出される食料に支えられていました。[122] 結果として、「ローマの平民」の面々は、ローマの共同体の唯一の成員だったにもかかわらず、〔非成員の〕物乞いや浮浪人や流れ者たちとも、地位以外はすべて同一の条件で交わっていたのです。ところが、飢饉の最初の兆しが現われると、山地から流れこんできた農家の窮民も、「誠実な異邦人」honestus advenaだった〔歴史家〕アンミアヌス・マルケリヌスも、よそ者として、誰しも例外なく締め出しを食うことになりました。[123] ローマの世俗の指導者は、彼らの昔ながらの食客である「ローマの平民」のためにのみ、市内の世界で生きる余地を残したのです。[124]

　共同体の成員であることが、庇護者《パトロヌス》‐取り巻き《クリエンテス》の関係として、いちばんあからさまに表せるような社会、贈与の恩恵がその関係の昔ながらの象徴であるところでは、貧者救済の称賛に値する外形より、聖者崇拝に託《かこつ》けた喜捨のほうがずっとましでした。[125] キリスト教会の新しい指導者たちが、都市共同体の昔からの線引きをやり直すことによって、それを要求したのも同然の事態に至りました。かくて、四世紀中葉までに、ヴァティカンの丘に建つ聖ペテロの拝所は、〔ティベリウス川対岸の〕キルクス・マクシムス（大競走場）やコロッセウムのアンチテーゼ[*45]として、象徴的な意味合いを帯びるようになったのです。貧者のなかでも拝所で暮らすのは、まだ比較的控えめな人数だったので、かなりな不釣り合いになります。三六五年の都市知事はランパディウスでした。

他の誰にもできないよう巧みに唾を吐いたと言って、その唾の吐き方まで褒めてもらえないとむくれるような男だったが……この男が知事に就任して、大掛かりな見世物《ゲーム》を催し、気前のいい施しを大盤振る舞いすると、とるに足りない庶民の群れから、もっと沢山よこせ、とせがむ怒号をしばしば浴びて我慢できなくなり、自分の寛大さと群衆への軽蔑を示すために、ヴァティカンの丘から何人かの乞《こつ》丐《がい》人を呼び集めて、豪華な贈りものをくれてやったのである。(126)

これはキリスト教の拝所の周辺、都市の辺縁で発展していた新しい共同体感覚に対し、古きローマが投げ返した侮蔑の贈りものでした。

キリスト教会は、取り巻き《クライアント》の新しい階級全体を受け容れることによって、共同体の線引きを再定義しただけではありません。施主の側の階級も新たに指定したのです。なぜなら女性は古典的な都市の地図では空白の存在でした。贈りものを施すのは政治の所行であって、慈悲の所行ではないと思われていたからです。それと対照的に、キリスト教会は初期の時代から、貧者との関係では女性も公的な役割を担うよう奨励し、それが生得の権利だと言ってきました(127)。女性たちは個人で喜捨を施し、病者を見舞い、自らの名義で拝所や貧者施設の勧進をおこない、拝所の祭礼でも参列者として堂々と人前に立てると思われていました(128)。

四世紀末までに、ローマの上流社会の女性たちの位置づけも、昔ながらの見方に圧力がかかるように

＊45 **アンチテーゼ**　キルクス・マクシムスやコロッセウムは、ローマ旧城壁内のフォロ・ロマーノ広場の周辺にあるが、ヴァティカンの丘はティベリウス川の対岸、城壁外にある。ローマでは城壁とともにティベリウス川も市外との閾をなしていた。

なってきます。ローマの元老院貴族の中核の人士が吸い寄せられがちなのは、元老院名門の女性相続人の小グループに累積した富と、そのえも言われぬ威厳でした。『ローマ皇帝群像』Historia Augusta*46には、元老院貴族の貴婦人たちが、訳あって上昇志向の政治家と結婚せざるをえなくなったとき、元老院名門の権威を失わない歯止めとして、「ささやかな元老院貴族の女性の館」を建てたのですが、これにどれほど衝撃が走ったかが語られています。[129] 私的な地位を用心深く守る遺族の身でありながら、ローマの元老院貴族の女性は公的な役割がひとつもありませんでした。三七〇年の法律によると、物故した元老院議員の娘たちは、亡き父が約束した見世物費用の支払いを期待されていますが、同じ法律で続けてこう釘を刺されています。こうした場合、執政官が正式に幟《インシグニア》*47を掲げる公の席に、女性が顔を出したら「まったく場違いで、はしたない」というのです。[130] どっしりした厚手の絹の緞帳に囲われた、キルクス(競走場)のボックス席に晴れ姿を見せたり、集まってきた「ローマの平民」の歓呼を受けたりするのは、男性にのみ取っておきの厳粛な瞬間なのです。[131] それでもなお元老院族の貴婦人たちは、明らかに自らの立場には神経を研ぎ澄まして、身のほどを弁《わきま》える必要がありました。

ですから、ゴート族のローマ包囲とその略奪が、都市共同体の昔ながらのイメージを臨界点まで試すことになったあと、[132] 主だったキリスト教系名門の女性たちは、聖者崇拝と結びついたキリスト教の慈善活動と教会造営への参加によって、新たなハレの座を獲得しました。彼女たちは、「庇護者《パトローニ》」*48や助言者たち、司教や聖職者たちの励ましを受け、自らの名義で寄進に励んだのです。[133] デメトリアスは、名門アニキア一族gens Anicii*49の最長老だった大ペトロニウス・プロブス*50の孫娘です。[134] 四一二年、彼女は生涯、処女を貫くと宣して、カルタゴの司教の手からヴェールを被り〔修道女になり〕ました。[135] この出来事が起きたのは、〔ローマ掠奪時に〕難民となってこの都から逃れたため、ローマの昔ながらの連帯感を乱したと思われた名門一族に属す(136)このアニキア家の淑女が、如才なく〔どの家にも与しない〕全方位 méssaliance *51 を選ぶことによって、一族の巨富を救うことを強いられたのかもしれない時期でした。祝福する手紙のなかでヒエロニュムスが指摘したように、一個人の花嫁になってしまえば一属州でしか名を知られないだろうが、いまや彼女は〔イエスの花嫁となって〕キリスト教の全「地上世界」orbis terrarum で称賛の的になったというのです。(137)ローマに再び居を定めてからデメトリアスは、聖ステファノスの拝所を建立した

＊46 **『ローマ皇帝群像』** 六人の歴史家が書いたとされる一一七～二八四年のローマ皇帝史だが、初版は一四七五年にミラノで出版され、古典学者イザーク・カゾボンが一六〇三年に再編纂して現在のタイトルとなった。事実誤認が多く、執筆時期も不明なことから、偽書の疑いもあるが、現存しない元老院の公文書などの史料の引用もあって、ギボンらも参照している。邦訳は南川高志・桑山由文・井上文則による京都大学出版会「西洋古典叢書」版がある。

＊47 **インシグニア** 斎串《ゆぐし》状にトーテムや戦利品を棒に並べてかざすギリシャのトロフィーと同じくローマ軍の幟で、金の鷲とＳＰＱＲの旗を掲げる幟がよく知られている。ニュルンベルク党大会でナチスが掲げたカギ十字のインシグニアはこれを真似たもの。

＊48 **デメトリアス**（Demetrias、三九八～） 父は元執政官で、祖母はローマ帝国でもっとも裕福と言われた家系の女性だった。ローマ劫掠を母と共に逃れてカルタゴに避難したが、簒奪者ヘラクリアヌスに捕らわれて、莫大な身代金を支払わされた。十五歳で結婚することになっていたが、母を通じて接したアウグスティヌスの助言に従い、独身を選んだ。

＊49 **アニキア家** プレブス系の名門で、ローマの東のパレストリーナ（プラエネステ）が発祥の地とみられる。共和制末期に元老院入りしたとみられ、アニキウスの名を冠した人名が多い、元老院では最初にキリスト教を受け容れた一族とギボンは書いている。

＊50 **大ペトロニウス・プロブス**（fl. 三五八～三九〇） *Sextus Claudius Petronius Probus* のことで、四世紀末に都市知事、アフリカ属州長官、四度の道長官を務めたほか、孫と曽孫が帝位に就くという位人臣を窮めた政治家。妻のアニキア・ファルトニア・プロバの墓が、ヴァチカンの大聖堂の西後陣のすぐ外に建立されるという栄誉を授かる。

＊51 **全方位** méssaliance とは、ローマ四代皇帝のクラウディウスの妻、メッサリーナから派生した語だろう。皇妃となったものの、年の離れた夫に不満で、性欲が強く絶倫だったという。ローマの売春宿でとっかえひっかえ二十五人の男と交わったが、なお満足できなかったと伝えられる。そこから相手を選ばない「全方位」という意味が生まれた。

施主として名を知られました。紛れもなく彼女の碑文には、「デメトリアス、眠れる処女」Demetorias, amnia virgo という讃辞が残っています。[138] 聖ステファノスの献身的な参拝者として、デメトリアスはあの苦難の時代に、貴族性を損なわずに、しっかりとアリキア家の淑女であり続ける道を見つけました。聖者崇拝は、キリスト教化された都市で彼女が果たす公的な役割を保証してくれたのです。

ローマにとっては生きた記録であるこのような発展は、けっしてこの都市に限られたことではありません。それは都市共同体の総体にかかった重圧を感じさせてくれますし、おかげで聖者崇拝はさらにハレの場へと繰り出す拍車がかかりました。異教の過去との関係でいえば、穏やかな常習犯になるどころか、聖者の墳墓での富の出費とその祭礼は、待ったなしの切迫感に駆られていました。なぜなら、西方地中海圏の都市の人びとは、四世紀と五世紀の境目で憂慮すべき新しい状況に陥ったと知って、それを表現し、コントロールする新たな表現様式《イディオム》をこの崇拝に見つけだしたからです。

読者は許してくださると信じていますが、奥深い宗教感覚のゆたかで複雑な発展を、わたしはいくらか図式的に、わざとモノクロ grisaille に分析してお見せしました。しかし、われわれの心から「二層」モデルを一掃すべきだとすれば、代案を差し出す用意がなければなりません。この代案に何か利点があるとするなら、それはローマ末期という場面の別の領域に、われわれの目線を転じることにあります。例えば信仰は、正確に社会的文脈に対置させなければなりません。方向づけ《オリエンテーリング》の何らかの形式がなければ、聖者の墓をめぐる信仰だって、何世代にもわたって何の特徴もないまま放ったらかしにされかねない、という単純な理由からです。われわれがいままで見てきたのは、キリスト教共同体の内部で新たに芽生えた信仰の成長ではありません。信仰の公的な意味に遥かに重い「負荷」をかけるため、旧来の信仰を組み直したものです。われわれはまた「民衆」も再定義しなければなりません。ローマ末期におけるその意味、すなわち多数の支援を動員できる少数の能力というものを真剣に考えてはどうでしょうか。われわれがいる世界は、称賛する群衆なしでは、芸術であっても偉大さをめったに表せなかったところなのです。[139] じっさい、古代末期のもっとも興味深い特徴のひとつは、明らかに古典期のローマ帝国では真の担い手だった層よりも、もっと大衆 populace の深層にまで根を下ろせたエリートのちからにあるのです。[140] われわれが古代末期の「文化の民主化」と呼んだものの多くは、上から下への民主化です。

最後になりますが、傑出した世代の心情を代案モデルでどれだけ繰り広げられるか、たぶんわれわれなら正当な瀬踏みができるでしょう。カッパドキアとルーアンほど遠く離れていても、聖者崇拝の分節化に対して、男であれ女であれ、ローマ末期世界の上流階級文化のあらゆる資源をそこに充てる用意がありました。なぜなら、われわれが遭遇したのは、「烏合の衆」common herd のなかで醸成された無表情の惰力に押され、嫌々か計算づくかの妥協で済ますだけの連中ではなかったからです。イニシアティヴを取り、優劣を選択し、そうしながらも、西ヨーロッパ全円に中世まで生きながらえる公的な言語を鋳造してみせた「座元」の集団でした。いまのところは勝手ながら群衆のほうはしばし放念しておきます。次の二章で試みるのは、異なる手法を用いて、墳墓の周りに天と地を直結する新しい構造を、素早く仕立てた人びとの心に分け入ってみることです。

第二章　見えざる付き添い《コンパニオン》

哲学者も弁論家も忘却に沈んだ。大衆は皇帝や将軍の名を知りもしない。しかし誰もが殉教者の名は知っている。いちばんの親友の名よりも親炙《しんしゃ》している。(1)

どれほどキリスト教が圧勝したか、キュロスの司教テオドレトス*1が伝えようとした言葉がこれです。五世紀中葉までに、聖者崇拝によって、地中海圏の居住民たちは、見えざる親身の朋《とも》に囲まれていました。「見えざる朋《とも》がら」――ἀόρατος φίλος(2)、「親身の友だち」――γνήσιος φίλος(3)、これらはテオドレトスや彼の同時代人が、聖者と関わるときに大事にしていた言葉です。われわれがこの章で追うことになるのは、古代末期から中世初期の男や女の周りに、新しい見えざる付き添い《コンパニオン》が群がり寄ってきたそのありようなのです。そうしているうちに、太古からの古代信仰に生じた微妙な変化にも触れることになるでしょう。そんな変化が生じたのは、四世紀末以降、地中海圏の男も女も、現世でも墓の彼方のあの世でも、友情や霊感、そして保護を求める思いが勃然とせりあがってきて、見えざる存在に眼差しを向けたときなのです。あくまでも同輩の人間 fellow human なのですが、自らの社会で愛されて力のある人物の特徴を、まざまざと触れられるものとして投影できる面影《フィギュア》でした。

神であれ、「万霊《ダイモーン》」daimon*2であれ、守護天使であれ、聖者であれ、とにかく見えざる媒介《なかだち》と個別に関

＊1　**キュロスのテオドレトス**　第二章原注100補注参照

わりだすと、「民間信仰」といういかがわしいカテゴリーに降格させられかねませんから、伝統的な学界では、その変化の孕む意味を十分に感受していませんでした。そんなものとの関わりはすべて、多神教への「人間心理の逆戻り」という通説を覆すものと思われかねません。したがって従来と違っていても、相応な注目を集めてこなかったのです。それでもまだ初期の世代は、肉体を持たない霊威《みちから》の輝ける現前をぜひ目にしたいと願っていたので、同輩の人間の顔をそこに見立てることは、けっして小さな変化ではなかったのです。新しい見えざる付き添いと親しい関係を結んだことを明かすキリスト教徒の著作者たちは、新しい環境になっても惰性で古い考えの尻尾が残っていたので、いよいよ変化を際立たせることになり、おかげで、一時代かけたゆっくりした変わりようを、多少とも正確に追跡することができるのです。

　人間と神的なるものの関係を示す古代の地勢図から始めましょう。二世紀および三世紀の人びとは、自我《セルフ》の多様性や、自我から神までなお連綿とつづく媒介《なかだち》の雲梯に敏感でした。この問題にプルタルコスは確信を持っていました。民間信仰とは逆なのだが、と彼は書きます。魂《たましい》は単一かつ同質の実体ではない、多くの層からなる複合体《コンポジット》なのだ、と。個人が直接意識する層の上に、「真」の魄《みたま》という、別の層が横たわっています。魂《たましい》が肉体より優れているように、「真」の魄《みたま》はわれわれの知る魂《たましい》より、測り知れないほど優れています。[4] こうして、自我はヒエラルキーをなし、その突端は神的なるものの直下に接しています。階層のてっぺんに、古代末期の人びとは見えざる保護者《プロテクター》を置いたのです。この保護者は個人の「万霊《ダイモーン》」とか、「守護霊《ゲニウス》」genius とか、はたまた守護天使〔産神《うぶがみ》〕とか、どう言い表すにせよ、機能はおなじでした。個々人の世話を委ねられた見えざる存在で、ぴったりと密着して個我に同伴するので、単に個別に付き添って常在するだけでなく、ほとんど個我を上方へ延長させたようなものでした。[5] 個人は誕生時からこの保護者に委ねられていて、死後もずっとその保護下にあります。自我の変わらぬ同一性《アイデンティティ》の芯は、そこで堅持されているのです。ですから、古代末期のエチケットでは、ひとを「あなたの天使」(6)と呼びますが、それは何ら奇異なことではありません。〔歴史家〕アンミアヌス・マルケリヌス*3が書いたとおりです。

神学者は主張する。すべてのひとには、生まれながらに結びつけられた……ある種の神性、そのひとの行動を指図するものがある、と。しかしながら、それらはほとんど人目にふれない。かいま見たごくわずかなひとには、さまざまなご利益《りやく》が顕れる。(7)

三世紀の偉人たちは幻視《ヴィジョン》を見た人で、見えざる護り手《ガーディアン》が例外的に身近に寄り添うことが啓示されています。二四〇年、若きマーニー*4が〔新しい教えの〕伝道者として歩みはじめたのは、彼の保護者《プロテクター》〔の天の

*2 **ダイモーン**　ギリシャ語の δαίμων は本来、その派生語である「悪魔《デーモン》」の意味ではなく、ソクラテスの内心の声がダイモニオン（ダイモーン的なもの）と呼ばれたように、善でも悪でもありうる「霊威《モノ》」の意味だった。アウグスティヌスは『神の国』第九巻で「ある神々は善であり、他の神々は悪であるといった人びとは、ダエモンを神々という名でよびながら、また、まれには、神々をもダエモンとよんだ」としており、「ダエモンはある人間を憎んだり、あるいは愛したりして、あるものを栄えさせ、高め、また他のものを反対に苦しめ、悩ますのである。したがって、かれらはあわれみ、怒り、苦しみ、喜ぶなど、人間の情念のあらゆるかたちのものをこうむり、それに似た心の激動と精神の送炭とよって、その不安定の想念のすべてを通じて揺り動かされる」（服部英次郎訳）と、神との差異がまだ過渡期にあって、demon が「悪魔」の意味に固定されるのはキリスト教が普及した中世以降だったことを示している。万葉集でも「もの」に「鬼」の字を充てた事例が十件あり、平安の「もののけ」へ悪霊化する前は、カミとモノとが分かち難く溶け合っている時期があったことを示している。

*3 **アンミアヌス・マルケリヌス**　本書第二章原注78補注参照。

声〕が耳にとどく体験をしてからですが、その接触は従属的な自我と高みの自我の同一性が融合し、天の双子と化すほど緊密でした。

私のもとに来て、その霊〔天の双子〕は私を選んだ。彼にふさわしいと私を判断し、私の倚《よ》って立つ宗派から引き離して、私を分断した……私は彼を我がものとした。まさしく私一人のものに。[8]

三一〇年、〔ローマ帝国を再統一する〕コンスタンティヌス*5は、彼のアポローンを幻視して、周到に征戦の準備を整えました。「おまえは彼を見た。彼におまえ自身を見た……若く陽気で、救済と極美をもたらす者を」[9]と。

こうして懇切《ねんごろ》に世話をみる〔保護者の〕仕事は、偉人のためだけではありません。オリゲネス*6にも、庶人のキリスト教徒にも、その周辺に刷りこまれた情け深い存在がいたのです。彼は守護天使を「血縁者かつ朋《とも》として」遇することができました。「……彼らに祈りを捧げる人に、その存在を身近に感じさせてくれる」からです。[10] これが意味しうることは、オリゲネスを讃美した弟子による自伝風の文書に表われています。タウマトゥルゴスのグレゴリオス*7が二三四年に公にした『オリゲネスへの感謝と礼讃の辞』です。グレゴリオスは多くの紙数を割いて、自らの半生を解説しています。彼は「根なし草」déracinéでした。グレゴリオスとその肉親は、黒海のポントゥスの出身で、ベイルートにあったローマ法の学塾を経て、パレスティナに身を寄せるという、帝国の行政の辺境を転々とさすらう身でした。彼には明らかにキリスト教の素地がありましたが、せっかちな野心家の青年でもあり、その経歴は若きアウグスティヌスとよく似ています。じぶんの改宗の本質を、自分自身にも他人にも明らかにしていくなかで、グレゴリオスは自然に守護天使の概念に立ち返りました。

ほんとうに、わたしもわたしの肉親のだれも、わたしにとって何が最善なのかを見通せなかった……

長いあいだ、天使の存在がわたしを養い、わたしを形成し、手をとってわたしの道案内をしてくれた。

何よりも、あの偉大な先人〔オリゲネス〕に、以前は一面識もなかったが、わたしは引き合わせても

＊4　**マーニー**　サーサーン朝ペルシャから古代末期のローマに到来した習合宗教、マーニー教の教祖である。マーニー伝によれば、その見神体験は十二歳と二十四歳の二度あったとされ、この二度目の体験のあと布教を始めたという。「天の双子」（ギリシャ語でSyzygos）はその際に出現したalter ego（分身）だろうが、「私は誰なのか、私の肉体とは何か、私はどこから来たのか、私はどうしてこの世に表れたのか」などと自問し、「我が父が行為を見せ、気遣いを持って私に接してくださったとき、彼は私に不可謬のシュジコスを送られた。それは完璧な不死の果実にして、法の過誤から私を贖ってくださった」（ケルン・マーニー・コーデックスDer Kölner Mani-Kodexの『大いなる福音』からの青木健訳）という。
　アウグスティヌスが『告白』第三章でマーニー教をイエスの名と聖霊の名をまぜあわせた「鳥黐《とりもち》」と唾棄したくだりがあるので、浩瀚なアウグスティヌス伝を書いたブラウンのこの姿勢は驚きである。アウグスティヌスを絶対視し、「マーニー」を反射的に二元論異端と断じる教義論者の神経を逆撫でしただろう。史学界からブラウンの「古代末期」論に言いがかりに近い異論が出たのも、それと通底しているかもしれない。本書「二〇一四年版序文」参照。

＊5　**コンスタンティヌス**（c二七〇～三三七）　四帝並立のローマ帝国を再統一、キリスト教を公認した大帝。三一二年、ローマのティベリウス川に架かるミルウィウス橋の戦いでライバルのマクセンティウスを破り、帝国統一を果たしたが、戦いの前に空に吉兆が現われ、勝利を予告したという。これがキリスト教公認の理由になったとエウセビオスらは伝説化したが、彼の性格は一筋縄ではいかず、アポローンを崇めるような異教信仰を捨てたわけではなかった。

＊6　**オリゲネス**（c一八五～c二五四）　アレクサンドリアのキリスト教徒の家庭に生まれ、セプティミウス・セウェルス帝の迫害で父を失い、若くして教理塾の塾頭になった。のちパレスティナの海辺のカイサリアに移って聖書研究に没頭、『諸原理について』（小高毅訳）など多くの書を著した。三世紀半ばのデキウス帝の迫害で拷問を受け、釈放後に死亡した。

＊7　**タウマトゥルゴスのグレゴリオス**　第一章原注11補注参照。パレスティナからカッパドキアのネオカエサレアに帰国する際、師に謝辞を述べたのが「感謝と称賛の辞」である。

らったのだ。わたしの同郷人でもなければ、わたしの家とは何の知り合いでもなかったのに。(11)

こうして、危機の時代を泳ぎぬくにしろ、保護と霊感を日々求めるにしろ、古代末期の人びとの宗教感覚は長らく、見えざる付き添いとの濃密な対話によって形づくられてきたのです。四世紀末にキュレネーのシュネシオス*8が書いた讃美歌は、そうした関係を可能にしてくれた温もりを、絶妙なくらい伝統的な言葉遣いで表現しています。

> われに付き添い《コンパニオン》を与えよ。おお、王よ、つれあいよ、聖なるみちからの、聖なる伝令よ、神の光に輝く、祈りの伝令よ、朋《とも》よ、高貴な賜わり物を配り、わが魂の護《まも》り手、わが生命の護り手、祈りのお守り、行動のお守りよ。(12)

哲学者シュネシオスがこの詩句やこれに類したことを書きとめているころ、貴族ポンティウス・メロピウス・パウリヌス*9は、十年かけて徐々に世間を捨てていきました。彼はボルドーからバルセロナまで、一族の所領と妻の地所があちこちに散在していたのですが、最後は〔ナポリ東隣の〕ノーラの一司祭になって遁世を完成させました。ノーラには一族の地所があり、三八一年には彼自ら知事をつとめましたし、この市には「生粋のパトロン」patronus ex origine と表彰された先祖がいたこともあるからです。三九四年までに、彼は一族の地所の多くを手放して、禁欲的な修道生活に入り、それによって一族の盛名に終止符を打ちます。元老院の輿論には衝撃が走りました。彼の過去の事績は、彼自身にとっても他者にとっても両方とも説明が必要でした。パウリヌスが「邑里《いなか》へ」と懸命に疎開を図ったのは、三八九年ころ、皇帝〔僭称者とされたマグヌス・〕マクシムス*10の蹶起が鎮圧された結果、パウリヌスの弟が暗殺され、資産没収の脅しを受けたうえ、生まれたばかりの息子の夭折にも見舞われたからです。司祭になったのはバルセロナの会衆に無理強いされたからですが、そのあと何の未練もなく、三九四年にノーラに敢然と隠遁しました。(13) 彼がガリア・ローマ地方の貴族社会と縁を切ったことは、彼自身と、当時六十歳を超えて南ガリアの教養人階級の重鎮《ドイヤン》だった師、アウソニウス*11が交わした公開詩篇に記録されています。幸せだった時代に、この師は宮廷の「黒幕」éminence grise であり、伝統的な大地主の一族が牛耳る〔グラシアヌス帝の〕宮廷でしたから、パウリヌスもそこで栄達したひとりでした。(14) 一生を通じて彼はどこか

*8 **シュネシオス**（c三七三〜c四一四） キュレネー（現リビアのキレナイカ）近くで生まれ、アレクサンドリアで熱烈な新プラトン主義者となり、女哲学者ヒュパテアのもとで学んだ。コンスタンティノポリスに三年間滞在し、アルカディウス帝に伺候するかたわら、多彩で旺盛な執筆活動をつづけた。キュレネーに帰ってから、プトレマイスの司教を受諾、妻子と別れた。讃美歌の歌詞も書いており、現下の讃美歌もそれが下敷きになったとの説がある。

*9 **ポンティウス・メロビウス・パウリヌス** ノーラのパウリヌスのフルネーム。「二〇一四年版序文」の原注4補注参照。

*10 **マグヌス・マクシムス**（三三五〜三八八） ヒスパニア北西部生まれの軍人で、東方帝テオドシウス（一世）帝の父、フラウィウス・テオドシウス（大テオドシウス）に従ってブリタニアやマウレタリアの遠征で活躍した。西方帝国内の政争でフラウィウス・テオドシウスが処刑されても、彼はブリタニアでピクト人らと戦い続け、三八三年ころ、配下の軍団によって皇帝に推戴された。マクシムスはガリアに侵攻、西方帝グラティアヌスを倒した。東方帝テオドシウス一世は、ミラノ司教アンブロシウスの仲介で、父の部下だったマクシムスと和議を結んだ。しかしマクシムスがイタリア半島を支配下に置くと全面対決になり、三八八年にパンノニアでマクシムスは敗れて処刑され、死後は「皇帝僭称者」として記録を抹消された。パウリヌスはマクシムスへの加担を疑われ、隠遁を余儀なくされたとみられる。

*11 **アウソニウス**（c三一〇〜c三九三） Decimus Magnus Ausonius はボルドー生まれのキリスト教世俗文学の祖。文法学や修辞学を教えていたが、モーゼル川沿いのトリーアにいたウァレンティニアヌス一世帝の長男、グラティアヌスの家庭教師となる。グラティアヌスが帝位を継ぐと、彼も宮廷入りしてガリア道長官や執政官など顕職に就いた。グラティアヌス帝が敗死すると、郷里に帰って詩集 Ephemeris など著述に専念した。

飾りもののままでした。「我らがパウリヌス」Paulinus noster(15)。アウグスティヌスは『神の国』で富からの解脱を説くとき、いつもそう呼びかけたものです。

アウグスティヌス自身を別にすれば、西方ラテン圏のキリスト教著作家で、好奇心旺盛な信者の聴衆にむかって、彼らの運命を伝える圧力に曝されたひとはごくわずかです。聖フェリクスを主題とする詩でパウリヌスがした以上に間断なく、見えざる付き添いとの関係をもとに、優れた詩の技法を駆使しながら、この運命を伝えたひとは誰もいません。そうした詩を書くようになったのは、ノーラに腰を据えてからです。最初は司祭として、のちにノーラの司教として、フェリクスの拝所に惜しみなく傾倒するようになりました。

Nunc ad te, venerande parens, aeterne patrone susceptor meus, et Christo carissime Felix, gratificas verso referam sermone loquellas.

［さあ、わが詩人の舌を、感謝しつつ、汝フェリクスに向けよう。尊敬する師父よ、永遠のパトロンよ。わが乳母フェリクス、キリストの親友のフェリクスよ(16)］

見えざる面影《フィギュア》とパウリヌスの関係は、当然ながら二世紀の修辞学教師、アエリウス・アリスティデス*12と対比されてきました。アリスティデスは癒しの医神アスクレピオス*13と、評判のよくない過剰な腐れ縁の関係にあります(17)。しかしながら、アリスティデスの『聖なる物語』を、人騒がせな蠱惑的な記録にした、何ごとも自己中心的で鬱《ふさ》ぎがちな症状が、パウリヌスにはひとつも見えません。パウリヌスの「懐の大きな優しさ(18)」が何かをもたらしたとすれば、本人にはかえって仇をなしたことです。パウリヌスの聖フェリクスとの関係は、われわれもなるほど当然だろうと納得がいきます。これがアスクレピオスにのめり込むアウレリウス・アリスティデスであれば、われわれも断じて首肯できるとは思えません。結果として、ノーラでのパウリヌスの活動は看過されがちです。牧歌的で瑣事にこだわり、何よりさほど驚くほどのこともない人生とされました(19)。われわれが風変りな貴族に期待する以上のことはしていない、という扱われ方で、元老院の貴族階級が底知れぬ富と暇を費やす新たな方途をみつけた(20)くらいで済まされたのです。いずれにせよ、それは聖者崇拝が地を這う霧さながらに、西方地中海全圏にしずしずと湧いてきたと思われる時期(21)でした。われわれの推測では、パウリヌスは神学者の柄ではなく、ただ身だしなみのいい古典詩人でしたから、その彼がフェリクスとその拝所に見いだしたのは、遁世するのに快適な場所であり、詩歌に十分な新しい対象があり、都市の古き神々の分身《アバター》がいたことだったのです(22)。

それでも忘れてはいけないことがあります。パウリヌスが、古典となった『マルティヌス伝』の筆者、スルピキウス・セウェルス*14の同時代人であり、親友でもあったことです(23)。二人には数多くの共通点があります。世紀の変わり目あたりで、二人とも苦闘したのは、ありきたりの凡人と聖なる守護者《プロテクター》のあいだの関係を、新しいかたちで表現しようとしていたからです。こうした霊的な「パトロンたち」は、聖マ

*12 **アエリウス・アリスティデス**（一一七〜一八一） Publius Aelius Aristides Theodorus は、第二ソフィスト派に属す弁論家。心的な病に苦しみ、ペルガモンのアスクレピオスの療養所に籠り、見た夢を記した『聖なる物語』Hieroi Logoi で知られる。

*13 **アスクレピオス** ギリシャの医神。パウサニアスの案内記によれば、テッサリアの王女がアポローンの子種を宿しながら別の男と交わり、アポローンの双子の姉妹アルテミスが怒って王女を射殺した。その火葬から救われた胎児が山に捨てられ、ケンタウロスに拾われて医術を伝授されたのがアスクレピオスだった。その活躍で亡者が減り、困った冥界の神の頼みでゼウスが雷の一撃でアスクレピオスを倒し、没後に星座となる。その名を冠した療養所、アスクレピエイオンが帝国内の各地に建てられ、鬱病とおぼしき病を患ったアエリウス・アリスティデスが参籠して夢記を書いた。

ルティヌスのように、直近まで存命で目に見える存在だったのか、とうに死んでいた故人か――むしろ生きていながら不可視の存在だったのか、どちらにせよ、スルピキウスとパウリヌスの両人とも、キリスト教ラテン文学の最先端にしっかりと人間を見据えています。二人ともそれ以降、聖者に対する西方キリスト教の態度を、安定した軌道に乗せることに成功したのは事実ですが、かといって彼らの企てと〔詩の〕技法の新しさを過小評価する方向に導かれてはいけません。それ〔詩法の革新〕とともに、彼らが憧れの的《ヒーロー》としたものに新たな光があたるよう、地中海圏の宗教思考が古代から継承したテーマの多くを二人で再分配したのです[24]。もしも、ニーチェが言ったように「独創性とはおおよそ命名者のことであった」die Originalen sind zumeist auch die Namengeber gewesen[25] とすれば、パウリヌスこそ、ラテン圏キリスト教の信仰篤き人びとの始祖である強力なアウグスティヌスの傍らに置くべき存在でしょう。なぜならまさしく生涯傾倒するにふさわしい名を聖フェリクスに見いだし、それを何のこだわりもなく確信したかに見えるからです。

　とはいえパウリヌスとともに、現代のわれわれにも見えてくるものがあります。別の角度から古い道しるべ《ランドマーク》の多くを瞥見することによって、古代の風景がひときわくっきりと変わっていくのが見えるのです。こうして、パウリヌスが聖フェリクスとの関わりを書いたとき、彼は見えざる付き添いと親炙《しんしゃ》しあう感覚を、まるごと死者に振り向けて、いとおしむように一点に絞りこんで移したのです。前世代の人なら、神々や「万霊たち《ダイモーネス》」、あるいは天使といった非＝人間の面影《フィギュア》に、それを探そうとするはずです。フェリクスとの関わりが、どれだけ古代の輪郭をなぞっているかを、パウリヌスが明らかにしてくれたのは、まさにそこでした。だからパトロンとなった聖者が、古代末期の人びとにとってどれほど親密な存在になれるかを、われわれも推し量れるのです。と同時に、その関係が二人の人間同士の関係として表現できるという事実は、ローマ末期に友情と依存《ディペンダンス》を結び付けた濃密な血が、いまや見えざる世界の細胞組織に滔々と流れこんでいることを意味しています。フェリクスは人間の顔を持っています。彼との関係は、人間同士の経験によって醸成される期待をモデルにしています。さらに重要なことは、おそらくこの人間同士の経験が、四世紀末と五世紀初めに生きていたひとびとの、ケ〔褻〕day -to-day の暮らしを彷彿とさせる雰囲気をふんだんにもたらすことなのです。フェリクスは時を超えて理想化された人物像《フィギュア》ではありません。彼はこよなき「パトロン」であり、「朋《とも》がら」amicus だったのです。ローマの貴族制とそこにぶら下がる取り巻きたちにがんじがらめだった世界で、パウリヌスとその読者たちは、そうした存在なら知り過ぎるほど知っていたのですから。

とはいっても、まずは古代の背景から始めましょう。フェリクスが見えざる付き添いという役割に踏み込んだ成り行きを手始めとして。なぜならパウリヌスはわざと、フェリクスとの関係に自らの同一性の芯をピン留めしたからです。そうすることによって、それまで「万霊《ダイモーン》」や「守護霊《ゲニウス》」、護り手《ガーディアン》といった〔超自然の〕天使に捧げていた言葉の多くを、人間の聖者に引き継ぐことになります。人間ならざるもの nonhuman の媒介《なかだち》が緊密に織りこまれた連鎖を経由して、自我の層を神性に結びつけてきた何世紀もの信仰の重圧があればこそ、フェリクスの拓本がパウリヌスの生活と個性に深々と謄写されます。人間となると、フェリクスは、神の玉座の前でただ執り成してくれるだけの遠い存在だけでは済みません。

＊14 **スルピキウス・セウェルス**（c三六三〜c四二五） ガリア・アクィタニアの裕福な家に生まれ、法律を学んだが、三九〇年ころ、パウリヌスとともに洗礼を受けた。トゥールの司教マルティヌスの影響を受け、貧者救済に私財を投じて父親と不和になった。東方から導入された修道院運動のガリアの主導者だった。主要作品は『年代史』と『マルティヌス伝』で、『年代史』はヒスパニアの異端プリスキリアーヌス派やアレイオス派論争の史料を含む。

パウリヌスの同一性の護り手であり、ときにはほとんど自己同一性を擬人化《パーソニフィケーション》したものとなります。古代末期および中世初期の人びとにとって、パトロンである聖者は、自我のほとんど無意識の層に古代性をまだ残していたのですが、パウリヌスの詩からはそれがまざまざとうかがえるのです。

　ですから、緊密につながった〔神と人の間の〕連環を、われわれはめったに見失うことがありません。「万霊たち《ダイモーネス》」自身も、神々を護る霊という座に恵まれました。[26] 並み外れた偉人も、その直接の私的な守護者《プロテクター》として、地祇《ちぎ》a god または〔天祇の〕「神」God が付くので、「神霊」と同じ特権に与れたのです。[27] 平均的な庶人には、「神」から割り当てられた「万霊」または守護霊がいました。[28] 占星術の信仰は、守護霊と個人が誕生時に合体する瞬間を正確に定めています。なぜならホロスコープ（星占い天体図）は、その瞬間に個人に宿る「守護霊《ゲニウス》」の合金《アロイ》*15を表しているからです。[29]

　パウリヌスの詩は、緊密に面影同士が依存しあっていて、それと同じ構造がみられます。フェリクスはその全人生を通して、キリストという親身の護り手に恵まれ、[30] 墓に葬られたあともなおいっそうキリストに身近な存在になりました。[31] この天国との緊密な絆は、溢れるほど豊かなので、フェリクスからこぼれ落ちてきて、地上の申し子のパウリヌスまで霑《うるお》うのです。「さあ、あなたのことをわたしに語らせてください……キリストがあなたの手に委ねたこのわたしは、地上に生まれた最初の年から、あなたご自身なのです」[32]。パウリヌスは親炙する詩人です。彼が「憂き世を厭《いと》う」のは常に、事あるごとに「キリストに付き添われる内面」[33] へと深く沈湎《ちんめん》していく機会になるからです。彼は途方もないイメージを重ね合わせて、イエスの胸に頭を休めるために、死者が星空を天翔けるすがたを描けるのです。[34] しかしフェリクスの形容に彼が用いる詞句は、単なる人間の友情や人間の庇護《パトロネージ》を表す言葉ではありません。そこに古代からの連環《リンク》が保たれているのです。無言の宇宙の骨格をなす、あらゆる必然の連結があるからこそ、パウリヌスはフェリクスが身近にいると感じるのです。パウリヌスにとってフェリクスは、神への執り成しの行為によって、世話役であることを知らしめる保護者《プロテクター》にとどまりません。それ以上の存在なのです。こうした行為そのものが、確固とした秘かな絆があることを明かしています。[35] ある意味でパウリヌスは、フェリクスとともに誕生《ボーン》したのです。洗礼と禁欲的な隠遁によって、彼はフェリクスとともに「第二の誕生《リボーン》」を迎えました。フェリクスがその死をもって、地上から「天国」に生まれ変わった日、すなわちフェリクスの命日の祝祭が、パウリヌスの真の誕生日となったのです。

わたしはいつもこの日を敬してきた。じぶんが生まれた〔実際の〕誕生日よりも、この日こそわたし自身の誕生日だと思った。悪しき素質から悪しき行動へと堕《お》ちたこのわたしが、世に産み落とされた日に呪いあれ。わが保護者がわがために天国に転生した日に祝福あれ。[36]

これは古代の結びつきに託《かこつ》けて、周到に選んだパラドクスです。誕生時に「守護霊」を人に合体させるのと同じように、親密な絆と思えた理想の見えざる付き添いに、自らの同一性を連接してはじめて、パウリヌスとその厳格な友人たちは、肉の躬《うつそみ》に生まれた胸奥の哀しみを慰められたのです。
パトロンたる聖者への崇拝が、禁欲者のサークルに燎原の火のごとく広がったことは、たぶん驚くほどのことではありません。なぜなら禁欲者には深い罪の自覚があり、それによって、はかない現世のど

＊15 **合金** alloy の語源はラテン語の alligare（束ねる）だが、フランス語の aloyre（結合させる）を経て、合金の意味となるのは十六世紀後半から。金を合成するという錬金術が土台になっており、ブラウンは占星術や新プラトニズムと親近性の高い語彙をつかって、可視の人間と見えざる守護霊という異物同士のアマルガムの比喩としたのだろう。

ん底に置かれた我が身の同一性が、なにか安定した親密な絆をもとめて叫んでいたからです。パウリヌスが描きだすフェリクスの肖像は、温かくて多彩で、他人に自分〔の肖像〕を描かせない彼自身のほとんどアンチテーゼでした。アダムの薄れかけたイメージがモデルでは、あまりに悲しくて模写に資するとは思えなかったので、パウリヌスは肖像を拒んでいたのです。[37]

ニュッサのグレゴリオス[*16]の姉、マクリナ[*17]の生涯に目を向けると、教養豊かなキリスト教徒の家庭で、これ〔聖者の付き添い〕が何を意味するかがまざまざと見えてきます。マクリナは、と弟は書きました。世間での通り名にすぎません。姉には真の秘密の名があって、それは幻視に顕れたものなのです。母が彼女を出産したとき、三度夢を見ました。わが子を抱いていると、殉教者の処女テクラ[*18]の堂々たる姿が顕れて、テクラの名を授けたのです。母は現実に第二のテクラとなる女児を産みました。[38]この夢は若い乙女だったマクリナの母にとって大切でした。嫌々ながら結婚したのは、両親を失い、夫を持ってその庇護を受けようと、ただそれだけのためでした。出産は初めての経験だったのです。お産は軽く、マクリナが生まれて、その同一性を損なわずに済みました。やがて生理的な分娩の悲しみにまた見舞われます。じきにマクリナは、立て続けに素晴らしい弟たちに恵まれることになります。しかしマクリナは自立した強い芯のある子で、常ならぬ処女テクラとの神秘の絆がひそかに影を落とし、常住坐臥、他の子とは違っていました。幼いころは「あたかも母の胎内にとどまっている」[39]かのようで、まるで修道院長のごとく、彼女の人生は人間界と天使界の間の見えざる境界で揺れ動いていたのです。[40]

後世、洗礼名《クリスチャン・ネーム》が広まったのは、個人の同一性を聖者に結びつける必要があったことを反映しています。洗礼名は、新たな誕生と結びついた新しい自己同一性を表すものでした。なぜならキリスト教の洗礼が約束する「第二の誕生」は、個性を形成する古代のモデルからその十全な意味を引き出しているからです。洗礼は新しい保護者の霊を起動させることによって、最初に個性を形づくった星辰の影響を断ち切り、〔生れながらの〕個性から本人を解き放つようにしたものです。本来の「守護霊」そのものの性質は、惑星間の鬩《せめ》ぎあう葛藤によって、もつれた〔因果の〕蜘蛛の巣に織り込まれたものです[41]。たとえばシリアでは、セルギウス*19という〔殉教者の〕名がどう広まったかをたどることができます。それは聖者の拝所の脇に建つ洗礼堂から、放射状のルート沿いに町や村で〔あやかって〕洗礼名に名づけられていったのです[42]。

それでも、こうした保護する者の面影は今や人間の顔をしています。ほんのちらっとでも、四世紀の美術に目をむければ、その意味するところがわかります。三世紀末、あるいは四世紀初めのウィケンティ家の墓の玄室には、「善き天使」angelus bonus に手を引かれ、神々の宴に参ずる貴婦人ウィブラの姿を見ることができます[43]。三九六年になりますと、貴婦人ウェネランダが、さる殉教者の拝所の後ろにある玄室に遺影を描かれていますが、そばには〔天使でなく〕別のエレガントなローマ末期の貴婦人で、

＊16　**ニュッサのグレゴリオス**　第一章原注43補注参照。

＊17　**マクリナ**（c三二七〜三七九）　大バシレウスやニュッサのグレゴリオスの長姉。四世紀にカッパドキアで修道院創設の推進力になった一家で、同名の祖母がタウマトゥルゴスのグレゴリオスの教えを受けて「大マクリナ」と呼ばれたので、彼女は「小マクリナ」とも呼ばれる。弟はほかに、修辞家を辞めて隠者になったナウクラティウスや、セバステ司教のペテロら錚々たる顔ぶれだった。結婚を断念して禁欲的な信仰生活を徹底した彼女の影響が大きい。ニュッサのグレゴリオスが姉の伝記を書いた。

＊18　〔聖〕**テクラ**　外典の『パウロ行伝』によると、イコニウム（現コンヤ）で使徒パウロの説教に心を動かされ、婚約者を捨ててパウロに随伴した伝説の女性。火刑や野獣に食わせようとするなどの試練にも奇蹟が起きて生き残り、自ら受洗してパウロの代理も務めたという。パウロ没後も現シリフケの洞窟で布教に励み、七十二歳で没したから殉教したわけではない。

＊19　**セルギウス**　第一章訳注26参照。アラビア語のサルキス、ロシア語のセルゲイも同様。

殉教した聖ペトロニッラ[*20]が寄り添っていました。[44] ペトロニッラは〔使徒の〕聖ペテロの娘でした。実在したかどうか、いささか眉に唾する聖者で、ローマでは古代末期まで〔人気を〕保つことすらできませんでした。しかし四世紀末ですと、聖ペテロとローマ教会の前でなら〔付き添わせるには〕完璧な適役でした。懸命にじぶんを「善き娘」に見せたい貴婦人の、守護者兼「替え玉《ダブル》」として使えたからです。

この〔天使から人間への〕転位が直接もたらした結果は、パウリヌスの詩に見ることができます。パウリヌスの自己同一性に対する保証人《ギャランター》として、そしてある意味では重要なことですが、「守護霊」の後継者として聖フェリクスが担う役割は、彼の新しい役割である「朋《とも》」や「パトロン《パトロヌス》」に比べますと、古代の重ね書き反故紙《パリンプセスト》[*21]のようなものでした。パウリヌスは生来、「仲間内の敬愛」[*22] religio amicitae の世界で生きてきた貴族ですが、この問題では聖者崇拝が彼の分節性《アーティキュレイトネス》 articulateness の根源に触れていました。[45] 手に手をとって付き添いの朋《とも》と庭を散策することが、常にパウリヌスには至福と思えたのです。[46] 世を去る三日前、回復する見込みをすべて諦めた彼に、近隣の二人の司教が見舞いに訪れると、すっかり息を吹き返し、寝床に座り直して、「五体の衰弱など忘れてしまい、潑溂として天使のような純心さをみせた[47]」そうです。

それでもパウリヌスの詩にはいつも、ローマ末期の元老院のエチケットであった仰々しい儀礼以上のものがあります。むしろ彼の詩は、そうしたエチケットの別の面を露わにしてくれます。文化によって自らを定義してきた階級は、心の底の温もりを表現することに慣れていました。それは愛する師や霊的な案内役の面影の周りに侍《はべ》って、古代の地中海人の胸に常に湧きあがってくる思いなのです。それゆえ、パウリヌスが世間と縁を切った際、それを正当化しようとしてアウソニウスに宛ててしたためた詩篇は、いわゆる「知的貴族」Geistesadel[*23]を胸奥深くで先取りする問題に触れ、霊感が鬩《せめ》ぎあう形式を模索しています。(48) そして愛する〔アウソニウスとフェリクスの〕二人の師にどこまで誠実でいられるかの葛藤を、満腔の「パトス」pathos をこめて伝えています。(49)

……prius ipsa recedat
Copore vita meo quam vester pector vultus(50)
［あなたを抱きしめようか、織りなされた糸のひと筋ひと筋まで……

＊20　**ペトロニッラ**　ローマで殉教した使徒ペテロの実娘とされるが、実はペテロに麻痺を癒され、信者に改宗しただけの「霊的な娘」か、アウレッリ家に属すローマ人の処女だったが、単にその名の類似から娘とみなされた、と考えられている。殉教者ネレウスとアキレウスが葬られたドミティラの地下墳墓の上に建てられた大聖堂に、彼女も祀られたため、同じく殉教者と信じられ、ローマにペトロニッラ崇拝が広まった。この大聖堂の後ろの玄室で、彼女がウェネランダという女性を天国に導く図が描かれた碑が発掘されている。

＊21　**パリンプセスト**（palimpsest）　鞣《なめ》すのに手間のかかる羊皮紙を節約するため、一度書かれた文字を消して再利用した反故紙。前に書かれた文字がうっすらと残るため、薄皮を剥がすようにして掘り出し物の文書の断章がみつかることがある。

＊22　**敬愛**　religio には本来、「懸念」「不安」など concern、「迷信」の superstition、そして「敬神」piety という多義的な意味があったが、ここは友情に近い「敬愛」と訳した。語源ははっきりしない。キケロは re-lego（再読）の意味に解したが、ジョゼフ・キャンベルは re-ligare（再び縛る）というアウグスティヌスらの解を択んだ。小堀馨子によると、前三世紀の初出は「タブーや、忌諱に触れての言い訳という軽蔑的なニュアンスを内包し、superstitio の意味とも共通点のある用法であった」が、前二世紀末にはそうしたニュアンスが消えて、中立的に「儀礼」の意味を表す用法が出現、キケロの時代に両義が分化していったという（『宗教研究』二〇〇九年4号）。アウグスティヌス『神の国』第十巻（本章訳注25参照）は、「宗教」religion という意味がまだ定着していないことを示す。第六章参照。

＊23　**知的貴族**　十八世紀以降、絶対主義下で勃興してきたブルジョワジーが、生得の貴族でなくても知的な陶冶によって、個人的な美徳を持つ貴族性を獲得できるという主張。たとえばシラーが翻案した『トゥーランドット』（ウェーバー版オペラの底本）第二幕四場でこの語を使い、リューベックの裕福な商家出身のトーマス・マンも、大戦が終わった一九四五年に『精神の貴族　人間性の問題についての十六の試論』Adel des Geistes: Sechzehn Versuche zum Problem der Humanität を書いている。

あなたを見ようか、心にあなたを抱《いだ》きながら、
いま、この瞬間、あなたを、あらゆるところで」(51)

続く十年間、パウリヌスが聖フェリクスとの新しい関係を流しこんだ鋳型がこれなのです。憧れの的《ヒーロー》を身辺に集める能力を、彼はけっして失うことがありませんでした。臨終《いまわ》の際に澄んだ声で尋ねます。ヤヌアリウス（ナポリの殉教者、聖ジェナーリオ）[*24]とマルティヌス（トゥールのマルティヌス、三十年前に物故）はここにお見えですか、と。しばし安心すると、彼は手を差し伸べて『詩篇』を誦しました。「われ山にむかひて目をあげん」levavi oculos meos ad montes(52)と。

まるで古き神々への礼拝を、ただ聖フェリクスへの愛着に置き換えたみたいに、パウリヌスのような人物を語るのは、あまりにもがさつに変化のモデルを用いたことになります。パウリヌスのようなローマ末期の貴族に属す人びとは、何か新しいものを加えるからこそ、異教に囚われていた過去が抹消できることを発見したのです。ローマ末期の元老院貴族の「友情《アミキティア》」の温かさと、「パトロン」や愛する師への至誠の思いとが、彼らが新たに練りあげた他の外界との関係をいっぱいに満たしていました。

すぐれて特徴的に、アウグスティヌスはこうした変化の意味合いを最初に認識した人たちの一人でした。パウリヌスとは大きく異なった角度から、彼は聖者の役割に接近しました。友情や庇護といった内輪の絆を求める元老院貴族の感覚の適用域《レジスター》があればこそ、パウリヌスは聖フェリクスの「生徒《アルムヌス》」almnus[*25]や「随身《ファムルス》」famulus[*26]として、自分の新しい人生行路をありったけの情熱をこめて表現できたのです。〔属州の平民出で貴族でない〕アウグスティヌス自身にはあきらかにそれが欠けていました。『告白』は彼独自

のカテゴリーに属しています。まさにアウグスティヌスの舌が、『詩篇』のような古代の言語、すなわち、神に直接語りかける人間の言葉に、まだ重く囚われていたからです。[53] キリスト教への献身ぶりが一目ですべて見渡せますが、自らの進化の跡をたどるアウグスティヌスの叙述には、パウリヌスの世界にある道しるべがありません。彼にはパトロンの聖者が不在なので、『告白』でも汚鬼《おき》*27の冷気がちらほらと見えるだけなのです。

それでも四一六年ころ、死んだ人間とのこうした濃密な連環が意味しそうな変化を、アウグスティヌスがしっかり引きだせたのは、まさしく彼のアプローチが抽象的だったからです。北アフリカに上陸した*28聖ステファノス崇拝を、諸手をあげて歓迎して根づかせながら、アウグスティヌスは『神の国』のあの驚くべき第十巻*29を書き始めました。これは神と人のあいだを真に取り次ぐものの本質を、再定義するために捧げた文書です。〔神に〕背いた堕天使たちと違い、これら媒介《なかだち》の取り次ぎ役はひとしく、神の僕《しもべ》となって人間を神に結びつけようとし、それから人びとの僕《しもべ》としても、同輩のあいだで神のご意志を遂

*24 **ヤヌアリウス**（d三〇五） ディオクレティアヌス帝の迫害でナポリ近くのポットーリで断首された殉教者で、ナポリの守護聖人。その聖遺物函には彼の干からびた血を保存したガラスの小瓶が納められているが、命日の九月十九日と五月の第一土曜には血痕が液状化するといわれ、この「血の奇蹟」の日にナポリの大聖堂に群衆が押し寄せた。マンハッタンのイタリア人街で行われる「聖ジェナーリオ祭」はこの「血の奇蹟」の祝祭である。

*25 **生徒** ラテン語のalere（乳を飲ませる）の現在分詞形が語源で、そこから「養子」「生徒」の意味が派生した。現在のようにalumniが専ら「同窓生」の意味で使われだしたのは一六四〇年代からで、きわめて新しい用法である。

*26 **随身** ラテン語の原義は「奴隷」または「召使」だが、familyの語が派生する一方で、高位の人に仕える扈従や、私的な秘書、助手、側近という意味も生まれている。

*27 **汚鬼** ここはイタリックのdaimônでなく正書体のdemon。小川国夫が使った「汚鬼」を訳語とした。手垢のついた「悪魔」の語を多用したくない理由は本章訳注2参照。

行すると約束したのです[54]。それゆえ殉教者崇拝は、アウグスティヌスでさえ、宇宙の伝統的なヒエラルキーを顚倒させることができる、というパラドクスを示現したものでした。殉教者として自らを神の真の僕《しもべ》の姿にした者は、天使よりも神のおそば近くに同輩の人間たちを取り次げるからです[55]。なぜなら神のご意志にもっとも従順な人たちですら、天使が果たす務めは人と神を隔てて、自らとは別の秩序の絶壁面に立ちはだかることだ、と信じる傾向にありましたから[56]。この異世界に対する古代の感覚は、神と人のあいだを執り成す連鎖のなかで、大地から星辰を分離して宇宙を真っ二つに引き裂いた断層の当然の帰結でした。人間の死の屈辱の重荷を背負って、この断層を跨ぐ橋渡しができるのは、殉教者だけかもしれません。アウグスティヌスが『神の国』のこれらの章をしたためながら、聖ステファノスを称える説教をしたように、『黙示録』で聖なるヨハネ*30が天使を幻視したとき、一礼すると天使はこう述べたのです。「起ちなさい。主を称えよ。わたしは同輩の僕《しもべ》である」と。

Per conservum beneficia aumamus
［われら同輩の僕《しもべ》を介して、神の恵みを得ん[57]］

アウグスティヌスの答えは、キリスト教徒の感受性の揺らぎを凝縮しています。同輩の人間とみなせる保護者《プロテクター》と親密になること、パトロンとその取り巻きの周知の人間関係のニュアンスにも目をつぶらず、想像の及ぶ範囲内で関係を持つこと、その両方を必要としたのが四世紀末キリスト教の信仰心の特徴です[58]。古代末期のそそり立つヒエラルキーの宇宙のもとで、神々または天使としての立ち位置は、人間と人間を超えた存在の間を取り次ぐ役にあるというのですが、そういうものに敬意をなくしていく傾向がじわじわと芽生えてきたのです。[59]
殉教者崇拝には、どこかしら心地よささえ混じっていました。だからこそ、トリノのマクシムス*31は、ちいさな町で説教に立ち、この地の殉教者たちはかつて福音を広めるためにトリノにやって来た、と指摘できたのです。[60] そうやって同輩の市民になったからこそ、この町の会衆の父祖たちの墓のあいだに、彼らの墓もまじっているのだ、と。[61] マクシムスの見るところ、お偉方の誰ひとりとして、この町のことを知っているとは思えませんでした。大地主たちはこの市《まち》から遥か遠くまで手を伸ばし、あらゆる地産

*28 **北アフリカに上陸した**　四一〇年に西ゴートのアラリック王がローマを略奪して以来、西ローマ帝国が動揺するなか、四一五年十二月三日にエルサレムから二十マイル離れたカファルガマラの教会の司祭ルキアヌスの夢枕に男が立ち、教会の墓の下に埋もれている最初の殉教者ステファノス（ステパノ）の遺骸を掘り出すよう、エルサレム司教に言えと命じられた。司祭はエルサレム司教を訪ね、司教や大勢の群衆の見ている前で墓を開けると、棺から妙なる香りが漂い、集まった病者たちも病が癒える奇蹟が起きる。聖ステファノスの遺骸は頌歌とともにシオンの教会に運ばれた。その遺片が奉遷によってローマ帝国領内に散らばり、各地で無数の奇蹟を起こし、アウグスティヌスのいる北アフリカにも四一六年に到来した。

*29 〔『神の国』の〕**驚くべき第十巻**　アウグスティヌスはそこで、「天上の聖なる住処にあって、主権、支配、権勢として建てられている不死で幸福なる存在――哲学者たちが『神々』とよび、またそれらのあるものを『善きダエモン』と呼んだり、さらには、わたしたちのように、『天使』とさえ読んだりするところのもの――が、わたしたちから祭祀による崇拝と献身とを求めるのは、いったいいかなる意味において信頼されるべきものであるか、ということなのである」（服部英次郎訳）と自問自答する。ギリシャ語 *λατρεία* は神の礼拝につかわれ、ラテン語 **servitus** が人間の礼拝に使われるとして、真の神を区別したため、正教会では *λατρεία* が専ら三位一体の礼拝を意味するようになった。彼はプロコピオス、ポルフュリオスの新プラトニズムを検証し、ダエモンや天使の崇拝が最後は唯一神に帰着すると述べ、天使を媒介に真の神に捧げる犠牲を論じた。

*30 **聖なるヨハネ**　John the divine は、使徒ヨハネ（ゼベタイのヨハネ）、福音書記者のヨハネ、『黙示録』のヨハネ（パトモス島のヨハネとも呼ばれる）、ヨハネ書簡のヨハネが同一人と考えられていた時代の呼称。いまはそれぞれ別人とされている。ここは『黙示録』のヨハネのこと。

*31 **トリノのマクシムス**（c三五〇～四六五）　第二章原注68補注参照。

品をかき集めながら、(62)蛮族が侵入してきたとの第一報の噂を聞くや否や、冷酷にもこの一帯を見捨ててしまった時代でした。(63)ですからキリスト教共同体と、身分の卑しい死者のあいだの親密な連環《リンク》は、けっして小さな出来事ではなかったのです。

こうした連環は親しみやすく、いかにも分かりやすいものでした。聖者の人間らしさをみんなで共有しようと強調することは、ローマ末期の社会が分節化にもっとも巧みだった人間関係の面で、聖者の役割にいっそう理解が行き届くことを意味していたからです。(64)パトロンの聖者を正確克明に描いた肖像が、たちまちキリスト教美術を席捲したあの迅速さほど、四世紀に特徴的なことはありません。それまで、取り次ぎ役として聖なる死者を二心なく信心してきたとはいえ、旧約聖書から引用する贖《あがな》いの専門語と緊密に繋がっていて、耳慣れないことばで表現されてきたのです。(65)それ〔奇瑞〕は起きた、でも、起きたことを形に表せませんでした。(66)ところが古代末期になると美術は、偉人の面影とその取り巻きの関係を、これ以上ないほど正確に表現するようになりました。それはその種の社会関係を前提に聖者が果たす役割を表現しようという意志があったからです。その伝えぶりを四世紀の美術が素晴らしくよく学んだせいで、聖者の取り次ぎという教義を封じこめていた猿轡《さるぐつわ》が外れ、地下墳墓《カタコンベ》の壁にはっきり語り明かすことが許されるようになりました。(67)〔ローマ市の〕コエメテリウム・マイウス*32にある四世紀末の壁画に見出せるのは、帝国の美術の世紀に洗練された表現様式《イディオム》を用いて、まだ立ち身の殉教者の左右で保護《プロテクション》をもとめて跪《ひざまず》く男女のような――「パトロン」に近づく「随身たち《ファムリ》」を、どう描くかを知っている美術家です。(68)

じっさい、これまで考慮されてこなかった四世紀末キリスト教の強みのひとつは、あの世との関係をモデルにして、同時代のローマ帝国が培った社会的な経験を複製できるという感応度にありました。われわれはしばしば個々ばらばらの細部を拾って、世俗の世界から借りた文学や法律、図像の多くの事例を研究してきましたが、それを一つにまとめれば、キリスト教会が成功した理由を解きあかす切り口をひとつ加えることになります。なぜならキリスト教はいち早く割り切って、前世代の古色蒼然たる言葉からじぶんを解き放ち、自己表現することができたのですから。そうすることでキリスト教は、ケ〔褻〕day-to-day の経験にしっかり根をおろすという、測り知れない利益を得ることができたのです。(69) 詩歌でも、美術でも、典礼でも、四世紀のキリスト教著作家やそのパトロンたちは、往古の近東に根づいていた崇拝の拝礼《プラクティス》から、旧約聖書を通して流れこんできた宗教言語の重苦しい素地に、ローマ末期の人間関係の特別な酵母を発酵させることができたのです。三世紀中葉のカルタゴ〔司教〕のキュプリアヌスは、あきらかに〔四世紀後半のミラノ司教〕アンブロシウスの先駆けでした。ただ、彼の舌はまだ古代の言語の硬直《こわばり》*33が抜けておらず、ローマ末期の「大旦那衆」grand signeur の特徴、あのパワーと親和のふくよかな組み合わせが欠けていたのです。

キリスト教会のこの複製プロセスを強調することで、事が矮小化されてしまうのを望むわけではありません。ローマ末期には当然視されていましたが、庇護《パトロネージ》と「慢心《プレポテンザ》」prepotenza という手ごわい地上の現

*32 **コエメテリウム・マイウス** Coemeterium Maius はイタリア語で Catacomba maggiore（大カタコンベ）とも呼ばれ、ローマのトリエステ区にある。殉教者のウィクトル、フェリーケ、アレクサンデル、パピア、エメレンツィアーナの五人の墳墓のかたわらへの伴葬として、四世紀から形成された。中世には巡礼路だったという二百メートルの通廊や供宴の饗宴室のほか、驚くほど写実的で保存のいいフレスコ画があり、聖書の天井画や殉教者やパトロンらしき人の肖像もある。十五世紀に再発見され、その後も何度も探査を受けた。

*33 **古代の言葉の硬直** キュプリアヌスのプロフィルは第二章訳注16、その著作の邦訳はキリスト教古典叢書の『偉大なる忍耐・書簡抄』（熊谷賢二訳）参照。

実があります。天国の光に照らすと、たちまちすべてがバラ色に染まるような、そんな〔魔法の〕鏡をキリスト教徒の著作家が無思慮に創りだしたのではありません。古代末期の複製の役割はそれと微妙に異なりました。見えざる世界で厳格に定義された関係の構造を投影することによって、キリスト教共同体は自らの社会が形づくる人間関係の質を問えるようになりました。だからこそ、古代末期の聖者崇拝は、一昔前の死者にただ今様の上流階級の衣を着せて踊らせる以上のことを成し遂げられたのです。それは古代末期の人びとを分節化させ、彼ら自身が生きている世界の力の本質をめぐって、慌ただしく密かに交わす議論をしやすくさせましたし、理想の面影との理想の関係を問う探照灯の光を照らして、身の周りで実際に起きている権力と慈悲と正義の関係を検証するには、絶妙ともいえる格好の信仰心のかたちになりました。

本書の最後の二章では、五世紀および六世紀のキリスト教共同体を検《けみ》して、このテーマに沿った事象に数多く出会うことでしょう。それでも理解しておくべきは、ローマ末期のパトロンとその取り巻き《クライアント》の間の強い関係を鑑みると、スルピキウスやパウリヌスのような人びとにとって、彼ら自身とその見えざる付き添いが合流する交点を見定めることが何を意味していたかが分かります。これこそが変化の核心です。見えざる付き添いは、かつての守護天使のように、彼らにとって身近で不動の存在だったかもしれませんが、関係そのものはもはや宇宙の雲梯へと繋がる静態的な必然性に支えられていません。今や、ローマ末期の友情と庇護《パトロネージ》の温もりとともに、そこにリスク感覚が翳を落としているのです。

聖者崇拝の「座元たち」は、神経質なほど気を遣う人たちでした。三九四年から三九八年にかけて、スルピキウスとパウリヌスは強い絆を分かちあっていましたが、それは苦境と醜聞という少なからぬ犠牲を払って、以前の社会的な身分をつい最近放棄したばかりだったからです。彼らの著作には、両人とも当然とみなせるようなテーマであっても、閑人が筆の遊《すさ》びにしたような気配がありません。ギボンならこう書くところです。

聖マルティヌスの生涯と彼の奇蹟をめぐる『対話』には、〔初代皇帝〕アウグストゥスの時代なら、ふさわしくないとはいえない文体で記した、最もおぞましい蛮族の暴虐の事実が含まれている。(70)

しかしスルピキウス自身には、アウグストゥス帝の時代を彷彿とさせるようなところなどありません。パウリヌスのように、彼は憧れの的《ヒーロー》にじぶんの自己同一性をぶら下げたにすぎません。こう示唆しておきましょう。友情と庇護《パトロネージ》という「偉大と惨めさ」grandeur et misère*34が交々《こもごも》混じりあう言葉だけが、この潜在的にはかなり危うい企てを正当化できるのかもしれません。多くの階層で見られそうなことです。最初はしだいに庇護《パトロネージ》が顕著になっていく世界で、誰にとってもそれがローマ末期の生活の現実でした。それこそシリアやエジプトの邑人《むらびと》といった最底辺から最上層に至るまで、自由に物事を動かす戦術《マヌーバー》をとるなら、相争う庇護《パトロネージ》のネットワークの羈絆《きはん》を脱してはじめて可能になることです。(71) パウリヌスはそうするのに大成功しました。彼は一貫して自分自身を、彼のパトロンであるフェリクスの「随身《ファムルス》」に見立てていました。(72) フェリクス一人にじぶんが属すことで、パウリヌスは他の誰にも扈従《こじゅう》せずに済んだのです。彼の詩作と、ノーラでの経歴を飾る知られた事実の裏側に、われわれが感じるのは

＊34　**偉大と惨めさ**　パスカルの『パンセ』二十三章「人間の偉大さ」からの引用だろう。「人間の偉大さは、自らを悲惨と知るがゆえに偉大なのだ」とある。

貴族の静かな決意なのです。門外漢で留まることが何より有益だったローマ末期の芸術を、彼はやむなく極めることになりました。結果として、パウリヌス本人と、ノーラの城市から少し離れた彼の「パトロン」の拝所は、地域社会全体の合流点になりました[73]。三九四年には聖フェリクスの卑しき門番を自称していたのに、四一九年には紛糾した教皇選挙[*35]で帝国の調停役を務めるほど、パウリヌスはノーラでみごとに再起を果たしましたが、当然の成功とは言えません[74]。古代末期にはどんな人間も、見えざる付き添いを大いに頼みとせざるをえない、と自ら決めつけるような壮挙だったからです。

それでも、パウリヌスと彼の同時代人には、庇護《パトロネージ》を庶幾《こいねが》う深い必然がありました。地中海世界の全域で禁欲運動が分節化し、それによってキリスト教が唱える原罪と最後の審判への不安が、たちまち増幅していった迅速さを忘れるべきではありません。晴天がみるみる暗雲に覆われるのを見通したのが、アウグスティヌス一人だけだったはずがない[75]。原罪と最後の審判が四世紀末に巨大な重荷となってのしかかってきたのは、ひとが罪を累《かさ》ねようとしていたからでも、最後の審判が如実に切迫してきたと思えたからでもありません。代わりにわれわれが推測せざるを得ないのは、この世界とそこでの人間の行動の有為転変は、犯した罪とその赦しがもたらす多くの直接の結果なのだということを示し、しかも一切を包括する単一の説明原理にそれを帰そうという決意を、キリスト教のリーダー層がしだいに強めていたからです[76]。それゆえ、禁欲の信仰心に垂れこめた暗雲には、くっきりと見える銀色の裏地、〔神の〕赦しという永遠の願望が裏打ちしてあったのです。

聖者を「パトロン」として前面に押し出したのは、この赦しの望みです。なぜなら庇護《パトロネージ》と友情には折り紙つきの効能があり、それをアピールの源泉としているからです。一見すると妥協など無理そうな断罪でもなだめてもらえるし、身分の上下が途方もなく離れたローマ末期の社会でも、個人的な知り合いなら、温かな息が吹き込まれて橋渡しが可能になります。(77) 罪と正義がこれほど厳格に組織された世界では、「庇護の働き《パトロキニウム》」patrocinium や「仲間意識《アミキティア》」amicitia は、赦しにとってとても必要な言葉を与えたのかもしれません。

これがスルピキウスの書いたマルティヌスの魅力《アピール》のひとつです。アリーヌ・ルーセル*36は、スルピキウスと彼のサークルに禁欲の召命があった初期、緊張が漲っていたころの彼らをこう評しています。「この小さなグループは、マルティヌスのことをお手本でなく取り次ぎ役と考えていた(78)」。マルティヌスがその共同体ではじめて、聖性だけでなく、「強力かつ真に使徒のごとし」potens et vere apostolicus と認められるに至った奇蹟は、彼が入信志願者の息を吹き返させることができたという事実にさほど重きを置いていません。その不思議は、マルティヌスの友情と庇護《パトロネージ》が、泉下の世界に名も知れず没する恐怖を乗り越えて、手を差し伸べてくれると思われていた親炙の所作によるのです。(79) それはスルピキウス自身もおなじでした。(80) 彼は『マルティヌス伝』を介して、くっきりとマルティヌスの顔を浮かびあがらせながらも、来るべき暗闇の世界では、その笑顔に励ましてもらう保証を得るつもりでした。「わがパトロンを先に送りこんだ」Praemisi patronum. とは、マルティヌスの訃報がとどいたとき、反応した彼のひとこ

*35 **紛糾した教皇選挙** 四一八年にペラギウス寄りだった教皇（ローマ司教）ゾシムスが遷化し、助祭長だったエウラリスが三日後にラテラノ大聖堂で教皇に聖別されたが、ボニファティウスら対立候補がいて紛糾した。皇妹ガッラ・プラキディアがパウリヌスの助言を聞いてラヴェンナのホノリウス帝に進言、エウラリス支持を訴えた。が、対立するボニファティウス支持派の巻き返しで、皇帝は二人ともローマから追放した。この紛糾でラヴェンナの宮廷はパウリヌスの影響力を頼みに参内を求めたが、高齢で体調不良のパウリヌスは応じられなかった。その後、エウラリスが勝手にローマに戻ったため再び追放処分が下され、ボニファティウス（一世）が第四十二代教皇となって決着した（Dennis E. Trout, *Paulinus of Nola*, p254-8）。

*36 **アリーヌ・ルーセル**（一九三九〜二〇一九） 第二章原注73補注参照。

とです。[81]

人目を避けるのが一段と難しかったアンブロシウスでさえ、そこはおなじです。兄サテュルス[*37]の葬儀で説教に立ったとき、〔ヨハネ〕福音書のラザロが死者から蘇る奇蹟など〔ほどなく兄の遺骸を納めた石棺の側面に復活の場面を彫らせたとしても〕どうせ起きるはずがないことくらい彼もわかっていました。しかし立派な業績をあげて、偉大な人物から「推輓《すいばん》に値する」commendabilis と表彰されるひとのように、亡き兄サテュルスが最後の審判に臨んで天に「推輓」commendatio されるという奇蹟なら、まだ起きるかもしれません。[82]そんな奇瑞がいかにも確かに起きそうだと思えたのは、ローマ末期美術の約束事のおかげで、生き生きと情のこもった表現様式で想像できたからです。十四世紀末のヘルメスの地下墳墓《カタコンベ》[*38]〔の壁画〕では、死者の魂が起ちあがり、「畏れ多き審判の席に坐《いま》せしキリスト」の足もとで、諸手を挙げて懸命に祈っていますが、その左右に使徒が立って、片方が安心させるような右手の動作で死者を指さして〔推輓して〕います。[83]

ローマ末期の庇護《パトロネージ》の関係を律する暗黙の掟に照らせば、その振る舞いが傍目《はため》にもわかりやすく、見覚えのある人間の顔を探し出すことが必要だったのですが、それと背中合わせになった不安の切迫が感じとれます。禁欲者のサークルでは、古典末期の個の人格イメージに、ぱっくりと裂け目《クレヴァス》が口を開け始めていました。なぜなら、古典末期の信仰は、自我と神性との間で無事安寧が続くと何よりも強調していたからです。自我は〔天との〕媒介《なかだち》の切れざる雲梯の最後の段なのだと示すことで、人を繋ぎとめてきたのです。それゆえ、個の同一性は、宇宙の静謐な秩序のなかで、〔自我と天が〕互いに分かちあうものと考えることができました。[84]たとえ生理的な死に直面し、この同一性が、ほとんど消えかけて見えたときですら、護り手《ガーディアン》の霊につながる安定の纜《ともづな》は、肉体が尸解《しかい》してもしっかり永らえると思われていました。

キリスト教徒があの世で目覚めたら、その天使の素顔を拝めるだろうと、テルトゥリアヌスも期待できたのです。(85)

四世紀の終わりまでに、そこに深刻な変化が起きました。その説明を始めるためには、正確に特徴を確かめておくことが大事です。特定の解釈は排除することもできます。三世紀のキリスト教共同体の倫理の手ざわりから何を説明するか、それを知れば、罪を犯したり、俗事に拘泥したり、見せかけだけの執着に陥ったとしても、オリゲネスやキュプリアヌスといった同時代人がすでに見せていたような、ハイレベルで全方位的なキリスト教の活動が、コンスタンティヌス帝改宗の一事によって、〔地下活動を脱して〕とにかく感知できる程度まで高められたなどと考える必要はありません。コンスタンティヌス帝がキリスト教を公認したあと、「改宗の地滑り」が起きたという発想とおなじく、「教会の腐敗」が始まったという発想に対してもまた、四世紀末の倫理の正確なトーンを理解し、思ったよりずっと手間が

＊37 〔ミラノの〕**サテュルス**（c三三一〜三七八） ガリア北縁のトリーアで高級官僚の子に生まれ、弟のアンブロシウスより八歳ほど年長だった。地方知事になったが、弟がミラノ大司教に叙階されると職を辞した。三七八年に不慮の死を遂げ、アンブロシウスの説教「兄サテュルスの死について」が残っている。

＊38 **ヘルメスの地下墳墓**（バッシラのカタコンベ） ローマ市のピンチアーノ区にある。聖ヘルメスのほか、バッシラ、プロトゥス、ヒュアキンスら殉教者の墓があったとされ、フレスコ画や執り成しを祈る碑などが出土した。ダマスス司教の時代に建てられた半地下の大聖堂は現在、後陣のフレスコ画だけが残っている。聖ヘルメスはギリシャで生まれた裕福な解放奴隷で、一二〇年ころ殉教したとされるが、詳細不明。聖遺物やその名を冠した教会だけ残っている。バッシラ（d二五七）はローマの貴族の家に生まれ、ガリエヌス（のちの皇帝、在位二六〇〜六八）の姪だったが、キリスト教に改宗し、異教徒のポンペイウスとの結婚を拒んだため斬首された。プロトゥスとヒュアキンス（d二五八）の二人は兄弟で、エジプト総督の娘であったエウゲニアを侍従として改宗させ、ガリエヌス帝の迫害で鞭打ちの末に斬首された。エウゲニアも三カ月後に斬首された。一八四五年、エルメスのカタコンベで二人の墓と壁龕のラテン文字が発見された。

かからず、無駄な寄り道を避ける定式《フォーミュラ》でわれわれは対処することでしょう[86]。

あまつさえ、こうも示唆されてきました。新参の改宗者にしろ、いよいよ俗化が進む教会の一員にしろ、彼らのために働く取り次ぎ役を多様化させることによって、初期教会が示した天国へとまっしぐらにつながる狭い道よりも、もっと楽な道がみつかるのではという希望を抱く人びとにとって、聖者崇拝はごく自然な結果だったというのです。パトロンとみなす聖者に新たに帰依することは、「聖なるものの要求を単身で引き受ける努力を、ずっと以前に放棄してしまった疚《やま》しさの表現」と言われました[87]。

それでもこのトーンの変化は、より広範囲に及ぶ結果とともに、他のもっと内密の理由から生じたとみなせるかもしれません。なぜなら新たな崇拝《カルト》の「座元」とはまさしく、禁欲的な生活方法が求める、聖性の押し拉がれそうな重みを自ら背負いこむ人たちなのですから。前章で見たとおり、会衆のなかの庶人の成員に押されて〔多勢に無勢と〕意気消沈させられるような類いの人たちではありません。「迷信」に染まった妄信に、むざむざ譲歩するような雰囲気も、彼らにはありませんでした[88]。

キリスト教の世界全体でほんとうに変わったのは、古典末期の自己同一性の安心感です。アウグスティヌスはこのテーマを悲しげに回想していますが、地中海一帯に散らばった禁欲的な「神の召使」servants of God を、暗く考えた唯一の事例がそれなのです[89]。スルピキウスやパウリヌスにとって、それがどれだけ喫緊の課題だったかはすでに見てきました。二人とも新しい見えざる付き添いを、彼らの人生の連続性の玉の緒をみつけるためのお手本《ロールモデル》であり、また親身の保護者《プロテクター》だとみていました。死に臨んで、その裂け目《クレヴァス》は大きく口を開けます。誰も断末魔の瞬間に安泰ではいられません。マクリナは死の床で身を起こし、東方に正対して、ながながと厳かに臨終の祈りを唱えました。先を危ぶむ心細い感覚を古代の詞に載せて、こう祈《ね》ぎごとを呟きます。「わがそばに光の天使を招《を》ぎまいらせ、その御手にてわれを導きたまえ……邪《よこしま》なるもの、わが死出の旅路の障《さわ》りとなるなかれ」(90)。『告白』第九巻でアウグスティヌスは母モニカの肖像を描いていますが、そこでは前の巻で述べたように、いくらか理想化され、死に脅かされる母の像が、いまだ人間の肉の影を宿しています。幼いころのささいな罪の逸話を付け加えて(91)、彼は慈愛のひと刷毛をさっと揮《ふる》いました。そのあといきなり、同じように厳かに先途を危ぶんでこう言寄《ことよ》せるのです。「何ものも、汝の保護から母の魂を奪うことなきように。獅子や龍の力ずくや偸《ぬす》みにより、母の旅路の妨げにならざらんことを」(92)。彼の弟子が師父ダニエルに言ったとおりです。

「おお、わが師父よ、あなたも怖いのですか。これほどまでに完璧になられたあなたさまも」

「おお、わが子よ、もしアブラハムが、イサクやヤコブとともに、いまここに坐《おわ》せられたとしたら、仰せられたであろう。『おまえは正しい』と。いざとなれば、わたしにもまだ確信がないから」(93)

聖者だけがひとのためにこうした確信を持つことができました。受け容れますという誰もが知る人間の仕草で、不確かな裂け目《クレヴァス》を跨ぎ越せたのは、彼らだけでした。

六月の十二日、ペトルスは黄泉《よみ》の顎《あぎと》にさらわれていきました。されど、彼にも死の責め苦が訪れた日、殉教者バウデリウス*39が主に執り成し、われにお任せあれ、とお頼み申したはずですから(94)。

＊39　**聖バウデリウス**　世界遺産の水道橋ポン・デュ・ガールで知られる南フランスの古都ニーム（Nîmes）の守護聖人となった殉教者。殉教は三世紀の終わりごろとされ、ニームで催された異教の祭りで生贄に異を唱えたバウデリウスが、異教の祭司によって斧で首を刎ねられたという。バウデリウス崇拝はニームのみならず、ヒスパニアにも飛び火した。

われわれがここで扱っているのは、周知の人間関係のびっしりと張りめぐらされた蜘蛛の巣にいま一度安心を求めるために、聳え立つ宇宙の秩序に背を向けた人びとなのです。彼らがそうした理由の一部は、太古からの遺物に抗して、彼らが善きにつけ悪しきにつけ、自分自身を発見することに転じたからです。

第四章　とても特別な死者

古代末期の出土品でもっとも感動的な断片のひとつが、いまはルーヴル美術館の地中海ルームの陳列壁に収まっています。うら若いシチリアの娘、「最愛の無垢の子」ユリア・フロレンティーナの碑文です。十八歳で夭折した彼女は、キリスト教の洗礼を受け、ために束の間ながら〔神の〕赦しを経験しています。「そして、まさしく彼女のありし日のまま、もう四時間生き長らえた」のです。

彼女の両親が娘の死を、昼となく夜となく嘆き悲しんでいると、夜中に上天の主のお声が聞こえて、死んだ子のために涙に暮れるなと禁じた。その亡骸は殉教者の拝所の扉の前の墓に葬られた。(1)

死という考えられない出来事を考える[*1]地中海の喪家《そうか》の寸景を、われわれはここにかいま見ることができます。死と来生に対する初期キリスト教徒の態度に、暗にぴんと張り詰めた力が働いていることが、

＊1　**考えられないことを考える**　この thinking about the unthinkable fact には、本書の「ハスキル記念講義」の一年後に英国で政権を奪回したマーガレット・サッチャー保守党の標語 think the unthinkable が反映している。ハイエクやフリードマンらの新自由主義のイデオロギーを前面に立てるために、サッチャーはロス・アラモス研究所のハーマン・カーンが打ち出した冷戦期の核戦略の思想「考えられないことを考える」の標語を転用した。ブラウンがそのフレーズをここに潜りこませたのも、シカゴ大学を牙城の一つとしていた新自由主義の幕開けを告げる時代を反映している。

この碑文からうかがえます。

なぜなら、後世のキリスト教の信仰心と比べると、初期教会はいきなり墳墓に飛躍する傾向があるからです。故人を追悼し、命には限りがあるという、大きな哀しみにゆっくりと心を馴らしていく長いプロセスが、せっかちな来世信仰によって抑えこまれてしまうきらいがあるのです。夜中に鳴り響いた「上天の声」vox maiestatis の口出しで、乙女の両親が名残を惜しむ娘の殯《もがり》を短く切り詰めてしまいました。堵列《とれつ》をなして歩む葬礼は、復活の日の晴れやかさを予祝するものとされています。

Patet ecce fidelibus ampli via lucida iam paradis
［さあ、信あるもののために、広大な天国の庭に扉がひらかれた、輝ける道を見よ(2)］

輝くような白衣の帷子《かたびら》、香の薫り、嗚咽を漏らさぬよう厳重に目を光らせて(3)。「暗黒の死」に勝利を収めたキリストの凱旋を思わせます(4)。〔ハンガリーの〕ペーチュ Pécs にあるローマ末期の共同墓地の墓は、「広大な天国の庭」に墳墓を同定させる格子状のフェンスまで標示しています(5)。

それでも、墓地の悲傷は生きのびました。古代末期のあらゆる思想家のなかで、ニュッサのグレゴリオスとそのサークルこそ、そうした悲しみを通してあの世を凝視する覚悟が誰よりもあったと、ひとに思われていたかもしれません(6)。が、実情はかけ離れていました。一族の墓に眠る両親のそばに、姉マクリナの亡骸《なきがら》を埋葬しなければならなくなって、グレゴリオスは死穢《しえ》を忌む古代の恐怖に襲われました[*3]。「畏れおののいて『汝の父や母の恥を曝すな』という神の厳命を思いだした」のです。「万人に同列《ひとしなみ》に訪れる恥」など見るに忍びない。彼が墓窖《はかあな》に身を乗り出し、両親の上に姉を重ねて葬るとき、両親の遺骸は真新しい白衣の帷子に包まれていなければなりませんでした。(7) 町の外にはアナトリアの荒寥たる風景が広がっていて、崩れた墳墓が点々と散らばり、一部は坎《あな》の中身がのぞいていました。グレゴリオスは思ったのです。参列した会衆全員にとって、これこそ醜悪でいたたまれなくなる光景以外の何ものでもない、と。(8) キリスト教の美術や典礼が示す「天国への輝ける道」は、平均的な地中海の庶人にとって、死という事実を半ば透けた紗《うすぎぬ》で覆ってくれるものでは全くなかったのです。

だからこそ、殉教者の墳墓をハレへと突き上げる情念のちからが生じるのです。すくなくともここには、とても特別な死者の墳墓がありました。彼らの死にざまは特別でした。墳墓に横たう様子も特別でした。このことが標示されるのは、古代の生活でもっとも楽しく潑溂としたもの一切が、彼らの墳墓に集められ、亡骸から切り出した遺片までも（たぶん、とりわけそれをこれから見ることになりますが）供養されるという考えかたからです。それゆえ、ユリアの両親は最後に慰められたのです。せめてものことにユリアは、哀悼など思いも及ばぬ、とても特別な死者のそばに伴葬されることになるでしょう。ですから、古代末期の殉教者崇拝は、地中海一帯の共同墓地に伏在する「暗黒の死」を、ひとの想像から祓《はら》い浄め

＊2 **共同墓地**　ハンガリー南部のペーチェは、ローマ時代にパンノニア属州のソピアナエと呼ばれ、ユネスコ世界遺産に指定された四世紀のネクロポリスがある。二階建ての霊廟が十六あり、礼拝堂と墓室に分かれ、墓室には石棺やフレスコ画が残っている。

＊3 **死穢を忌む古代の恐怖**　記紀神話でイザナギが黄泉国に下った挿話にも通じている。イザナミはすでに黄泉戸喫《よもつへぐひ》していたが、振り返るなという禁をイザナギが破ったために、蛆がわいて、頭、胸、腹、陰《ほと》や手足に雷《いかづち》の神（蛆や百足か）が群がっている姿を見られてしまう。逃げ帰ろうとするイザナギにイザナミが「恥をかかせた」と怒って、黄泉の醜女《しこめ》が群れをなして追ってくる。ギリシャ神話にも同型のオルフェウスとエウリュディケの伝統があり、死穢の忌み事は共通しているが、「棄て墓」と「詣り墓」の両墓制で風葬の死穢を隔離しようとした日本に比べると、聖者の遺骨など聖遺物を崇めて死穢を克服しようとしたキリスト教はまるで逆方向だった。西郷信綱『古代人と死　大地・葬り・魂・王権』参照。

る決意を表しているのです。

　こうした努力の陰に隠れた、心理学的な動機《モメンタム》を過小評価すべきではありません。来世の信仰自体に、それを説明してくれる要因はほとんどない。この章で追っていかなければならないのは、来世の信仰を古代末期の人びとにとって身近なものにし、死んだ聖者の特権的な面影《フィギュア》にそれを集中させることで、生者のあいだでも直に作用するような想像的弁証法 imaginative dialectic の働きなのです。ローマ末期の墳墓の悲傷から始めましょう。墓地はとても広くて、変哲もない庶人でいっぱいでした。〔ブルゴーニュの〕オータン[*4]の城外にある「大多数の御座所」である共同墓地《ポリャンドリオン》 polyandrion[*5]では、夜の沈黙《しじま》を破るのは、詩篇を歌う声の少しばかりの不思議な木霊《こだま》だけでした。意外なことに、数千基もある墓碑のなかで「神にふさわしい信心篤き魂の墓はちらほら」[9]としかなかったのです。忘れてはなりません。古代末期のキリスト教の信仰心には、とりわけ禁欲運動のリーダーたちが口を酸っぱくして述べたように、厳しい一線が劃されていました。その不安は最終章に書きましたが、墳墓のむきつけ過ぎる恥さらしは、ごく少数の人によって一変したのです。

　なぜなら、殉教者やその他の聖なる死者は、予め定められた《プレデスティネイト》[*6]ひとだったからです。トゥールのグレゴリウスは彼らのことを「選ばれし者の白雪の如く無垢な顔ぶれ」[10]と書いています。西方ラテン圏にいた古代末期の人びとは、選ばれし者に誰が含まれるかについて、宗教改革後に生じたような不安に思い悩むことはありませんでした。〔生前でなく〕没後でありさえすれば、選ばれし者を〔事後的に〕絶対確実に同定できたからです。こうして、北アフリカやその他の地でおこなわれた四世紀末の聖者崇拝は、アウグスティヌスに聖定説の目覚ましい教義を起ちあげる手堅い助走路となりました。なぜなら彼の晩年の課題は、選ばれざる者たち、すなわち呪われし者たちを、神の智恵の暗色の織物にいかに織り合わせるかに腐心していたからです。[11] それとは対照的に、選ばれし者は一筋の鮮やかな縫い糸でした。アウグスティヌスやその同時代人にとって、そこに落差があっても何ら問題ではありません。多くの人びとの心を畏怖せしめる神の正義を語って「人間の理性を指弾」した彼の最後の論考ですら、[12] ひとを和ませるように、選ばれし者には親しみの持てる特徴を与えています。その資質は古代末期のキリスト教の信仰心にしっかり根をおろしています。[13] 彼らは神から堅忍*7の賜物を授かった人たちです。彼らが享受しているのは

＊4　**オータン**　ローマの初代皇帝アウグストゥスの勅許で前一世紀にフランス中部に建てられた城市で、もとは皇帝の名に因んで Augstodonum と呼ばれた。円形劇場や共同墓地などの遺跡が残っている。

＊5　**ポリャンドリオン**（共同墓地）　考古学用語で、ギリシャ語の πολυάνδριον（多くの人が集まるところ）が語源。ギリシャ北部で、前七世紀ごろから戦士の墓の集合墓地が築かれるようになり、前四世紀にはペスト禍の病死者を埋葬して、できるだけ墓石などを簡素にしたため、現代の墓地の原型となっている。

＊6　**予め定められた** praedestinatio　プロテスタントにとっては近世にカルヴァンが唱えた「予定説」のことだが、新約「ローマ人への手紙」8・29、30を踏まえてアウグスティヌスも「神が誰を選んで救済するかは知りようがなく、ひたすら恩寵の不確実性に耐えて、自らを叱咤するしかない」と唱えている。しかしアウグスティヌス伝を書いたブラウンは、それを単なるカルヴァンの先蹤とは考えていない。アウグスティヌスも praedestinatio だが、紛らわしいので「聖定説」と訳す。タバニー『聖霊の舌』拙訳第十五章の原注6補注参照。カルヴァン予定説のもたらした近代の不安を、商業活動への専心を「召命」とみなすことによって克服したとのマックス・ウェーバーの説は『プロテスタントの倫理と資本主義の精神』を参照。

＊7　**堅忍** perserverence　カルヴァン派（改革派）が一六一九年のドルト信条で定めた五原則の一つ。英語の頭文字でTULIPと呼ばれるが、最後のPが「堅忍」。真の信者は、全面的にも最後的にも、信仰から、救いから、恵みから落ちたり、外れたりすることは決してなく、何があっても必ず固く忍耐し、耐え抜き、持久して、完成に導かれ、救いに至るという教理。選ばれた者でも恵みが得られないこともある、というアルミアン分派の主張を否定して、じぶんが「選ばれた」か否かのキルケゴール的な不安を打ち消そうとした。

この世界にありとあらゆる深い愛、ありとあらゆる恐怖、ありとあらゆる堕落の数えきれないほどの道があったとしても、なおこの世界を克服すべきだという堅忍不抜の賜物によって守られ、信を固めるという……自由である。[14]

そして死を耐え堅忍《しの》ぶのに、殉教者よりも壮烈に人前でやり抜いたひとが誰かいたでしょうか。アウグスティヌスの思考のもっと深層の次元でも、事情は同じです。見た目は極度に渦巻いている彼の思考のなかでも、殉教者崇拝は頼もしい基準点なのです。神的な保護がキリスト個人に及んだように、万古不動の確かさが選ばれし者にも拡張されました。「汝の手を按《お》き参らせん、汝の右手のひと〔キリスト〕のうえに、汝が汝自らを強くせしひとの子〔選ばれし者〕のために[15]」。深遠な見方をすれば、選ばれし者とはキリストの神秘の玉体をなすメンバーでした。「キリスト……全体、そのメンバーとともに」Christus…totus,cum menbris suis[16]。アウグスティヌスと彼の同時代人にとって、殉教者はひときわ優れた「キリストのメンバー」membra Christi でした[17]。ゆるぎなき一貫性をもってキリストのうえに按かれた神の手は、選ばれし者にも按手《あんしゅ》されたのです。五世紀の遺跡をみると、まさしく殉教者の上に王冠を授ける神の手が標示されています。戴冠は殉教者の遺骸の断片まで含まれました[18]。殉教者自身、そして後年の斎《いつ》きのひとは、しばしば十字架像のポーズに表されています[19]。これはキリストの苦難だけでなく、彼が選ばれし者だという不易の恒久性と、神の勝利が確実であることを同定しているのです。

生涯のほぼ最後になって、アウグスティヌスが説いた殉教者の説教を読めば、「堅忍不抜の賜物」donum perseveantiae、すなわち死に臨んでも耐え忍べる〔不屈の〕賜物を授かっていることが、彼にとって何を意味していたかはもはや疑いを容れません。生命《いのち》の愛おしさ、嫌々ながら魂が引き裂かれる人間の肉の羈絆《ほだし》のなつかしさ、それがいかに強力かを喚起するには、殉教者たちこそとびきりの存在なのです。

彼らはほんとうはこの生を愛していた。それでも生を品定めした。もしうつろいゆくものをこれほど深く愛することができるなら、永遠なるものであれば、どれほど深く愛すべきかを考えたのである。[20]

堅忍不抜の賜物を授かっているか、授かっているとみなされた男女を追慕する集いを、殉教者崇拝は一定の間隔をとって通年で再演しました。ペラギウス*8が説いた自由意志の教えと〔人格陶冶の〕完成をめざす可能性が、キリスト教の会衆を心変わりさせて聖者の共同体をもたらしていたとしたら、[21]アウグスティヌスの聖定説の教理《ドクトリン》はとてつもなく優位に立ち、会衆にかつてどうやって憧れの的《ヒーロー》を生み出したかを説明できたでしょう。

こうして、選ばれし者が「神の天界」に瞬く星なのだとすれば、神は聖者の墳墓を象《かたど》って、キリスト教の世界一面にそうした星々の「銀河」をばらまいたのです。[22]ノーラの城外にできた聖フェリクスの拝所は、そんな「星」が地上に舞い下りた場所です。[23]とはいえ、これらピンポイントの光点を数カ所散ら

＊8　**ペラギウス**（三五四～四二〇／四四〇）　アウグスティヌスの論敵。カレドニア（スコットランド）出身とされ、三八〇年ころローマに来て社会の堕落に警鐘を鳴らし、苦行を実践して信者を集めた。原罪を否定し、聖霊の介入によらない自由意志を重んじる主張は、古代末期の政争や蛮族の脅威に疲れたノーラのパウリヌスのような貴族の共感を呼んだ。しかし所領を寄進して隠棲する道徳的完全主義の急進性が教会の改革に向かいだすと、アウグスティヌスの反発を招いた。ペラギウスは四一〇年のローマ掠奪でカルタゴに逃れ、アウグヌスティヌスとも会うが、さらにパレスティナに移り、ヒエロニュムスと論戦を交わす。ペラギウスを異端とする教会会議が何度も開かれ、アウグスティヌスが教皇に働きかけて異端と認定された。

す企てくらいで、殉教者崇拝の「座元」たちほど、誰しも安楽に生きていけたわけではありません。天と地のあいだの古代の間仕切りを取り払ってしまえば、聖者崇拝がそれと変わらない堅牢な別の間仕切りを、地上にこしらえるおそれがありました。彼ら〔権門〕の墳墓と、それを取り囲むふつうの庶人の数千の墓のあいだの落差は、抜き難いものに見えるかもしれませんが、それでは触れてならない「銀河」の光暈とこの地上を切り分けた古代の過ちと似たりよったりです。一点の翳りもないその光暈は、周囲の暗闇を際立たせることにしか奉仕しておらず、ありきたりの死の常闇《とこやみ》を、それと知られぬよう暗くしています。

例えば、トゥールのグレゴリウスの著作に出てくるひとは、普遍的な破壊をもたらすという罪の感覚が、聖者の墳墓だけを手つかずに残すと信じています。これこそが、グレゴリウスとその同時代人たちが、アッティラ*9のガリア侵寇を記憶にとどめようと選んだやりかたなのです。

なぜならみんなが言っている。あの信仰の敵どもが来襲する前に、ひとりの篤信の人が幻を見たという。いまは亡き助祭ステファノスが聖なる使徒ペテロや使徒パウロと話し合っていて、こう陳情した。「お願いです、わが主よ、あなたがたの執り成しでメッツ*10の市《まち》の炎上を防いでください……」。これに二人はこう答えた。「安心されたし、愛しき兄弟よ、あなたの雄弁さえあれば、火は燃え上がらない。だが、あの城市となると、われわれとて神を説き伏せるつもりはない。なぜなら、主のご意志の審判がとうに下っているから(24)」

中世初期のガリアで焼尽した都市は数多くありますが、聖者の拝所だけは辛うじて焼け残っていた、と同時代人は記しがちでした。[25]

奮い立つような光景ではありません。時代はそれにふさわしい異端を生みだします。同時代の信仰の無言の思いこみや緊張を、仰々しい過激なことばにして言挙げするからです。そうだとすれば、グレゴリウスの前にも、彼に似つかわしい異端者が現われます――それは死者の復活に疑いを抱く司祭でした。キリストは〔死から〕起ちあがったのです、とこの司祭は言いました。でも、なぜその〔復活の〕特権を、転落した人間に差し伸べてくれないのでしょうか。司教が気配りする拝所なんて、圧倒的に大勢の蒼氓《たみくさ》が横死しているという暗鬱な重さに比べると、あまりにも数が少なく遠すぎます、と。なるほど、メッツを壊滅させた「主のご意志の審判」は、アダムの転落以来、全人類を打ちのめしてきました。

汝、灰なれば、灰に帰るべし。

風過ぐれば失せて跡形なく、その生ひいでし処に問へど、なほ知らざるなり。[26]

＊9　**アッティラ**（c四〇六～四五三）　五世紀のフン族の大王で、ドナウ川に面したパンノニアを牙城として、カスピ海から中欧、ガリアに至る広大な帝国を築いた。東西ローマに侵攻を繰り返し、ゴート族やブルグント族などを支配下に置いた。西ローマ皇帝の姉の書状を求婚と解し、帝国領の半分をよこせと主張して、ガリア侵略を四五一年に始める。西ローマと西ゴートの連合軍とカタラウムで会戦し、敗北を喫した。しかし翌年には北イタリアを襲い、教皇レオ一世の調停でようやく撤退、その翌年に急死したため、フン族の帝国はたちまち瓦解した。

＊10　**メッツ**（フランス名メス）　現フランス北東部の国境近くにあり、ローマ時代はDivodurumと呼ばれた。四五一年にアッティラの騎馬軍が来襲、市を破壊した記録が残っている。リヨンからトリーアへ向かう街道とランスからマインツに向かう街道が交差する要衝で、その廃墟にフランク族が移住、アウストラシアの首都からカロリング朝の主要都市となる。

われわれが詩歌や美術や癒しの炸裂する場に据えるべきは、この寒々とした後景を背にしてなのです。それによって古代末期の人びとは、殉教者の墳墓に周りから匍《は》い寄ってくる暗い想念を懸命に祓いのけようとしました。

清教徒ニューイングランドの墓石を調べた印象的な研究で、アラン・ラドウィグ[*11]は〔植民地時代の詩人〕エドワード・タイラー[*12]の私的な献詩を引用しています。

あなた（キリスト）は、死の暗い暗い顔をきれいに祓い浄め
その冷たい指先に恩寵のしずくをしたたらせたまえば。

この詩行にラドウィグはこんなコメントを添えました。

どうやらわれわれの理解はもはや、生と死の両方をひとつのシンボルに包摂できるほど、弁証法的《ディアレクティク》ではないらしい。われわれの眼前で暗鬱な死を甘い恩寵に転ずることをめざす変成のシンボルとおなじく、ニューイングランドのシンボルのグループ化ほど物議を醸すものはない(27)。

わたしがこのくだりを引用した理由のひとつは、死に対する近世のキリスト教徒の姿勢と、古代末期の殉教者崇拝に向けられた姿勢とが、どれほどかけ離れているかを比べるためです。殉教者は死に勝利したのです。古代末期の聖者の図像学《イコノグラフィー》は、「暗鬱な死」と「甘い恩寵」をひとつのシンボルに包摂しよ

うなどと試みていません。アンドレ・グラバール[*13]が言うとおり「聖者の遺片の心像《イメジャリー》は、いかなる場合も決して〔中世の〕『死を忘れるな《メメント・モリ》』memento mori の映像にはならないのです。むしろ全力を尽くして、死という事実を組み伏せたと主張するのに懸命だった」(28)。率直に言えば、そうした場所で「死の暗い暗い顔」はとうに「きれいに祓い浄め」られていたのです。

それでもこの弁証法は、もっと深い想像の次元では持続していたと言えます。こうした弁証を積みあげて高潮した圧力を念頭に置かない限り、墳墓や殉教者の遺片と結びついた奇瑞への信仰が、地中海世界全域で間歇泉のようにときに噴き出す力を解き明かすことは難しい。疑念に駆られた司祭にグレゴリウスが答えたような、来世や死者の復活をめぐる非の打ちどころのないオーソドクスな見解だけでなく、こうした圧力が働いていることも考慮すると、殉教者のようなおよそ手の届きそうもない星辰に自身を重ねあわせ、何よりもその躰《からだ》の遺片を手近な身代わりに同定するという、キリスト教会衆の温かい包容力に、われわれも一段と近づくことになります。

われわれが弁証を始める起点は、トゥールのグレゴリウスならそう望んだでしょうが、死者が復活す

＊11　**アラン・ラドウィグ**　第二章原注7補注参照

＊12　**エドワード・タイラー**（一六四二〜一七二九）　アメリカ植民地時代の詩人。英国ライセスターシャー生まれで、非国教徒系プロテスタントのヨーマン（自営農民）の家庭で育ち、教師になった。統一化法に署名せず、職を失って一六六八年に渡米、ボストンに上陸してハーヴァード大学に入る。卒業後、マサチューセッツ植民地のウェストフィールドで会衆派清教徒の牧師兼医師となる。医化学の祖パラケルススに私淑、植物標本や遺骸の皮膚組織などを収集したほか、厖大な詩稿を残したが、遺言で出版を禁じたため、二百年以上埋没していた。一九三七年、イェール大学図書館所蔵の文書から七千ページに及ぶ遺稿がみつかり、その宗教詩は「アメリカのバロック」として、ジョン・ダンら形而上派詩人に比べられる。

＊13　**アンドレ・グラバール**　第三章原注69補注。

るという教理を考えることからです。それとともに、この復活より前に聖者の魂が安らぎを得ることの本質とは何かも考えます。(29) ギボンが述べたとおり、

肉体の尸解《しかい》と復活のあいだを隔てる長の年月を、俗人の魂がどんな状態で過ごすのであろうと、聖者と殉教者の優れた霊が、黙然と恥ずべき眠りに就き、その躰《からだ》の一部をいたずらに費消することなどありえないのは明らかだ。(30)

殉教者をして、われらに知らしめたまえ［とトリノのマクシムスは述べた］、神が死者にどれだけ気前よく賦活《リフレッシュメント》の息吹を吹きこむかを。(31)

聖者の墳墓に結びついた奇瑞の大部分は、聖者の見えざる賦活の息吹を可視化した奇瑞です。それは初期キリスト教徒が想い描く、天国の心像《イメジャリー》の動画なのです。六世紀のガリアに生きていて、供奉する身近な人間の本性を観察して、索漠とした気分になったグレゴリウスは、天国がちらとでも見える場はないかと探して、現世を広く見渡すうちに、四世紀末のキリスト教詩人たちと一体になるのです。彼の聖者伝《ハギオグラフィー》の作品は、ひそやかな音色と神秘の薫りに満ちていて、ガリアの聖堂内に天国がそっと触れる気配をもたらしました。(32) 天国は万朶の花が咲き乱れる樹々に覆われた山であり、大気は「芳しく、音楽に満ちていた」(33) のです。

聖者の墳墓に花咲く樹木を見てみましょう。現代の「民衆宗教」専攻の学生ならそこに、聖マルティヌスが容赦なく伐採した［異教の］斎木《ゆき》*14の変わらざる分身《アバター》を見いだすかもしれません。(34) とはいえ、そう

いう見方は、あまりにもものぐさで、不正確な踏襲ですから、グレゴリウスのような男にとって、これらの木々と実際にどんな結びつきがあったのか、正しい判断ができません。花は毎年咲く、彼はその一点に飛びついたのです。プルデンティウスの詩的イメージにしたがって、鳩の産毛《うぶげ》のような花びらで自らを美しく着飾ったからこそ、天国の重たげな花の繚乱を拝所の斎庭《ゆにわ》にもたらした、とグレゴリウスは強調しています。(35) 花盛りの草木は、祝福された魂の生命力を一目で分からせてくれます。セウェルスの墳墓では、地下に眠る人がいかにして「天国の椰子《やし》の木のように花を咲かす」かのイメージとして、枯れた百合が毎年よみがえるのです。(36)

それでも、こうした詩情満開のただなかにいても、「死の暗い暗い顔」を遠く斥《しりぞ》けられるわけではありません。グレゴリウスがある殉教者の墓を訪れたとき、「われわれの仲間の誰しも、百合と薔薇の香りに鼻孔が満たされた(37)」のですが、クレモンの司祭のせいでパリアン大理石*15の墓所に閉じこめられた司祭のことを、グレゴリウスはこう書いています。「それから何年経っても彼がよく語っていたのは、死者の骨に絡みついていた鼻の曲がるような悪臭だった(38)」。

とても特別な死者の墓は、死の事実を免除されていました。墓に眠る人の魂が天国にいるからだけではありません。復活の日が来るまで、その深い平安が彼らの遺骨にも顕れるからです。心底からパウリヌスを感動させたのは、聖フェリクスの遺骸の安らかさです。彼は石棺からこぼれ落ちた塵芥をみて、

*14 **斎木** 森の民だったケルト人の樹霊信仰のこと。ストラボン『地理誌』や大プリニウス『博物誌』では樫（オーク）の木や森だが、林檎や櫟《いちい》、榛《はしばみ》、西洋梣《トネリコ》、赤楊などにも樹霊が宿っているとされた。『マクベス』のバーナムの森参照。

*15 **パリアン大理石** エーゲ海のパロス島で採取される乳白色の大理石。ミロのヴィーナスなどの古典期の彫刻や石棺などに盛んに用いられた。

獣がフェリクスの遺骨を荒らしたのかと背筋が寒くなりました。でも、蓋を開けてみると、ゆゆしき静けさで横たわっているのを、はじめてパウリヌスは目にしたのです(39)。

別の書き手は、それでも復活を身近に引き寄せることができました。プルデンティウスはその誄歌《るいか》で、よみがえる身体に還流する顔色を描写しています。それは古代末期の人びとが、どれほどいい血色を愛していたかを思いださせます。

いまは色が褪め、窶《やつ》れて蒼白の頬も、いかなる花よりも匂やかな、血色の花に彩られた麗しの肌となるだろう(40)。

こうした〔大詩人〕ウェルギリウスに似た風雅《みやび》は、ささやかなアール・ヌーヴォー art nouveau でした。トゥールのグレゴリウスの先祖にあたる、ラングレのグレゴリウス*16を例にあげますと、
彼の顔容《かんばせ》は栄光に満ち、薔薇のごとく見えた。深紅の薔薇色であった。残りの躯《からだ》も百合のごとく白く輝いていた。いますでに、来るべき復活の栄光に与る用意は整った、と汝も言うであろう(41)。

老齢のアウグスティヌスが、聖者の墳墓について著述したり説教しながら感服するようになったのは、復活の日に人体をよみがえらす神の霊威《ちから》を、いまここに現前させようとひたむきに進むからです。『神の国』の最終巻で、聖ステファノスの拝所で起きた奇瑞を書き記したくだりは、「烏合の衆」の間で流布していた「ばかげた物語」に屈した降伏文書などとはほど遠いものでした(42)。アウグスティヌスにとっ

て、それは「ばかげた」というより超現実《シュールレアル》だったのです。それまで孜々《しし》として重ねた彼の努力を明かしていました。アウグスティヌスは、当時の教養人に近しかった新プラトニズムの思考を機縁にして、もっとも厳格な非唯物論者《インマテリアリスト》への志向を鍛冶《たんや》してきた人間ですから、霊肉がいずれは一如になるという考えられない概念を考えるようになったのは、それなりの努力があったからです。拝所で起きた癒しの奇瑞の記録は、神の霊威と、肉への変わらぬ関心を示しています。アウグスティヌスもいまは信じるようになりました。この霊威がいちばんまともに標示されるところは、復活という想像を絶する慈悲を一途に信じ、がんじ搦めの肉体を捨てる用意のあった死者が、現に〔亡骸となって〕横たわる場所なのだと。(43) かつて瞑想者だったころのアウグスティヌスは、奇瑞などほとんど取るに足らぬ瑣事にすぎず、神の調和のとれた秩序の太陽が天に輝けば、杳然《ようぜん》と光を失う数多くの燈明《ともしび》にすぎない、と考えていましたが、いまでは肉体にもそれなりに温もりと輝きがあることをみとめ、以前は蔑ろにしていたその本能的な恐怖や欲求に、もっと留意するようになりました。(44)

あなたがたが生き続けたいのは分かっている。あなたがたは死にたくない。そして、死者としてまた起ちあがることのないよう、この世からあの世へと移りたい。そっくり生きたまま、転生したい。こ

＊16　**ラングレのグレゴリウス**（c四四六〜五一九）　元老院貴族の名門に生まれ、オータン伯となる。厳格だが公正な人柄で、リヨンの元老院議員の娘と結婚したが、その妻を亡くして教会に入り、五〇六年にフランス北西部のラングレ司教に叙階される。ディジョンで殉教した聖ベニグヌス（聖ベニーニョ）の遺物を奉遷（移葬）して崇拝を復興させ、修道院を建てたほか、他の聖者の拝所も勧進した。長男はその司教座を継ぎ、二男の孫がトゥールのグレゴリウスである。この孫の幼名はゲオルギウス・フロレンティウスだったが、長じて曾祖父の名を加えた。

れがあなたがたの望むことだ。これはもっとも奥底にある人間の感情だ。不思議なことに、魂自体も望んでいる。本能的に欲している。[45]

アウグスティヌスのこの進化は、彼にしかできないほど卓絶していました。いまでは、それに見合う研究が慎重に進められています。[46]覚えておきましょう。これまでは「民衆信仰」の無知蒙昧な圧力に、彼も遅ればせながら譲歩した、としばしば見られてきましたが、その背後にいちばんの先駆けとなる知的な突破口があったことを。

それでも、アウグスティヌスの晩年の見解を定式化し、さらに異教の哲学的世界観では不問とされてきた前提を、ことごとく連破する最後の連続砲撃に、辺地で起きた癒しの実例の記録を加えるという決断は、何より特別な死者をめぐる想像的弁証法《ディアレクティク》を貫き通すうえでは、あくまでも特殊な場合にすぎません。この弁証法の結果は、生理的な死と、天国の心像《イメジャリー》全部の源が、ネガティヴに結びつくのをブロックしただけではありません。聖者の五体の遺片が、通常の場所と時間の結びつきよりも上位に置かれることになります。聖者の墳墓では、天国の永遠と復活の最初の感触が、いまここに坐《おわ》します実在となり始めるのです。ルーアンのウィクトリキウス*17に言わせると、さあ、肉体よ、ありとあらゆる欠片《かけら》がここで「永遠の全期間との絆によって結びつけられる」[47]のです。

キリスト教の聖遺片の奉遷〔移葬〕も含めて、異教やユダヤ教の供奉《プラクティス》からの離反が、なぜあれほど急激で目に余る凄まじさだったのか、その理由のいくばくかはたぶん、そんな発言を糸口にすれば触れることができるでしょう。ウィクトリキウスが「ちっぽけな遺片を見よ、血のほんの一しずくを」と言ったとおり、聖遺物は亡骸全体から切り出した断片です。[48]しかし、われわれが述べてきた想像的弁証法を、集約してなにより説得力があるのは、まさに生理の羈絆《ほだし》から切り出された聖遺物なのです。死の事実を封じこめるには、無残に荒らされた墳墓全体という元来の文脈から、死者の一端を切り出すよりほかにいい手があるでしょうか？　そうした死者から時間を閑却させる象徴に、空間の摑みどころのなさを付け加えるよりましな手があるでしょうか？　さらに言えば、天と地が連環するパラドクスを表現するのに、無限の結びつきを凝縮した対象を小さくコンパクトにすべきだという「壺中の天」inverted multitude[*18]の効果よりほかに、もっといい手があるでしょうか？　聖者から切り離した断片は、金製や銀製の宝石函か、大理石製のミニチュアの拝所に納められ、「形見」objet trouvé の何やら測り知れぬ性質を宿していたのです。[49]　パウリヌスが銀製の「聖なる十字架」を収めた、見事な黄金製のちっぽけな円筒《チューブ》は、かつて「偉大な主が磔《はりつけ》にされ、全宇宙がその前で震えた」[50]という十字架との比類ない結びつきのおかげで、その小ささとは裏腹に驚くほど高く舞い上がったのです。〔極大と極小の〕サイズの不釣りあいは、そうした透明のささやかなひと雫《しずく》に、神の広大無辺の慈悲が「天から滴る甘露のごとく」[51]降っ

＊17　**ルーアンのウィクトリキウス**（c三三〇〜c四〇七）　ガリア生まれで三九三年にルーアン司教となった。三九六年、ボローニャのユダヤ人墓地で殉教者ウィタリスとアグリコーラの遺骸がみつかったとの報らせに、ミラノ司教アンブロシウスに頼まれたウィクトリキウスが、ボローニャで改葬された二人の亡骸から一部の遺片を切り取り、ミラノに運んで移葬した。彼は三九六年の説教「聖者の礼讃について」De laude sanctorum で、極小の遺片でも全身と同じく聖者の霊験はおなじだと主張している。

＊18　**壺中の天**　inverted multitude とは聞きなれない用語である。素粒子物理学の最先端から借りてきた概念かと思い、知人の東京学芸大学元教授（惑星気象学）の松田佳久氏に聞いたら、inverted multitude という概念は物理学にはないようだ。だとすると、アラディンの万能の妖精が油燭のランプに閉じ込められているように、あるいは古代の一寸法師である少彦名命が大物主命の別名であるように、あるいはゲーテ『ファウスト』第二部のホムンクルスのように、極小の水滴に極大の宇宙が映るという逆転現象のことだろうか。時代も近接する『後漢書』方術伝より意訳したが、識者の御教示を俟つ。

てきたことを、ひとしお強調するものでした。

とはいえ、生理的な死に直接結びつけられた状態から、聖遺物を切り離すことでむしろ想像的弁証法は昂揚したのです。持ちこまれたのはちっぽけな欠片《かけら》ですが、その周りにはとても特別な種類の死との想像上の結びつきが、手つかずのまま雲集していました。しかもこの特別な種類の死は、ほとんど常に不快なものでした。「あなたの眼前にあるのは」とウィクトリクスは主張しています。「血と灰である」と。(52)

古代末期の殉教者の拝所で起きた癒しの奇瑞は、どれも足元には痛苦に打ち勝つ奇蹟が横たわっています。

一日たりとも、兄弟よ［とウィクトリクスはその新しい拝所で会衆に促した］、これらの〔殉教〕譚に思いを致すことなく過ごすなかれ。ある殉教者は拷問で沸騰した熱湯の釜茹でに遭い、別の殉教者はぐずぐずせずとさっさと殺せと処刑人を励まし、また別の者は進んで火焔を嚥《の》みくだし、四肢を八つ裂きにされながら、なお仁王立ちしていた。(53)

なぜなら、殉教者の艱難辛苦こそ、奇蹟そのものだったからです。「受難記」Passiones や「殉教者行伝」Gesta martyrum で彼らが死を迎える臨終《いまわ》の記述は、ただ一点に収斂していきます。一生を通じて神のちからの徴《しるし》を世に知らしめた長い連鎖の果てに、拝所に祀られるまで続く道のりです。「ゲラシウス勅令」*19 が言うとおりでした。

われわれはまた〔公に朗読するために〕聖者の行伝も含めなければならない。そこでは、彼らが絶え忍んだ拷問の数多くのかたち、信仰の見事な告白を通して、勝利の炎が燃え熾《さか》ったのである。彼らがおよそ人間に耐えられる以上の苦悶を味わったこと、それも彼ら自身の強さゆえでなく、神の恩寵と手助けがあればこそ耐えられたこと、それをカソリックはどうして疑えようか。[54]

殉教者のヒロイズムはつねに、ただの人間の勇気とは截然《せつぜん》と解離した、憑依のひとつとみなされました。〔女性殉教者〕フェリキタ[*20]が獄中で産気づいたとき、

看守の助手の一人が彼女に言った。「いまはこれほど産みの苦しみに喘いでいるのに——獣のまえに投げ出されたらどうするのだ？」。すると彼女が答えた。「いまの産みの苦しみはわたし一人限りの苦しみです。でも、もうひとつの〔殉教の〕苦しみは、わたしの内部にいて、わたしのために苦しんでくださる方の苦しみです。なぜなら、わたしは彼のために苦しんでいるのですから」[55]

＊19　**ゲラシウス勅令**　新約聖書写本の研究家、エルンスト・フォン・ドブシュッツ（一八七〇～一九三四）によれば、聖書の正典を決めたとされる勅令だが、実は六世紀に氏名不詳の教会関係者が編纂した文書であって、五世紀の教皇ゲラシウス一世の発した勅令ではない。その第二章にはローマ司教ダマスス一世（在位三六六～三八三）がローマ教会会議で定めたという聖書リストも含まれるが、これも秘書役だったヒエロニュムスには何の言及もないことから、後世のものとみられる。

＊20　**フェリキタ**　二〇三年三月七日の副帝ゲタ（映画『グラディエーターII』では二人の愚帝の一人）の誕生日に、カルタゴで名家の若き夫人だったペルペトゥアとともに殉教した女奴隷。獄中で出産し、刑場の円形劇場に引き出されたとき、まだ乳房が乳汁で濡れていたという。拙訳『聖霊の舌』第八章参照。

だからこそ、〔異教徒の〕ライバルがいくら生理的または倫理的な勇気を見せても、キリスト教のリーダーたちは一顧だにしない冷淡さをみせたのです。殉教者や使徒たちの模範的な勇気は、ただの人間の生理的な忍耐力や、ありきたりの人間の倫理的な強さという〔形而下の〕領域から、神によって持ち上げられたものだからです[56]。

こうして、殉教者の本来の死はもとより、証聖者[*21]や禁欲者の長く引き伸ばされた〔緩慢な〕死でさえも、奇蹟的に痛苦を克服する姿には生気がほとばしったのです。それを顧みるたび、拝所に犇《ひし》めく群衆の胸中に想像の渦が騒《さわ》立ちはじめます。こうした痛苦のあからさまな表現は大概口封じされたので、なおさら威力を発揮しました。殉教者の表向きのイメージは、天国の安息を享受し、その身体に復活後の最後の安らぎ〔の恩寵〕が訪れ、その先触れがあったという姿なのです。とはいえ、現在は柔和になった殉教者の死に顔の裏には、〔無残な死に至る〕道のりの強烈な記憶、緩慢な痛苦の果てに打ち砕かれた身体が、いったんは神の霊威によって尊厳を保つことができたという追憶が横たわっています[57]。

古代の世界では、病気の治癒はしばしば、凄絶な四肢裂断とそれが再び一つに萃《あつ》まるという、強力なファンタジーに結びつけられました。〔施療院に参籠して夢記を残した〕アエリウス・アリスティデスはこう書きます。

わたしは彼の見た夢を信じる。医神〔アスクレピオス〕は、テレスフォルスとともに、わたしのことを彼にこう語ったという。わたしを換骨奪胎させることが必要だ。いまあるわたしは出来損ないだからだ……しかし神は〔また〕慰めつつ、さとすようにこう語った。直に骨を叩きだし、現下の性根を抉りだすことはしない。言うなれば、いまあるわたしに一定の変形を施すことが必要だ。こうして大き

くまた不可思議な修正が必要になったのである。(58)

聖者の苦悶の物語という「受難《パッシオ》」passio のジャンルに、われわれが有効にアプローチできるのは、おそらくこのアングルからです。キリスト教徒の聴衆のこころに内在する結びつきの層に、ひとたびそれらの物語が触れると、癒しの「大きくまた不可思議な修正」が容易になったのです。

歴史文献としてみれば、「受難記《パッシオネス》」passiones は落胆させられる読み物です。

Il ne fallut donc pas plusieurs siècles, comme on aimerait à s'imaginer, pour franchir l'abîme qui sépare les émouvants récits créés dans le feu de la persécution de la littérature insipide et prétentieuse qui les a fait trop souvent oublier.

〔それゆえ、われわれもつい想像したがるように、処刑の熱狂の内に創られた感動的な物語と、しばしば忘れ去られた、味気なくこれ見よがしの文学を隔てる深い溝は、猫跨ぎするのに数世紀もかからなかったのである(59)〕

こんな風に敬遠されたのは、さらに「烏合の衆」common herd の好みに佞《おもね》った歪んだ勝利を謳う別の文書があったからで、せっかく古代末期から生き延びた「受難記」なのに、今ではめったに単独では研究されなくなりました。(60) 初期教会史の生真面目な研究者にとって、いかにも「味気なくこれ見よがし」

＊21 **証聖者**　ラテン語で confessor、原義は「自らの信仰を証明した人」の意味で、ギリシャ語が語源の μάρτυς とほぼ同じ意味だが、「殉教者」が棄教を拒んで刑死した人、後者が信仰を守り通したが刑死を免れた人と意味が分化した。殉教者が祀りあげられるにつれ、証聖者も疑似聖職者的な地位を得るようになり、時代が下るにつれて肩書がインフレ化した。

なのかもしれません。しかし、まさしく繰り返しとメロドラマの要素があるからこそ、聖者を祝う大がかりな祝祭では、「受難記」が朗読されると、聴衆のあいだで癒しのリズムが脈打ち、木霊《こだま》が木霊を呼ぶきっかけとなるのです。

何よりもまず、「受難記」は時間を投げ棄てました。殉教者または証聖者の行為は、旧約聖書と福音書で神がみせた強力な御業《みわざ》を、彼または彼女自身が生きる時代に〔一足飛びに〕持ちこんだものです。聖者のおこないを朗読するや、過去と現在を隔てる紙のように薄い隔たりは、もう一度破られました。[61] ノーラとフンディ*22でパウリヌスが建立した拝所の図像学《イコノグラフィー》研究でも明らかになったように、時の流れは手風琴《コンサティーナ》*23〔の蛇腹〕状に拝所に折り畳まれています。「その〝歴史的〟な表現において、現状の影像と未来の幻像とは互いに融合を遂げた」In ihren «geschichtliche» Darstellung, Zustandsbild und Zukunftsvision ineinander übergehen[62] のです。

ですから、パウリヌスのような作家が拝所で力説したのは、遥かな往古《いにしえ》を想像して浮かぶ面影を彫琢する古典期の詩人たちと異なり、いま現前するほんとうの事実をひたすら書き記すことでした。[63] 読者の信じやすさに大きく負荷をかけ、標準的な言論装置のプロパガンダを動員して、効き目を担保すること以上のものが、ここにはあるのです。[64] なぜなら聖者伝の作者は、見た目は滅び去った過去と、想像を絶する遠い未来が、現在というこの一点に凝縮された瞬間を記すからです。だからこそ、情をこめて寄り道したり、古代の作家には珍しく、統計の数字さえあれば何でも証明できる、といった信念になるのです。聖フェリクスの拝所で起きた奇瑞を歌うパウリヌスの詩には、四世紀初期の「平民芸術」arte plebeia と結びついた、あのローマ末期の彫刻がみせる臆面もない活気《ヴィゴー》の片鱗がうかがえます。そこでは、神話をなぞった古典的な装飾《デコール》が追い出され、狩猟や交易といったリアルな日常の些事や、コンスタンティヌス帝の凱旋門[*24]のように、戦闘や権力の露骨な行使の場面を嵌めこんだ小模様《ヴィニェット》に飾られています。(65)メロヴィング朝ガリアの真に重要な事実とは何だったのか。たとえば、レマン湖とそこに棲む鱒《ます》の質の善し悪しといった次元とか、(66)四旬節の季節になると食べたくなる「兎のシチュー」civet de lapin の誘惑(67)とか、「プロヴァンス風オムレツ」omelette à la provençale への最初の言及(68)とか、それらを知るのに、トゥールのグレゴリウスの聖者伝以外のどこに、われわれは目を向ければいいのでしょうか。こうしたジャンルのなかなか「具象的で手ごわい」性質に批評家は動顚し、「地方色」を渉猟する社会史家は欣喜雀躍します。パウリヌスやグレゴリウスのような人びとが、都合のいいときを見はからって、過去と未来の合体を追いもとめた性急さを、それは図らずも示しているのです。グレゴリウスがしばしば繰り返したように、彼自身の時代にもし癒しと慈悲がなかったら、以前にも起きたことだし、これからもまた起きること、などとだれが信じるでしょうか。(69)

かくて「受難」は過去を現在に持ちこみました。聖者の祝祭の絶頂で、それが一如となるよう「受難」を朗読しますと、聖者の見えざる「影向《ようごう》」praesentia[*25]に、束の間生き生きとした相貌が与えられます。「受難」を朗読しているあいだ、聖者は「現に」そこに坐《おわ》します。甘い薫りが聖堂に遍満し、(70)盲者も跛

*22 **フンディ**　ローマから南東九十キロの位置にあった古代の城市で、五世紀には教皇領となった。現在はラツィオ州のフォンディ Fondi 市。

*23 **手風琴**　リード楽器であるアコーディオンに似て、蛇腹で空気を出し入れする楽器。小ぶりで音も明るく、把っ手が左右対称。十九世紀に英国で生まれたという。

*24 **コンスタンティヌスの凱旋門**　ローマ市内の凱旋門では最大で、三一二年にミルウィウス橋の戦いで正帝マクセンティウスを破って帝国を再統一した記念に、コロッセウムのそばに建てた。浮き彫りの一部はトラヤヌス帝、マルクス・アウレリウス帝、ハドリアヌス帝の凱旋門から剝ぎとって転用したもの。皇帝の出撃や凱旋、寛容を示す群像が彫られている。

者も物憑きも、いま、癒しの霊威《みちから》を感じたと絶叫しはじめるのです。[71] そして、かつて彼を責め苛んだ人びとは、当然のようにがたがたと身を震わせます。[72] 聖者の祝祭の祭礼、とりわけ六世紀のガリアでの祭礼が、その「影向」の興奮をどれだけ炎上させ、その「力能《ポテンシア》」*26に直ちに頼れるようになるという希望をどれだけ昂揚させたかを、われわれは見ることになるでしょう。なぜなら、古代末期のあらゆる偉人たちとおなじように、聖者もその衝迫力を最大限に高めるには、おいそれと近づけない状態を長引かせるに限ると分かっていたので、聖者の霊威《みちから》もいっそう効果的になります。われわれにとって「受難記」は「味気なくこれみよがし」としか見えないかもしれません。ともに枕を並べて散々こき下ろされた、世俗の先輩格の頌詞《パネリジック》〔激賞演説〕と似ていますが、朗読の実演は霊威の儀式のなかで容認された瞬間なのです。[73]「受難」なくしては、聖者の「影向」は重みが欠けてしまいます。トロワ*27の聖パトロクルス*28の例を挙げましょう。

> その場所に住む人びとは、ほとんどこの殉教者に敬意を払わなかった。彼の苦艱の物語を入手できなかったからだ。その〔決死の〕戦いが朗々と読み上げられるような神の聖者に対し、気配りして畏敬の念を抱かせるのは、町の人の習慣である。[74]

ただ気を昂《たかぶ》らせて語るだけでは十分でありません。「受難」を人前で朗読することは、それ自体が「心理劇」psychodrame*29だとわたしには思えます。それが古代人のこころの裏に潜む尸解《しかい》と再合体を遂げる強力なファンタジーへと、聴衆を駆り立てるのでしょう。かくて、コプト語による殉教者の受難譚では、殉教者の躰を八つ裂きにし、それを奇蹟的に再合体する光景を、とことん酸鼻を極めた細部まで

縷々語り明かす人びとが、まさしく有名な癒しの拝所と結びついている集団なのです。(75)

ラテン語で艸《そう》したキリスト教著作家の何人かに目を転じましょう。プルデンティウスの『殉教の王冠』*30には、すでに「心理劇」の強力な要素が介在しています。彼の詩は殉教者の肉体の尸解に執心し、

＊25 **影向**《ようごう》 「臨在」presence の語源のラテン語 *praesentia* は、この世のものでないものの「臨在」なので、あえて「影向」と訳す。ほとんど同じような「隣にいる」という意味のギリシャ語が *παρουσία*（パルーシア、*παρά+ουσία*）で、プラトンまたはヘレニズム哲学の用語だったが、近年はアメリカのキリスト教新興宗派が濫用するので紛らわしい。ここは衆生済度のためこの世に菩薩が化身となって姿を現わすことをいう仏教用語を応用することにした。能舞台で鏡板に描かれた松を「影向の松」と呼ぶが、キリスト教のイエスおよび聖者も、天上から地上に仮現の姿として現われたもので、幽玄能の「影向」に近いと思える。

＊26 **力能** *potentia* は一般に「力」と訳されるラテン語で、アリストテレス形而上学のデュナミス（潜勢態、可能態）の訳語「力能」を使う。本書第六章参照。ブラウンの『西方キリスト教の勃興』第五章では「公的な尊敬を十全に受ける徴《トークン》」と説明されている。

＊27 **トロワ** パリ南東百五十キロ、セーヌ河上流の河畔の古都。地名はガリアのトリカッス族に由来する civitas Tricassium と呼ばれた。四八四年にフランク族のクローヴィス一世が征服、一帯はシャンパーニュ地方と呼ばれ、シャンパンの産地となった。

＊28 **聖パトロクルス**（d二五九／c二七〇） トロワの裕福な貴人だったが、軍人皇帝ウァレリアヌス（またはアウレリアヌス帝）の治下で、断首刑に処された殉教者。受難記によると、偶像崇拝を迫られたが、皇帝を「あなたは物乞いだ。キリストを信じない者は天国では無一物だから」と拒み、皇帝は斬首を命じた。セーヌ河のほとりで兵士たちが目を離した隙に、いつのまにか対岸で祈っていた。魔法を使ったとされ、対岸に渡った兵士に直ちに処刑された。トゥールのグレゴリウスがサン・パレス・オ・テルトルの墓に拝所を建てている。

＊29 **心理劇** ブカレスト出身でウィーンからニューヨークに渡ったユダヤ系精神科医ヤーコブ・レヴィ・モレノが、女優だった心理療法士の妻と創始した集団精神療法。自分を見つめ直すために、自発的に劇化やロールプレイ、劇的な自己表現を用いて即興劇を演じる。そこで引き出される自発性や創造性によって、無意識の心的障害を乗り越えようとする試み。一九六四年にベルリンで初演されたペーター・ヴァイスの戯曲『マラー／サド』、および英国の演出家、ピーター・ブルックが一九六七年に映画化した同名の作品を参照。

＊30 **『殉教の王冠』** 原題は Peristephanon で、主にローマとヒスパニア（プルデンティウスの出身地）の十四人の殉教者をとりあげた詩が、長短とりどりに書かれている。

最後はその不羈《ふき》integrityを保とうとするのです。肉体のひ弱さは、身の毛のよだつ厳密さで赤裸々に書かれます。(76)プルデンティウスは、〔人類の〕堕落による解体が、あらゆる瞬間に五臓六腑の隅々まで働いていることを、読者に感じてほしかったのです。「四肢は病に羸《つか》れ果て、静脈も節くれて、皮膚は孱《かよわ》い」membra morbis exependa, texta venis languidis。(77)果てしなく病の餌食になる、この弛《たる》んだ肉の縺れをほぐすことをもって、殉教者の苦悶は完成します。

さあ、始めろ、拷問係よ、火で炙《あぶ》ってぶつ斬りにしろ。
このみっしり詰まった土くれを、ばらばらに切り分けるがいい。
こんなひ弱なからだを、毀《こわ》すなんてやさしいことだ。(78)

斫断《しゃくだん》される肢体の究極の恐怖を感じさせられ、読者は尸解をも克服した〔殉教者の〕不羈の勝利に心を励まされます。なぜなら、空蝉《うつせみ》のからだが「血で血を洗う深紅に染まろう」とも、その芯の魂は、全き一心のままだからです。(79)

プルデンティウスにとって、不羈とは何よりもまず、何ものにも動じない魂が生き延びてはじめて宿るものです。もっと後年の聖エウラリアの「殉教」伝の作者は、さらに一歩先へと進みます。肉体そのものは、尸解を乗り越えた殉教者の勝利の象徴となりました。その傷痕は輝くような白雪《しらゆき》に覆われ、エウラリアの〔傷めつけられた〕からだは三日間、「そっくり手も触れられず」台上に曝《さら》されていたのです。

おお、尊き殉教者よ、あなたの同胞の町びとたちに、かくも素晴らしき曝しもの（tam grassimum

expectaculum）にされることが許されるとは。過去の弱さを克服し、われらの現在を強めて、未来の世代に教えとならん。[80]

エウラリアの長く引き伸ばされた苦悶の「素晴らしき曝しもの」は、凄まじい痛苦を和ませ、亡骸に安定と手つかずの至純を恢復させる過程に、慈悲の形を整えたのでした。〔トゥールの〕グレゴリウスも、そうした拝所と彼自身の関係を記していますが、そこでは聖者の苦悶は「受難」〔の朗読〕によって人前で再演され、その信奉者たちによって記憶にとどめられました。われわれがそれを追体験できるのは、最深の次元で想像的弁証法が働いているからです。グレゴリウス自身が経験した癒しの多くは、殉教者の苦悶とまさしく一致した瞬間に因む場所でみられる現象です。信者と見えざる付き添いとのあいだをつなぐ、このとても親密な感情の紐帯を、われわれは最終章でじっくり考察しますが、この同定をかなり自然なものに見せてくれます。ブリウードの聖ユリアヌスの*31「特別の門下」peculiaris alumnus[81]であったグレゴリウスは、日射病の霍乱《かくらん》で割れるような頭痛に襲われ、聖ユリアヌスの泉の水に頭を浸して、癒されたことがありました。この泉こそは殉教者が無残に刎頸《ふんけい》されたのち、その首を漱《すす》いで洗った場所なのです。[82]感情が反転する型《フォーム》を同定し、それを乗り越えることがわれわれにはよくあります。「死の暗い暗い顔」をあまりにもきれいに洗い流したので、かつては激烈な苦痛をもたらした拷問が、いまや救いにいちばんふさわしい神輿《みこし》となってしまいました。熱して溶けた鉛

*31 **ブリウードの聖ユリアヌス**（d・c三〇四） フランス中部のヴィエンヌ出身の兵士で、殉教の詳細は不明。ブリウードの僻村に埋葬され、トゥールのグレゴリウスがそこに拝所を建てて彼を褒め称えたため、いまではオーベルニュ地方の守護聖人となっている。

に、聖ベニグヌス[*32]の足を猝《にら》いだという岩窩《がんか》が、今は優しい水を湛《たた》える場所となり、そこからしたたる雫が、眼疾の激痛に喘ぐグレゴリウスを癒してくれたのです。(83)

苦悶を〔乗り越える〕こうした感情の反転は、キリスト教徒のラテン詩人たちのあいだに蔓延したテーマで、誰がもっとも熱心だったかはもう擢《ぬ》き出せません。ガリアの城市を巡り歩く遊行《ゆぎょう》の羇旅《きりょ》を楽しみながら、殉教者／聖者の栄光を祀る拝所を歌行脚するウェナンティウス・フォルトゥナトスの韻文にも、そうした反転がみられます。

et corpus lacerum corpora multa fovet
（そしてずたずたにされた躰が、他人の身体を救う）
邪悪な死によって、健やかな生を絶たれたひとは
今は多くの人々に生を授け、自らの生を保つ両面を持つ。(84)

グレゴリウスもウェナンティウスも、この研究が対象とするラテン作家たちの最後陣《しんがり》です。二人には時代全体の感性が集約されています。一つの時代から次の時代へと遷《うつ》りゆくのを代表するかのように、二人のあいだを截然と切り分け、トゥールの司教グレゴリウスを中世前の活力あふれた存在とし、さまよえるイタリア人ウェナンティウスの古典的な「甘やかさ」dulcedo と対置させるのが、これまでの伝統的な見方です。ヘレン・ワデル[*33]はかつてこう書きました。

トゥールのグレゴリウスの、ユーモラスだとしても、野蛮で放蕩に明け暮れて暗鬱な世界では、彼

〔ウェナンティウス〕のように、綴織《タペストリー》に刺繍された緑の鸚鵡《おうむ》、復活祭の祭壇を飾る桜草《さくらそう》、教会の床に射しこむ月あかり、といった麗しきものを「瞥見」aperçu するのは、美の感覚が漂蕩《たゆた》っている証拠なのだ[85]。

それどころか、われわれが見てきたのは、古典世界の去りゆく美の「たゆたい」lingering とは裏腹なものです。その代わりにわれわれは、新しい切迫したテーマをめぐって、詩や祭礼、絢爛たる美術に、周到に維持されてきた美の〔高鳴る〕クレッセンドのもてなしを受けてきたのです。グレゴリウスと〔ウェナンティウス・〕フォルトゥナトスは、古代末期の聖者崇拝の勃興と連動して、尋常ならざる感情の熱い滾《たぎ》りを共有しています。両人とも、苦悶に先立つ生理的な死の「究極の悪」summum malum を、彼らの時代のもっとも美しく洗練されたもの一切を凝縮したテーマに転換させることができたのです。天国には聖者たちが列をなして並び、ウェナンティウスがラヴェンナで成長するあいだも瞰《みおろ》していて、その古典的な恩寵がいまだにこの市に人を惹きつけているのですが、そうした熱い滾りがなければ、聖者

＊32 〔ディジョンの〕**聖ベニグヌス**　三世紀ブルゴーニュの殉教者とされるが、詳細は不明。もともとディジョンに庶人の参拝する墓があったが、グレゴリウスの曾祖父の司教はそれを異教徒の墓とみなしていた。ところが、夢で実は殉教者ベニグヌスの墓と知ったグレゴリウスが、墓を掘り直すと石棺がみつかって、拝所（後のサン・ベニーニョ大聖堂）を建てたという。なお、五世紀アイルランドで布教を始めた聖パトリックの愛弟子で、美声で多くのひとを改宗させ、「パトリックの讃美歌歌手」と呼ばれたアーマーの聖ベニグヌスは別人。

＊33 **ヘレン・ワデル**（一八八九～一九六五）　アイルランド系の詩人で研究書や戯曲も書く多才な女性だった。父が長老派教会の牧師として日本で伝道していたため、生まれは東京で、十一年間を日本で過ごした。のちオクスフォード大学で博士号を取得、漢詩や中世ラテン詩の翻訳を出版したほか、歴史小説も書き、雑誌や新聞に数多くの記事を寄稿した。W・B・イェーツやヴァージニア・ウルフら知識人との交友があり、その晩年にブラウンも接したことだろう。

たちの美しい相貌と結びついた「末永きヘレニズム」が、西方をたゆとう理由も立たなかったかもしれません。

第五章　影向《ようごう》

ヘーゲルは、はなから不同意なときの彼らしく、中世の信仰心をこう書いています。

神聖だとされる物〔聖餅〕は、わたしたちの外にあるものですから、そのかぎりで、わたし以外のだれかがそれをとりあげるということもおこりうる。所有が精神上の過程ではなく、物をめぐる過程だとなれば、物が他人の手におちることは十分ありうる。人間の最高の宝が他人の手ににぎられるのです(1)。

ヘーゲル曰く。中世の聖職者の役割は、聖体拝領の護り手にあった、と。ところが聖遺物の崇拝《カルト》になると、彼は容赦なく古代末期と中世初期の信仰心を糾弾しました。*1 このカルトがとりわけ讃美したのが、Hic locus est（ここがその場所だ）*2、あるいは単に hic（ここだ）という標語でした。実は北アフリカで流行

＊1　**糾弾しました**　引用文のすぐ後でヘーゲルは、聖職者と俗信徒の分離が進み、神聖なるものを目で捉えられるようにして、すべて聖職者の決定下に置いたために、執り成し役の聖者が必要になったと教会を批判する。「こうして聖者崇拝がうまれ、聖者とその生涯にまつわる多量のつくり話や嘘が流布します」「西洋の中世人は、〔東洋人より〕もっと野蛮なことに、直接手に触れることのできるものをもとめ、ここに聖遺物崇拝があらわれます。中世という時代は、死者の復活が文字どおりに信じられたので、敬虔なキリスト教徒はあらそって聖人の遺骸を手にいれようとしました。聖者崇拝の一番の対象になったのが聖母マリアです」などと批判する。聖母マリアの否定は、ネストリウス派に始まる異端にヘーゲルも参じたことになる。

した成句の焼き直し《リフレーン》で、もとは初期の殉教者を祀った拝所の標識です。(2) 聖なるものは一カ所でしか得られず、それぞれの箇所には一グループしか接近できない。それも他の場所にいる者は誰であれ、近づけない具合に仕立てられていました。

このように聖なるものを地域限定《ローカライズ》にすることで、古代末期のキリスト教は、隔たりという事実に味をしめて、代理することの妙味を満喫していました。この隔たりは物理的な距離と言ってもいい。これに対して、巡礼は救いでした。アルフォンス・デュプロン*3がすこぶる簡潔に述べたとおり、巡礼は「空間を旅する治療法《セラピー》」une thérapie par l'espace なのです。(3) 巡礼者の彼または彼女の求めているものが、身のまわりの環境ではとても手に入らない、という認識に至るや、彼または彼女が自ら「遠距離の救い」に身を委ねるのが巡礼でした。(4) 距離は満たされぬ欲求のシンボルになりえます。だから、とデュプロンは続けて言いました。le pèlerinage demeure essentiellement départ、すなわち、巡礼の本質は別れの仕草にとどまることだ、と。(5) しかし、隔たりは乗り越えるためにそこにあるのです。巡礼を経験すると、近づいて親密になりたいという願望に火がつきます。なぜなら、巡礼者が長い旅路をたどって、霊験あらたかな「距離の療法」を経てやっと到着すると、もとから拝所にはおなじ治療効果があったことに気づくからです。長々と時間のかかる巡礼の道行きを〔拝所の〕ミニチュアで演じきることにより、「壺中の天」の効果で距離と思慕の感覚が鋭く研ぎすまされます。なぜなら古代末期の拝所の美術は、閉じられた表層だけの美術だからです。この表層の背後に、聖なるものがそっくり隠れているのか、細い隙間を透かして盗み見するだけなのか。表層のこの不透明さは、巡礼者が直に触れようと、遥々広大な空間を旅しても、その人の人生では竟《つい》に到達がかなわない、という自覚が迫《せ》りあがってきます。(6)

〔現アルジェリアの〕テベッサでは、拝所に詣でる道行きは、高い石城《しき》を迂回してから、穹窿の下を曲がり、中庭を横切って最後は半地下の小さな墓室へと降りていきます。それは巡礼の長い旅路そのものを圧縮した小宇宙《マイクロコスム》なのです。(7) ローマの聖ラウレンティウスの拝所*4では、キリスト教徒の皇帝たちが庇護《パトロネージ》に乗りだす最初の兆しは、距離の効果を高めることを含んでいました。コンスタンティヌス帝は、墳墓から上がり下りする階段を設け、墓所そのものは重さ千ポンドもある堅固な銀製の格子で「遮断」しました。それによってラウレンティウスの墓は、巡礼者がすこし離れて拝跪《はいき》することになったのです。(8) 聖ペテロの拝所*5では、墓に至る道行き全体が儀式として演じられました。

そこで祈りたい人は誰であれ［とトゥールのグレゴリウスは書いた］、その場を囲む門扉の鍵をあけて通り

*2 **ここがその場所だ**　この成句の全文は Hic locus est ubi mors gaudet succurrere vitae で、「ここがその場所だ、死者が生者を助けて喜ばれるのは」が訳である。死者がその骸骨を生者に見せて、人生の空しさを悟らせ、感謝されるという意味だから、古代版の Memento mori として、墓碑に記す教訓にふさわしい。ブラウンはしかしヘーゲルが『法哲学』序文で使ったイソップ寓話の成句、Hic Rhodus, hic salto（ここがロードス島だ、ここで跳べ）も踏まえているだろう。イソップ寓話では、帰国した五種競技の選手が、ロードス島で記録的な跳躍をしたと自慢したところ、聞いていた人に「論より証拠、いまここで跳んでみろ」と求められたという。ギリシャ語原文では *Αὐτοῦ γὰρ καὶ Ῥόδος καὶ πήδημα* である。この成句はマルクスもお気に入りで、『ルイ・ボナパルトのブリュメール十八日』や『資本論』第一部第五章で使い、革命運動や経済学の空論家を揶揄している。

*3 **アルフォンス・デュプロン**　［二〇一四年版序文］訳注28補注参照。

*4 **聖ラウレンティウスの拝所**　現在はローマ五大聖堂の一つ、サン・ロレンツォ・フォーリ・レ・ムーラ大聖堂。コンスタンティヌス帝が建てた競技場型聖堂が起こりとされ、当時は城壁外にあったためこう呼ばれる。六世紀、十三世紀に大増築された。十九世紀のイタリア王国成立で「バチカンの囚人」となった教皇ピオ九世はここに葬られたが、ガラス箱の中で銀色の仮面を被って、絢爛たる教皇服をまとったミイラは呪物崇拝の権化というほかない。

*5 **聖ペテロの拝所**　現在のサン・ピエトロ大聖堂の前身である聖ペテロ教会の内陣には「トロパイオン」と呼ばれる祠があり、柵に囲まれていた。トゥールのグレゴリウスによると、亡き使徒の霊威を浴びたい信者は、「祠を囲む柵の扉を開けて、祠に至り、前面にあるフェネストラ（窓）と呼ばれる開口部に頭を差し込んだり、そこから布を差し入れたという」（杉山前掲書）。

抜け、墓所の上に行かなければならない。ちいさな窓を開けて頭を突っ込み、必要な嘆願を陳情するのである。[9]

こうした門を開ける黄金製の鍵は大事な宝物とされ、殉教者たちが墓の下に小さな帛布《きれ》を差しこみ、聖ペテロの祝福に浸して重くしてから引きだす「聖なる薫布《ブランデア》」[10]と同じく、ローマ巡礼により潜在的には奇蹟をもたらす聖遺物となりました。[11] 若き皇族だったユスティニアヌス〔のちの大帝〕が、聖ペテロの尊い亡骸の遺片を献上するよう、コンスタンティノポリスから書簡を送ったとき、にべもなく〔ローマ教会に〕拒絶され、代わりに送られたのは、特別な小窓から差し入れられたその薫布のひとつでした。[12] 形《かた》代《しろ》が欲しいという切なる願いは慎重に没とされましたが、ときに暴発することもありました。カルタゴの貴婦人メゲティアは、先述のとおり家族を離れて、近隣のウザリスにある聖ステファノスの拝所に巡礼の旅をします。[13] が、そこでただ安らぐことができたわけではありません。

聖なる遺物の拝所の場で祈禱しながら、彼女は胸に秘めた熱い思いのみならず、その衝撃で正面の格子を開けようと全身を墓所に打ち付け、天の王国を奪いとらんばかりに首を突っ込み、そこに置かれた聖なる遺物に頬ずりして、涙で濡らしたのである。[14]

距離と形代のあいだで周到に保たれていた緊張は、ある一つのことを担保していました。「影向《えいごう》」praesentia です。聖なるものの物理的な現前は、特定の共同体のただなかであれ、特定の個人の憑依であれ、古代末期のキリスト教徒が享受しうる最大の祝福でした。なぜなら、これまでの章で見てきたとおり、こうした向こう見ずな熱情の焦点となっていた「影向」とは、見えざる人格《パーソン》*6が現前することだったからです。聖者のご加護を祈願するか、聖者の墓の傍らに身内の死者を伴葬しようと、ローマからぞろぞろ出てきて、聖ラウレンティウスの拝所に群がった帰依者たちは、ただ単にその場所の見物に来たわけではありません。一人の人格と出逢うために――つまりは「わがご主人のラウレンティウスと」ad dominum Laurentium 遭遇するために、その場所に行ったのです(15)。ただの物理的な遺骸の欠片《かけら》であっても、聖ペテロの「聖なる薫布」のように、聖遺物をかすめただけのオブジェであっても、この見えざる人格の全体がいかに現前しうるか、それをわれわれは見てきました(16)。その結果、キリスト教の世界は、本来の聖遺物のちっぽけな断片と、聖ペテロの場合のような、あらゆる物理的な遺片と同様に、まるごと「影向」することになる「かいなでの遺物」とで、いちめんに覆い尽くされました。奉遷〔移葬〕translation――遺物から人びとへの動線、しかも巡礼ではなく――人びとから遺物への動線、それが古代後期から中世初期の舞台の中央を占めていたのです(17)。中世の西方キリスト教の悪党《ピカレスク》ぶりとはいわないまでも、もっともドラマチックな一面には、しばしば贓品《ぞうひん》故売を伴う盛んな聖遺物取引がありました(18)。中世人のこうした驚くべき振る舞いを、分かりやすく暴くことに成功したのは、やっと比較的最近になってからなのです(19)。

＊6 **見えざる人格** 「実体は一つだが位格は三つ」una substantia tres personae という三位一体説を反映したものかもしれない。Persona はギリシャ語で「顔」を意味する πρόσωπον（プロソポン）のラテン語訳として、テルトゥリアヌスの『プラクセアス反駁』で最初に用いられたが、日本のキリスト教神学では「位格」と訳される。トマス・アクィナスなどの精緻なスコラ神学にはふさわしくても、アレイオス派や単性論派など三位一体が揺れ動いていた古代末期には、まだ原義の「顔」または「面影」という意味が残っていたと思われる。ブラウンは「神」のみならず、「聖者」にも顔＝人格が宿っていたとみたのではないか。

ちょっとだけ考えてみましょう。四世紀末に聖遺物を奉遷させようという、最初のきっかけ[*7]になった信仰の原型とその結果とは何だったのか。聖遺物に長旅ができるなら、信者と聖なるものがみつかった場所を隔てる距離は、固定した物理的な距離ではなくなります。それはローマ末期の社会的な関係を質的にがらりと変えてしまいます。集団と個人のあいだの距離は、恩寵と加護の身ぶり《ジェスチャー》にとって代わられるのです。[20] そして帝国の交通体系をたどる危険な長旅も、一心同体《ユナニミティー》と和《コンコード》を懸命に保つイデオロギーに優位を奪われます。[21] ローマ社会全域に散在する共同体に自ら足を運べる人など、かつては一握りしかいなかったのに、持ち運びしやすい形で聖なるものを手に持つ人びとは、そんな場所からこの善きものを持ちこみ、他者と分かちあって、「恩寵」gratiaを示すことができたのです。地中海一円の拝所に新たに祀られた聖遺物は、どれもその背後に何らかの善意と連帯の明確な身振りがあったに違いありません。或るアフリカの拝所の碑文は、ただ距離を克服したという事実だけを記録しています。「聖十字架の木片[*8]、キリストが生まれた約束の地より[22]」と。しかし友人セルピキウス・セルウィウスのために碑文を艸したパウリヌスは、ノーラに聖遺物の断片が到着して「高揚した激情[23]」に駆られつつも、その裏に間違いなく人間の友情の心やすまる色合いを残しています。

Hoc Melani sanctae delatum munere Nolam
Summum Hierosolymae venit ab urbe bonum.

「聖なるメラニアが、ノーラへの贈り物として携えたりし
この、あらゆる善のうちの至上の善が、エルサレムの市から来駕《らいが》せられたり[24]」

結果として、聖遺物の奉遷、とりわけ聖地から西地中海のキリスト教共同体への奉遷は、頼もしい「微量元素」[*9]として歴史家に奉仕しています。それによって歴史家は、後期ローマ帝国の東西の俗信徒と聖職者エリートを結びつけ、庇護や提携、寄進などが複雑に絡み合うシステムを透視するX線写真を視ることができるからです。近年は、名士たちの巡礼と聖遺物奉遷というテーマが、聖者伝という骨董品のような地味な領分から離陸して、四世紀末および五世紀初頭のキリスト教の支配階級間の庇護と政治という一連のエレガントな研究へと移行しています――とりわけわたしが参考にしているのは、英国のデヴィッド・ハント[*10]と、メリーランド大学のケン・ホルム[*11]の仕事です。(25)

こうした展開がもたらす意味合いをいくつか指摘しておきたい。〔聖地のような〕特定の風景は、他の中心地から離れていて一定の不変の距離がある。その中立的な事実と結びつきますと、巡礼への憧れと「距離の療法」が、純粋に地理的な条件から遊離するようになりました。古代末期や中世初期の人びと

＊7　〔奉遷の〕**最初のきっかけ**　ソゾメノスの『教会史』によれば、ガルス帝が三五一～四年に聖バビュラスの遺骸をアンティオキアからダフニに移葬させたのが、記録に残る最初の事例らしい。ただ、三五六～七年にコンスタンティウス二世が、使徒ティモテ、アンドレ、ルカの遺骸を移葬させた、とノーラのパウリヌスが記している。

＊8　**聖十字架の木の破片**　コンスタンティヌス帝の母ヘレナが三一三年にキリスト教に改宗、息子の後ろ盾で巡礼や盛大な寄進、教会建築を進めた。三二〇年ころ、エルサレムを訪れ、そこでイエスが磔刑された聖十字架や聖釘、イエスを刺した聖槍（ロンギヌスの槍）、イエスの生誕を祝った東方三博士の遺骸、産湯に浸かった秣桶といった〝眉ツバ〟の聖遺物を大量に持ち帰ったという。ローマに比べ聖遺物の乏しかった新都コンスタンティノポリスで、これがたちまち増殖（？）して地中海全域に聖遺物を氾濫させることになった。

＊9　**微量元素**　生物学用語の trace element で、生体の維持に不可欠だが、体内の含有量がごく微量にしか存在しない成分を指す。鉄分やマンガンなどがそれにあたる。

＊10　**エドワード・デヴィッド・ハント**　［二〇一四年版序文］原注24補注参照。

＊11　**ケネス・G・ホルム**　第二章原注128補注参照。

は、社会的な世界を繋ぎとめるセメントとして、和と寄進の身ぶり《ジェスチャー》を大事にしますが、それによって聖なるものを身近に引き寄せることができたのです。寛容、依存、連帯といったローマ末期の人間関係の倍音を、目いっぱい鳴らす「対人関係の働きかけ」interpersonal act のネットワークが、わずか一世代のうちに大西洋岸と〔パレスティナの〕聖地を結びつけるようなリンクを張ったのです。そうするうちに、こうした「対人関係の働きかけ」が、聖なるものとの隔たりを、化体《プロクシミティー》によって短縮する喜びへと変える動きを容易にするとともに、ますます昂揚させました。

　聖者崇拝を演出した四世紀末の「座元」たちのあいだに、「友情」amicitia やら「一心同体」unanimitas やら、ローマ末期の人間関係の濃密かつ広範なネットワークがなかったら、聖遺物がこれほど遠く、これほど迅速に、またこれほど有無を言わせぬ権威をもって、奉遷の旅をすることはなかったでしょう。これが起きていなかったら、つまり聖遺物の奉遷がキリスト教信仰の主要な位置を占めることがなかったら、キリスト教の地中海圏の霊的風景は、まるで様相を異にしていたかもしれません。〔サウジアラビアへ毎年大規模な巡礼「ハッジ」をおこなう〕後年のイスラーム社会と似た風景になっていたかもしれないのです。聖なるものは聖地とか、ローマのような「聖者の都市」とか、ほんの数カ所の特権的な地に永久に地域固定されることになったかもしれません。キリスト教のマッカ〔旧称メッカ〕やカルバラー[*12]がいずれ生まれたことでしょう。とはいえ、暗黒時代のヨーロッパのように、聖ペテロや聖パウロといった主要な聖者まで根こそぎ、ローマ世界の古代の辺境《フロンティア》を越えて拡散するような、決定的な奉遷が起きたわけではありません。よその地では、聖なるものは地域固有の墳墓とがっちり結合していて、域外に出たらほとんど、あるいはまったく特権を享受できませんでした。[26] 聖なるものにどこで接すればいいのか、それを示す厳密に「地理的」な地図は、従来は事件の起きた場所や地方史に聖者の「影向」を直結させたものでしたが、聖遺物の奉遷によって新しい崇拝《カルト》の祠《ほこら》の網《ウェブ》の目ができあがり、五世紀初頭までにはもはや後戻りがきかないほど様変わりしてしまいました。遠く離れていても交友のある傑出した世代が、この奉遷でみせた進取の気性と寛容さは、イタリア、ガリア、スペイン、アフリカ全土に散在する共同体の、持ちつ持たれつの関係を反映したものでした。

聖遺物奉遷の社会的政治的な文脈をたどる最近の研究は、それに関わった主な当事者の利害と動機を、いかにも嬉々として、むしろ容赦なくと言えるほど、こと細かに闡明《せんめい》していますが、われわれが忘れてならないのは、いったい誰が善きものをまず授けてくれたかです。聖なるものの発見と奉遷、その蓄積——ときには恥知らずな強奪でしたが、その慌ただしい物語の裏で何かの御業《みわざ》が働いていると、古代末期の人びとは思っていました。神こそが聖遺物を授け給うた。最初はひとに発見させることによって、次いでそれを奉遷させることによって。アウグスティヌスが聖ステファノスを褒め称えた説教のように、「その亡骸は長らく隠されてきた。神がお望みになったとき、それは世に現われた。全土を光で照らし、この奇蹟を起こしたのです」[27]。聖遺物の発見と奉遷を説明するうえで、古代末期にのしかかっていた罪悪感の暗雲の後ろから、神の赦しの銀の裏地を燦《きら》めかすのに、これほどくきやかなものはありません。キリスト教の会衆もそう説明されれば、聖なる死者の「影向」が、いまここで拝めるようになるという、ありがたい神のお慈悲の奇瑞をいやが応でも感じるからです。

四一五年、カファルガマラ*13の村外の野原で、ルキアヌスという司祭が聖ステファノスの亡骸をみつけ

*12 **カルバラー**　イラク中部、ユーフラテス川に面したシーア派の聖地。シーア派の第三代イマームのフサインが殉教した場所に墓廟があり、シーア派の巡礼が今も盛んである。

たことを記す、たどたどしいラテン語の文面の背後に、われわれはこの地のアラム語[*14]の語り手が抱いていた願望と恐れを感じることができます。(28) ルキアヌスはエルサレムの司教に善き知らせ〔福音〕を告げるよう警告されます。

なぜなら、あなたが司教であられる時期に、〔奇瑞が〕顕れることが格別ふさわしいからです……世界は危機に陥り、そこから毎日、数多《あまた》の罪が降ってきますので。(29)

とうとう聖ステファノスの棺が土中から出現したとき、神の慈悲の一閃に圧倒されます。

その刹那、大地は鳴動し、甘い妙なる香りが、未知のところから漂って、天国の美しい楽園に立っているかと思えたほどだった。そしてそのとき、その芳香のおかげで七十三人が癒されたのである。(30)

この慈悲は、雨が降りだし、厳冬の旱魃《かんばつ》を終わらせたことで、さらに裏付けられました。

そして大地はしたたかに潤い、そこにいた誰もが主を称えた。聖なる御方《おんかた》ステファノスゆえに、またわれらが主イエス・キリストが、恐れ多くもこの危殆に瀕した世界に、その慈悲と優愛の天国の宝物を開け放ち給うたがゆえに。(31)

それゆえ、聖遺物の発見は、敬虔な考古学の発掘作業を遥かに超えたものでした。その移葬《トランスファー》も、キリスト教の鑑識眼による奇妙に新しい形状を凌駕していました。発見と移葬の両方の御業《みわざ》が、特定の時間と場所において、神の慈悲の無窮を証していたのです。それは赦しの瞬間を告げ、救いと贖《あがな》いの感覚を現在にもたらしました。

公衆の信頼感も濃密になりました。だから教会史家のソゾメノス[*15]が、預言者ザカリヤ[*16]の亡骸の発見と、コンスタンティノポリスへの奉遷を、彼の史書の掉尾を飾る物語にしようと決めたとしても、何ら不思議ではありません。テオドシウス二世[*17]帝のもとで東方帝国が享受してきた繁栄の記述は、そろそろ大団円の潮時かと作者が考え、公にも納得のいく雰囲気を打ち出すには、この手の出来事のほうが蛮族の侵

＊13　**カファルガマラ**　聖ステファノスの遺骸が発見されたパレスティナの村の名。第三章訳注28参照。ステファノスの殉教については「二〇一四年版序文」の原注30補注参照。

＊14　**アラム語**　シリアを中心としたアラム人の言語で、北西セム語に属す。新バビロニアやアケメネス朝ペルシャの公用語となり、中東一円のリンガ・フランカ（標準語）としてイエスや使徒らの日常は中期アラム語の方言を喋っていた。ローマ帝国下で公用語がギリシャ語またはラテン語となったが、東ローマ帝国領内の中東の日常は、アラム語の流れを汲むシリア語が標準語となり、やがて七世紀のイスラーム擡頭でアラビア語にその座を奪われた。

＊15　**ソゾメノス**（c四〇〇～c四五〇）　第二章訳注16参照。

＊16　**ザカリヤ**　洗礼者ヨハネの父。祭司階級でエルサレムの神殿で香を焚いていると、天使ガブリエルが現われて、子を授かると預言された。妻エリザベツが不妊だったため、預言を信じなかったが、罰として口が利けなくなり、子が生まれて「ヨハネ」と名づけたとき、ようやく口が利けるようになった。ルカ福音書一章に記述がある。イエス誕生を恐れたヘロデ王が嬰児皆殺しを命じたとき、ザカリヤは命に従わず殺されたと信じられている。

彼の聖遺物は、コンスタンティノポリスのアヤソフィアに祀られているほか、ヴェネツィアのサン・ザカリアや、アルメニア・ナゴルノカラバフのガンザサル僧院にもある。

＊17　**テオドシウス二世**（在位四〇八～四五〇）「能書家」Calligraphos の異名があるように教養人で、神学や学問に熱中してテオドシウス法典を編纂させ、政治を顧みなかったが、堅固な城壁を築き、サーサーン朝との戦争やフン族やヴァンダル族の侵入などにも生き延びた。のちに異端とされたネストリウスをコンスタンティノポリス大司教に任じたのは二世帝である。

入や内戦の中断よりずっと似つかわしかったからです。葬られて久しい死者の「影向」を実現させ、帝国の住民も間近に拝跪できるようになったことで、テオドシウス帝の治世を神が嘉《よみ》し給う明徴としたわけです。[32]

神のお慈悲を授かったという感覚が、聖遺物の発見や奉遷、そして安置 installation の根幹にあるのです。そうした雰囲気に浸っていると、聖遺物そのものだって、最初にそれを可能にした神の赦しの見えざる身振り《ジェスチャー》ほど、重要ではなかったのかもしれません。したがって、共同体を動かすそのちからもまた大概は、聖者が「影向」に値すると神がご判断されたと、その共同体が信じる決断をしたことの凝縮した結果だったのです。新しい首都コンスタンティノポリスへと、着々と聖遺物を送りこんでいく導管が、われわれの目にいちばんよく見えるのは、この光に照らされたときです。[33]聖遺物発見の当の出来事そのもの、その到着や安置をめぐる祭礼のほうが、都市に現前するという単なる事実よりも、雄弁にそれを物語っています。聖遺物の多くは、到着後に行方が分からなくなります。大事なのは到着したこと、それだけなのです。これこそ、急激に膨張し、緊張に金縛りになった都市住民が、赦されたという神の我慢の度量を示された、紛うかたなき徴《しるし》でした。[34]新しい首都に授けられた「明白なる天命」*18と、その生き残る権利を神がお認めになったものとして、聖遺物の奉遷は、美術や典礼に念入りに記憶されたのです。それは大地が鳴動する恐ろしい轟きに、神が一瞬立ち止まるあの祝福された瞬間に匹敵していました。[35]

それゆえ、聖遺物の発見やその安置は、赦しの感覚や士気《モラール》の昂《たかぶ》りにつきまとわれます。まさにだからこそ、ローマ末期の人びとは、彼らが深くのめりこむ社会関係の肯定的な応答を、気兼ねなく聖者崇拝を取り巻く祭礼に求めたのです。なぜなら、見えざる人間が共同体に居場所を得る高揚した瞬間、古代末期の社会と個人の関係は、罪のもたらす障害を束の間棚上げにするからです。悪しき出来事だらけで四分五裂の世界でのみ、聖者の「影向」は紛れもなく善い出来事と結びつけることができたのです。結果として、四世紀末から六世紀にかけて、西方地中海圏でパトロンとなった聖者崇拝の来迎と安置、そして年々それを寿ぐ祝祭をめぐる祭礼と文芸から、周到に分節化された理想的な関係のモデルが形づくられました。このモデルのおかげで町方の住民たちは、西ローマ帝国の最後の世紀であり、蛮族が支配する最初の世紀となった時代にどうにか耐え、惨憺たる人生の両義的な事実に意味を持たせる支えを得たのです。オルテガ・イ・ガセット*19がかつて書いたように、もし「われわれにとって最大の価値のある美徳《ヴァーチュー》が、われわれの持っている美徳でない」のだとしたら、ローマ末期の人びとに欠けていて、かつ、もっとも望ましかった美徳を、四世紀以降の聖者崇拝がはっきりと示していました。和《コンコード》と、権力の汚れなき行使です。聖者崇拝が、キリスト教共同体の公的な課題を、この二つのテーマに分節化した方法を調べてみましょう。まずは和《コンコード》のテーマです。

＊18 **明白なる天命** Manifest Destiny とは、アメリカが先住民族を駆逐する西部開発を正当化した標語で、コラムニストのジョン・オサリバンがテキサス州合併の際に唱えた。西部のフロンティアがなくなると、その標語がアメリカの海外進出に転用され、ハワイ併合や対メキシコ戦争など帝国主義戦争を正当化した。英国の帝国主義者ジョセフ・チェンバレンも、対アフリカ進出を正当化する標語として用いている。第二次大戦後の冷戦期に、アメリカが共産主義と戦うための「世界の警察官」を正当化したのも「明白なる天命」のスローガンだった。

＊19 **ホセ・オルテガ・イ・ガセット** スペインの思想家で、ドイツに留学し、新カント派や現象学を学び、マドリード大学教授となった。王政崩壊後は第二共和制を支持したが、内戦でアルゼンチンに亡命し、『ドン・キホーテをめぐる省察』『大衆の反逆』『狩猟の哲学』など優れたエッセーを書いた。大衆社会のポピュリズムを批判するとともに、テクノクラートを「近代の野蛮人」と糾弾して保守主義の精髄、貴族的な矜持を称えたが、動乱のスペインを凝視した痛憤は単にそのイデオロギーだけでは片づけられない。ブラウンの胸の琴線に触れたこのオルテガの引用の出所は注記されていないので、識者の御教示を俟つ。

第一に、聖遺物の奉遷は、帝国の全域規模に勢力を広げた階級が、新たに成し遂げた連帯を象徴していいます。四世紀末にかいま見えたのは、司教や貴族の巡礼者といったキリスト教の新エリート層が形成されたことです。紀元二世紀にソフィストたちがローマ皇帝に庇護され、ローマの支配階級と組むことによって、地方で一目置かれるだけの立場ではなくなり、いきなり帝国全体で「脚光を浴びる華やかな」存在に出世を遂げたのとおなじく、四世紀の司教や上流階級の巡礼者たちも気がついたのです。(36)自分たちだって、新しいキリスト教帝国の広大かつ危うい世界にしだいに深入りしているではないか。それは〔大バシレイオスの姉〕マクリナがいつも弟に言い聞かせていた通りでした。

おまえの父は生前、その教養ゆえに世評の高い人でした。しかしその盛名は、自らの住む地域の宮廷より外には達していません。後年、父はポントゥス全土で修辞の教師として知られるようになりました。しかし父が望んだのは、せいぜい自らの郷土の墻内《かきつ》で名を挙げることでした。ところがおまえは、遥か遠くの城市や人びと、地域に轟きわたる名声を得ています。(37)

彼らキリスト教エリートの新メンバーは、聖遺物の発見や奉遷を促すうえでは、とびきり有利な立場にいました。彼らのような貴族は広域の旅が可能でしたし、異論の余地のないその社会的な威厳は、聖なるものの欠片《かけら》を個人で抱えこんだり、箔付けの太鼓判を押すのが容易でした。もっと深い理由もあります。本書の第三章で見たように、(38)こうした〔聖者の〕不安定な面影の社会的な立場を、聖者崇拝は誰の目にもわかりやすく見せることができたのです。ノーラのパウリヌスのように、いかなるときも禁欲的な隠者たちのごとく、外地を遊行《ゆぎょう》する高位の異邦人たちは、常に旅の道連れに見えざる付き添いが必要でした。彼らを保護するとともに、それ自体に宿る計り知れない霊威《ちから》を、超自然に及ぼしてくれる存在が必要だったのです。ある階級の人びとは、理想的にいえば粘り強い友情の絆によって結束していて、彼らの「一心同体《ウナニミタス》」を示す可視の目印《トークン》を、しばしば交換して団結を強めていました。[39] 聖遺物はその保護と連帯を表す手段を提供したのです。聖遺物の発見や移転《トランスファー》によって形をなしたのは、単に守護天使に庇《かば》ってもらうという感覚では及びもつかないような、歴とした所有関係[*20]でした。それは孤独で志を持つ男や女が、つねにその見えざる護り手と取り結ぶと思われていた関係です。[40] こうして、ひとつの共同体から他の共同体へと聖遺物を受け渡し、あるいは発見することによって、キリスト教エリートに属すメンバーが、個人的に神の愛の優しさを切り盛りすることも含め、自らを特権的な代理《エージェント》に仕立てて、その特別の地位を高めることになったのです。ゲルウァシウスとプロタシウスの亡骸の発見にあたって、アンブロシウスは自らの果たした役割をこう述べています。

> これは神の贈り物ではあるけれども、私が司教を務める時期に、主イエスがお恵みくだされた恩寵と好意のおかげであることは否みがたい。私は殉教者の地位を得なかったので、せめてあなたがたのために殉教者を得たのである。[41]

後年、シドニウス・アポリナリスやその同僚、[42] さらにはトゥールのグレゴリウスの時代になって、わ

＊20 **歴とした所有関係** 原文は distinctly propriety relationship だが、直訳では分かりにくい。原注40にあるように、聖遺物を護符の代わりに持ち歩く例からみて、肌身離さず、ほとんど我が物にして自他の別のない関係を指すと解する。

れわれの目に映るのはガリアの司教たちです。しばしば聖遺物の発見や奉遷が起きますが、新たに見いだされた聖者の「影向」を照らし出すライムライトの背後に、控えめに支えている彼らの姿が浮かびあがります。共同体のために新しい保護者の慈悲を得たのは、彼らの「利点」meritas であり、神とともに高みに立っていたからです[43]。

ブレスキア[*21]のガウデンティウス[*22]は、新しいタイプの旅人の一例です。禁欲的な傾向のある裕福な男でしたが、北イタリアで当時支配的だったアレイオス派（アリウス派）[*23]に強い反感を覚えて、聖地へ自ら旅をしようと決心しました。カッパドキアでは、カエサレアの修道女たちから、セバステで死んだ四十人の殉教者[*24]の聖遺物を授かりました。そもそも〔いまは亡き〕聖バシレイオス以外に、そんなものを託すひとなどいるはずがない[44]。この共同体は彼の長旅の「頼もしい付き添い」として、この聖遺物を「渋々授けた」そうですが[45]、遠方のカッパドキアで贈られたこの護符は、受け容れと連帯を示す身振りだったのです[46]。ガウデンティウスはその身振りに返礼しました。ブレスキアに帰って、これやその他の聖遺物を安置した教会を「聖者の集《つど》い」concilium sanctrum と呼んだのです[47]。差し迫った蛮族の襲来[48]を恐れて、同僚のほんの数人しかブレスキアに旅ができなかった三八七年ころ、説教したガウデンティウスは、彼にとっては、まだしも乱れていなかった世界が、理想的な連帯をみせた幸せな時代の記念碑として、この「聖者の集い」の教会[*25]を挙げています。

それから十年後、ルーアンのウィクトリキウスも同じでした。われわれはまず、禁欲行のちいさなサークルで彼と出会います。パウリヌスや聖マルティヌス、そして彼もいったんはヴィエンヌで一緒の仲間でした[49]。しかしウィクトリキウスの世界は、たちまち危険なほど広がります。ルーアンの司教となって、彼はローマ帝国でも場末の、セーヌ川の河口に屯《たむろ》する蛮族や海賊にまじって暮らすようになりました。[50] 英国海峡の沿岸では、ウィクトリキウスの階級がこれまで築きあげた官吏体制の統一が、急速に消滅しかけていたのです。[51] 北ガリアの全圏で、どんどん地中海が遠ざかっていくかに思えました。[52] とはいえ、そんな時代でもウィクトリキウスは、いまやノーラに腰を落ち着けたパウリヌスとの文通を保ち、四〇三年ころにはローマを訪れています。[53] ローマ教会の慣習の事例を彼の教区に適用しようと、教皇インノケンティウス〔一世〕に書簡を送り、[54] 三九四年ころにはブリテン島まで渡って、かの地の教会の結束を立て直そうとしました。[55] ガウデンティウスが聖遺物を手にして、ブレスキアに安置したような比較的安全な環境のもとで強調されていた連帯は、いまでは理想とする和と超自然の保護が得られそうな、もっと明確な目印《トークン》を必要としていました。ウィクトリキウスは、北イタリアから届いた聖遺物を携えて、ブリテン島へ渡ったのです。[56]「我、主の影向を得たり」habeo vestrarum praesentiam majestatum。[57]

＊21 **ブレスキア** イタリアのロンバルディア平原の真ん中にあって、ローマ時代には Brexia と呼ばれ、アルプス以北との交易で栄えた。フォロ広場にはローマ時代の神殿跡や劇場跡があり、六世紀にランゴバルド王国が建造した女子修道院などの史跡がある。

＊22 **ガウデンティウス**（d四一〇） ブレシア司教フィラストリウスに師事し、没後に意に反して後任に選ばれてアンブロシウスの叙階を受けた。師の薫陶により、ギリシャ語とヘブライ語が堪能になり、師が逝った三八七年当時はエルサレム巡礼の途上だった。帰国後、持ち帰った洗礼者ヨハネや使徒、セバステの四十人の殉教者の聖遺物を奉納している。

＊23 **カエサレア** 「皇帝の城市」という意味で、パレスティナの海岸にあった「海辺のカエサレア」などローマ帝国の各地にある。ここはカッパドキアの旧名マザカと呼ばれたカエサレアのことだろう。

＊24 **四十人の殉教者** 三二〇年、リキニウス帝の弾圧により小アルメニア（現シヴァス）で、ローマ第十二軍団のキリスト教徒兵四十人が生贄を拒んだため、総督は凍った池の上に四十人を裸にして座らせ、棄教すれば風呂に入れてやると迫ったが、四十人全員がひたすら祈って凍死を遂げたという。ニュッサのグレゴリオスは霊夢で彼らを見て信仰の道に入った。

＊25 **ルーアン** フランス北部、セーヌ川河口近くにあり、ローマ時代は右岸がセーヌ川の水運の拠点として栄えた。ノルマンディ公国の首都となり、ジャンヌ・ダルクが火刑に処された地でもある。

小アジアや近東のように巡邏《じゅんら》の見張りがちゃんといる巡礼の道に比べると、ずっと物騒な世界をさまよいながら、ウィクトリキウスは「主の臨在を道連れ〔護符〕に旅を楽しむ」ことができたのです。彼自身が見えざる付き添いと緊密な関係があるからこそ安全と思えたのですが、本来、キリスト教の会衆全員が自由に受けられる保護を、いまはウィクトリキウスが一人で実践していたのです。[58] それは孤立したサブローマン[*26]地域に転落する瀬戸際の〔西方辺地の〕共同体を、なんとか励まそうと距離を縮める身振りでした。なぜなら、すでに見てきたように、彼の友人パウリヌスを感動させた「壺中の天」の効果によって、ウィクトリキウスがルーアンに持ち込めたのは、「天の住人の夥しい数……天の霊威の神秘の統一」[59]であり、全キリスト教界の連帯を凝縮させたちいさな一片だったからです。その説教「聖者礼讃について」De laude sanctrum でウィクトリキウスは、わざと意図的に、聖遺物の安置は重いパラドクスを背負った出来事であることを示しました。遺骨の破片、血の雫が神秘の合体を遂げ、地中海圏全体に広がった崇拝《カルト》の祠を抱えこむ巨大な見えざる統一体《ユニティー》に転じるのです。それは遠く離れたルーアンの会衆が、「完璧かつ総体の和《コンコード》」[60]の理想に踏み留まった瞬間でした。

　ローマ末期の和《コンコード》への執心は、公的な生活のあらゆる層で見られます。ガウデンティウスやウィクトリキウスの説教は、帝国規模で広がった和の重みをわれわれに感じさせます。一カ所に集められた聖遺物の山のような断片が、最初は五旬節《ペンテコステ》の聖霊と混同[*27]され、キリスト教会が理想とする統一性を凝縮していたからです。しかも、それを語りうる言葉は、遠く離れた友人や遠隔地との和と連帯という、ローマ末期の世俗の理想という重荷を背負っていました。[61] それでも、聖遺物は地方の共同体の和も強調していました。ちっぽけな欠片《かけら》の一部は互いに見分けがつきませんが、[62] その一体性は奉献された共同体が理想とする和を集約したものでした。面白いことに、ローマ末期のキリスト教共同体の中核に、一人ならず複数の聖者がいたことを、彼らがどれだけたびたび強調していたかも注記しておきましょう。もっと後代の世紀になると、保護者が一人だけになり、単独のパトロン聖者を崇めることで満足するようになりましたが、ローマ末期だと、共同体の多くはその代わりに聖者が二人一組でした。ローマのペテロとパウロ、アクィレイア[*28]のフェリクスとフォルトゥナトス[63]のような一対の聖者を選んでいます。ローマのペテロ崇拝とパウロ崇拝の連係は、われわれの知識からすると、この組み合わせがわざと強調されていたことを疑わせるものです。双柱一対の聖者を祝うお祭りは、深い亀裂が潜伏する都市の和を装う祝祭でした。[64] 一対の聖者の祭典は、キリスト教共同体にとって、高度に親和性のある「起源神話[*29]」を再現する

＊26 **サブローマン** 四〇七年にコンスタンティウス三世帝がブリテン島からローマ軍を引き揚げたあと、ローマによる属州支配が終わり、アングロ・サクソン人の侵入が始まって訪れた歴史の空白期、ローマ文化が退化した時代を指す。『アングロ・サクソン年代記』によれば、侵入は五七七年にデオラムで西サクソン人とブリトン人が戦って決着したとされるが、七世紀に英国の最初の歴史家ベーダが『教会史』を書くまでほとんど文献が残っていない。

＊27 **聖霊と混同** 使徒行伝第二章より。キリスト没後五十日のペンテコステに、使徒らが集まっていると、天が鳴り響き、頭上に焔の舌が現われて、聖霊の言を語りだしたのが、教会の起こりとされる。聖遺物に「影向」する聖者と、キリストの身代わりの聖霊では格が違うが、この混同によって異端モンタノス派に憑いた聖霊がお株を奪われたのかもしれない。

＊28 **アクィレイア** アドリア海の奥にある植民都市で、共和政ローマの東北辺に位置していたためイリュリアなどとの交易で栄えた。ポストゥミア街道、ポロミア街道でイタリア各地の都市と結ばれ、バルト海沿岸との琥珀交易の拠点だったが、ゴート族やフン族の襲撃を受けて破壊された。再建後もビザンティン帝国との間で揺れ動き、総大司教座が置かれている。

＊29 **起源神話** foundation myth は「創設神話」ともいう。制度や民族、国家や都市、集団などの起源を語る神話。古代の伝承と結びつけ、正当化を図る狙いがある。ここでは、ローマの起源神話――ロムルスとレムスの双子によって前七四三年に発祥したという伝承のことだろう。双子は軍神マルスとラティウム王の娘の間に生まれたが、王位を奪った叔父にティベリウス川に捨てられ、牝狼の乳を吸って生き延び、羊飼い夫婦に育てられて復讐を遂げた。ローマの地に新都を建てる鳥占いでロムルスが勝ち、負けたレムスは殺された。四十年の統治のあと、王ロムルスが突然豪雨のなかで失踪する。史実では前五〇九年にローマ王政が打倒され共和政になったが、双子の起源神話との関連については諸説ある。

ものでした。そうした一対は、二人の兄弟――二人の聖職者であることも！――が、非の打ちどころのないハーモニーを保って生涯を終えようとしたという、いかにもローマ末期らしい奇蹟譚を打ち出しました。聖フェリクスと聖フォルトゥナトスを讃える説教で、アクィレイア〔司教〕のクロマティウス[*30]が述べたとおり、二人は「栄えある殉教でわれら自身の一体性を飾ってくれた[65]」のです。聖者の拝所と結びついた同情が勝手に昂揚して、およそ何の考えもなく暴発したとき、こうした祝祭は聖職者がどう解釈していたかをはっきりと示すものでした[66]。

もっと後代の聖者の祭礼を見ても、おなじパターンがうかがえます。トゥールのグレゴリウスの世界は、聖者がぎっしり密集した列をなしています。聖者個々の墓を、隣からぽつんと離れて建立することなどめったに許されません。どの城市もパトロンの聖者が一人だけではなかった[67]。むしろ司教たちは、互いの拝所の周りに、見えざる同輩たちの網の目を張りめぐらし、ガリアの元老院貴族が仕切る司教区同士が持続させていた連帯感を正当化しました。元老院と帝国が相和していた何世紀間もの時代の記憶が、聖者の祝祭にかき雑ぜられていたのです。ブリウード[*31]の聖ユリアヌスの拝所は、町からちょっと引っ込んだ地にあって、まさしくそれゆえにオーヴェルニュ地方全体の合流点でしたから、そこで物憑きがこう叫びました。「なぜおまえらはここに異人を連れてきた？　おまえらのおかげで聖者が一堂に会したぞ[68]」と。Adgregasti concilium（一堂に会す）。それは一世紀以上前にガウデンティウスが、ブレスキアで自らの教会を創立する際にアピールしたような、統一した霊威が働くイメージなのです。上流人のあいだで「龢《わ》[*32]」concordia への古き憧れが命脈を失っていなかったガリアでは[69]、殉教者が「キリストの勝利の流れ」に協力している限り、何がしか神々しい連帯感を保ちつづけていたのです[70]。

われわれが祭礼にアプローチすべきなのは、和と権力の行使というこの二重の執着の光に照らしてのことなのです。聖者をまず共同体に迎え入れ、それから毎年祝祭を催して、人びとのあいだに「影向」する聖者に、何度も来迎を再現させるからです。ルーアンのウィクトリキウスが書いた『聖者礼讃について』De laude sanctorum と、その後の証言から、この祭礼が皇帝の「還御」adventus、あるいは〔外地から〕都市へ戻る「還幸の儀」を意識的にモデルとしたことは明らかです。[71] したがって、その意味を余すところなく理解するには、土台となった祭礼との結びつきと機能を一瞥しておかなければなりません。なぜなら、ローマ末期の祭礼は、たやすく誤解されがちだからです。時に、皇帝の威厳を臣下に見せつけ、近づき難く畏れ多い人格に祀りあげる仕掛けとして、もっぱら「還御」は示されてきました。とはいえ、皇帝祭儀が差別化を重ねた末に明らかになったのは、単に皇帝の臣下を驚嘆させ、畏怖させるための演技にはとどまらないことでした。皇帝の「還御」に参列する都市共同体の参加者を徴募登録するという、微妙な両面のすり合わせがあることが明らかされたのです。かくて皇帝「還御」の祭礼は、宮

＊30 **クロマティウス**（c三三五／三四〇～四〇六／四〇七） 三八八年からアクィレイア司教。八一年のアクィレイア教会会議で博識が注目され、アレイオス派との論争では正統派側に立った。アンブロシウスやヒエロニュムス、ティレニウス・ルフィヌスらと親交を結んだ。オリゲネスをめぐって、ヒエロニュムスとルフィヌスが対立したときは調停を試みている。近隣のコンコルディアに、使徒の聖遺物を祀った新しい教会を建てている。

＊31 **ブリウード** オーヴェルニュ地方最大のロマネスク建築であるサン＝ジュリアン・ド・ブリウード聖堂がある。十二世紀に建築が始まり、十四世紀に完成したものだが、古代末期には殉教者ユリアヌスの墓と拝所があり、同地出身で一年だけ西ローマ皇帝になったエパルキウス・アウィトゥス（在位四五五～四五六）が殺されて近くに伴葬され、のち西ゴート王エウリックが聖堂をいったん壊して拡張した。

＊32 **龢** 「和」の異体字。白川静『字統』に「声符は禾、龠は笛、楽音のととのうことを言う」とあり、「和は軍門で和議を講ずることである。両者は字源を異にするが、適用することが多い」としており、ここでのブラウンは英語の concord とラテン語の concordia を使い分けているため、ラテン語のほうを難しい異体字とした。

廷の禁裏だけに限られた、もっぱら皇帝個人を陶酔させるものとはまるで異なり、皇帝自身とその陪臣にとってと同じように、皇帝を出迎える共同体にとっても常に一大事だったのです。理想の和の瞬間をそこに記名していたからです。共同体の全集団が、われらのあいだに皇帝陛下が坐《おわ》しますと歓呼することで一つになれたのです。[72] 市内の別々のカテゴリーに属す人の誰もが——老いも若きも、男も女も、商人も貴人も、異邦人も地方人も——歓迎の祭礼でそれなりの居場所をみつけました。[73] それゆえ、皇帝を「影向」させることは、分断なき共同体をそっくり抱擁するにひとしいとされました。[74]

ウィクトリキウスの説教や、五世紀と六世紀のガリアの教会の勤行から、鮮烈に浮かびあがってくるのは、小さな町のばらばらだった諸成分のあいだで、理想の和が形成される瞬間として「還御」の祭礼があったということの側面です。ウィクトリキウスは、ルーアンのキリスト教共同体の地図に、新しい社会的なカテゴリーを加えるため、あの聖遺物の来迎という厳粛な機会を利用したのです。なぜなら、ウィクトリキウスはただの司教ではありません。彼は聖マルティヌスの讃仰者であり、また新興の、しばしば胡散臭がられる禁欲運動のパトロンでもありました。[75] 彼は皇帝の還御を模して聖遺物の来迎を演出することで、見えざる大物の来臨を強調しただけではない。彼が確保しようとしたのは、ルーアンのキリスト教徒が、自らの共同体を顧み、その来迎を新しいカテゴリーの余地を見いだすきっかけにすることでした。詠歌を吟唱する修道士や処女たちの厳粛な「堵列《とれつ》」cortège が、いまや旧来の聖職者の居並ぶ階層の傍らをパレードしていたのです。[76]

こうして聖者の祭礼は、ガリアではキリスト教の共同体を他と差別化し、拡張するという両方の目的に使われるようになりました。聖者を寿《ことほ》ぐ祝祭では、カソリックのキリスト教徒の全カテゴリーが、新興派も旧来派もこぞって、自身の入りこむ余地をみつけなければならなくなったのです。ウィクトリキウスがルーアンで説教してから、ほんの数世代経っただけで、修道士たちの新しい聖歌団に、これまた不穏な部外者が加わってきました――異邦人の衛兵に囲まれて、都市に乗りこんできたフランク族の公伯たちです。[77] すでに聖者の祝祭に発展していた教会の祭礼は、あえて何でもありの無礼講でしたが、それなしでは、六世紀の南ガリアの小さな町の暮らしの一角に、外部者が割り込む余地などなかったでしょう。深く怨まれてもどこ吹く風だったことは、トゥールのグレゴリウスがたっぷりと、たびたび書いていることです。フランク族が帰依したカソリック*33とは、何よりもまずその地方の「合意」consensusを得て、大がかりな聖者の祭礼に参加できるという権利を意味していました。[78] 聖者を祀る聖堂のパトロンになったり、祝祭の席に威風堂々の姿をみせたりして、〔キリスト教〕共同体に受け入れられたのです。たとえばパリのウィリスルータは、典型的に剽悍《ひょうかん》な部族に属し、戦士一家の出身だけに、フランク族の金髪を颯爽となびかせながら「生まれは蛮族でもローマ人として貢献した」[79] という理由で、受け入れが可能になりました。

こうして「還御」の祭礼が聖者崇拝にも流れこんで脈打っていたので、さまざまな内部グループがそれぞれ居場所を与えられ、キリスト教の地方共同体はその境界を広げることができました。それ以上だったかもしれません。聖者の祝祭が、心の深層レベルで理想の合意《コンセンサス》を得る瞬間と意識されていたからです。共同体全体をそのまま神が受け入れたことの明徴であり、神の慈悲が相異なる成員を残らず抱擁し、前年まで外部に立っていた人もみんな再統合されます。だからこそ、カソリックのキリスト教徒全

＊33　**フランク族が帰依したカソリック**　ライン川河口地帯を中心としたサリー・フランク族の王クローヴィス（在位四八一～五一一）は、アレイオス派を信奉する南フランスの西ゴート族と対峙していたため、ガリア・ローマ人を味方につける狙いもあって五世紀末に（日付は不明）、三千人のフランク兵とともにカソリック（ニカイア派）に改宗した。

員が、聖者の祝祭に無条件で参加できるはずだという執心になったわけです。共同体の外に締め出されるという恐れのなかには、病苦、失明、憑依、または投獄の恐怖が潜んでいます。〔祝祭で〕連帯感が高潮した瞬間、罪びとはそうした障礙《しょうげ》ゆえに、疎外の憂き目を見るだろうと恐れるのです。

「おお、慨《うれた》みはわれにあり」と、盲女は聖マルティヌスに叫んだ。「失明はわが罪咎《つみとが》のなせしこと。他の人びととともに、この祭典を見る資格はわれになし」[80]

だからトゥールのグレゴリウスが、聖マルティヌスの祝祭で大切にしていた奇瑞は、ひとを共同体に再統合する奇蹟なのです。「全一の合意」concensus omnium から個人を隔ててきた間仕切りが取り除かれました。「人びと全員が見ているさなか」、跛者《はしゃ》が立って聖体拝領を受けるために歩きだします。[81] 錠前付きの牢屋にいた囚人たちが、行進に加わるのを許してくれと声を揃えて騒ぎだすと、突然、鎖が切れたのは、聖者のお赦しが出た証しでした。[82] 麻痺や憑依によってひとを他人から遠ざけてきた汚鬼《デーモン》も、その呪縛を解きます。[83] その瞬間、臨在する聖者の赦しが、ローマ末期の人びとにとって何より唖然とするかたちで宣告されました。祝福の瞬間、キリスト教共同体はふたたび帰一せり、と。[84]

聖遺物の奉遷は、浄めの永続的な儀礼の身振りのなかで、庇護《パトロネージ》の構造を明かし、いよいよ最後の世紀を迎えた西ローマ帝国のエリートを、一つに結束させ連帯させる必要を明らかにしていました。聖遺物を安置する祭礼と、毎年催す祝祭日の奉納は、地方レベルの和が今しも必要なことを重ねて強調していたのです。しかし聖者の「影向」はまた、キリスト教の会衆に対して、もうひとつ別の喫緊の懸念、彼らのただなかで権力を行使することの本質が何かを物語っていました。想像的弁証法と綯《な》いまぜになっていますが、その追跡をわれわれは最終章で果たします。

忘れてならないことがあります。たとえ聖遺物が発見され、奉遷され、安置されて、年々歳々聖者への追慕が紛れもない吉祥と結びついて、弥栄《いやさか》のお祭りの雰囲気を祝っているのだとしても、聖遺物そのものは本来の暗い影、見えざる人格《パーソン》をまだ引きずっていることです。キリスト教共同体のただ中に「影向」する見えざる人格が、いまや神の純然たる慈悲の印章《トークン》となったのです。その人格は非業の死を一度迎えただけではありません。むしろこの非業の死は、非道な権力行使の為せるわざでした。(85)殉教者は処刑人によって絶命させられるか、聖マルティヌスの場合のように、証聖者としてのその生涯は、不正かつ傲慢な権力者との劇的な衝突を随所で引き起こしていました。(86)ですから、彼らの死は生理的な苦痛の克服以上のものを含んでいるのです。そこに生気がほとばしるのは、不正な権力と舌戦で応酬した記憶、その権力に凱歌を挙げたからでもあります。皇帝の「還幸の儀」で詠われる頌詞《パネジリック》とおなじく、聖者の「受難」passioが、その見えざる「還御」を記す祭礼の役割を演じるとしたら、実はきわめて奇妙な頌詞をあつかうことになります。なぜなら、聖者の「受難」の朗読とともに、劇的に叙述された不正な権力の影が忍びより、皇帝の威を仮《か》る聖者の来迎という輝かしい祭礼を押しのけてしまうからです。非業の死という事実を、天国の聖者という心像《イメジャリー》で抑えこみ、そう、ウィクトリキウスの『聖者礼讃について』では割愛されましたが、かえって受難の記憶は鮮明になりました。まさしくそれと同じく、今では審判と処刑の記憶がいっそうあからさまに抹消されたので、せっかく聖者来迎と同列に見られるようになった、皇帝還御の祭礼の記憶も影が薄くなってしまうのです。

この場所にもはや処刑人の姿は見えない。抜き身の剣もない。聖なる権威の祭壇に近づく。地に飢えた敵はもういない……背後にうろつく拷問者もいない(87)。

地中海西方圏のキリスト教共同体が、殉教者を追慕する祭礼を、人心を奮い立たせるシナリオに書き換えた満腔の歓びを、過小評価すべきではありません。そのシナリオでは、神の赦しや殉教者の「影向」と結びついた比類なき善の力が、虎視眈々と隠れている悪の力に打ち克つのです(88)。殉教者の祝祭と、そこでおこなわれる「受難」の朗読は、〔聴衆の〕個々人にとっては、痛苦と病苦の解を求めるドラマを全うする以上のことを成し遂げました。殉教者の祝祭で、「浄め」と「不浄」の権力の強烈なイメージが一如となる緊迫した瞬間を、地方の共同体全体としても全うできたのです。

長たらしく引き伸ばされた尋問、身の毛がよだつ諧謔の応酬、そして陰惨な拷問。殉教者を讃えるプルデンティウスの詩編は、その描写が悪目立ちするのが特徴ですが、それは苦痛に打ち克つスペクタクル以上のものを呈示していました。ローマ末期の〔厳格な〕法執行がもたらした、誰もが知る恐怖の重苦しいトーンで、彼はいまや理想の「浄め」の暗黒面を聖者の「影向」と結びつけて描きだしたのです(89)。

権力の悪辣を糺《ただ》すことはあきらかに、肉体の悪疾を癒すこととほとんどおなじように、拝所に群がる群衆を無我夢中にさせました。カルタゴからぞろぞろと、近隣のウザリスの聖ステファノスの拝所に集まってきた巡礼の群れのまえで、説教に立った司祭は、こうした話題に手ぐすね引きながら血を滾《たぎ》らせていました。聖者の霊威の力を、公の場で存分に発揮させられるからです(90)。フロレンティウスは共同体ではよく知られた男でした。カルタゴ市の経理をあずかりながら、私腹を肥やしたと糾弾されたのです。属州長官《プロコンスル》の前に引き出され、「怒れる権力者は、起ちあがって恐るべき怒声を発した」。いかにも時機が悪く、「同時に底深い戦慄が、そこにいた全員の胸を走り抜けた(91)」。フロレンティウスは、尋問のため台の鉤《かぎ》から吊り下げられました。法を代理する官吏のあいだでは、苦痛をいや増す工夫を凝らすのが、どこでも共通した喝采を浴びる手立てでしたから、肋骨の軟骨部を拷問人が小突いて言うには、「さあ、聖ステファノスさまにお祈りする時間だぞ」。罪人はふと目を上げて、属州長官を仰ぎ見ます。気づくと、属州長官の補佐や友人の座るベンチがあって、そこに法律顧問および共同体の「パトロン」たちが、帝国の代表者のまわりに座っていました。うち一人が「醜く、皺の寄った老いを刻んだ」見苦しい面構えでしたが、入れ代わりに輝くような顔貌《かんばせ》の青年が現れたのです。聖ステファノスがいつのまにか、フロレンティウスの「パトロン」兼「後援者」suffrogator になり代わり、属州長官の傍らにいて、案ずるには及ばないという風に右手を振ってくれました。属州長官もやがて頭を冷ましたので、フロレンティウスの目には「もはや審判者ではなく父親」としか見えませんでした(92)。

どう語ったところで、これはあきらかに何も失わず丸く収まる物語でした。ここで明かされているのは、地方の民の意見が犯罪者に味方する下地があった状況で、聖ステファノスの介入のおかげで、万人が満足する「浄化」ができたというそのありようです。フロレンティウスは、文字どおり「吊り鉤から外され*34」ました。聖ステファノスが見苦しい老人と入れ代わりになってくれたおかげで、ローマ末期の宮廷の庇護《パトロネージ》システムが機能したのです。おまけに属州長官も、市の父親という理想の役割に舞い戻ることができました(93)。

当時のカルタゴは、まだ油断なく統治されていた都市*35でした。フロレンティウスの九死に一生の体験は、立て続けに起きた暴力的な排斥《パージ》のごく一部にすぎません。そうした時代にアウグスティヌスの友人

*34　**吊り鉤から外され**　let off the hook は「窮地を脱する」という意味の成句。

マルケリヌス[*36]は即決で処刑されましたが、彼を救おうにも聖ステファノスにはほとんど出番がなかったように見えます[94]。聖ステファノスの介入は、善し悪しがあやふやな場合には、帝国の強力な官吏の否応ない働きを単に「浄化」するだけでした。さらに舵取りのいない他の地域では、中央政府なしで自ら「浄化」する手立てをみつけました。そこでの聖者は、相拮抗する庇護システム同士が起こした葛藤に介入するのです。カソリックの会衆にはいよいよ受け入れ難くなってきた集団が、非カソリックにせよ蛮族にせよ、「事実上」de facto の社会権力をしばしば行使している共同体では、聖者はその「浄化」力でもって、民心をたびたび逆撫でにするプロセスを覆い隠すことができたのです。そうしたプロセスでは、会衆の後ろ盾を得たカソリックの司教の権力が、世俗の官吏構造が生んだ「不浄」な権力をレベルアップさせるか、牽制しようとしていました[95]。

四一七年、ミノルカ島〔またはマジョルカ島〕[*37]のマオンに聖ステファノスの聖遺物が到来し、そのせいで火がついた状況がこれでした[96]。島のその部分は、しっかり根づいたユダヤ人一族に長らく支配されてきました[97]。キリスト教徒にとって、これが相矛盾する状況を生んでいたのです。キリスト教帝国のもとでは、「浄め」の権力は司教によって行使されるか、せめてカソリックの貴族によって行使されるべきだ、というのが彼らの意見でした。じっさいは帝国の世俗的構造が、ユダヤ教の律法博士〔ラビ〕であり会堂《シナゴーグ》の師父でもあるテオドルスを、共同体のかけがえなきリーダーとして指名していました。彼は地方行政の重荷を免除され、市の「護衛者」defensor として行動し、当時は市の「パトロン」となっていました[98]。テオドルスとその親族が共同体の頂点に立ち、そのもとでユダヤ教徒とキリスト教徒が共存し、共有することを学んでいたのです。一例をあげれば、彼らが歌う同じ〔旧約聖書の〕『詩篇』の忘れ難い美しさを分かちあっていました[99]。とはいえ、ヴァンダル族がスペイン〔ヒスパニア〕を席捲した時代[*38]は、テオドルスとその親族に揺ぎなき権力と特権を与えてきた帝国の世俗的構造が、〔ミノルカ島が属す〕バレアレス諸島から遠のいたかに見えました。たまたまテオドルスがマジョルカ島を一時留守にしていた空白期と重なって、聖ステファノスの聖遺物が島にやって来ました。それがこの島でのテオドルスの相矛盾する立場に終止符を打つきっかけとなったのです。代わって聖ステファノスが真の「浄め」の「パ

＊35 **油断なく統治されていた都市** カルタゴは前一四二年の第三次ポエニ戦争で陥落、酸鼻を極めた掃討戦のあとは廃墟となっていた。地中海の要衝でもあり、カエサルらの再建計画に基づいて、初代皇帝アウグストゥスが植民市として再建し、以来、穀倉地帯であるアフリカ属州の輸出主要港として帝国第二の商都となり、帝都ローマの命綱となった。だが、内陸の先住民ヌミディア人の脅威は、旧カルタゴと変わりはない。ドナトゥス派との抗争はその一端であり、ヴァンダル族に征服されて四三九年にその首都になったが、五三四年に東ローマの討伐に屈してヴァンダル王国は滅亡した。カルタゴの「海の呪い」は、イスラーム支配下に入っても、山岳のベルベル人と平地のアラブ人の対立として今日まで引き継がれている。

＊36 **マルケリヌス**（d四一三） Flavius Marcellinus of Carthage はヒスパニアのトレトゥム（現トレド）生まれのキリスト教徒で、西ローマのホラリウス帝に重用された。学殖の深い知識人でアウグスティヌスやヒエロニュムスとも親交を結ぶ。北アフリカでカソリックと対立するドナトゥス派に対し、ホラリウス帝が「異端」の勅令を下した。四一一年にマルケリヌスが弁務官としてカルタゴに派遣され、公会議を開いて異端の判決によりローマ軍がドナトゥス派を弾圧した。反発したドナトゥス派が、皇位を簒奪しようとしたヘラクレイアヌスに加担したとの疑いをかけ、マルケリヌスと弟のアプリンギウスが逮捕された。アウグスティヌスの助命工作にもかかわらず、兄弟は即決で処刑された。アウグスティヌスは『神の国』をマルケリヌスに捧げ、教皇庁も殉教者と認定して「聖者」となった。

＊37 **ミノルカ島** Minorca は英語表記で、スペイン語またはカタルーニャ語では Mallorca（マジョルカ）または Menorca と呼ばれ、ブラウンの島名表記は揺れている。古来争奪の的の小島だったが、現在はスペイン東方海上のバレアレス諸島に属している。バルセロナの南、バレンシアの東の地中海上にあり、主要港はハンニバルの弟マゴ・バルカに因んで、ローマ時代はポルトゥス・マゴニス、現在はマオー＝マオン（Maó-Mahón）と呼ばれている。

＊38 〔ヴァンダル族が〕**席捲した時代** イタリア半島が西ゴート族に蹂躙された四〇〇年以降、ヴァンダル族はアルプス以北のドナウ川からガリアに侵入したが、フランク族や西ゴートに圧迫され、四〇九年にピレネー山脈を越えてヒスパニアに入った。しかしローマが同士討ち戦略に出たこともあって、ゲルマン系のスエヴィ族やアラン族と領土争いになり、四二八年にガイセリックは推定八万の兵とその家族を連れて、ジブラルタル海峡を渡って北アフリカに侵攻した。

トロン」となり、ユダヤ人の「パトロン」という、曰くつきの相矛盾する権力をすげ替えることができました。[100]

続けて起きた出来事の多くは、暴虐を極めたおぞましい惨事でした。[*39] このまったく恥ずべき事態では、暴力と、とめどない暴力の揺り返しへの恐怖が、決定的な役割を果たしましたが、それを記述するにあたって、わたしが唯一の情報源である司教セウェルスの視野にのみ限定し、「浄め」のちからとしての聖ステファノスの「庇護の働き」patrociniumを語るにとどめることについて、読者にはご容赦願わなければなりません。[101] 数点の古代文献にあるとおり、突然、不吉なことに、ユダヤ人とキリスト教徒が街路ですれ違っても、互いに挨拶も交わさなくなったので、[102] 地域社会で宗教の暴力が荒れ狂う恐ろしい予兆だったと、われわれも感じます。シナゴーグは打ち壊され、[103] ユダヤ人一家は荒寥とした丘の斜面にしばらく避難しました。[104] それでも、単なる「ポグロム」よりも、ほんのささやかな部分ですが、きちんと収拾できたところがあります。とにかく事後的ではありますが、司教セウェルスは事件の開示に細心の注意を払い、聖ステファノスがこの市の真の「パトロン」であり、既往のテオドルスと同じように、いまや「浄め」の隠れもない霊威の行使によって、一部なりともユダヤ人とキリスト教徒の両方を抱擁しうるのだと示したのです。これを強調しすぎると、微妙な足枷となります。起きた事態についてではないとしても、すくなくともキリスト教共同体が、もっと手荒な〔権力〕奪取を思い返すことを選ぶ羽目になります。というのも、聖ステファノスはあくまでも理想の「パトロン」だったので、〔聖遺物が〕島に来迎したからといって、ユダヤ人を島から「排斥」するチャンスとみられたわけではありません。[105] むしろ、新しい「浄め」を済ませた土台のうえに、分断された共同体の合意をつくり直す提案とみなされたのです。数週間内に、テオドルスとその親族は司教と和平を結びました。〔改宗して〕キリスト教徒にはなりましたけれども、彼らユダヤ人は自身の共同体で十分に社会的地位を維持できました。ただし、いまや一段と高みに坐《おわ》す聖ステファノスの「庇護の働き」に従うこととなり、キリスト教の「パトロン」として司教の傍らに座ることになったのです[106]。こうして、根絶やしとはほど遠いかたちで、権門のユダヤ人一族の「不浄」な権力が、聖ステファノスのもとでキリスト教共同体に統合されることで「浄化」されたわけです。そして聖ステファノスは、「合意《コンセンサス》」を得る手管に長《た》けた「パトロン」になったのです。彼は良きユダヤの奇瑞をみせることで役目を果たしました。ユダヤの女性たちは、彼に炎《ほのお》の球を幻視するようになります[107]。彼はまた丘の斜面で甘い神饌《マナ》を撒きました[108]。手でそっと触れるや、洞穴からは滾々と甘い水が溢れてきます[109]。ウザリスとおなじくミノルカ島でも、縺れあって潜在的には抗争になりかねない権力構造の緊張を和らげることによって、聖ステファノスは「みんなのパトロン」patronus communis、すなわち「万人のパトロン」となって現れたのです[110]。

ローマ帝国の〔権力〕構造がほとんど意味をなさなくなるか、跡形もなく滅びてしまい、うつろいゆく世界で小さな共同体が地方権力という現実と取り組んだのは、このようにしてでした。古代の終幕となった世紀に、西方圏の属州のエリートたちが、和と連帯を痛ましいほど切望したあげく、それを凝縮した身振りとして、聖者の「影向」が手に入るようになりました。それでも、いったん手に入れば、聖者の人格《パーソン》をめぐる想像的弁証法によって、その拝所が以前の世代の理想の統一を思い出す以上の場所に

＊39 **おぞましい惨事** 「二〇一四年版序文」では、この暴力沙汰がユダヤ人虐殺であったことをはっきり書いているが、一九八一年に書かれた本文では歯切れが悪い。五世紀という早い時期に起きたこのポグロムは、キリスト教会の宿痾ともみられかねないだけに、表現も慎重にならざるをえなかったか。また、スペインは一九七五年にフランコ総統が死去し、ファランヘ党独裁から一九七七年に立憲君主制に移行したばかりで、古傷を暴くことを躊躇したか。

なるのは確実です。「浄めの力」clean power の厳粛かつ不可欠な御業《みわざ》が――つまり、為すべきこととしておこなわれる「力能」potentia の御業が――癒しや鬼祓《おにやら》い＊40、そしておよその正義を示す一連の行動《アクト》として、拝所はそれを演じ切ることのできる固定点になったのです。

＊40 **鬼祓い** 原語の exorcism は本来「悪魔を呼び出す」という意味で、語源は十四世紀の古フランス語から。後期ラテン語の exorcizare、ギリシャ語の exorkizein「邪悪な霊を追い払う」に由来するとされるが、ローマ末期にはまだこの語自体は存在せず、デーモンも中世と異なり、善悪両様の霊威だったので「悪魔祓い」とはせず、exorcist を「祓魔師」とする訳語も加藤和恵らの造語なので採らない。日本で「鬼遣《おにやら》らい」とは「儺」または「追儺《ついな》」と書いて疫病退散の儀式を指すが、それを援用した。これとは別に、死の祟りや邪霊などを祓う葬礼は、日本にも殯《もがり》として存在した。

第六章　力能《ポテンシア》

古代末期のキリスト教の拝所に詣でるのは、囂々《ごうごう》と騒がしいうえに、胆を冷やす恐ろしい体験ともなりかねませんでした。ヒエロニュムスはローマ人の〔女性〕巡礼者パウラ[*1]とともに、〔パレスティナの〕聖地の預言者の墳墓を訪れたときの最初の衝撃を記しています。

あまりにも多くの驚くべき出来事を見て、彼女は震えあがった。なぜなら、そこで彼女が遭遇したのは、さまざまな責め苦に泣き叫ぶ汚鬼《おき》の噪《さわ》ぎ声だったからだ。そして、聖者の墳墓のまえで、彼女が見たのは、豺狼《さいろう》のごとく吠え、群犬のごとく喚《わめ》き、獅子のごとく咆哮し、妖蛇のごとく嘶嘶《しし》と舌を鳴らし、猛牛のごとく嗥《こう》を成す男たちだった。何人かは頭をのけぞらせ、大地に触れんばかりに、上体を後ろに曲躬《きょくく》させている。逆さになって宙にぶら下がる女は、それでも裳裾がばらりと頭に落ちてこない。[1]

＊1　**パウラ**　ローマのパウラ（三四七〜四〇四）は裕福な元老院貴族の女性で、マルケッラと並ぶヒエロニュムスの女性パトロンの一人。貴族のトクソティウスと結婚し、一男四女に恵まれたが、三十二歳で未亡人となり、キリスト教に熱中して、娘エウストキウムを連れて、聖地とエジプトへ巡礼に出かけた。巡礼を終えたのちもベツレヘムに定住し、ヒエロニュムスのために男性用や女性用の十三の修道院の建設資金を寄進した。その禁欲的な生活から「沙漠の母」の一人とされたが、ヒエロニュムスとの親密な師弟関係は邪推を招いた。聖書のラテン語訳（ウルガタ聖書）を手伝ったとされる彼女の学識はマルケッラと並び称される。拙訳『聖霊の舌　異端モンタノス派の滅亡史』第三十章参照。

カソリック圏のヨーロッパは、六世紀末の新参者にも示されたように、そうしたことが起きる場所として定着していました。ガリアにあるカソリックの大聖堂では、物憑きや鬼祓《おにやら》いこそは、人のなかに聖者が「影向《えいごう》」するという、抗弁しようのないひとつの徴《しるし》とみなされました。かくてトリーア[*2]〔司教〕のニケティウス[*3]は、ランゴバルド族[*4]のアルボイン王[*5]の妃、クロトシンドに親書を送りました[*6]。彼女が〔一族とともに〕ドナウ河畔から新たにイタリアに移動し、先にそこを制覇した東ゴート族が帰依したアレイオス派の異端を、まだ妃が捨てずに弄んでいたからです。

どうか、十一月十一日の祝祭の日に、わが主人《ロード》と崇めるマルティヌス[*7]の御元《みもと》に、ご陪臣を送られますよう、陛下に奉上してくださいませ……わが主人のゲルマヌス、わが主人のヒラリウス[*8]、わが主人のルプス[*9]についても私《やつがれ》が申せしことは、そこでは数多くの素晴らしい出来事が起きておりまして、私

＊2 **トリーア** ドイツのモーゼル川沿いにあった交易の要衝。もとはベルガエ人の支族、トレヴェ族の地で、ローマ帝国ではゲルマン族の侵入を防ぐ最前線基地となり、円形劇場や城門ポルタ・ニグラなどローマ建築が建ち並んだ。三世紀後半に司教座が置かれ、やがて大司教座に格上げされた。この教会はフランク族に破壊されたが、四世紀にコンスタンティヌス帝が再建し、正帝や副帝の御座所が置かれて、ラクタンティウス、アタナシウス、ヒエロニュムスらも滞在したことがある。西ローマ帝国の消滅とともに四七五年にフランク族が占領した。

＊3 **ニケティウス** ガリアがフランク族の支配下に入った六世紀のトリーア司教。アクィタニアのガリア・ローマ人の家に生まれ、修道院に入ったが、メロヴィング朝の王テウデベルト一世によって五二七年ころ、トリーアの司教に任ぜられた。トリーアの大聖堂を再建したほか、荒れ果てたブドウ畑を耕して植え直し、モーゼル・ワインの産地を再興したという。フランク領の司教を集めて何度も教会会議を主宰したが、フランク王のクロタール一世（クローヴィス一世の五男）の不品行を責めて破門したため、一時身を隠さざるをえなかったが、クロタール王没後に子のジグベルト一世王が帰還を許した。

＊4　**ランゴバルド族**　スカンディナビア半島南部から南下したゲルマン系部族。タキトゥスにもその勇猛ぶりが記されている。エルベ川東岸に定住、隣国のルーマニアを本拠とするゴート系支族のゲピド王国の圧迫を受け、東ローマのユスティニアヌス帝と組み、ゴートを腹背挟み撃ちにする戦略で対抗した。五六七年、アスフェルドノの戦いで、ランゴバルド王アルボインがグピト王クニムンドに勝ち、グピト王国を滅ぼした。ところが、フン族に続いて東方から進出してきた遊牧民族アヴァール人の力を借りたため、アヴァール人にパンノニアを明け渡し、自らは一族を率いて五六八年にイタリア半島に進出、北イタリアと中部イタリアを占領してミラノを拠点としたランゴバルド王国を築いた。このランゴバルドに圧迫されたことが、ローマ教会をフランク族に接近させた動機と言っていい。

＊5　**アルボイン王**　東ゴート族などと複雑な血脈関係にあるが、最初の妻はフランク族の後ろ盾を得るため、クロタール一世の娘クロトシンド（ブラウンはChlodoswintha の綴りだが、一般にはChlothsind）を王妃とし、娘一人を儲けた後、早くに亡くなった。五六六年に今度はグピト王の娘ロザムンドと政略結婚したが、ほどなくアヴァール人の可汗バヤンと組んで、翌年の会戦で義父クニムンドを破り、勝利のお祝いに可汗からクニムンドの髑髏《どくろ》盃を贈られた。夫にこの盃で飲めと言われた屈辱と、また父を殺された恨みから、ロザムンドは五七二年にヴェローナでアルボイン王を暗殺、王国は群雄割拠となり、二世紀後の七七四年にフランクのカール大帝（シャルルマーニュ）に征服された。ランゴバルドの言語は、ローマ化が進んでやがて死語となり、今は「ロンバルディア」の地名などに残るだけである。

＊6　**書簡を送った**　トリーア司教ニケティウスが、トリーアからパンノニアへ戻るランゴバルド大使に、王妃クロトシンド宛の手紙を託した日付は不明だが、アルボイン王が再婚する五六六年より以前だろう。ブラウンは一族がイタリアに移動した時期と見ているが、イタリア侵攻はクロトシンド没後のはずである。ニケティウスは手紙のなかで、アレイオス派を奉じるアルボイン王のカソリック改宗をしきりと促しているが、それは王妃の祖父にあたるフランク族のクローヴィス一世が、王妃クロトチルドの説得により、カソリックに改宗した故事があるからで、孫娘のクロトシンドも同じ使命を担っていると言いたいのだ。

＊7　**ゲルマヌス**　オーセルのゲルマヌス（c三七八～c四四二／八）だろう。ルプス（訳注9参照）とともにブリテン島に渡って、自由意志論で後にアウグスティヌスと対峙するペラギウスの信者と戦った。夢告のあったブリテン島の殉教者、オルバンの聖者崇拝に重要な役割を果たした。友人のリヨンのコンスタンティウスが伝記Vita Germaniを書いている。

＊8　**ヒラリウス**　この名で聖者とされたのは、四六一～八年にローマ教皇だったヒラリウスか、彼が仕えた教皇レオ一世と火花を散らしたアルルのヒラリウス（c四〇三～四四九）だが、おそらく後者だろう。四二九年にアルルの司教となり、ヒッポのアウグスティヌスにならって、大聖堂に属していた聖職者を「会衆」に組織し、禁欲主義を広めた。ヴィエンヌやナルボンヌの司教職も兼任し、ブザンソンの司教を解任したり、教会会議を招集するなど、地域の優位性を主張したため、教皇レオ一世と対立した。

にはほとんど言葉がみつからないほどであること、そこでは物憑き、すなわち内部に汚鬼《おき》の宿る人たちが宙を漂い、拷問にかけられた内に潜む汚鬼が、これらの聖者がほんとうに私の申した「わが主人」だと白状することです。こんなことがアレイオス派の教会で起きるでしょうか。断じてありません。神と主人の聖者たちがそこに坐《おわ》すとは感じられません。なぜなら汚鬼だとて、聖者が坐す場所を否《いな》めませんから。[2]

ローマ末期の人間にとって、鬼祓いのドラマは、疑う余地のない稜威《みいつ》を光《て》らす神の御力《みちから》のひとつの顕れでした。物憑きを癒すうちに、聖者の「影向《プラエセンティア》」は、外れることなくぴたりと示現すると思われていました。そしてその理想の霊威《ちから》、すなわち「力能《ポテンシア》」も余すところなく、もっとも心強いやりかたで表されます。なぜなら、物憑きと鬼祓いの厳粛で劇的な成り行きは、「浄め」の力が行使されるという期待に合わせて、ちょうどそれに適した場を形づくるからです。先に見たとおり、それは聖者の墳墓の周辺に群れ集《つど》っていました。古代後期および中世初期の人びとは、ただ単に鬼祓いのメロドラマ的な絆《きずな》に、胸を打たれていたわけではありません。そうしたドラマのなかに、主人たる聖者を通して、神の力の癒しの右手[*10]が、彼らの真ん中に差し伸べられる光景が、くっきりと正確無比に見えると感じたからなのです。一触するや、あらゆる奇蹟が溢れだすという medicabilis divinae potentiae dextera（神の力の癒しの右手）[3]は、聖者の拝所で物憑きに口寄せする汚鬼の、もっとも「神秘的でぞっとする」絶叫に姿をあらわすのです。[4]

ですから、拝所での鬼祓いのリズムを注意深く追いかけることから始めましょう。このリズムをつかんだら、聖者の「力能」を行使する枠組《パラダイム》みとして、そうした癒しをキリスト教会が受け入れると決めたことが、ローマ末期と中世初期の社会全体として、いったい何を暗示していたのかも検証してみましょう。

こうした騒がしく不穏な現象に直面したとき、現代の学界が、繊細な育ちの貴婦人パウラのように、古代末期の拝所の周辺で演じられている場面に遭遇して、顔から血の気が引いたとしても意外ではありません。生真面目なキリスト教会史家は、とうに宣言しています。聖者の祝祭のどんちゃん騒ぎのような現象は「キリスト教の信仰というより、群衆心理の問題である」(5)と。そうしながら、初期キリスト教会のおそらくもっとも高度な活動である鬼祓いの研究を、歴史編纂の「立入禁止」区域として封印したのです。とはいえ、「群衆心理」にも刮目《かつもく》すべきところはあります。たとえば、十六世紀フランスの宗教暴動の恐怖や、宗教革命後の都市の喧騒を極めたカーニヴァルを研究したナタリー・Z・デーヴィス*11の作品は、こうした現象を研究する肚の座った、用心深く度胸のある歴史家が、最初は行きあたりばったりの狼藉《ろうぜき》、または逸脱の不協和音に衝撃を受けても、その背後にどうやって聞きなれない張りつめた韻律を聴きとれるかを示しています。(6)鬼祓いも同じです。人類学的な素材はふんだんにありますから、

＊9　**ルプス**　トロワ司教のルプス（c三八三〜c四七八）だろう。トゥールの名門の生まれだが、幼時に両親を失い、叔父に育てられた。結婚によってアルルのヒラリウスとは義兄弟になるが、のち離婚した。資産を売り払ってレランの修道院に入り、そこを率いていたホノラトゥスがアルル司教になると、ルプスもアルルに移った。ペラギウス派に手を焼いたブリテン島の教会の要請で、四二九年にオーセルのゲルマヌスとともにガリアから派遣された。

＊10　**神の力の癒しの右手**　秋山前掲書第四章「聖遺物容器のさまざまな形態」には、ヨーゼフ・ブラウンの『聖遺物容器』の分類に基づいて、この右手を表す腕型の容器を紹介するとともに、ケルンの聖ゲレオン教会所蔵のシュラインの写真を載せている。こうした容器には必ずしも聖者の腕の骨を納めてあるわけではなく、チェコの美術史家、アントン・レグナーによると「神が地上にその『神聖なる力』を発揮する際の象徴としての『神の右手』を意味している可能性が高い」という。

＊11　**ナタリー・ゼーモン・デーヴィス**　第一章原注69補注参照。

霊の憑依現象は、いま生きている社会の観察によってても目に見えて理解しやすいものになってきました。[7] 古代社会の鬼祓いと汚鬼のテーマの網羅的な考究と合体することで、[8] こうした研究が明らかにしてくれたことがあります。われわれがあつかっているのは、「民衆」宗教の何か珍らしい奇行なのではなく、新約聖書から中世へと伸びていく社会の深層で、超自然の衝迫がもたらす不動の文法の規則動詞だったということです。

物憑きや鬼祓いのリズムがもたらす側面をいくつか検証してみましょう。物憑きや鬼祓いこそ、古代末期の社会で聖者の霊力や存在が及ぼす機能のモデル構築に寄与してきたからです。古代末期の人間にとって何にもまして重要だったことは、拝所の鬼祓いのプロセスに含まれている、重厚に響く裁きの倍音でした。鬼祓いは常に対話《ダイアローグ》の形式だったのです。鬼祓いの人間の依代《よりしろ》の背後には、見えざる権威が控えていて、苦艱《くげん》者の口を通して語る汚鬼の霊力と対決するのを目のあたりにすることができます。[9] 拝所で間違えようもなく詳述されたのは、この対話が裁きの審問だったことです。ローマ末期の法廷が呼び覚ます恐怖には、「審問」quaestio の過程で加えられる拷問が含まれますが、その審問が見えざるかたちで、つまり憑かれたひとを依代《よりしろ》に、聖者と汚鬼が交わす対話として、嬉々として再演されたのです。

物憑きが発する重苦しい悲鳴ほど、聖者の見えざる「影向」を分かりやすく標示するものはありません。トゥールのグレゴリウスは、ブリウードの聖ユリアヌスの墓所で、物憑きが堰を切ったように発した叫喚をこう語っています。

こうして彼らは神の聖者の存在へと人間の心を引き戻した。聖者が墓所に坐《おわ》すことは間違いないはずだから。[10]

しかしローマ末期の傍観者にとって、この叫喚をそう納得できたのは、たまさか発せられた叫びではないと信じていたからです。それは耳に聴こえず目にも見えない裁きを下す審問の、耳に届き目にも映る〔即物的な〕側面でした。聖者の「影向」が明徴とされたのは、ローマ末期の尋問手法を駆使して、ローマ末期の判事を代行していたからです。

わたしが直近の二章で触れた想像的弁証法が、こうした場面で十全に機能します。殉教者が拷問され、呪詛された「不浄」の権力という本来の行動が裏返しになります。いまや殉教者が判事です。異教の神々、検察官の背後に立つ汚鬼たちは、尋問される被告なのです。[11] ルーアンのウィクトリキウスが明らかにしたように、「浄め」の霊力がこれ以上露わに標示されることなど他にありえません。肉体への拷問や処刑の記憶の影を、わざと消した祭壇のうえで、いまは見えざる「審問」を再演することができたのです。

> 拷問人は不浄の霊のうえに屈みこんだ。が、何も見えない。いまここに鎖はない。が、苦しみ憑かれたひとを縛りつけるものがある。神の怒りは肉を引き裂く別の鉤《かぎ》を持ち、見えざる四肢をむりやり引き伸ばす別の〔拷問〕台がある。[12]

ローマ末期の「審問」は、拷問自体が目的でなかったことを忘れてはなりません。拷問は真実を得るためにのみ発動されました。判事と被告のあいだの劇的な対話は、苦痛だけが裏書きできる真剣勝負となったのです。[13] 物憑きにとりついた汚鬼は、拷問によって罰せられたのではありません。拷問によって真実を白状したのです[14]。そんな風に抽出されると、聖者の「力能」を認識することは、いっそう箔がつきました。聖マルティヌスのもとに集う物憑きが身悶えして発する叫びから、この聖者の権威が古代の神々の名の連呼を生々しく引き出すとき、それは頂点に達します。神々の名を背負った汚鬼によって、マルティヌスおよびその神の比類なき「力能」を、決定的に知らしめることになるからです[15]。

古代末期の人びとを強く惹きつけたのは、じっさい、この鬼祓いがひとを解き放つ精度でした。じぶんやその社会のありように不安な人びとにとって、それは深く胸に刺さって奮い立つドラマだったのです。なぜなら、混乱と錯綜した状況の背後に隠れた真実が、聖者の見えざる問いを通して、姿をあらわすのが見えたからです。汚鬼がもたらす恐怖は、顔のない無名性そのものにありました。汚鬼たちが「暗闇のなかで用を足す」のは、どっちつかずの状況で抱く漠とした感情に潜む下心《アンダートーン》や、御し難い個人のあやふやな動機を表しているという意味です[16]。聖マルティヌスの大いなる権威は、鬼祓い師として、人びとの内部に潜む汚鬼を探りあて孤立させることができたので、それによって扱いやすい濃密な時間を具現し、ありがたくもその範囲を定めて、実現したという事実に由来するのです。天使との稔りゆたかな語らいを楽しめるのであれば、「汚鬼もまた、ひとの目に見えるようになる――可視となって目に従属する conspicabliem et subjetum oculis[17]」のです。彼は頑迷な〔長老〕ブリクティオ[*12]の反目に遭いましたが、食ってかかってきた理由を説明できたのは、この長老の内部に司教と張り合う不機嫌な汚鬼が潜んでいる、とマルティヌス本人が見破れたからです[18]。実はトリーアに蛮族が襲来するとの噂を聞いて、長老は内心恐れおののいていたのです。マルティヌスはすでに、パニックの空気を蔓延させる汚鬼を物憑きの一人から追い祓っていたので、おなじようにブリクティオにも鬼祓いを施しました[19]。

ですから、鬼祓いのシナリオに流れている強い「懺悔」の極低音《アンダートーン》を、過小評価してはいけません。ラテン圏の教会の公的な自己処罰のシステムが、古代のメカニズムと葛藤する緊張に軋《きし》みだすとき、旧来の公的な悔い改めと赦しの理想が、鬼祓いの劇的な対話に断続的に再現されました。[20] 七世紀までに、マルティヌスがかつて引き出した敗衂《はいじく》の神々の呼び出しは、もっと単調なものに落ち着きます。しかし同じように精密なもの、苦しむひとそれぞれを追いつめ、物憑きにさらした罪障のリストに代わりました。

> 彼らのひとりひとりが、その個人的な罪を告白した。ひとりは十字を切らずに水を杯で飲んだからだ。もうひとりは大食らい、もうひとりは偽証、もうひとりは窃盗、もうひとりは殺人の罪を暴露した。[21]

終始一貫、われわれが扱っているのは、これみよがしに演じる華々しい形式の下で、それでもローマの正義の地道なリズムへと移行し、初期教会にあった自己処罰の規律の価値を保つような現象なのです。物憑きと鬼祓いは、キリスト教の共同体がその稜威《みいつ》と正義にひたすら没頭することで、特異な共鳴音《コンソナント》を見いだすという、〔集団心理療法の〕「心理劇《サイコドラマ》」psychodrame にとどまりません。苦しみに「憑かれた」ひととして個人が巻き込まれるのも、仕方がないと言えるかもしれないドラマでした。拝所に詣でた全員が、憑かれてやって来たというのは、およそ正確ではありません。すくなくとも何人かは、憑依されるためにやって来たのです。[22] そうすれば、同輩の人間たちの厳しい裁きに身をさらすよりも、むしろ聖者の「影向」する前で、自分が抱える問題の正邪を問うことができたからです。六世紀のガリアの証拠史

＊12 **ブリクティオ**　スルピキウス・セウェルスの『対話』第二部十五章によると、トゥールの教会の長老で、マルティヌス没後の三九七年にはその司教職を継いでいる。あるとき、ブリクティオがマルティヌスに激しく食ってかかったことがあって、司教は背後に汚鬼がいると見抜き、その汚鬼を祓ってやって、ブリクティオに赦しを与えた。

料が示唆しているように、憑かれたひと全員が、すでに人事不省の譫妄《せんもう》状態になって来たわけではありません。自発的な憑依と非自発的な憑依の境目は、他の社会でも観察されるように、古代社会では流動的なのです。その結果、拝所に参籠する生活では、憑依された人など当たり前になっていました。彼らは公認のお籠《こも》り集団でした。日々祝福されるのが習いになっています。食事も給餌されました。彼らは聖堂の床を磨くような作業の手配も受けました。[23] 聖マルティヌスの拝所では別のカテゴリー、すなわち物もらいの無頼たちにも加わりました。聖者の名誉を守るため、棍棒と石を手にしたのです。[24] ときには人前で真実を語ることによって、火中の栗を拾いました。司教を貶《けな》すために雇われたひともありえたし、[25] 別の連中は司教を称えて王を貶《おとし》めたうえで、そっと姿をくらましました。[26] 明らかに聖者の見えざる「審問」は、キリスト教共同体の真ん中で、あけすけにものを語れる機会となりえたのです。こうした分節性 articulateness の根本的な理由は、聖者の「力能」の行使が、「不浄」の権力の行使とは違っているからです。ありがたいことに「審問」はあやふやなだけではありませんでした。その狙いは汚鬼的なものに対抗して、人間の本性には永続的な回復力があると主張することによって、〔爪はじきされた〕個別の人間を共同体に再び収容することにあります。

暴力の重荷は、苦艱者の人間から汚鬼的なものへと転嫁されました。憑かれたひとは常に、完全に〔人間から〕解離したものと思われたからです。好き勝手に振る舞い、聖者の尋問に苦痛と怒りのあまり悲鳴を上げるとき、身をよじり跳びはねるのは、人間に宿った汚鬼であって、人間そのものではありません。Clamentes propia aliena per ora daemones（汚鬼が他者の口を借りて叫ぶのは、それ自らの苦痛なのだ）[27]。ですから鬼祓いのドラマは、単なる威信のドラマではありません。再収容のドラマなのです。人間の共同体から爪はじきされて遠ざけられた人間が、同輩の温かい群集のなかに厳粛に連れ戻されたのです。

このプロセスはパウラが目撃したように、人間を区分けするカテゴリーの崩壊という恐怖とともに始まったのかもしれません。(28) 憑かれた者は獣のように吠えるかもしれない。(29) あるいは、汚鬼的なるものの人間ならざる領域を浮遊して、体をくねらせるかもしれない。(30) 汚鬼の取り調べが済めば、事が終わり、審判が下り、除祓されて、保養を経てまっとうな人間の個性に復します。Iam totus vel solus homo in sua jura reversus（いまや十全な唯一の人間が正しきところに帰ってきた）。(31) これが拝所に屯《たむろ》する集団の期待を、典礼の形式で維持し分節化するという、鬼祓いの大いなる祈りが担っている想像裡の重要性です。そこで強調されたのは、世界が創造されたときの宇宙の荘厳な秩序づくりであり、苦艱者は神の社殿なのだという立場であり、そしてその社殿に畏れ多くも神を再び呼び込むことでした。(32) それは苛烈で無秩序な世界に、真の秩序と正しい憑依をもたらすという壮大な断言でした。こうした祈りは鏡像となって、大聖堂そのものが与える威圧的な視覚の印象に映しだされます。柱廊の調和のとれた柱列、輝かしいモザイク、日射しを永遠に虜《とりこ》にした金襴の天井、巨大な燭台の周りを微妙に揺れ戯れる光と影。(33) 人間が創造された最初の朝の、厳粛な悦びの木霊を拝所は備えていたのです。

なぜなら、光と闇の境をさだめ給うたのは、殉教者の墓から暗黒の渾沌《カオス》を引き出したお方なれば。(34)

神の原初の創造に復帰することはすなわち、個人が同輩のあいだに再び居場所をみつけることを意味していました。個人を閉じこめてきた汚鬼から離れ、聖者の「力能」が目に見えるかたちで送りこんだ人間に、集団を遮蔽している堅固な垣根は開かれなければなりません。〔ミラノの聖者〕ゲルウァシウスとプロタシウスの拝所で、アウグスティヌスは書きました。物憑きの状態で悪事を告白した盗賊は、その窃盗の穴埋めに充てる賠償ができた、と。[35] 拝所の外の世界で求められる因果応報に比べると、聖者の正義には、正義の果たすべきことが全部そろっています——それは一目瞭然で、素早く、際立って優しいのです。[36]

聖者の「力能」は、それ以上の結果からも明らかでした。トゥールのグレゴリウスの作品でしばしば見いだせるのは、拝所で癒されたひとが、この癒しから社会的な地位まで得てしまう事例です。農奴が以前の主人から解放され、拝所そのものか、または聖マルティヌスの所領で、聖者の「家族」familia の一員になりました。[37] これは必ずしも顕著な待遇改善となったわけではありません。八世紀の上エジプトの大修道院で、院内の聖者の拝所で癒された子供たちを、修道士たちが所領に雇った例をみつけました。あるところが、実は大地主が労働力を動員しようと、強引に人を駆りだした別の手法と分かりました。ある若者がじぶんの家族と修道院長が折衝している場に居合わせて、拝所で癒されたことで適用されそうな労働条件が、明らかに望ましいものでないことを耳にしたため、家を抜けだしてボートに飛び乗り下流のカイロへ家出して、二度とその村にはもどりませんでした。[38] 癒された者は、他のあらゆる主人を除外して、もっぱら見えざる「主人」の持ちものになったからでした。

鬼祓いのプロセスのどの段階でも、もっと一般的にいえば、癒しのどの段階でも、古代末期の人間にとって露わになるのは、罪を犯した挙句に訪れる癒しと救いが、個人間の関係 interpersonal relations の厳密な組み合わせを通さなければならないことでした。ローマ末期には司法制度が完全武装していましたし、ひとを共依存させるローマ末期の様式も完全な連座制でしたから、そんな人間関係を通して「神の癒しの右手のちから」が、もっぱら特定の人にだけ差し伸べられることなど、めったにありませんでした。聖ユリアヌスの拝所に近づくときは、牡牛ですら「角を振りたてず、まるでお白州の前に引き出されるごとく、恐怖感をみなぎらせていた」(39)と記憶されています。

　癒しのあらゆる行動の土台として、個人同士の関係にこれほど圧倒的な重点が置かれていたのです。それがどれほど顕著だったかを知るには、キリスト教共同体の外部に目をやるだけでいい。トゥールの聖マルティヌスとほぼ重なる同時代人で、その同輩でもあった地方人の著作に目を転じてみましょう。ボルドーのマルケッルス*13が書いた『医薬の書』De medicamentis です。(40) 癒しの奇蹟、とりわけ司教のマルティヌスがおこなった鬼祓いを、マルケッルスの著作に出てくる薬師《くすし》の施療と比べてみますと、そこに別世界がひらけてきます。とはいえ、〔奇蹟と薬師の〕二つの世界がどう違うかは、注意深くきちんと定義しておかなければなりません。あきらかに二つの世界が多くの面で重複しているからです。マルティヌスが奉仕する場は、しばしば自らの邑里の邸宅《カントリーハウス》であり、あるいは同じ元老院貴族の全面許可を得てその貴族の別荘《ヴィラ》でおこなわれました。マルケッルスは彼らのために本を書いたのです。(41) それをもって鬼祓いは、ガリアの人口のうち「下層階級」部分への秋波にすぎない、などと考えるならそれは誤りでしょう。それどころか、「庶民の邑里《いなか》者でも知っている、単純で効きのいい療法」(42)を本に収録したのも、シャムロック*14など数多くの薬草のケルト名を教えたのも、このマルケッルスなのです。(43) 司教のマルティ

*13　**ボルドーのマルケッルス**　Marcellus Burdigalensis または Marcellus Empiricus ともいう。アウグスティヌスとほぼ同世代人であり、中国の本草書の嚆矢である『神農本草書』にあたる『医薬の書』を残し、彼に言及した数通の書簡があること以外、プロフィルはほとんど断片的だ。その該博な知識や聖地に巡礼に行ったらしいこと、その尊称からみて、ヒスパニア出身のテオドシウス大帝の最晩年（三九四年）に内務大臣 magister officiorum に任ぜられた人物と同一との説（十六世紀のヤヌス・コルナリウス説）から、宮廷医だったという説も出たが確証はない、アクィタニア（現ボルドー地方）の裕福な大土地所有者で、引退後に幅広く医書を収集した好事家ではないかとされる。大帝没後は東ローマ帝アルカディウスの宰相で同じガリア出身のティラニウス・ルフィヌスを支持したが、ルフィヌスは暗殺されてしまう。

ヌスが王の宮殿や街中で司る大仰で格式ばった鬼祓いの儀式よりも、マルケッルスのほうがガリアの民衆の民間療法《プラクティス》*15のずっと近くまで連れていってくれます。

治療に対する態度で露わになる、この二人と二つの世界の差を、曖昧にすべきではありません。われわれがぼかしているとすれば、それは「三層モデル」が古代末期の医療の研究に比べ、めったに強い粘着性を発揮することがなかったからです。もしわれわれが現代の合理的な療法の基準に照らして、この二人を判断するとすれば、マルケッルスは奇怪な処方と薬師の療法のまかない人にすぎず、おなじくマルティヌスも一介の鬼祓い師であって、知的な尊敬の対象としては受容できるレベルを大きく下回っています。この二人の差、そしてこの差の意味を現代が鵜呑みにできないから、霧に遮られて朦朧《もうろう》としてしまうのです。眼光紙背に徹して『医薬の書』を読み抜き、ヒポクラテス的な経験知の積み重ねという薄いベニヤ板の下に横たわる、フォークロアと迷信のゆたかな層を記述するのが、いまや通例となっています(44)。

癒しのキリスト教のモデルが持つ意味をわれわれが理解し、キリスト教ガリアの賑やかな拝所で、それが癒しのパラダイムとして、ハレに達するほど旺盛になった重要性を知るべきだとすれば、現代の態度を押しつけることは慎まなければなりません。古代末期の医療や癒しは、その療法《プラクシス》がわれわれの合理的な科学のイメージに合致するかどうか、という単純な観点からは判断できないのです。われわれは古代社会の医療があれやこれやと幾つもの療法を併存させていたことを受け入れなければなりません。〔人類学者〕ヴィンセント・クラパンザーノ*16が現代モロッコについて述べたとおりです。「モロッコには、最終的な権威のある単一の、社会的に公認された療法体系が存在しない(45)」。古代末期もまた現代モロッコのように、個々人はじぶんがどの療法体系を選ぶかの問題に直面していることに気づきます(46)。そして患者の彼または彼女の選択に委ねることで、患者は厳密な社会的環境を反映した基準《クライテリア》に働きかけることになります。なぜなら患者が癒しについて得る情報は、親戚や知己といった「支援集団」に依存しているからで、もっと一般的に言えば、そうした場合には、支援集団の期待に沿うよう、あれでなくこれと療法体系を取捨する共通の態度へと仕向けられることになるでしょう。現代モロッコの一部や、ローマ末期のガリアの社会では確かにそうだったように、どの療法体系にも最終的な権威がない場合、取捨のプロセスはよくすっ飛ばされます。結果として、取捨の裏で社会的文化的な基準がしばしば動員されるのです。

朝になってわたしは、〔イスラーム〕法学者《ファキーフ》のもとへ行こうと決心した。夫が言った。「いや、必要なのは病院へ行くことだ」。わたしは答えた。「これは病院向きの病じゃない。法学者向きの病なのよ……わたしも知っている。これは法学者向き、聖人向きの病だわ。幼子の気分が悪くなったり、熱をだしたり、息苦しそうに喘いでいるときは、法学者向きの病なのよ。でも、子どもが食べて吐いたり、腸の具合がおかしくなったときは、病院向きの病よ。それに、もし嘔《えず》いて喉に詰まったら、それは病院向きの病なんだわ。お隣とは別に、彼らに告げることをわたしは学んできたんです(47)」

＊14　**シャムロック**　クローバーや苜蓿《うまごやし》など三つ葉の牧草の総称で、アイルランドの国花。同国にキリスト教を布教した聖パトリックが三位一体のあかしとしたという言い伝えがある。クローバーの花穂は強壮剤や痛風薬に使われ、解熱剤としても用いられる。
＊15　**民衆の養生法**　「医学」が存在しない時代なので、経験的な対症療法以外の施療は、まじないに近い「民間療法」または「代替療法」と呼ばれるものだろう。
＊16　**クラパンザーノ**　第二章原注89補注参照。

ローマ末期のひとも、これと似たような暗黙の胸算用のプロセスを経て、複数の療法体系を渡り歩いています。

キリスト教の拝所で「社会的に公認」された療法体系と、マルケッルスが働きかける療法体系のあいだのコントラストとして注目に値するのは、マルケッルスの体系では依存の関係を表す声高な表現様式《イディオム》をわざとおくびにも出さないことです。マルケッルスが働きかけた習わしから治療を引き出し、彼が推奨する処方を採用する人びとは、あきらかに〔拝所とは〕異なる世界で生きています。そこには、「力能」を行使してもらうとか、「主人」dominus や「パトロン」patronus としてあからさまに特定した個人に縋るとか、〔拝所の〕癒しのプロセスなら演じなければならない社会的世界の要素《エレメント》が存在していません。マルティヌスかマルケッルスかの選択は、治療のプロセスでひとを動員し、複製するのに望ましいと思える人間関係のタイプを、どちらにするかを選ぶにひとしい。マルケッルスの施術では、別人の「力能」にのめりこむほどの依存は、患者の側が大半は「自立」autarky することによって、それとなく排除されています。アリーヌ・ルーセル[*17]がその精力的な考察で書いたとおり、マルケッルスの本の読者は、本では心任せにしていいとされた〔薬師の〕処方を用いて、結果として自力でじぶんを救わなければなりません。

Il devient sujet actif de sa guérison. Le malade sait que de sa concentration volontaire dépend l'efficacité des formules et amulettes. Il bénéficie donc, au niveau de la pratique, d'une thérapie globale. L'homme est engagé, corps et esprit, dans sa propre guérison.

(彼はその医療の能動的な対象になる。処方箋や厄除けの効能が、じぶんの一念の集中次第だと患者は知っている。それゆえ施療の次元では、全的な療法から恵みを得る。ひとは肉も霊も自らの治療に関与するのだ(48))

こうした際立ったアプローチには、はっきりした理由がいくつかあります。『医薬の書』が書かれたのは何よりもまず、医師抜きの自家療法、とりわけ外科手術をしない療法*18を教えるためです(49)。マルケッルスがその施療で約束する最大の恵みは、彼の本が読者に「医師の介入なしに」sine medici intercessione じぶんでじぶんを治癒できることでしょう(50)。そんな具合で『医薬の書』は、「日曜大工」do-it-yoursef式の自家療法の手引書の長い伝統にはぴったりの本なのです。とりわけ大土地所有者には常に有り難い本でした。彼らはしょっちゅう旅に出ていて、万一の際には、じぶんの所領が都市の医療サービスから遠く離れていることを痛感させられたでしょうから(51)。アメリカの初期植民地で使われた医療マニュアルは、この「ジャンル」の直系にあたる後裔です。「汝の食餌《ヴィクチュアルズ》は軽く控えめにしよう。汝の飲みものは、酸《すい》葉《ば》、*19西洋梣《セイヨウトネリコ》の根、それに潰しの鉄分少々で蒸留したビールがお勧め(52)」。こうしたマニュアルが伝える身体のイメージは、大がかりでカネのかかる療法体系への依存は患者次第で避けられると思えるものです。

＊17　**アリーヌ・ルーセル**　第三章訳注33参照。

＊18　**外科手術をしない療法**　瀉血や手術の荒療治は、ギリシャの医学を吸収したイスラーム圏の医術を書いた前嶋信次のエッセー『アラビアの医術』参照。キリスト教が民間療法を追放して癒しの奇蹟に頼ったため、西欧中世では本草などの経験知も失われ、古代の荒療治がまだ残っていたフランク人の十字軍の野蛮な手術がイスラーム側にどう映ったかを前嶋が丹念にたどるのは、代々山梨の漢方医の家系だったせいでもあるのだろう。

＊19　**酸葉**　タデ科スイバ属の多年草。「蓚」とも書く。葉や茎は食べると酸っぱい。「ギシギシ」「スカンポ」などとも呼ばれ、類似種と混同される。食用のほか薬草になる。

素朴な食材で、自己コントロールが効き、しかも環境に祝福されているという安心感が、健康を維持するうえで自立しているとの大局観をひとに与えることができるのです。

天を讃えるべし。膀胱《ぼうこう》結石に人を呻かせるような機会をほとんど与えないからだ。この植民地では、そうした事例はほとんどない。郷紳のあいだでは、ほんの少し酒石を沈澱させたマデイラ・ワインと、甘口で漉した糖蜜ビールが、美食と懶惰の行きつく果ての災厄から、幸いなことに身を護ってくれる。[53]

陳腐極まりない薬石でさえも、その背後には厳格な医療と同様に、社会的にも道徳的にも、病に対してどういった特定の資源を動員できるか、をめぐって小さな社会の語られざる決断があることが見えてきます。なぜならマルケッルスは、医師以外の何かに縋らせることによって、彼の読者を自己充足させるからです。それゆえ依存の連環は、余人ならず特定した人格からシフトして、苦艱者が我流でもアクセスしやすい、広く散らばった習わしのほうへと移っていきます。

ここでわれわれは、ガリアの「宗教的貴族」の子孫だったマルケッルスに遭遇します。[54]時の初原より、と彼は書きました。〔異教の〕神々は人間に、草木の徳や、呪言《まじない》と薬石の正しい組み合わせを教えてきた、と。[55]自然界の惜しみない寛大さと、その慈悲深い資産を人間もたやすく手に入れられるよう、神々が絶えず寛大に供与してくれるという、奥深い感覚が『医薬の書』には一貫して流れています。[56]おそらく大半はキリスト教に改宗していた上流階級向けに、著者が著したキリスト教の労作なのに、飛びぬけて異教的なトーンの本である理由はそこにあります。マルケッルスの異教性は、彼の療法体系の一環であり、またそれを包摂するものなのです。医の独占性はその専門知識によって確立されたとしても、それとは切り離して癒しが万人の手に届くものとなりうるのなら、その理由はマルケッルスのような古代末期の博学の医師の誰にとっても、誰にでも手の届く癒しが医療の習わしのルーツに触れる見解を暗示しているからでした。そのルーツとは、かつては死ぬ定めの人間が〔不死の〕神々と和やかに歓談していた時代に遡るものなのです。[57] それはマルケッルスが土着の薬材《マテリアル》を組み入れたのと同じことなのです。『医薬の書』のおかげで、学究諸兄は前世紀までの異教時代にあったガリアの世界を渉獵し、そこからガリアの言語の断片や、長く忘れられたケルトの咒言を集められるようになりました。[58] マルケッルスはボルドーの医師かもしれず、〔ガリアに侵入した西ゴート王〕アタウルフ*20に接したことがあったか、聖地巡礼*21では偏屈なヒエロニュムスと語らった最後のドルイド*22だったのかもしれませんが、それが理由ではないのです。[59]〔異教の〕神々は寛大なので、古代地中海圏を渉り歩く教育あるエリートの学識豊かな伝統と、[60] 産土《うぶすな》に残っていた古来の知恵との両方を、施術でも薬石でも人びとにその慈雨で潤してくれたからです。[61]

＊20 **アタウルフ**　四一〇年、ローマを略奪した西ゴート王アラリックが急逝したあとを継いだ義弟。北進してアルプスを越え、ガリアに侵入した。ローマから連れ去った皇妹ガッラ・プラキディア（テオドシウス大帝の娘で、西ローマのホノリウス帝の異母妹）が、ラヴェンナのホノリウス帝との交渉を仲介、ホノリウスの対立皇帝であるヨウィヌスを捕えたらガッラを釈放する約束だったが、アタウルフはその約定を破り、ガッラと結婚した。これで西ゴート族は兵糧攻めにあい、ガリアからヒスパニアに脱出したが、四一五年にバルセロナで部下に暗殺された。瀕死の床でガッラをローマ側に返すよう遺言した。

＊21 **聖地巡礼**　マルケッルスが聖地を巡礼したのは四一五年ころで、アタウルフ王がガリアで兵糧攻めに苦しみ、帝国を乗っ取る意図はないとナルボンヌで宣した時期だった。アウグスティヌスの門下オロシウスが、マルケッルスとおぼしい「ナルボンヌ出身の有力者」のベツレヘム来訪を書きとめている。

＊22 **ドルイド**　欧州の先住民族、ケルト人の祭司階級。カエサルは『ガリア戦記』で「祭事に従事し、公的および私的な生贄の儀式を行い、宗教に関するあらゆる物事を解釈する人々」だと書いた。アニミズム的な自然信仰で、大プリニウスは『博物記』で「ヤドリギと人間の生贄の両方を神聖視していた」と記している。

マルケッルスがどの宗教に属していたのか、彼の薬石の多くが正確にはどんな宗教的なルーツがあったのかは、まだ漠然としたままです。とはいえ、くっきりと浮き彫りになるのは、彼の本の「ジャンル」といい、マルケッルスにこの本を書かせた前提といい、双方とも個人が周りの環境に直接かつ何の介在もなく依存するモデルの呈示であり、びくともしない姿勢が見えてきます。〔マルケッルスの〕本は環境に隠された知恵を要約しているのです。「イタリアの街路に流れる音楽のよう」に、それは万人が利用できるものです。人びとにそう語りかけることを、マルケッルスは慈悲の行為だと思っています。(62) 呪言や薬石の多くでは、こうした環境が魔術的な共感の広い世界の一部として標示されます。そこには、患者によって左右されない手軽さでアプローチできるのです。依存と権威の「心理劇《サイコドラマ》」を演じきる必要はありません。(63) 湧泉《ゆうせん》の水で目を洗うとともに、最初の燕《つばめ》が見えるよう祈りを口にするだけで、その一年間、眼の患いの厄除けには十分足りているのです。(64) これとの対照でひとが思うのは、同じようにありふれた、聖ベニグヌス[*23]が配付する目の軟膏でしょう。その背後にトゥールのグレゴリウスは、痛みを畏敬に化けさせる見事な結びつきを見ました。(65) ケルトのガリアにあった癒しの聖所《サンクチュアリ》を語るアリーヌ・ルーセルが言ったように、「患者と神聖なるものの接触の一部は直におこなわれた」Le contact du patient et du divin se fait en partie directment (66) のです。四世紀ガリアの異教の聖所は、まだ印象的だったかもしれませんが、そこを訪れ、水と睡《ねむ》りの癒しの媒介を通じて、神々と接触するのはもう不要とみなされていました。(67) ローマ末期の「力能」が発する苛烈な最新式 up-to-date の言語は、こうした古代的な手法に触れずじまいだったようです。それはキリスト教の拝所と結びついた同時代人が、個人でやっていたことなのです。彼らの背後には自然そのものの声なき力がありました。

　拝所における聖者の「力能」は、依り縋りという「垂直《バーティカル》」モデルを想定しています。聖者の力は、私的な義務という堅い絆で個人を捕捉していました。それが始まったのは、遠路の旅の辛苦の日々、聖者の「影向」に詣でる必要に駆られ、手近にみつかりそうな場所をもとめたからだったのかもしれません。そこでは、ローマ末期の法廷場面の〔拷問〕ドラマを躱《かわ》すことができました。そして、社会的な依存のもとで明白かつ後戻りの効かない行動に、終止符を打つことにさえなったかもしれません。それによって癒しを受けた者は、見えざる「主人《ドミヌス》」が坐《おわ》す教会の農奴になったからです。これと対照的に、マルケッルスはまだ「水平《ホリゾンタル》」モデルが支配的な世界を集約しています。患者はリリパットの小人の細紐の網に絡めとられ、周りの環境に広く散らばって底なしとも見える〔野巫《やぶ》の〕習わしに直に縛りつけられています。そうしたモデルは、それとなくですが断固として、外部からの「力能」の介入を排除しています。そんな介入は、患者がまだそこに泥《なず》んでいられると温もりを感じられる環境から、個人を排除してしまうからです。この光に照らしてみると、力ずくの行動で劇的に聖者の「影向」が露わになる大きな拝所から、それ〔力能〕が放射されるにつれて、ガリアにおけるキリスト教の広がりとわれわれが呼んでいるものが、結局は二つのモデルのあいだの相剋に到達します。それぞれ患者の社会と患者の環境の面で、人間がどの立場をとるかの仮定が重くのしかかってきます。われわれが目を向け直さなければならないのは、この相剋なのです。

なぜならこれは、トゥールのグレゴリウスが注視しつづけた相剋だからです。彼にとってそれは二語に要約されます。「畏敬《おそれ》」reverentia と、その対概念「野鄙《やひ》」rusticitas です。[68]「畏敬」とは、まさしく見えざる人格、キリストやその朋《とも》がらである聖者——「主の友」amici dominici——を信じること、それに専

＊23 〔ディジョンの〕聖ベニグヌス　第四章訳注32参照。

念する意志を意味しています。そのように仕向けるには、信者にその生活のリズム（聖者の祝日を遵守するといったようなこと）を定めるよう同意させること、特定の場所や対象（拝所や聖者の聖遺物）に注意を研ぎ澄ますこと、これら見えざる人格にお縋りして疾病や危険に対処すること、幸運と不運はこれら見えざる人格との関係の善し悪しに直に関わっていますが、それを周囲の人間が演じる行為のなかにいて、常に目を光らせていることです。それゆえ「畏敬」は、高度に社会的文化的な身づくろい《グルーミング》*24とみなせました。信じやすい安直な痴《し》れ者、あるいは新異教主義がはびこる温床ではありません。超自然に対するエチケットを学ぶことを含み、そのあらゆる所作が入念に説明されたのです。ですから、その対概念の「野鄙」も、グレゴリウスにとっては重要であり――「がさつ」boorishness とか「ぞんざい」slipshodness とかの訳語がいちばん適していますが――それは特定の見えざる人格と祭礼を催す関係を持つうえで、生に構造を与えることができなかったか、積極的にそれを拒否したということなのです。[69]

「野鄙」という単語のグレゴリウスの用法は、古代末期が終焉する場面で、ガリアの一部、意味合いとしては西方ヨーロッパ全圏で、キリスト教がどんな立場だったかに光を投じてくれます。それを理解するには多少の気遣いを要する状況です。「都会」と「邑里《いなか》」、「キリスト教」と「異教」といったあれかこれか一択の二分法では、このニュアンスを正しく証してくれません。グレゴリウスがその荒廃を観察していますが、「野鄙」は地方の住民の習俗とかなり重複していました。でも、それだけに限ったことではありません。「野鄙」とは、大半の人びとが大半の日常で犯しかねないことだったのです――とりわけ日曜（の節欲）です。階級とも文化とも無縁なアルルの住民たちは、彼らの司教カエサリウスの厳粛な警告をよそに、「主の日」である日曜に妻とまぐわって「野人」rustici のように振る舞い、自らを汚したときがそうでした。[70] ましてやそれを「地方の異教信仰」と同一に見ることはできません。マルケッルスが想定したような療法制度は、昔日の異教時代から受け継いだ知識に頼っているとはいえ、われわれの見たものが「野鄙」の手に負えない飛び地を形成していたのは、異教崇拝の紛れもない形式と何か密接な結びつきがあったからというより、むしろ見えざる人間の「力能」にあからさまに依存することを含め、そうした治療のリズムをさりげなく拒んだからなのです。親族も隣人も、とりわけ目端の利く土着の男や女は、苦艱《くげん》者に必要なものなら、すべて与えることができると思われていました。(71) グレゴリウスの側近《アントラージュ》のメンバーが、疫病を避けようとブリウドへ旅に出て、同輩の一人の病を治すため、やむなく地方の占い師《ディヴァイナー》の厄除けの護符に頼ることにしたとき、グレゴリウスを激怒させたのは異教徒のように振る舞ったからではなく、聖者たちを「畏敬」する感覚を失ったからなのです。かっとして彼固有の癇癪玉を破裂させます。

Quaerat patrocinium martyrum... postolet adiutoria confessorum, qui merito amici sunt dominici nuncupati.(72)

［殉教者の庇護を、苦艱者の求めるものとしよう。主の友と真に呼ばれる証聖者の助けを求める祈りを、苦艱者に唱えさせよう］

かくして、キリスト教の拝所が身近な土地では、どこでも近隣に散在する〔呪術《まじない》の〕大もとが護符や

＊24 **身づくろい** grooming とは本来「手入れすること」の意味だが、動物行動学では親子や集団で動物が互いに毛繕いや羽繕い、ノミやシラミ取り、蟻浴などをおこなうことを指し、単に衛生や外観だけでなく、集団内での序列を決めるとか、親子のなめ合いで家族の絆を保つことなどの社会的な意味を持つ行動をいう。

占いの形をなしていたので、いきなりそれが理想の人間関係という輪郭のくっきりした正確なイメージと対峙したのです。それを素描したグレゴリウスのような司教たちも、ローマ末期の貴族社会で長らく泥んできた身づくろい《グルーミング》の馴れあいを断ち切り、メリハリのきいた筆を揮《ふる》いました。

それゆえ、われわれがキリスト教擡頭の衝撃を感知できるのは、癒しのモデルの相剋においてなのです。たとえグレゴリウスが記述したようなリムーザン[*25]の所領の小さな木造の礼拝堂であろうと、[73]北シリアの後背地にある宗派の村落の司教、キュロスのテオドレトス[*26]が精力的に「掃討」したような、山塊のへりにかじりつき、眼下の平原の牧野で規律正しい生活が営まれていた辺境であろうと、キリスト教は町境から一歩踏み出したのです。十八世紀に〔シリアを〕旅した人が観察したように、「平地の国はいちめん専制政治《デスポチズム》が触手を伸ばしているのが見える。山地のほうは前進が食い止められている。最初の岩場、守りやすい最初の隘路で」[74]という有様でした。地中海世界の全圏でキリスト教が驀進《ばくしん》したのは、聖者の「影向」が驀進したのです。[75]この本全体を通してわれわれが見てきたのは、聖遺物や拝所の形をとりつつ、そうした「影向」がどれだけ重たかったかです。そこには、見えざる理想の人と接する人間的な交流も含め、理想の「力能」をもたらす特定の結びつきの集束体《クラスター》全体がのしかかってくるのです。

遺憾ながら古代末期にはしばしば、邑里《いなか》の聖者の「影向」が、何世紀も続いた破壊のプロセスにお墨付きを与えました。われわれが扱っているのは、キリスト教会の擡頭などより遥かに巨大な無言の変容なのです。ガリアでもヒスパニアでも、地方のケルト方言を死語にしてラテン語が普及し、その結果として〔俗ラテン語に由来する〕ロマンス諸語が出現したことは、前史以来長らく存続してきた文化にとどめを刺すものでした。キリスト教会はこの変容の結果を継承したのです。[76]インドの西端からアイルランドの東岸まで見渡しても、定住圏を持つ大文明で断層なしにまっすぐ古典期《プレクラシカル》以前の世界に遡る異教を六世紀まで維持したのは唯ひとつ、サーサーン朝イラン〔ペルシャ〕のゾロアスター文明だけでした。それ以外の地では、エジプトでも、メソポタミアでも、アナトリアでも、古典期以前の古代世界は決定的な終焉を迎えたのです。(77) それはローマ帝国の衰亡と凋落よりもっと激烈で、ギリシャ・ローマの城市から消え去った異教の神々よりも、もっと取り返しのつかない無言の没落でした。ガリアやヒスパニアの邑里《いなか》でも市中でも、しばらく遅れてきて大概は意図せざるものだったローマ化の果実は、聖者の「影向」によって刈りとられたのです。西地中海圏の先住民文化を、誰も気づかぬうちに浸食していくプロセスに、キリスト教の「畏敬」の広がりが最後の幕を下ろしました。行政と庇護の関係が織りなす網の目を通して、てっぺんから緩慢ですが確実にじわじわと圧力が高まり、それが市中からも、著名人の邑里の別荘からも、外部へずっと何世紀にもわたって滲《し》みだしていたのです。(78) 西ローマ帝国の滅亡後、一世紀経つと、グレゴリウスや彼の同時代人も、いまや確信できるようになりました。もはや、すべての道がローマへ通じているわけではないけれど、すくなくともトゥーレーヌでは、すべての道はトゥールへ、「主人マルティヌス〔の拝所〕へ」Ad dominum Martinum と通じています。そこから持ち出すほんの一つまみの塵芥でも、村の癒しの咒師がみせる遠い昔の怪しい藪《やぶ》知恵の一切合切より、ずっと価値があったのです。(79)

なぜなら、この本で見てきたように、グレゴリウスが期待していた「畏敬」は、「社会化《ソーショリゼーション》」*27 という、目立たずとも絶えず働きかけるプロセスから、その力を引き出していたからです。ローマ末期の貴族層

*25 **リムーザン** リモージュ市を中心としたフランス中南部の内陸の旧地方名。西隣に現ボルドーを含むアクィタニアがあった。
*26 **キュロスのテオドレトス** 本書第二章原注100補注参照。

は大部分が都市環境で暮らしており、そこに作用する権力と保護〔との関係〕から、愛おしむように、或る意味でにわか仕立てで、超自然への期待をツギハギで紡ぎだすという、そんな世界で繰り広げられていたことです。聖者崇拝の言葉遣いは、このかなり異例の雰囲気を呼吸していたものでした。そして、それを支えるリズムも熱狂も、貴族出の司教たちの庇護《パトロネージ》のもと、都市の拝所で最大限にもっともらしく演じられたか、あるいはブリウードの聖ユリアヌスの拝所のように、都市に幅広い人脈を持つ貴族が支配する地方の一部エリアでおこなわれたのです。[80]まだ「社会化」の及んでいない地域にまでこの「畏敬」が到達したときは、都会的貴族的な身づくろい《グルーミング》の流儀は、あまり手直しの効かない〔村落の〕生活様式から無言の抵抗にあいました。聖者に敬意を払うために古来の働く生活のパターンを変えるとか、[81]「主人」となった他の階級を喜ばせるために、わざわざ風習を捩じ曲げるとか、そんな真似はすまいという人間の集団が暗黙のうちに臍《ほぞ》を固めたので、古代末期から中世初期にかけて、キリスト教化のプロセスは、立ち往生させられました。[82]グレゴリウスの祝祭の世界を、「むきだしの野鄙」のゾーンがぐるりと取り囲んでいたのです。[83]

ところが、あちら立てればこちら立たずの義務の網の目を、がんじがらめと感じた連中の農業共同体があちこちに散在していて、その窮地を凝縮し解決するために、たまたま新たに出現した聖者への「影向」が利用されたのかもしれません。[84]グレゴリウスの聖者伝の作品*28を中断させたのは、不可解、または抑圧的な形の万力が、ぎりぎりと責め苛む邑里《いなか》の沈滞ぶりを、われわれにかいま見せる事件が起きたからです。聖者の「影向」はしばしば、恍惚とした熱狂を炎上させる火付け役になりました。それまで「不浄」に依り縋るかたち以外、村人たちには選ぶ余地がなかった地域に、新たに到来した「浄め」の力と結合したのです。聖ユリアヌスの聖遺物がシャンパーニュの野を通りかかったのは、近隣から集められた徴用労働者が屯《たむろ》していたときでしたが、この祭列が通るや、後の千年王国追求の運動とそっくりの劇的で不吉な場面に彩られました。

見ろ、誰よりも祝福されたユリアヌスが、われらの近くにお越しだぞ！　ご覧あれ、その御力を！ご覧あれ、その栄光を！　走れ、野郎ども、鋤も牛も放りだせ。われら全員、彼について行こうぞ！(85)

聖者のつかの間の「影向」は、この窶《やつ》れ果てた男たちに、ほんの一触れですが、理想の依りどころをもたらしました。それは、労働集約的な穀倉地帯のガリア・ローマ人大地主が搾りあげる重租から、一瞬なりとも彼らを自由にすることができたのです。(86)苦境に喘ぐ個人は、主人から解放された〔農奴〕か、(87)聖者の拝所に癒しを見いだして家族を棄てた流民ですが、その多くは辺境の地からやって来たのです。(88)彼らが囚われていた庇護システムのあやふやさに対して、ほかに何ひとつ身を護るものがない人びとは、しばしば女性でしたが、地元の権者にあまりにもあからさまに平伏して依り縋るよりも、むしろ遠くの拝所に祀られている理想の「主人」に縋るほうを、思い切って選んだのでした。(89)グレゴリウスは、この根こそぎにされた男女が三々五々こぼれ落ちてくる余滴を、喜んで記名しまし

＊27　**社会化**　社会の新規参入者がその社会の価値や規範を身につけようとするプロセスで、児童の家族との関係が第一次社会化、成熟期の通過儀礼や就職、結婚などが第二次社会化と呼ばれる。デュルケムやピアジェらフランス社会学や心理学の用語。ここではキリスト教の教化を、カソリックの価値や規範に馴化するプロセスのひとつとみなしているようだ。

＊28　**グレゴリウスの聖者伝の作品**　イリディウスやニケティウスらガリアの著名な聖職者二十人の列伝である『教父伝』Vita Patrum と、マルティヌスやユリアヌスらの『栄光の殉教者伝』De gloria martyrum などだが、中断したのは後者だろう。

た。なぜなら、彼らの内部で語りだした汚鬼《おき》が、例外なく一様に、聖者の「畏敬」の範囲がどんどん広がっていることを認めていたからです[90]。ところが、彼を腹の底から怒らせたのは、司教の支配を逃れて「影向」の我流のポケットをこしらえ、「畏敬」を求める圧力をそらそうとすることで、そうした民衆側の試みは何であれ許しませんでした。それでも、彼の『歴史十巻』Libri historiarum*29 やその他の後年の史料には、ガリアの城市から到来した聖者が優位に立ち、その爆発的な〔改宗〕状況を示す出来事がふんだんに載っています。五四三年以降、たびたび再燃した疫病のように、古来の習わしの療法制度では歯が立たない脅威に共同体が曝されたときはいつだって、咄嗟の対応なら癒しの「水平」モデルを再確認することでしたが、だとしても今は新しいキリスト教の方式に変じていました[91]。聖者を幻視して[92]気負った占卜者《スースセイヤー》たちが、新しい治療方式を広めてまわり、贖罪の新たな儀式を喧伝していたようです。盗っ人捜し、贓品《ぞうひん》取り返し、読心の術といったような占い師としての異能を土台にして、予言者たちは悔悛の儀式を練りあげました[93]。こうした動きは、聖者の「影向」がいたわしいほど必要だったことを明かしています。しばしばそれは、〔使徒の〕ペテロかパウロか、彼らにとってもっとも権威があって、想像を絶するほど遠くにいる聖者を、地方の共同体にいきなり持ち込むことでした。そして、都市の拝所やその司教の周りに動員された「畏敬」を求める声とも衝突することなく、彼らはこれをやり遂げたと主張しています[94]。グレゴリウスですら、そうした連中のなかにライバルを見ていました。

〔五八七年の厄年のあと〕トゥールにデシデリウスという名の男が現われた。自らを人並み以上の人間と宣言して、多くの奇蹟を起こす霊力があると断言した。彼が何より自慢の種としたのは、彼本人とペテロやパウロのあいだを使者が行き来していることだった。わたしが不在のときは、邑里《いなか》の人びとが大挙して彼のもとに群がり、いっしょに盲人や寝たきりの患者を連れていった。この男の求めたものが、聖なるものの力で癒すことよりもむしろ、地獄の偽りの技を教えて騙すことだったからである。[95]

グレゴリウスを悩ませたのは、これが孤立した事例ではなかったことです。[96] こうした出来事は六世紀初頭から、深く中世にまで及んでいます。[97] そこにわれわれが感じることができるのは、キリスト教会が擡頭し、その構造が邑里《いなか》に広がったため、悲劇的に一方に押しやられた男女からの反動です。フル装備の宗教や、聖者の恵みに十二分に与れるのは市中だけで、〔邑里は〕どうせ他所事なのです。[98]

なぜなら、それが聖者崇拝に結晶化されるようになったとき、これこそ古代末期のキリスト教のパラドクスでしたから。普遍的かつ排他的な宗教であるキリスト教は、周知の世界の津々浦々まで普及したと主張してきました。[99] じっさい、広がったキリスト教は、砂地が乾いていく地表に残った水たまりのように、聖者の拝所の周辺に横たわっています。或る一定の場所、きっちり区切られた社会的環境《ミリュー》があってはじめて、聖者の「影向」や「畏敬」の言葉が、キリスト教共同体の最深部に潜む願望を満たし、一体となって交響できるからです。そうした領域の外側、つまりローマ末期の〔人間関係の〕結びつきという、全色の絵の具パレットで「畏敬」を縁取りできた領域の外には、広大なゾーンが渺茫《びょうぼう》と広がっています。そこでは、先住民が崇める異教の多彩な色合いが、これまで長らく失われてきた邑里を覆うよう

＊29 **『歴史十巻』** 正式には Decem libri historiarum、または『フランク史』Historia Francorum と訳されることもある。創世記に始まるが、大半はガリアのキリスト教化の歴史。五巻以降はグレゴリウス自身の現代史となり、五九一年のメロヴィング王家の小さな内紛で終わる。終末史観に則って俗ラテン語で書かれているが、ガリアで起きた奇蹟譚など数多くの逸話を含んでいる。兼岩正夫・臺由紀夫の邦訳がある。

に、キリスト教だけがグレーの薄塗りをふんだんに使って塗りつぶすことができたのです。[100] それは物悲しい眺めです。これほど鮮明なかたちになろうとは、ギリシャ・ローマのエリートが想像だにできなかった状況を、キリスト教の「畏敬」は生み出したのです。[101] いまや人口は真っ二つに分かれました。片方には、自ら望めば普遍宗教の身づくろい《グルーミング》〔の馴れ合い〕に全面的に加われる人びと、他方には広大な地域に散らばって、物理的な距離と「社会化」の欠如によって隔てられ、同じ宗教でも下位基準の亜型《バージョン》に宿命づけられた階級が控えていました。[102] 西欧社会における異教の壊死《えし》と聖者崇拝の擡頭が、その歴然たる貴族的で都市的な形態とともに裏書きしたのは、ヨーロッパの上流階級が古代末期以降は常に「野鄙」な烏合の衆を反面教師としたことです。烏合の衆は、天地創造でも端役すら割り当てられませんでした。[103]

われわれはまた、神々の稜威《みいつ》を奪われ、守勢に立たされた自然界にも直面しています。西ヨーロッパのキリスト教会勃興のもっとも顕著な特徴は、人を統治する行政構造を押し付け、見えざる人間や市中の司教ら可視の人間の代表と結びついた、理想の「畏敬」を強要する代わりに、風景そのものに帰属すると思える古来の習わしを犠牲にしたことにある、とわたしには見えます。[104] 聖マルティヌスは、自然と神性が交わるとされる接点を攻撃しました。[105] 彼は聖なる斎木《ゆき》を切り倒し、[106] 耕作の適地と不適地の境に古来引かれてきた一線を踏みにじり、それを継承させませんでした。[107] 彼の後継者たちは、雷汞《らいこう》*30のごとく木々や泉を糾弾し、動物や植物の生に目を寄せて凝視して未来を予見する、という占いの形式を誹謗《ひぼう》しました。[108] 太陽や月や惑星がゆっくりと天穹《てんきゅう》を回るのに目もくれず、その代わり、卓越した個人の死に結びつく、純粋に人間的な時間を反映させた労働と休息のリズムを押しつけたのです。[109] 六世紀のガリアとヒスパニアでは、反異教の論者たちが退屈な連呼を繰り返し、教会会議も警告を発していましたが、その背後で鼎《かなえ》の軽重を問われていたのは、人間と自然の関係をめぐる見解が合わない相剋に他なりません。
アルフォンス・デュプロンは、キリスト教の巡礼地の本質を論じたとき、この点をはっきりさせました。

Le lieu dans la plénitude du sens est réalité cosmique, quelque accident physique qu'en chaque cas il consacre. Et toute l'histoire du pèlerinage chrétien vise à baptiser le païen— c'est à dire à anthropomorphiser le cosmique.... L'écran humain ou «l'hominisation» sont actes cohérents à toute considération chrétienne du lieu de pèlerinage.
（それぞれ聖別する物理的な偶然が何であれ、非の打ちどころのない意味のある場所とは、宇宙の現実である。そしてキリスト教徒の巡礼の全史が、異教徒を洗礼させること――すなわち、宇宙の擬人化をめざしている。……人間のスクリーン、または「ヒト化」[*31]こそ、巡礼の場所にどこを選ぶか、クリスチャンのいかなる考えとも一致する振る舞いなのだ[110]）

きっとこれが五世紀のジャヴォルの司教[*32]の意見だったでしょう。その事績をグレゴリウスは覚えてい

＊30 **雷汞のごとく** 原文は fulminate で別名は「雷酸水銀」。水銀に濃硝酸を加え、エチルアルコールと反応させ結晶化したもので、発火性から起爆剤に使われる。

＊31 **ヒト化** 生物学用語の hominization。幼児から成人になる個体発生としての「人間化」でなく、猿人から新人に進化する系統発生の過程を「ヒト化」と呼ぶ。デュプロンのみならず、ブラウンもこの語を使うのは、異教からキリスト教への改宗の過程が単なる社会的な変容でなく、人類の進化の一環ともみなせることを示したのだろう。

たのです。彼がオーヴェルニュにキリスト教を広めていたとき、邑里《いなか》の民が三日間の祭典を祝っているのを知りました。ある山の頂上に火山のクレーターがあって、そこに生い茂っている葦原のほとりで供物を捧げるという祭りです。「沼地に宗教などありはしない」Nulla est religio in stagno。彼はそう言い切りました。

> 沼地に宗教などありえない。が、むしろ神を認め、神の朋がらを敬え。神の司教、聖ヒラリウスを崇めよ。その聖遺物は、ここに祀られている。彼なら、神のお慈悲を求めて、おまえたちの執り成し役として振る舞える。[111]

その後に起きたことは、大きな変化ではなかったと見えるかもしれません。山頂への巡礼は相変わらずでした。[112] しかし「神事」religio[*33]は、きっぱりとほんとうに沼地から消えたのです。そのかわり、われわれには人間の造りもの——石造の建物が残されました。人間の「影向」——聖ヒラリウスの聖遺物です。そして聖ヒラリウスの御力《みちから》は、友情や執り成しという本質的には人間的な関係を介して発揮されるものとなっています。巡礼地そのものは、遠くの町に住む人間の権威に依りかかる行政構造に組み込まれ、かつては聖なる景観の肝だったその襞《ひだ》を跡形もなく消されてしまいました。そこはジャヴォルの司教の教区にぽつんと建つ教会になったのです。これをみると分かるように、西ヨーロッパでキリスト教が擡頭したのは、自然界の「ヒト化」の一章なのです。[113]

これは勝利です。現代の学者にしてみれば、トゥールのグレゴリウスほどむきになって熱く証言するまでもないことです。山頂の絶景と、キリスト教以前のヨーロッパの息の長い、ゆるやかな知恵に対面させると、グレゴリウスの「畏敬」は壊れやすく、少なからず癇《かん》に障るものと思えてきます。それは、内向き思考の団体の比較的急な成長を反映しているのです。彼らはローマ末期の都市風の貴族社会という狭い領域内で鍛えあげた、人間の相互関係を表すことばを用いて、見えざるものを理解する必要に駆られ、それが強迫観念の虜となる極点に達していました。[114] 聖者崇拝の当初の世紀に目をやると、どこでも目につくのは、人間関係を観察してそこから引きだしたことばが、分節化も劣っていたし、分節化がしにくくもあった以前の時代の確かさを薙ぎ倒していく勝利なのです。

＊32　**ジャヴォルの司教**　ジャヴォルはかつて西ロマンス語の一つであるオック語が使われていたフランス南部のオクシタニー地域圏のロゼール山地の地名。殉教したマンデ司教、プリウァトスを祀る聖堂があった。アレマン族の来寇（時期は三〜五世紀と不明）でプリウァトスは山地の堡塁グレドナに逃れたが、捕まって棍棒で殴り殺された。聖者伝説が広がり、フレスコ画などで灰色の髭を生やし、棍棒で打たれる姿が描かれた。

　この聖堂の修道院長ルペンティウスが五八四年ころ暗殺された経緯が『歴史十巻』第六巻37に載っている。メロヴィング朝の祖、クローヴィスの孫でアウストラシア王のシギベルト（一世）は、西ゴート王アタナヒルトの娘、ブルンヒルトを王妃とした。修道院長ルペンティウスがこの王妃の陰口を言ったとの廉で、ジャヴォル伯インノケンティウスに告発されたが、院長は拷問に耐えて釈放された。不満なジャヴォル伯はエール川のほとりで院長を捕らえ、首を刎ねて川に放りこんだ。首のない遺骸を羊飼いが誰とも知れずに葬ったところ、首の入った袋を摑んだ鷲が現われて遺骸の主が分かった。プリウァトスの霊験か、以後はルペンティウスの墓に詣でると病が治るとされた。

　シギベルト王の口添えでトゥールの司教に選ばれたグレゴリウスはその同時代人で、シギベルトの弟、ネウストリア王キルペリクとの角逐が背景にあることを承知していた、このブルンヒルトは『ニーベルンゲンの歌』（その近代版がワグナーの『ニーベルンクの指環』）の悲劇の発端となったブリュンヒルデのモデルとされる。

＊33　**「神事」**　religio の語源ははっきりしない。キケローは re-lego（再読）の意味に解したが、ジョゼフ・キャンベルは re-ligare（再び縛る）というアウグスティヌスらの解を択んだ。小堀馨子によると、前三世紀の初出では「タブーや、忌諱に触れての言い訳という軽蔑的なニュアンスを内包し、superstitio の意味とも共通点のある用法であった」が、全二世紀末にはそうしたニュアンスが消えて、中立的に「儀礼」の意味を表す用法が出現、キケロの時代に両義が分化していったという（『宗教研究』二〇〇九年4号）。

それでもわれわれはまた、素晴らしい四世代が提示した解を是としなければなりません。それはパウリヌスがノーラに定住すると決心してから、西方ヨーロッパ圏のローマ帝国終焉を経て、トゥールのグレゴリウスの幼年時代の記憶に達するまでの四世代でした。昔ながらの世界にはその限界がありました。サー・ジェームズ・フレイザーが『金枝篇』で述べたとおりです。「神は罪を赦しても、自然は赦せない[115]」。神とその人間の友は、罪を赦すために来たのです。これまでの章でわれわれが出会った人びとのなかでは、現行の依存関係を反映した超自然を望むパターンの形成を何が何でも選ぶことは常に、権力の行使と庇護《パトロネージ》が結びつき、頭でっかちになったことばを選ぶ以上のことを意味していました。ローマ末期の条件下では、「力能」にはもっと穏やかな裏の一面があったのです。庇護と依存、貴族的な「友情」amicitia のせっかちさでさえも、今のわれわれには難しい拘束的な関係と見えるかもしれません。しかしローマ末期の人びとがその行動の自由を得たいと思ったのは、そうした関係を通してでした。そこから正義と慈悲と、同輩の人間たちとの連帯感が芽生えてきたのかもしれません。われわれがいま生きているのは、正義と慈悲、そしてわれわれの同輩の大半を受容することがめったになく、社会で周知の法を差し止めるには脆弱な世界ですが、それはローマ末期の共同体で聖者の「影向」と結びついた、あの赦しの祝福された瞬間がめったに来ないのとおなじです。だからこそわれわれは、さらなる共感をもって、それゆえ、さらなる学的な研鑽を重ねて、古代末期のキリスト教徒が執拗に追った関心を見つめなければなりません。彼らの世界にだって、探求し慈悲溢れる同輩の人間の存在に、人びとが加われる場所があったはずだ、と弁明するためにも。

原注

主要な原文献について

わたし（ピーター・ブラウン）が引用した原文献のうち、俗人の作者のほぼ全員と、教会関係の作者の多くは、ロエブ古典ライブラリー（London: Heinemann; New York: Putnam; and Cambridge: Harvard University Press）の英語対訳版で参照できる。わたしが言及した底本それぞれの細目は、ロエブおよび他の標準版で採用されている版を参照されたい。取り上げた文章を参照する便宜のため、しばしば引用したのはJ・G・ミーニュ編のPartologia Latina（PL）とPatrologia Graeca（PG）、およびPatrologiae cursus completus（Paris, 1844 以降）である。左記の著者によるものは以下の底本を用いたが、うち一部は略号とした。

Augustine *De cura gerenda pro mortuis*
　Corpus Scriptorum Ecclesiasticorum Latinorum 41 (Vienna: Tempsky, 1890).
Augustine *City of God. De Civitate Dei*
　Corpus Christianorum 47 and 48 (Turnhout: Brepols, 1955).
Gregory of Tours
　Greg. Tur. LH: Gregorii episcopi Turonensis, *Libri historiarum*, ed. B. Krusch and W. Levison, *Monumenta Germaniae Historica: Scriptores Rerum Merovingicarum* 1, 1 (Hanover: Hahn, 1951)
以下のグレゴリウスの五作品は Gregorii episcopi Turonensis, *Miracula et opera minora*, ed. B. Krusch, *Monumenta Germaniae Historica: Scriptores Rerum Merovin gicarum* 1, 2 (Hanover: Hahn, 1885) で引用箇所がみつかるはずである。
　Greg. Tur. GM: *Liber in gloria martyrum*
　Greg. Tur. VJ: *Liber de passione et virtutibus sancti Iuliani martyris*
　Greg. Tur. VM: *Libri I-IV de virtutibus sancti Martini episcopi*
　Greg. Tur. VP: *Liber vitae patrum*
　Greg. Tur. GC: *Liber in gloria confessorum*

Paulinus *Carmina*

Corpus Scriptorum Ecclesiasticorum Latinorum 30, 2 (Vienna: Tempsky, 1894)

Venantius Fortunatus *Carmina*

Ed. F. Leo and B. Krusch, *Monumenta Germaniae Historica: Auctores Antiquissimi* 4 (Hanover: Hahn, 1881)

ILCV

E. Diehl, *Inscriptiones latinae christianae veteres*, vols. 1 and 2 (Zurich: Weidmann, 1925 and 1961)

読者はこの本で使われた底本の以下の英訳が役立つかもしれない。

Augustine *De cura gerenda pro mortis*

The Care to be Taken for the Dead, in Saint Augustine: *Treatises on Marriage and Other Subjects*, trans. J. Lacy, The Fathers of the Church 27 (New York: Fathers of the Church, 1955).

Gregory of Tours *Libri historiarum*

The History of the Franks, trans. O. M. Dalton (Oxford: Clarendon Press, 1927) and Lewis Thorpe (Harmondsworth: Penguin, 1974)

Gregory of Tours *Miracula*

M. L. Brodin, Livres des miracles, in Société de l'histoire de la France 88 and 103 (Paris: J. Renouard, 1857 and 1860)

Miracles of Saint Julian と *Miracles of Saint Martin* の翻訳は John Corbett of Scarborough College, University of Toronto, in the Pontifical Institute for Medieval Studies Series に期待できそうだ〔二〇一四年現在、なお未刊〕。

Jerome *Contra Vigilantium*

St. Jerome: Letters and Select Works, trans. W. H. Fremantle, in *A Select Library of Nicene and Post-Nicene Fathers*, ed. P. Schaff and H. Wace (New York: Christian Literature, 1893)

Paulinus *Carmina*

P. G. Walsh, *The Poems of St. Paulinus of Nola*, Ancient Christian Writers 40 (New York: Newman Press, 1975)

Paulinus *Epistulae*

P. G. Walsh, *Letters of St. Paulinus of Nola*, Ancient Christian Writers 35 and 36 (New York: Newman Press, 1966 and 1967)

Prudentius *Cathemerinon* and *Peristephanon*

Prudentius, ed. and trans. H. H. Thomson, Loeb Classical Library (London: Heinemann, 1961; Cambridge: Harvard University Press, 1969).

Prudentius: "Hymns for Every Day" and "The Martyrs' Crowns," trans. M. C. Eagan, The Fathers of the Church 43 (Washington: Catholic University of America Press, 1962).

Sulpicius Severus *Vita Martini* and *Dialogi*

Trans. B. M. Peebles, *Niceta of Remesiana, Sulpicius Severus, Vincent of Lerins and Prosper of Aquitaine*, Fathers of the Church 7 (New York: Fathers of the Church, 1949).

The Works of Sulpitius Severus, trans. A. Roberts, *in A Select Library of Nicene and Post-Nicene Fathers*, 2d. series, 11 (Ann Arbor, Michigan: Cushing, 1964).

Victricius of Rouen *De laude sanctorum*

R. Herval, *Origines chrétiennes, de la iie Lyonnaise gallo-romaine à la Normandie ducale (ive-xie siècles): Avec le texte complet et traduction* du «De laude sanctorum' de saint Victrice (396) (Paris: Picard, 1966)

序（一九八一年）

（1） F.W. Maitland, Domesday Book and Beyond (Cambridge: At the University Press,1897): 595

〔補注〕**F・W・メイトランド**　一八五〇年生まれの英国の法制史学者。ケンブリッジ大学トリニティ・カレッジ出身で、恩師の哲学者ヘンリー・シジックの推挙で講師となり、のち教授となった。原史料の発掘に邁進、『英国の初期議会』などの代表作がある。

〔補注〕**Domesday Book**　十一世紀にイングランド王国を制覇したウィリアム一世が検地してつくった世界初の土地台帳のこと。Doomsday は「最後の審判」のことだが、綴りが Domesday なのは dome が「家」を意味するからで、私的なオイコノミア（家政）を公事の膝下に置くからだろう。

二〇一四年の増訂版序文

（1） Michael Gilsenan, *Saint and Sufi in Modern Egypt: An Essay in the Sociology of Religion* (Oxford: Oxford Monographs on Social Anthropology), 1973。

〔補注〕**マイケル・ギルスナナン**（一九四〇〜）　オクスフォード大学出身で、エヴァンス＝プリチャード所長の人類学研究所で社会人類学（文化人類学）を学び、ロドニー・ニーダムの影響も受けて中東でフィールドワークに従事した。一九七三年に同書を出版したほか、二〇〇〇年にRecognizing Islam: Religion and Society in the Modern Middle Eastを公刊した。のちニューヨーク大学教授として教鞭をとり、二〇二二年に引退した。因みに「スーフィー」とはイスラム神秘主義の行者のことである。

（2） J.Fontaine, *Damase, poète théodosien : L'imaginaire poètique des Epigramata, Saecularia Damasiana,* Studi di antichità Cristiana 39（Rome : Pontificio Instituto di Aecheologica Cristiana, 1986）11-145, Diefenbach, *Römische Erinnerungsgräume : Helligenmemoria und kollektive Identitäten im Rom* des 3. Bin 5, Jahrhunderts n. Chr., Millennium-Studien（Berlin : de Gruyter, 2007）: 215-329

〔補注〕**ジャック・フォンテーヌ**（一九二二～二〇一五） フランスのラテン学者。ヒスパニアの初期教会を主導し、中世の百科事典として知られる『語源』を書いたセヴィリアのイシドルスの研究家。『セヴィリアのイシドルスとヒスパニアの西ゴート王国の古典文化』Isidore de Séville et la culture classique dans l'Espagne wisigothique, 2 vols,1959でフランス文化院の碑文・文芸アカデミー賞を受賞した。一九五九～八八年にパリ第四大学ソルボンヌの教授。ピエトリとともに本書を批判した。

〔補注〕**シュテファン・ディーフェンバッハ**（一九六八～） ドイツの古代末期研究家で、ボーフム、オクスフォード、フライブルク大学で学び、ミュンスター大学で博士課程を修了した。『ローマの記憶の部屋』は、三～五世紀の聖者と集団的アイデンティティの記憶をテーマにしたもので、研究書の定番の地位を占めた。

（3） M.Roberts, *Poetry and the Cult od the Martyrs : The Liber Peristephanon of Prudentius*（Ann Arbor : University of Michigan Press,1993）

（4） D.Trout, *Paulinus of Nola*：*Life, Letters,and Poems*（Berkeley: University of Californiapress, 1999）

（5） M.Roberts, *The Humblest Sparrow*：*The Peotry of Venantius Fortunatus*（Ann Arbor : University of Michigan Press,2009）

（6） G.de Nie, *Views from Many-Windowed Tower: Studies of Imagination in the Works of Gregory of Tours*（Amsterda : Rodopi, 1984）and Poetics of Wonder : Testimonies of the New Christian Miracles in the Late Latin Antique Latin World（Turnhout : Brepols, 2011）, for writes before Gregory.

（7） T.Lehmann, Pulinus Nolanus und die Basilica Nova in Cimitile/Nola : Studien zu einem zentralen Denkmal der spätantikßfrühchristlischen Architektur（Wiesbaden : P.Reichert, 2004）

（8） A.Terry and H. Maguire, *Dynamic Splendor : The Wall Mosaics in the Cathedral of Eufrasius at Poreč*（University of Park : Pennsylvania State University Press, 2007）

〔補注〕**アン・テリー**　アメリカのローマ末期およびビザンティン美術史の研究家。東ミシガン大学卒業、イリノイ大学サーバン・シャンペーン校でPh.Dを取得、現在はロード・アイランド大学で教鞭を執っている。アドリア海北部周辺のモザイク研究が専門で、ポレチュの聖堂の修復されたモザイク画の共同研究により数々の賞を受賞した。

〔補注〕**ヘンリー・マグワイア**（一九四三〜）　アメリカのビザンティン美術史家。ダンバートンオークス、ジョンズ・ホプキンス大学で研究や教職に就き、現在は同大学名誉教授。

（9）*Local Saints and Local Churches in the Early Medieval West*, A.T.Thacker and R. Shape, eds. (Oxford : Oxford University Press, 2002)

（10）これらの地域では北アフリカがもっとも顕著である。Y.Duval, *Loca Sanctrum Africae : Le culte des martyrs en Afrique du IV VII siècle*, 2 vols, Collection de l'Ecole française de Rome 58 (Rome: Palais Farnese, 1982) 参照。AM. Yasin, *Suijuts and Church Spaces in the Late Antique Mediterranean Architecture, Cult, and Community* (Cambridge: Cambridge University Press, 2009)。一般には *Les fonctions des saints dans le monde occidental* (*iii-xiii*), Collection de l'Ecole française de Rome 149 (Rome: Palais Farnese, 1991) 参照。J. Howard-Johnston and P.A. Hayward, eds., *The Cult of Saints in Late Antiquity and the Early Middle Ages : Essays on the contribution of Peter Brown* (Oxford: Oxford University Press, 1999) または R. Bartlett, *Why Can the Dead Do Such Great Things? Saints and Worshippers from the Martyrs to the Reformation* (Princeton : Princeton University Press, 2013)

〔補注〕**イヴェット・デュヴァル**（一九三一〜二〇〇六）　モロッコで生まれたユダヤ系フランス人で、マルーやピエトリの下で北アフリカの殉教者崇拝を研究、パリ第十二大学教授を務めた。

〔補注〕**アン・マリー・ヤシン**　ノースウエスタン大学や南カリフォルニア大学の准教授を歴任した考古学および美術史家。古代末期の建築や聖者崇拝が専門。

〔補注〕**ジェームズ＝ハワード・ジョンストン**（一九四二〜）　ビザンティン帝国史の英国人研究者。オクスフォード大学講師、同コーパス・クリスティ・カレッジの名誉フェロー。十二世紀ビザンティンの皇女アンナ・コムネナが書いたとされる父のアレクシオス一世帝の伝記『アレクシアス』が、実は別人の書いたものだとの説を唱えている。

〔補注〕**ロバート・バートレット**（一九五〇〜）　英国の中世史研究家。欧米で研究員を歴任し、現在はスコットランドのセントアンドリュース大学名誉教授。主著『ヨーロッパの形成』はウォルフソン歴史賞を受賞した。

（11）P. Maraval, *Lieux saints et pèlerinages de l'Orient Histoire et géographie des origines à la consulte arabe* (Paris: Le Cerf, 1985), C. Jolivet-Lévy, M. Kaplan, and J.P. Sodini, eds, *Les stirés et leurs sectaires à Bynnce Textes, images et monuments* (Paris : Sorbonne, 1993), A. Papaconstantinou, *Le culte des saints en Égypte des Bynovations aux Abbasiles : Tapport des inscriptions et des papyrus grecs et cotes*

(Paris : CNRS, 2001)

〔補注〕**ピエール・マラヴァル**（一九三六〜二〇二一）　フランスの初期キリスト教研究家で、マルーの弟子のマルゲリッテ・アールのもとで、ニュッサのグレゴリオスなど教父学を研究、マルク・ブロック大学やソルボンヌ大学で教授を務めた。

〔補注〕**キャサリン・ジョリヴェ＝レヴィ**　フランスのグランゼコール、高等実習研究院（ＥＰＨＥ）の研究員で、カッパドキアなどビザンティン美術史家。

(12) E. Key Fowden, *The Barbarian Plain Saint Sergius between Rome and Iran* (Berkeley: University of California Press, 1999)

〔補注〕**エリザベス・ケイ・フォーデン**　欧州からペルシャにかけての古代末期の研究者。テキサス大学を経てプリンストン大学でPh.Dを得たが、指導教授はブラウンで、博士論文は『蛮人の平原　ローマとイランの間の聖セルギウス』として出版された。現在は英国ケンブリッジ大学の上級研究員。

(13) R. Payne, "The Emergence of Martyrs' Shrines in Late Antique Iran: Con- flict, Consensus and Communal Institutions," in *An Age of Saints? Power, Conflict and Dissent in Early Medieval Christianity*, ed. P. Sarris, M. Da Santo, and P. Booth (Leiden: Brill, 2011): 89-113

〔補注〕**リチャード・ペイン**　米国のイラン研究者でシカゴ大学教授。サーサーン朝ペルシャの帝国の構造を分析、主著は『混合の国家　古代末期のキリスト教、ゾロアスター教、イランの政治構造』A State of Mixture: Christians, Zoroastrians, and Iranian Political Culture in Late Antiquity

(14) J.M.H. Smith, "Oral and Written: Saints, Miracles and Relics in Brittany, c.850-1250," *Speculum* 65 (1990): 309-343

〔補注〕**ジュリア・M・H・スミス**　ケンブリッジ生まれの英国の中世史研究家。二〇一〇年に聖遺物についてレイリー講演をおこなった。一六年からオクスフォード大学教授。

(15) R. Van Dam, *Saints and their Miracles in Late Antique Gaul* (Princeton: Princeton University Press, 1993)。都市を守護する一人の聖人という話題は重要会議の議題だった。そうした論文は直に発表されるだろう。*Des dieux civiques aux saints locaux dans le monde tardo-antique* (iv-vii siècles), ed. J.P. Caillet, H. Inglebert, B. Dumézil, and S. Destephen, (Nanterre, France, April 3-5, 2013)

(16) W.S. van Egmond, *Conversing with the Saints: Communication in Pre-Carolingian Hagiography from Auxerre* (Turnhout: Brepols, 2006)

〔補注〕**ウォルフレット・S・ヴァン・エグモンド**（一九七〇〜）　メロヴィング朝のオーセルの聖者伝からそのコ

ミュニケーションを分析した著書を出版した。

（17） M. Heinzelmann, «L'hagiographie mérovingienne: panorama des documents potentiels,» in *L'hagiographie mérovingienne à travers ses réécritures*, ed. G.M. Goullet, M. Heinzelmann, and C. Veyrard-Cosme, Beihefte der Francia 71 (Ostfildern: Thorbecke, 2010): 27-83; E. Rose, *Ritual Memory: The Apocryphal Acts and Liturgical Commemoration in the Early Medieval West (c.500-1215)* (Leiden: Brill, 2009)

〔補注〕**ミヒャエル・ハイツェルマン**　ドイツの考古学者でケルン大学教授。ローマ史およびヘレニズム史が中心で、ローマの外港オスティアのモノグラフがある。

〔補注〕**クリスティアーヌ・ヴェイヤール＝コスメ**　フランスのカロリング朝研究者。シャルルマーニュの側近で修道院長アルクインの書簡研究などが中心。

（18） C. Pietri, «Les origines du culte des martyrs (d'après un livre récent),» *Rivista di Archeologia Cristiana* 60 (1984): 293-319

J. Fontaine, «Le culte des saints et ses implications sociologiques: Réflexions sur un récent essai de Peter Brown,» *Analecta Bollandiana* 100 (1982):17-41

（19） Pietri, «Les origines» 304

〔補注〕ピエトリ自身は「はしたない語（vilain mot）」と呼んでいる。神学的見解に基づいて荘重に果たした司教の役割に「座元」という語を用いるのは軽々しいという。

（20） A.Ferrua, «Graffiti di pellegrini alla tomba di San Felice, « *Palladio* n.s.13 (1963) :17-19

（21） P. Brown, *Through the Eye of a Needle: Wealth, the Fall of Rome, and the Making of Christianity in the West, 350-550 AD* (Princeton: Princeton University Press, 2012)

（22） J.F. Matthews, *Western Aristocracies and Imperial Court, AD 364-425* (Oxford: Clarendon Press, 1975)

〔補注〕**ジョン・F・マシューズ**　英国のローマ史家。テオドシウス帝やテオドシウス法典、さらには貴族の研究が中心で、オクスフォード大学の講師、読師を経て渡米、エール大学教授。

（23） M. Heinzelmann, *Bischofsherrschaften in Gallien: Zur Kontinuität römischer Führungsschichten vom 4. bis 7. Jahrhundert*, Beihefte der Francia 5 (Munich: Artemis Verlag, 1976)

（24） E.D. Hunt, *Holy Land Pilgrimage in the Later Roman Empire, AD 312-460* (Oxford: Clarendon Press, 1982)

〔補注〕**エドワード・デヴィッド・ハント**　古代末期の聖地巡礼をコンスタンティヌス帝から五世紀半ばで追った『後期ローマ帝国の聖地巡礼』が主著。

(25) P. Brown, "The Study of Élites in Late Antiquity," *Arethusa* 33 (2000): 321- 346

(26) C. Sotinel, *Church and Society in Late Antique Italy and Beyond* (Farnham, UK: Ashgate / Variorum, 2010)

〔補注〕**クレア・ソティネル**　シャルル・ピエトリの妻ルースの指導で博士号を取得。人物の身元調べから歴史を組み立てる「プロソポグラフィー計画」に加わった。現在はパリ第十二大学教授で、ルビリヤールとの共著『都市の司教』など。

(27) S. Patzold, „Zur Sozialstruktur des Episkopats und zur Ausbildung bischöflicher Herrschaft in Gallien zwischen Spätantike und Frühmittelalter," *Völker, Reiche und Namen im frühen Mittelalter*, ed. M. Becker and S. Dick (Munich: W. Fink, 2010): 121-140

〔補注〕**シュテフェン・パツォルト**（一九七二〜）チュービンゲン大学教授。ハンブルク大学のハンス・ヴェルナーのもとで助手を務め、カロリング朝の宗教・政治史が専門。

(28) É. Rebillard, *Religion et sépulture: L'Église, les vivants et les morts dans l'Antiquité tardive* (Paris: Éditions de l'École des Hautes Études en Sciences Sociales, 2003), translated by E. T. Rawlings and J. Routier-Pucci as *The Care of the Dead in Late Antiquity* (Ithaca: Cornell University Press, 2009)

(29) K. Bowes, *Private Worship, Public Values, and Religious Change in Late An- tiquity* (Cambridge University Press, 2008)。また A. Oepen, *Villa und christlicher Kult auf der iberischen Halbinsel in Spätantike und Westgotenzeit*, Millennium-Studien 35 (Wiesbaden: Reichert, 2012) も参照。

〔補注〕**アレクシス・エーペン**　ミュンヘンのビザンティン研究所長。古代末期のヒスパニアのキリスト教聖者崇拝を、農村地帯にあった西ゴート族のヴィラを通じて分析した。

(30) *Les miracles de Saint Étienne: Recherches sur le recueil ps-augustinien (BHL 7860-7861) avec édition critique, traduction et commentaire*, ed. J. Meyers, Hagiologia 5 (Turnhout: Brepols, 2006)

〔補注〕**聖ステファノス**　聖ステファノス（Saint Étienne）はイエス没後の原始教会で、ヘレニストを代表していたとみられ、イエスの兄弟ヤコブらが率いるヘブライストと対立した際、使徒に選ばれた七人の一人だったが、エルサレムの最高法院で「神殿偏重」を批判したため、ファリサイ派が石打ちの刑に処し、最初の殉教者になったとされる。三島由紀夫が翻訳したガブリエレ・ダヌンツィオの戯曲『聖セバスチャンの殉教』は、この殉教を舞台化したもの。三島は初期キリスト教の内訌や殉教の内実を理解していたとは思えないが、『仮面の告白』ではグイド・レーニ画のセバスチャン殉教図に性的興奮を覚える場面があり、後に三島自ら聖セバスチャンに扮して篠山紀信に撮らせた写真がある。ステファノス崇拝は本文の第三、第五章参照。

(31) C. Ginzburg, "La conversione degli Ebrei in Minorca (417-418)," *Quaderni storici* 79 (1992): 277-289; S. Bradbury, *Severus of Minorca: Letter on the Conversion of the Jews* (Oxford: Clarendon Press, 1996)

〔補注〕**カルロ・ギンズブルグ**（一九三九〜） イタリアのユダヤ系の女性小説家ナターリア・ギンズブルグとウクライナ出身の作家レオーネ・ギンズブルグの子として一九三九年に生まれ、『ベナンダンティ』『チーズとうじ虫』『夜の合戦』などで、歴史に埋もれた農民の古代信仰を発掘する「ミクロストリア」の手法を生み出した。

〔補注〕**スコット・ブラッドバリー** 米国の古典学者。主著はミノルカ島のユダヤ人の改宗を精査した『ミノルカのセウェルス』。アマースト大学を経てオクスフォードでPh.Dをとり、スミス大学教授から現在は名誉教授。

(32) D. Hunter, "Vigilantius of Calagurris and Victricius of Rouen: Ascetics, Relics, and Clerics in Late Roman Gaul," *Journal of Early Christian Studies* 7 (1999): 401-430

(33) M. Dal Santo, *Debating the Saints' Cult in the Age of Gregory of Tours* (Cam-bridge: Cambridge University Press, 2012)

(34) J. Le Goff, *The Birth of Purgatory*, trans. A. Goldhammer (Chicago: University of Chicago Press, 1984): 96

〔補注〕**ジャック・ル・ゴフ**（一九二四〜二〇一四） フランスのアナール学派第三世代の中世史家。高等実習研究院（EPHE）第六部門に加わり、フェルナン・ブローデルの後を受けて『アナール』誌の編集責任者の一人となった。『煉獄の誕生』は法政大学出版局の叢書ウニベルシタスに渡辺香根夫・内田洋訳があり、ダンテ『神曲』の第二部に出現する「煉獄」の概念がどこから発生したかを考究している。ブラウンが一九九六年に刊行した集大成の主著『西方キリスト教の勃興』は、ル・ゴフ監修の「ヨーロッパの形成」シリーズの一冊として登場した。

(35) P. Brown, "*Qui adorant columnas in ecclesia: Saint Augustine and a Practice of the Imperiti*," *in Augustin Prédicateur (395-411)*, ed. G. Madec (Paris: Institut d'Études Augustiniennes, 1998): 367-375.

(36) ああ、厳しいことを言えば、ニューマン枢機卿のもっとニュアンスに富んだ態度をわたしは誤解していたのかもしれない。D. Fenlon, "Elite and Popular Religion: The Case of Newman," *Elite and Popular Religion*, Studies in Church History 42 (Woodbridge, UK: Boydell, 2006): 372-382 参照。

〔補注〕**ジョン・ヘンリー・ニューマン**（一八〇一〜一八九〇） 宗教リベラリズムの啓蒙に対し、国教会こそ古代教会を継承しているとして高教会派のオクスフォード運動に携わったが、一八三〇年代にマルタやシチリア、ローマなどを歴訪、殉教者の歴史や霊性に触れてカソリックに接近、教区活動をやめて隠遁する。四五年にカソリックに改宗、四七年に司祭として叙階され、七九年に教皇レオ十三世から枢機卿に任じられた。八六年のApologia pro vita sua（わが生涯の弁明）の決定版で、キリスト教社会主義との論争に始まり改宗に至った内心を明かした。巽豊彦の全訳、川田周雄の抄訳がある。カソリックのカール・シュミットは「カトリシズムと無神論の間に媒介物はない、とニューマン〔枢機卿〕はいう。万事が重大な二者択一を形成し、その厳しさは、永遠の対話などというよりむしろ、独裁のひびきをもつ」(『政治神学』田中浩・原田武雄訳)と評した。

(37) P.Brown, "Enjoying the Saints in Late Antiquity," Early Medieval Europe 9 (2000): 1-24

(38) A.F. Walls, "African Christianity and the History of Religion," *Christianity in Africa in the 1990s*, ed. C. Fyfe and A.F. Walls (Edinburgh: Edinburgh University Press, 1996): 1-15 at p.8

(39) R.A. Markus, *The End of Ancient Christianity* (Cambridge University Press, 1990): 22
〔補注〕**ロバート・A・マーカス**(一九二四〜二〇一〇) ハンガリー生まれで、一九三九年に英国に亡命し、マンチェスター大学でマイケル・ポランニーやドロシー・エメットに師事した。精密技術の工場を営む父は化学に進んでほしかったが、哲学からアウグスティヌスを経て初期キリスト教専門の歴史家となった。一九六〇年代にブラウンと親しくなり、「古代末期」という概念の提唱に協力した。ノッティンガム大学教授などを歴任。

(40) P. Brown, *Authority and the Sacred: Aspects of the Christianization of the Roman World* (Cambridge: Cambridge University Press, 1995): 8-11; *Through the Eye of a Needle*, 201-207; and the preface to *The Rise of Western Christendom: Triumph and Diversity, AD 200-1000, Tenth Anniversary Revised Edition* (Oxford: Wiley-Blackwell, 2013): xliv-xlvii

(41) P. Brown, *The Making of Late Antiquity* (Cambridge, MA: Harvard University Press, 1978)〔邦訳『古代末期の形成』足立広明訳〕

(42) P. Brown, The Cult of the Saints, 7〔本書第一章参照〕

(43) Fontaine, «Le culte des saint, « 22

(44) Brown, *The Rise of Western Christendom*,161-164

(45) Gregory of Tours, *The Glory of the Martyrs*, trans. R. Van Dam (Liverpool: Liverpool University Press, 1988): 114-115

(46) E. Diehl, *Inscriptiones latinae christianae veteres* (Dublin/Zurich: Weidmann, 1970), no.203.

第一章

(1) Peter Brown, *The Making of Late Antiquity* (Cambridge: Harvard University Press, 1978): 16-18
〔補注〕**『古代末期の形成』**足立広明の邦訳五四ページでは「天の拘束力を空から下へ運び下ろした」というミレウィスのオプタトゥスの言葉を引用している。

（2） Augustine Sermon 18.1

〔補注〕**アウグスティヌスの説教** 北アフリカのヒッポ司教として四十年間、アウグスティヌスは教会暦に従って四千回の説教をしたという。現在に伝わるのは千六百、うち真正なものは半数とされる。詩篇については二百回以上、ヨハネ福音書については百二十回に及び、説教18はこの福音書をめぐる説教のひとつ（教文社版著作集第二三巻）。

（3） F. Cumont, *Astrology and Religion among the Greeks and Romans* (London: Constable, 1912; reprint ed., New York: Dover Books, 1960): 92-110

〔補注〕**フランツ・キュモン** 一八六八年生まれのベルギーの宗教学・考古学者で、古代ローマのミトラス教を古代ペルシャのミスラ神の流れとする説を唱えたが、現在は別系統だったとする説が大勢である。『ミトラの密儀』は小川英雄の邦訳（ちくま学芸文庫）がある。この太古の宇宙観は、宮澤賢治の『銀河鉄道の夜』、あるいは『風景とオルゴール』所載の詩「冬と銀河ステーション」の幻想を思わせる。

（4） ILCV〔E.Diehl, *Inscriptiones latinae Christianae veretes*, vols.1 and 2〕391. 3-6: "Mens videt astra, quies tumuli complectitur artus."（魂は星をみつめ、骸は残滓を掻き抱く）。こうした碑文の微妙な記述についてはLidia Storoni Mazzolani, *Sul mare della vita* (Milan: Rizzoli, 1969) 参照。またガッラ・プラキディア廟の星を鏤めたドームについてはE. Nordström, *Ravennastudien* (Uppsala: Almqvist and Wiksell, 1953): 31 を参照。

〔補注〕**ガッラ・プラキディア廟** テオドシウス大帝の後妻の娘で、西ゴート王アタウルフの妃となったアエリア・ガッラ・プラキディアが、ラヴェンナに帰ってから寄進した。天井のドームは濃紺の天空に満天の星が鏤められ、中央に黄金の十字架、四隅には四人の福音記者を表すセラフィムのモザイクで飾られている。聖十字架を奉遷したサンタ・クローチェ聖堂の付属の記念堂で、五世紀の建築物として世界遺産に指定された。

西ローマのホノリウス帝の異母妹にあたるガッラ・プラキディアの数奇な生涯は、ギボンの『衰亡史』三十三章を参照。四一〇年にローマを掠奪した西ゴート族に拉致され、王妃にさせられて子をなしたが、その王がヒスパニアで暗殺されると、鎖につながれ、小麦六十袋との交換でラヴェンナに帰った。しかし東ローマの傀儡《かいらい》として幼い息子ヴァレンティニアヌス三世が西ローマ帝に擁立されたため、母后プラキディアが垂簾《すいれん》聴政をおこなう。ラヴェンナで孤立して娘ホノリアの政略結婚で打開を図ったあげく、フン族の来襲を招くことになる。四五〇年に死去して、再度の蛮族の掠奪を見なかったのがせめてもの救いである。

〔補注〕**リディア・ストローニ・マッツォラーニ**（一九一一〜二〇〇六） 反ファシストの政治家兼歴史家。戦後は共和党の下院議員になるが、ジャーナリズム活動とともに古代後期のローマ史の著作も始め、『ローマ世界の都市の理念』L'idea di città nel mondo romano はオペラ・プリマ賞を受賞した。ユルスナール『ハドリアヌス帝の回想録』を伊訳した。

(5) Plutarch *Romulus* 28. 6

(6) Prudentius *Cathemerinon* 10. 29°こうした見方の安定性については Richmond Lattimore, *Themes in Greek and Latin Epitaphs* (Urbana: University of Il- linois Press, 1962): 311-13 参照。

〔補注〕**リッチモンド・ラティモア**(一九〇六~一九八四) 中国生まれのアメリカの詩人兼古典学者。ホメロス、ギリシャ悲劇、新約聖書を自力で翻訳した。

(7) G. Sanders, *Licht en Duisternis in de christelijke Grafschriften*, 2 vols. (Brussels: Vlaamse Akademie voor Letteren, 1956), 1:502-13 and «Les chrétiens face à l'épigraphie funéraire latine,» in *Assimilation et résistance à la culture gréco-romaine dans le monde ancien*, Travaux du VIe Congrès International d'Etudes Classiques, ed. D. M. Pippidi (Bucharest: Editura Academiei; Paris: Les Belles Lettres, 1976): 283-99

〔補注〕**G・サンデルス** 不詳。この論文はオランダ語で書かれタイトルが『クリスチャン碑文の光と影』なので考古学的研究か。一九五六年と古いので入手できない。

(8) ILCV 1070. 5

(9) Midrash Ps. 16. 2: H. L. Strack and P. Billerbeck *Kommentar zum Neuen Testament aus Talmud und Midrasch* (Munich: C. M. Beck, 1926), 1: 892

〔補注〕**ミドラーシュ** 多様な形式で書かれたヘブライ語聖書の注解で、ヘブライ語では「探求」の意味。法議論の解釈はミドラーシュ・ハラハー、物語の解釈はミドラーシュ・アッガーダーと呼ばれる。賢者ピンハスはミドラーシュではフルネームで登場する。

〔補注〕**ヘルマン・レーベレヒト・シュトラック**(一八四二~一九二二) ベルリン大学の旧約聖書とセム語の研究者。ユダヤ人を擁護し、キリスト教改宗を目的としたユダヤ研究所を創設した。ペテルブルクでフィルコビッチ・コレクションを鑑定した。

〔補注〕**パウル・ビラーベック**(一八五三~一九三二) ドイツのルター派牧師でミドラーシュの研究者。『タルムードとミドラーシュによる新約聖書註釈』をシュトラックと共著。

(10) この展開を特定のガリア関連で研究したのは、J. Hubert, «Evolution de la topographie et de l'aspect des villes de la Gaule du IVe au Xe siècle,» *Settimane di Studio del Centro Italiano di Studi sull'Alto Medio Evo* 16 (Spoleto: O Centro di Studi

sull'Alto Medio Evo, 1959): 529-58 と、P. A. Février,»Permanance et héritages de l'antiquité dans les villes de l'Occident,» *Settimane di Studio* 21 (1974): 41-138 と、M. Vieillard-Troïekouroff, *Les monuments de la Gaule d'après les oeuvres de Grégoire de Tours* (Paris: Champion, 1976)

〔補注〕**ジャン・ユベール**（一九〇二〜一九九四）フランスの美術史家で宗教建築が専門。セーヌ・エ・マルヌ県公文書館長、エコール・デ・シャルトで中世考古学教授を歴任した。

〔補注〕**ポール・アルベール・フェヴリエ**（一九三一〜一九九一）　フランスの碑文研究家兼考古学者。一九五五年にアルジェリアに出征、六〇年からアルジェ大学で考古学と歴史学を教え、地中海アフリカ研究センター（CRAM）所長、アルジェリア国民教育省顧問を務めたのち帰国、六八年からプロヴァンス大学教授となり、副学長に就任した。フレジュスの司教グループの研究などで知られる。

(11) Gregorius Turonensis, Libri 1-4 de virtutibus sancti Martini episcopi 2.50.194

〔補注〕**タウマトゥルゴスのグレゴリオス**（c二一三〜c二七〇）「奇蹟を起こす人グレゴリオス」の意で、ポントゥスの首都ネオカエサレアの司教となった。十四歳で父を亡くし、ベリュトゥス（ベイルート）に遊学、義兄を頼ってパレスティナの海辺のカエサレアでオリゲネスに師事、郷里のポントス属州のネオカエサレアに帰って、カッパドキアで布教につとめた。第三章訳注6参照。

(12) E. Le Blant, *Les inscriptions chrétiennes de la Gaule* (Paris: Imprimerie Impériale, 1856), 1: 240

〔補注〕**エドモン＝フレデリック・ル・ブラン**（一八一八〜一八九七）税関に奉職したが、一八四七年のローマ旅行でカタコンベを発見したG・B・デ・ロッシと親しくなってキリスト教考古学に目覚め、ガリアの碑文、とりわけ石棺の収集に情熱を注いだ。一八九三年に『処刑人と殉教者』Persécuteurs et Martyrs を出版した。

(13) Venantius Fortunatus *Carmina* 3. 7. 41 and 46。原詩は

Fulgorem astrorum meditantur tecta metallo
……………………
Et terram stellas credit habere suas.

（彼らは金襴の天井の星空のきらめきをみつめ
……………………
そして彼は大地が自らの星を持つと信じた）

(14) Artemidorus *Oneirocriticon* 1. 51

(15) Carl Andresen, *Einführung in die christliche Archäologie* (Göttingen: Vandenhouck and Ruprecht, 1971): 27-28 が膨大な文献を渉猟している。
〔補注〕**カール・アンドレーゼン**（一九〇九～一九八五） ドイツの考古学者、ビザンティン美術史家。第二次大戦でソ連の捕虜となる。戦後、キールで勉学を再開、五六年にマールブルク大学の古代キリスト教史の教授、六一年にゲッティンゲン大学教授を歴任。

(16) B. Kötting, *Der frühchristliche Reliquienkult und die bestattung im Kirchengebäude* (Cologne: Westdeutsche Verlag, 1965). J. Guyon, «La vente des tombes à travers l'épigraphie de la Rome chrétienne,» *Mélanges d'archéologie et d'histoire: Antiquié* 86 (1974): 594。「一千年に及ぶ城壁内への埋葬の宗教的な禁止を解除することは……真の歴史的変化の徴候である」La levée de l'interdit religieux sur la sépulture intra muros, vieux d'un millénaire... est le signe d'une véritable mutation historique。G. Dagron, «Le christianisme dans la ville byzantine,» *Dumbarton Oaks Papers* 31 (1977): 11-19
〔補注〕**ベルンハルト・ケッティンク**（一九一〇～一九九六） ドイツのカソリック系の古代教会史家兼考古学者で、ミュンスター大学教授、学長を歴任した。農家の長男だったが、家業を継がずに、ミュンスター大学とフライブルク大学で神学を学んだ。ヨハネス・クアステン、フランツ・デルガーに師事し、古代の巡礼の研究で博士論文を書いた。
〔補注〕**ジャン・ギュイオン**（一九四五～） フランスの古代末期の都市史、キリスト教考古学の研究者で、国立科学センター（CNRS）、プロヴァンス大学などのメンバー。
〔補注〕**ジルベール・ダグロン**（一九三二～二〇一五） フランスのビザンティン史研究者。外務省職員としてモスクワ大使館文化担当官の勤務後、一九六九年からソルボンヌ大学で研究者生活に入り、コレージュ・ド・フランス教授を務めた。『聖テクラの生涯と奇蹟』などの編著がある。

(17) T. Klauser, „Christliche Märtyrerkult, heidnischer Heroenkult und spätjüdische Heiligenverehrung," *Gesammelte Arbeiten*, ed. E. Dassmann (Münster in Westfalen: Aschendorff, 1974): 221-29
〔補注〕**テオドール・クラウザー**（一八九四～一九八四） ドイツのカソリック系神学者で歴史家兼考古学者。ミュンスター大学を経てボン大学教授、学長を歴任した。恩師デルガーの名を冠した後期古代研究所を設立、古代の死者崇拝やキリスト教美術の起源史などの研究書を編纂した。

(18) わたし（原著者ブラウン）はこれを強調しておきたい。古典期のギリシャおよびローマが死穢という習慣的な感情を特徴としていたとか、キリスト教が突然それを除去したといったことを示唆したいわけではない。他の社会でも死者は問題だった。ひとは自身の死であれ、都市の死者であれ、十分な慣習の検証があればだが、嫌悪すべき対象でもなければ、超自然的な祟りの危険をもたらす元凶でもなかった。

（19） F. Pfister, *Der Reliquienkult im Altertum*, 2 vols. (Giessen: Töpelmann, 1909-12)

［補注］**フリードリッヒ・プフィスター**（一八八三〜一九六七） ドイツの古典文献学者兼考古学者。ハイデルベルク、ベルリン、ミュンヘン大学で文献学、考古学を学び、第一次大戦後にヴュルツブルク大学教授。ドイツの民間伝承を集めた『迷信事典』の編纂に関わり、ナチス時代は雑誌「宗教学文庫」*Archiv für Religionswissenschaft* を編集、「ゲルマン民族とその宗教指導者」の綱領に関与した。主著は『古代の聖遺物崇拝』など。

（20） これは現在でも熱い議論が交わされているテーマである。E. Dyggve, *Dødekult, Kejserkult og basilika* (Copenhagen: P. Branner, 1943); A. Grabar, *Martyrium* (Paris: College de France, 1946); T. Klauser, "Von Heroon zur Märtyrerbasilika," *Gesammelte Arbeiten*, pp. 275-91; J. B. Ward-Perkins, "Memoria, Martyr's Tomb and Martyr's Church," *Journal of Theological Studies* 17 (1966): 20-38, with Grabar's reply in *Cahiers archéologiques* 18 (1968): 239-44

［補注］**エジナル・ディグヴェ**（一八八七〜一九六一） デンマークの建築家兼歴史家。一九二二年からダルマティアのサロナなどバルカン半島の建築を研究した。

［補注］**ジョン・ブライアン・ウォード＝パーキンス**（一九一二〜一九八一） 英国のローマ建築史家。戦時中は現リビアのレプティス・マグナなどの遺跡保護に従事、戦後はローマのブリティッシュ・スクール校長となり、北アフリカだけでなく、サン・ピエトロ大聖堂などの発掘調査や、古代の都市計画などに研究対象を拡大した。

（21） しかしA. D. Nock, "The Cult of Heroes," *Harvard Theological Review* 37 (1944): 141-74 in *Essays in Religion and the Ancient World*, ed. Zeph Stewart (Oxford: Clarendon Press, 1972), 2: 575-602 のニュアンスを参照。

［補注］**アーサー・D・ノック**（一九〇二〜一九六三） 英国出身の比較宗教学者兼神学者。ケンブリッジ大学で学び、二十八歳でハーヴァード大学の最年少教授に就任した。キリスト教だけでなく、魔術からユダヤ教など他宗教も含めた宗教学の必要性を訴えた。

（22） L. Gernet, *Le génie grec dans la religion* (Paris: Albin Michel, 1932): 264。「ヘーロースが執り成し役と思われていないのは驚きである。彼らは神性と何の直接的関係も持っていない」Il est frappant que les héros ne soient pas conçus comme intercesseurs. Avec la divinité proprement dite ils n'ont past de rapports directs。

［補注］**ルイ・ジェルネ**（一八八二〜一九六二） フランスの文献学者兼社会学者。デュルケムの弟子であり、社会学の見地から古代社会を研究した。高等実習研究院（ＥＰＨＥ）の法社会学講座で教鞭を執り、没後に社会科学高等研究院（ＥＨＥＳＳ）に、名を冠したルイ・ジェルネ・センターが設立された。

（23）　これは異教の祭礼から聖者崇拝の大半の特徴を引き出そうとする古典的な試みの致命的な弱点と私には思える。Ernst Lucius, *Die Anfänge des Heiligenkultes in der christlichen Kirche* (Tübingen: Mohr, 1904): 14-48. キリスト教徒の作家たちが殉教者を「英雄」として語るときは、その語を使う際のわれわれほど正確な文化的連想で飾ることがほとんどない。

〔補注〕**パウル・エルンスト・ルシウス**（一八五二～一九〇二）　十九世紀ドイツの古代宗教史研究者。詳細不明。聖者崇拝のほか、ユダヤ教との関係を探究した著作がある。

（24）　F. W. Deichmann, „Die Spolien in der spätantiken Architektur," *Sitzungsberichte der bayerischen Akademie der Wissen- schaften: Philol.-hist. Klasse* 1975, no. 6

〔補注〕**フリードリッヒ・ヴィルヘルム・ダイヒマン**（一九〇九～一九九三）　ドイツの考古学者兼美術史家。初期キリスト教とビザンティン時代の教会建築を専攻。戦前はローマのヘレナマウ廟などの発掘に関わり、戦後はラヴェンナの遺跡建築を調査した。

（25）　Euripides *Hippolytus* 1437-38. ノーラのパウリヌスが、祭壇のそばに埋葬された司祭クラルスについて書簡のEp. 32.25で述べた「神聖にして聖なる魂に妙なる匂いが薫りたつ」Divinis sacris animae iungentur odores と比較せよ。

（26）　Salvian *De gubernatione Dei* 2. 1. 3; Greg. Tur. *Liber di passione et virtutibus sancti Iubiani martyris* 1. 113

〔補注〕**詩篇33・16**　ブラウンが引用したラテン語ウルガタ聖書は、旧約聖書のギリシャ語七十人訳に拠っているため、ヘブライ語のマソラ本文を参照した欽定訳などと編の番号に異同がある。七十人訳では第9編と第10編を一つにしているので、以後はマソラ本文より番号が一番若い。このくだりは口語訳聖書では33・17にあたる。

本書の引用はウルガタ聖書なので文語訳にしたが、七十人訳の秦剛平訳では「主の目は義なるものを行う者たちの上に。／その方の耳は彼らの嘆願に（向けられる）」である。

〔補注〕**サルウィアヌス** Salvianus　紀元四〇〇～〇五年ころガリアに生まれたキリスト教著作家。トリーアで法律を学んだが、異教徒の妻を説得してサントノラ島の修道院に籠り、妻の両親を改宗させるとともに聖職者の道を歩んだ。戦乱の世に「神の支配について」De gubernatione Dei を書き、腐敗したローマ人より、アレイオス派に転宗した西ゴート族やヴァンダル族、フン族ら異民族の高潔さを対比させている。

（27）　Eunapius of Sardis *Lives of the Sophists* 472

（28）　Julian *Contra Galilaeos* 335C

〔補注〕**ユリアヌス帝の『ガラリア人反駁』** *Κατὰ Γαλιλαίων*　三六二～三六三年にアンティオキア滞在中に書かれたキリスト教徒（ガラティア人）を批判した論難書。ユリアヌス戦死後にギリシャ語原文は失われたが、アレクサンドリアのキュリロスが再反論したContra Julianumに多く引用されて、ほぼ内容が把握できる。

（29） Ibid., 339E, citing Isaiah 65. 4.

〔補注〕引用されたイザヤ書65・4は「墓場にすわり、ひそかなところにやどり、豚の肉を食らい、憎むべき物の、羹《あつもの》をその器に盛って」のくだり。

（30） Julian, *Epistulae et leges*, ed. J. Bidez and F. Cumont (Paris: Les Belles Lettres, 1922): 194-95。A. D. Nock, *Essays in Religion*, 2: 530: 参照。「彼は服従以上のものを求めた。精神を創造したかったのだ」。殴打されて〝殉教〟した助祭の亡骸を市内に持ち込んだため、ガザの住民が怒って司教〔ポルピュリオス〕を責めた。この〝殉教者〟は棍棒を振るって！ 群衆をたしなめ折檻して窮地の教会を救ったとされる。*Marc le Diacre: Vie de Porphyre* 25, ed. H. Grégoire and M. Kugener (Paris: Les Belles Lettres, 1930): 22

〔補注〕**ガザの司教ポルピュリオス**（c三四七～四二〇） 隠者としてエジプトのワディ・ナトルーンの沙漠で苦行を積み、パレスティナに移り、キリスト教徒が少ないガザの司教として、マーニー教などの異教と戦った。コンスタンティノポリスに陳情して、アルカディウス帝に異教駆逐の支援を求めた。没後に聖者となり、〝殉教〟したはずの執事マルコが書いたという『ポルピュリオス伝』が残っているが、その信憑性には議論がある。

（31） Eunapius of Sardis 472. 32

（32） Jürgen Christern, *Das frühchristliche Pilgerheiligtum von Tebessa* (Wiesbaden: F. Steiner, 1976): 221-60

〔補注〕**ユルゲン・クリステルン**（一九二八～一九八三） ドイツのキリスト教考古学者。フリードリッヒ・ダイヒマンに師事、メイナーヘン・カソリック大学で教授を務めた。テベッサなど北アフリカの教会建築を調査研究した。

（33） Paulinus *Carm.* 28. 177; R. C. Goldschmidt, Paulinus' *Churches at Nola: Texts, Translation and Commentary* (Amsterdam: North Holland, 1940); A. Weis, „Die Verteilung der Bildzyklen des Paulins von Nola in den Kirchen von Cimitile (Campanien)," *Römische Quartalschrift* 52 (1957): 129-50

（34） Athanasius *Life of Anthony* 14では ἡ ἔρημος ἐπολίσθη ὑπὸ μοναχῶν（沙漠は修道士に占領されている）とある。沼地に隠れて群生する庵のパラドクスに、似たような控えめな感覚を抱いたHeliodorus *Aethiopica* 1.5.3 は Εν δὴ τούτοις ὅσον Αἰγυπτίων λῃστρικὸν πολιτεύεται（されど、エジプト人に限っては政体と化している）と述べている。

〔補注〕〔エメサの〕**ヘリオドロス**『エチオピア物語』は三世紀から四世紀にかけて書かれたギリシャ語の小説。中務哲郎・下田立行・岡道男の国文社版邦訳がある。小説のなかでヘリオドロスはフェニキア人と自称、その波瀾万丈の筋立てはセルバンテスの長編冒険小説『ペレアスとメリザンド』の種本になっている。

（35）　パウリヌスは一修道士として、実際に拝所の建物内で暮らす共同体と生活をともにしていた。Joseph T. Lienhard, *Paulinus of Nola and Early Western Monasticism*, Theophaneia 28 (Cologne: Peter Hanstein, 1977): 65, 70-72

〔補注〕**ジョセフ・T・リーンハード**（一九五八〜）　ニューヨークのブロンクス生まれで、古代末期の文学が専門のイエズス会士。フライブルク大学で神学博士号。七五年からミルウォーキーのマーケット大学で教鞭を執り、九〇年からフォーダム大学教授。オリゲネス、アウグスティヌス、パウリヌスら古代末期の教父研究が中心。

（36）　Jerome *Contra Vigilantium* 8, PL 23. 346

（37）　セレウキア（現シリフケ）城外のメリアムリクにある聖テクラの拝所を世話していた司祭は、彼自身を聖人のスポークスマンかつ聖者の奇蹟の記録者と自任していたが、ある司教からは始終破門の脅しをかけられ、「ドブの豚」と貶され、その後任者まで「大豚」と呼ばれていた。G. Dagron, «L'auteur des 'Actes' et des 'Miracles' de Sainte Thècle,» *Analecta Bollandiana* 92 (1974): 5-11, and the same author's edition Vie et miracles de sainte Thècle, no. 12, *Subsidia Hagiographica*, 62 (Brussels: Société des Bollandistes, 1978): 314-22, 410

〔補注〕**シリフケ**　トルコ南部、地中海に面したメルスィン県にある古都。タウロス山脈を水源とするギョクス川の河畔に、セレウコス朝シリアのセレウコス一世がその名を冠して建てた「カリュカドヌムのセレウキア」があった。聖パウロの説教に聞き惚れて追っかけの弟子となり、叙階も行うなど伝説に包まれた聖女テクラが寿命を全うした土地と言われ、霊廟メリアムリクは東ローマ帝国の皇帝ゼノンらによって何度も改修されている。

（38）　エルサレム司教が聖なる場所との結びつきを強めようと、自身のために別の家長制を設けようとして引き起こした困難については、H. E. Chadwick, «Faith and Order at the Council of Nicaea,» *Harvard Theological Review* 53 (1960): 180-86を見よ。

〔補注〕**ヘンリー・チャドウィック**（一九二〇〜二〇〇八）　英国の神学者で国教会司祭。ケンブリッジ大学で音楽の道を断念し神学を志す。戦後、オリゲネスの『ケルスス駁論』の新訳と注解で評価され、五九年にオクスフォードに移り、クライストチャーチの教授、そしてフェローとなる。カソリックとの関係改善に尽力するかたわら、四世紀ヒスパニアで妖術師として処刑された司教の研究『アヴィラのプリスキアーヌス』を書いた。

（39）　Joachim Jeremias, *Heiligengräber in Jesu Umwelt* (Göttingen: Vandenhoeck and Ruprecht, 1958)

（40）　I. Goldziher, "Veneration of Saints in Islam," *Muslim Studies*, ed. S. M. Stern, transl. C. R. Barker and S. M. Stern (London: Allen and Unwin, 1971): 255-341

〔補注〕**イグナーツ・ゴルトツィエール**（一八五〇〜一九二一）　ハンガリー出身のイスラーム研究家。ブダペシュトのエトヴェシュ・ローランド大学の教授だった。

（41） E. Gellner, Saints of the Atlas (London: Weidenfeld, 1969) and M. Gilsenan, Saint and Sufi in Modern Egypt (Oxford: Clarendon Press, 1973) ——この二人の著者からわたしは惜しみない助言と過たない鼓舞を授かり、深く個人的に感謝している。V. Crapanzano, The Hamadsha: A Study in Moroccan Ethnopsychiatry (Berkeley and Los Angeles: University of California Press, 1973); D. Eickelman, Moroccan Islam: Tradition and Society in a Pilgrimage Center (Austin: University of Texas Press, 1976)。Victor Turner, "Pilgrimages as Social Processes," Dramas, Fields and Metaphors (Ithaca: Cornell University Press, 1978): 166-230´」 およびVictor Turner and Edith Turner, Image and Pilgrimage in Christian Culture (New York: Columbia University Press, 1978) も参照。ヴィクター・ターナーの作品にわたしは多くを負っているが、彼が分析の土台にした素材は、〔サハラ沙漠の黄金郷トンブクトゥーのある〕マリの人びとが遠路を旅する巡礼に関わるものであることを指摘しておかなければならない。著者の記述は過つことなく明かしているけれども、その素材が表しているのは、イスラーム圏の北アフリカの拝所についての分析が多く、古代末期の分析に資するところは少ない。

〔補注〕**デール・アイケルマン**（一九四二〜） アメリカの人類学者で、シカゴ大学教授、プリンストン高等研究所フェローを務めた。中東及び北アフリカが専門で、モロッコのイスラーム社会の研究書を公刊している。

〔補注〕**ヴィクター・ターナー**（一九二〇〜一九八三） 英国の文化人類学者で、一九五〇年代に妻エディスとともにアフリカのデング族のフィールドワークに従事、その宗教儀式と通過儀礼の解釈に「相剋《コンフリクト》」と「社会劇《ソーシャルドラマ》」の概念をつくり、その手法はシカゴ大学で同僚となったクリフォード・ギーアツらとともに象徴人類学と呼ばれた。ファン・ヘネップによる通過儀礼の「分離・過渡・統合」の三段階理論を深化させ、自己卑下・隔離・試練・性的倒錯といった「二つの位相間の不安定な状況」をリミナリティー（境界性）と名づけた。この時期に若者宿のような社会構造が未分化な「コムタス」が生まれるが、ブラウンは聖者信仰の群衆にコムタスを連想しているらしい。本書の手法や概念は本人も言うようにターナーの応用と言える。ターナーの邦訳『儀礼の過程』（冨倉光雄訳）を参照。

（42） H. Delehaye, "*Loca sanctorum*," *Analecta Bollandiana* 48 (1930): 5-64. エジプトで拝所が「茸のように」むくむくと群立する、生き生きとした不快そうな記述は、L. Th. Lefort, "La chasse aux reliques des martyres en Egypte au ive siècle," *La Nouvelle Clio* 6 (1954): 225-30 が翻訳した説教を参照。

〔補注〕**イッポリト・デレハイエ**（一八五九〜一九四一） イエズス会士のベルギー人で、聖者伝研究者。ボランディスト協会の会長を務めた。協会誌 Analecta Bollandiana が、プロテスタント系の聖書学が確立した批判的な文献考証を聖者伝にも持ち込んだため、伝承の偶像破壊になりかねないと教皇ピウス十世が非難の回勅を発した。同誌は教皇庁の破邪聖省（旧異端審問庁）の検閲を受けたが、デレハイェの学者としての声価は揺らがなかった。
〔補注〕**ルイ・テオフィル・ルフォール**（一八七九〜一九五九）ベルギー出身の考古学者で、ナグ・ハマディ文書の発見箇所に近いパコミオス修道院のコプト語文献を研究した。

（43）Gregory of Nyssa *Encomium on Saint Theodore*, PG 46. 740B
〔補注〕**ニュッサのグレゴリオス**（c三三五〜c三九四）「カッパドキアの三教父」の一人。兄は大バシレイオスで、ナジアンゾスのグレゴリオスは友人。ニュッサの司教となり、三八一年の第一回コンスタンティノポリス公会議で、アレイオス派に異端のとどめを刺した。その「聖テオドロス賛辞」は、四世紀初頭のディオクレティアヌス帝の迫害で殉教したティロスのテオドロスを顕彰するもので、テオドロスは元軍人だったため龍を退治する聖ジョージの騎士像の原型になった。ほかに『雅歌講話』や書簡など。

（44）Jerome *Contra Vigilantium* 12, PL 23. 364C

（45）Barsanuphe et Jean: Correspondance 433, trans. L. Regnault and P. Lemaire (Solesmes: Abbaye de Solesmes, 1971): 297-98
〔補注〕（ガザの）**バルサヌフィオス**　エジプト生まれの隠者でガザの修道院長を務め、メロサラの修道院長で「預言者」と呼ばれたヨハネと交わした大量の書簡が残っている。五四五年ごろ死亡したが没後三百年経って、その聖遺物がイタリアのオリアに奉遷され、スペイン軍襲来時にバルサフィオスが市を守ったなどの伝説が生まれた。

（46）J. Drescher, «Apa Claudius and the Thieves,» *Bulletin de la société d'archéologie copte* 8 (1942): 63-86.
〔補注〕**J・ドレッシャー**　未詳。ドイツ軍に占領されたフランスの戦時中の一九四二年、コプト考古学協会の紀要に掲載されたこの論文は入手できなかった。

（47）J. Romilly Allen, *The Early Christian Monuments of Scotland* (Edinburgh: Society of Antiquaries of Scotland, 1903): 330, 351-53
〔補注〕**ジョン・ロミリー・アレン**（一八四七〜一九〇七）英国の考古学者。ロイター男爵のペルシャ鉄道建設の常駐技師として働くかたわら、ウェールズやスコットランドに残るノルマン侵攻以前のキリスト教徒の記念碑や古美術を研究した。

（48）Sauvaget, «Les Ghassanides et Sergiopolis,» *Byzantion* 14 (1939): 116-30; P. Peeters, «L'ex voto de Khusro Aparwez à Sergiopolis,» *Analecta Bollandiana* 65 (1947): 5-56
〔補注〕**ビストゥン**（ビヒストゥン）**の碑文**　前六世紀から前五世紀にかけて在位したペルシャのダレイオス一世の命で彫ったもので、三代前のキュロス二世ではなく、ここはブラウンの勘違いか。碑文は高さ百メートルの摩崖上のレリーフで、エラム語、古代ペルシャ語、アッカド語の三言語で書かれていたので、楔形文字などの解読に役立った。碑文中にゾロアスター教の主神アフラマズダへの言及がある。一九九九年に訳者もここを訪れた。

〔補注〕**ジャン・ソヴァージュ**（一九〇一～一九五〇）フランスのオリエンタリスト。シリアのダマスカスでセルギオポリスの発掘調査などに従事した。ＥＨＥＳ部長やコレージュ・ド・フランス教授を歴任した。

〔補注〕**パウル・ペータース**（一八七〇～一九五〇）ベルギー生まれの東洋学者兼イエズス会士。アラビア語、アルメニア語、シリア語、コプト語、エチオピア語に堪能で、四一年からボランディスト協会会長。シリアの聖者伝カタログの作成に尽力、『ラバン・スリバの殉教廟』などの著作がある。このカタログは現在、シリア語のみならず、モンタノス派の聖都ペプーザを祓除したアミダのヨハネスの聖者伝のほか、ギリシャ語への翻訳版やペルシャのキリスト教殉教者の聖者伝も含む。ただ、二〇一一年からの内戦もあって研究が滞っているため、Syria.org 内にデータベースが作成されている。

（49） D. Oates, *Studies in the Ancient History of Northern Iraq* (London: British Academy, 1968): 106-17, on a Nestorian countershrine to that of Sergiopolis, at Qasr-Serij

〔補注〕**デヴィッド・オーツ**（一九二七～二〇〇四）英国の考古学者。一九五八～六二年にイラクのニムロドの発掘調査に従事したほか、テル・アル・リマの調査にも携わり、バグダッドに定住したが、六九年に帰国後は、ロンドンの考古学研究所教授、ケンブリッジ大学のフェローを務めている。

（50） 後年、この崇拝がどう発展を遂げたかの素描は、Nicole Hermann-Mascard, Les reliques des saints: Formation coutumière d'un droit (Paris: Klincksieck, 1975)、および Patrick J. Geary, Furta Sacra: Thefts of Relics in the Central Middle Ages (Princeton: Princeton University Press, 1978)、および Sofia Boesch Gajano, Agio- grafia altomedioevale (Bologna: il Mulino, 1976): 261-300, a mag- nificent bibliography を参照。

〔補注〕**ニコル・エルマン＝マスカール**（一九三〇～二〇一四）フランスの聖者崇拝研究家。リール大学Ⅱ教授。聖遺物をめぐる慣例法や教会法の変容の研究書がある。

〔補注〕**パトリック・Ｊ・ギアリー**（一九四八～）アメリカの中世史家で聖者崇拝などの専門家。プリンストン高等研究所で、聖遺物のＤＮＡ鑑定のプロジェクトに従事した。現在は同研究所の名誉教授。

〔補注〕**ソフィア・ベーシュ・ガジャーノ**（一九三四～）イタリアの宗教史家。ローマ・ラ・サピエンツァ大学、シエナ大学などの大学教授を歴任するかたわら、中世の聖者伝研究団体を創設し、聖者伝の収集を進めている。

（51） The Encyclopedia of Philosophy (New York: Macmillan, 1967), 4: 89

（52） David Hume, "The Natural History of Religion," *Essays Moral, Political and Literary* (London: Longman, Green, 1875), 2: 334
〔補注〕**『宗教の自然史』** ウニベルシタス叢書に福鎌忠恕・斎藤繁雄の邦訳がある。

（53） Hume, "The Natural History of Religion," p.334

（54） Edward Gibbon, *The Decline and Fall of the Roman Empire*, ed. J. B. Bury (London: Methuen, 1909), 3: 225

（55） Ibid., p. 225

（56） Duncan Forbes, *The Liberal Anglican Idea of History* (Cambridge: At the University Press, 1952): 81
〔補注〕**ダンカン・フォーブス**（一九二二～一九九四） スコットランドの歴史家で、その主著は、『イングランド史』を書いたヒュームの目的を「ハノーヴァー朝に適切な知的基盤」を与えるためだったと主張した『ヒュームの哲学的政治学』など。

（57） Gibbon, 4: 136

（58） H. Milman, *A History of Latin Christianity* (New York: Armstrong, 1903), 3: 417. こうした〔低徊する〕姿勢は以後も変更されることなく続いた。Ronald C. Finucane, *Miracles and Pilgrims: Popular Beliefs in Medieval England* (London: Dent, 1977): 23-24
〔補注〕**ロナルド・C・フィヌケーン**（一九三九～二〇〇九） アメリカの中世史家。聖者崇拝や巡礼、十字軍とイスラームの著作がある。オークランド大学特別栄誉教授。

（59） J. H. Newman, *Difficulties of Anglicans* (Dublin: Duffy, 1857): 80-81

（60） H. Delehaye, *Les légendes hagiographiques* (Brussels: Société des Bollandistes, 1955): 16。このくだりと似たような見解は、F. Graus, Volk, *Herrscher und Heiliger im Reich de Merowinger* (Prague: Československá Akademia Věd, 1965): 31-32 で注意深く呈示され、批判されている。
〔補注〕**フランティシェック・グラウス** 一九二一年生まれのチェコ人で、ヨーロッパ中世の経済・社会史の歴史家。ユダヤ系だったため第二次大戦中、テレジーエンシュタット収容所に抑留され、戦後にプラハ大学を卒業、チェコ国立科学アカデミーで教壇に立ち、『メロヴィング朝の民衆、支配者、聖者』で中世初期の聖者伝から民衆の宗教感情などを読み取る斬新な内容で注目を集めたが、マルクス主義からの逸脱とみなされてプラハの春で西ドイツに亡命、スイスのバーゼル大学で中世史の教授を務めた。

（61） A. Mirgeler, *Mutations of Western Christianity* (London: Burns and Oates, 1964): 44-65.
〔補注〕**アルベルト・ミルゲラー**（一九〇一～一九七九） ドイツの歴史家。カソリックのドイツ中央党の祖となったヴィルヘルム・ケッテラーのもとで博士号を取得し、ジャーナリストになったが、ナチス入党を拒否、一時イタリアに逃れたが、兵役で召集されて四四年に戦争捕虜となった。ミシシッピ州の捕虜収容所でヨーロッパ史を講義、戦後はアーヘン工科大学で教鞭を執った。著書『ヨーロッパ史』でアーヘン・シャルルマーニュ賞受賞。

（62） Ramsay MacMullen, "Sfiducia nell'intelletto nel quarto secolo," *Rivista storica italiana* 84 (1972): 5-16

〔補注〕**ラムゼー・マクマラン**（一九二八～二〇二二） アメリカの歴史家で、ダーラム大学教授を務めた。古代ローマで異教がキリスト教に駆逐された時代の社会史が専門。

（63） E. Kitzinger, "The Cult of Images in the Age before Iconoclasm," *Dumbarton Oaks Papers* 7 (1954): 119-20, 146

〔補注〕**アーンスト・キッツィンジャー**（一九一二～二〇〇三） ミュンヘンのユダヤ人家庭に生まれ、ミュンヘン大学で学び、ローマ大学に入ったが、ナチスの擡頭で英国に亡命、大英博物館で働いた。大戦中は豪州経由で米国に亡命、ハーヴァード大学寄贈図書館のダンバートン・オークスに入り、戦後はビザンチン美術の教授となった。

（64） Patrick J. Geary, "L'humiliation des saints," *Annales* 34 (1979): 27-42 は、同じ儀式でも、参加者が異なるグループそれぞれでどれだけ異なる意味を持ちうるかを、とてもエレガントに示している。

（65） Tertullian *Adversus Praxean* 3. 1。しかし、テルトゥリアヌスに比べると、他のキリスト教徒のほとんど誰もが「無学」に見えてしまうことを忘れるべきではない。そして「無学」——idiotae（愚か者）——とは、特定の言語を知らず、そこから生ずる技芸〔家政術〕の用語（この場合はギリシャ語のオイコノミア）も知らないにひとしいことも含む。それは必ずしも Grundmann の言う Literatus-illiteratus〔識字－非識字〕、*Archiv für Kulturgeschich* 40 (1958): 1-65 の後世の意味合いを伴うものではない。

〔補注〕**テルトゥリアヌス**（c一六〇～c二二〇） 初期のラテン教父で、カルタゴで多数のキリスト教護教書や論争書を著した。晩年に異端モンタノス派に傾斜したきっかけは、カルタゴの教会主流との意見対立からとみられるが、修辞と法律を熟知し、縦横の論陣を張るテルトゥリアヌスに、当時の司教らはついていけなかったとみられる。

『プラクセアス反論』はモナルキア（神の単一支配）を主張し、三位はその様態にすぎないとする「様態論」に近い教説を唱えたプラクセアスに反駁する作品で、三位一体論がどう形成をされたかを知る貴重な一里塚である。第三章冒頭でテルトゥリアヌスは「不注意な者や無知な者はさておき、単純な人たち——こういった人が常に信者の大部分なのだが——はみな、経綸《オイコノミア》（という言葉を）を恐れ——たしかに信仰の基準自体も（人々を）この世の多くの神々から単一にして真実な神へ向かわせるものである——単一の神がその経綸と共に信じられることを理解しない」（土岐正策訳）と不満を表明している。

〔補注〕**ヘルベルト・グルントマン**（一九〇二〜一九七〇）　ドイツの中世史家。ライプツィヒ大学で、十二世紀の修道院長で黙示録的世界観を抱いたフィオーレのヨアヒムの研究論文を書いたが、メンターのヴァルター・ゲッツが一九二〇年代に左翼の議員だったため、ナチス政権下では監視された。一九四二年に国防軍に入り、東プロイセンで負傷した。戦後はミュンスター大学の教授となり、修道院外の隠棲や禁欲主義を研究した。

(66) Josef Engemann, "Magische Übelabwehr in der Spätantike," *Jahrbuch für Antike und Christentum* 18 (1975): 22-48; Alexander Murray, *Reason and Society in the Middle Ages* (Oxford: Clarendon Press, 1978): 15-17; Geary, "L'humiliation des saints," p. 28

〔補注〕**ヨーゼフ・エンゲマン**（一九二六〜二〇二〇）　ドイツの考古学者。カソリック神学から考古学に転じ、フランツ・ヨーゼフ・デルガー研究所に入る。ローマ末期の墓の象徴性などについて論文を発表した。

〔補注〕**アレクサンダー・マレー**（一九三四〜）　カナダの古代末期と中世初期の研究家。メロヴィング朝や中世の自殺の研究の著作がある。トロント大学名誉教授。

(67) P. Brown, *Making of Late Antiquity*, 9-10

(68) A. D. Momigliano, "Popular Religious Belifs and Late Roman Historians," *Studies in Church History*, vol. 8 (Cambridge: At the University Press, 1971): 18, in *Essays in Ancient and Modern Historiography* (Oxford: Blackwell, 1977): 156

(69) こうした見解の抜け目のない呈示や批判については、Natalie Z. Davis, "Some Tasks and Themes in the Study of Popular Religion," *The Pursuit of Holiness in Late Medieval and Renaissance Religion*, ed. Charles Trinkaus and Heiko A. Oberman (Leiden: Brill, 1974): 307-36 および Dario Rei, "Note sul concetto di 'religione popolare,'" *Lares* 40 (1974): 262-80 を参照。R. C. Trexler, *Speculum* 52 (1977): 1019-22 は簡潔で説得力のある言明である。

〔補注〕**ナタリー・ゼーモン・デーヴィス**（一九二八〜二〇二三）　アメリカ系カナダ人の歴史家。デトロイト生まれのユダヤ系だが、ハーヴァード大学やミシガン大学でPh.Dを取った。赤狩りの時代に数学者の夫が失職してカナダに移住した。トロント大学で教壇に立ち、米国に戻って一九七八〜一九九六年にプリンストン大学教授。アメリカ歴史協会で二人目の女性会長を務めた。民衆像を浮かびあがらせる「ミクロストリア」の先鞭をつけた一人で、ヨーロッパからアフリカ、カリブ海に及ぶ幅広い視野はブラウンに通じる。代表作はレオ・アフリカヌスの地理学をレンズにした『トリックスターの旅』など。一九八三年に書いた『マルタン・ゲールの帰還』は映画化され、成瀬駒男が邦訳した。

〔補注〕**チャールズ・エドワード・トリンカウス**（一九一一〜一九九九）　後期中世とルネサンスの研究家でミシガン大学名誉教授。ユマニズムとその思考を研究した著作など。

〔補注〕**ヘイコ・A・オーバーマン**（一九三〇〜二〇〇一） オランダの神学者で宗教改革研究家。チュービンゲン大学教授ののち、アリゾナ大学で宗教改革研究所長をつとめた。後期中世の唯名論や、因習を打破したルターの伝記などの本を出版した。

〔補注〕**リチャード・トレクスラー**（一九三二〜二〇〇七） アメリカのルネサンスおよびイタリアの宗教改革研究者。ビンガムトン大学とニューヨーク州立大学で教授。

(70) As in M. P. Nilsson, Geschichte der griechischen Religion (Munich: C. H. Beck, 1950), 2: 498-516

〔補注〕**マルティン・P・ニルソン**（一八七四〜一九六七） スウェーデンの文献学者。考古学的な資料と組み合わせた主著『ギリシャ宗教史』は邦訳がある。

(71) Gibbon, 3: 226

(72) E. O. James, „The influence of folklore on the history of religion,“ *Numen* 1 (1962): 3:「農民は未開人のように純朴で粗野な人間である」

〔補注〕**エドウィン・O・ジェームズ**（一八八八〜一九七二） 英国の比較宗教学者。生贄の起源などを研究、オクスフォード大学講師のほか、リーズ大学教授など。

(73) Louis Ginzberg, *The Legends of the Jews* (Philadelphia: Jewish Publication Society of America,1925),5: viii 「〈民衆の心〉の際立った特性のひとつは、その保守主義と旧来の形式への執着である」。古代末期の宗教史におけるこうした見解に対する、深い人情味のある鋭い批判は、P. A. Février, «Le culte des morts dans les communautés chrétiennes durant le iiie siècle,» *Atti del ixº congresso internazionale di archeologia cristiana* (Rome, 1977), 1: 245 を参照。「われわれは一方では、精神史に欠かせない長期の持続というものに敏感になった……だが、ときに比較的唐突に生じる変異にも気を配った」

〔補注〕**ルイス・ギンズバーグ**（一八七三〜一九五三） リトアニア生まれのユダヤ人でラビ兼タルムード学者。一八九九年に渡米、ユダヤ神学校（JTS）で働き、ユダヤ人保守派のラビに大きな影響を与えた。エルサレム・タルムードの注釈や、ミドラーシュから寓話仕立てにした『ユダヤの伝説』を出版している。

〔補注〕**ポール＝アルベール・フェヴリエ** 本章原注10の補注参照。

(74) こうした風潮の始まりについては、A. D. Momigliano, «La riscoperta della Sicilia antica da T. Fazello a P. Orsi,» Studi Urbinati di storia filosofia e letteratura 52 (1978): 16; J. C. Lawson, *Modern Greek Folklore and Ancient Greek Religion* (Cambridge: At the University Press, 1910): 63:「高みにある力の概念とそれらへの態度全体でいうと、今日の農民は多神論と異教にとどまっている」。ギリシャ民話の最近の研究ははっきりと注意深くなっている。Richard and Eva Blum, *The*

Dangerous Hour: The Lore of Crisis and Mystery in Rural Greece (London: Chatto and Windus, 1970): 263-352 および Margaret Alexiou, The Ritual Lament in Greek Tradition (Cambridge: At the University Press, 1974)

〔補注〕**ジョン・カスバート・ローソン**（一八七四～一九三五）英国のフォークロア研究家。現代ギリシャの伝承と古代ギリシャの関係を検証。第一次大戦では海軍少佐。

〔補注〕**マーガレット・アレクシュー**　ハーヴァード大学の古典学と比較文学の教授。ギリシャの古代から現代にいたる哀歌の儀式の研究が処女作。

（75）D. Nock, «The Study of the History of Religion,» *Essays in Religion*, p. 331:「民族や地域のあらゆる違いにもかかわらず、人間の魂は奇妙な再発性の特徴がある」

（76）F. Dölger, *Der Exorzismus im altchristlichen Taufritual* (Paderborn: Schöningh, 1909): vi:「しかしながら、こうした研究には何がしかの利点がある。初期の見解とは逆に、キリスト教に現世のありようを把握させることになったし、それによって宗教に傾く人々にその聖なる中身をより愛すべきものにしたからだ。A・デュフルクが正当化する考えを表明している。『ある意味で、キリスト教が地べたから起ちあがったというのは本当なのだ』と」

〔補注〕**アルベール・デュフルク**（一八七二～一九五二）はフランスの初期キリスト教の研究者でボルドー大学教授だった。Étude sur les Gesta martyrum romains が近年再刊された。

（77）異教・キリスト教の習合問題を扱って、よく渉猟してあってバランスもとれた文献で、Johannes Geffcken, *The Last Days of Graeco-Roman Paganism*, trans. Sabine MacCormack (Amsterdam: North Holland, 1978): 281-304 に優る書を見つけるのは難しい。

〔補注〕**カール・ハインリヒ・ヨハネス・ゲフケン**（一八六一～一九〇七）ドイツの古典文献学者。ゲッティンゲン大学でヴィルヘルム・ディルタイに師事、ロストック大学教授で学長も務めた。マコーマックが英訳した Der Ausgang des griechisch-römischen Heidentums は一九二〇年に刊行され、戦後も一九六三、一九七二年に再刊されている。

第二章

（1）ILCV 1570.

（2）ILCV 2127

（3）Giovanni di Pagolo Morelli, *Ricordi*, ed. V. Branca (Florence: F. LeMonnier, 1956): 182-83

〔補注〕**ジョヴァンニ・ディ・パゴロ・モレッリ**（一三七一～一四四四）　フィレンツェの裕福な羊毛商の家に生まれ、ルネサンス期のイタリアを二分した教皇党（ゲルフ）系の政治家となった。教皇党は皇帝党（ギベリン）と対立、シェイクスピア『ロメオとジュリエット』のモンタギュー家とキャピュレット家も、ヴェローナでの両党の対立を下敷きとしている。『神曲』のダンテはゲルフ系だが、内部の白派と黒派の対立でフィレンツェから亡命を余儀なくされた。モレッリが一八九三年から書き始めた『思い出』は、一族の発祥に遡る家族年代記で、往時のフィレンツェを知る貴重な史料となっている。

（4）E. F. Bruck, *Totenteil und Seelengerät* (Munich: C. H. Beck, 1926): 302-4

〔補注〕**エーベルハルト・F・ブルック**（一八七七～一九六〇）　ドイツの法制史家。ブレスラウ大学教授の息子に生まれ、本人もブレスラウで博士号を取得、第一次大戦前にジュネーブ大学の助教授となり、軍法会議の参事官などを務めたのち、戦後はブレスラウ大学、フランクフルト・アム・マイン大学、ボン大学の教授を歴任、教父と相続法などのローマ法制史を専門としたが、祖父母が改宗ユダヤ人だったため一九三九年に米国に亡命、ハーヴァード大学に勤務、一九五二年に引退して帰国した。

（5）L. Gernet, *Le génie grec dans la religion* (Paris: Aubin Michel, 1932): 160; O. C. Crawford, «Laudatio funebris,» Classical Journal 37 (1941): 17-19

〔補注〕**ルイ・ジェルネ**　第一章原注22補注参照。

（6）L. Massignon, «La cité des morts au Caire,» *Opera Minora* (Beirut: Dar al-Maaref, 1963), 3: 233-285

〔補注〕**ルイ・マシニョン**（一八八二～一九六〇）　フランスの宗教学者。カソリック教徒でありながらイスラームの研究者。世俗主義者だったがイスラームに関心を持ち、アルジェリアやモロッコやイラクに入り、青年トルコ党革命時にスパイとして逮捕され、獄中で霊感を得てカソリックに改宗した。「我は神なり」を唱えたイスラーム神秘主義（スーフィー）の思想を研究した『アル・ハッラージュの受難――イスラームの神秘家と殉教』四巻が主著で、井筒俊彦に強い影響を与えた。コレージュ・ド・フランス教授のほか、イスラームとキリスト教の橋渡しに尽力、開かれたカソリックをめざす第二ヴァチカン公会議を後押しして、アルジェリア紛争では大赦委員会の委員長を務めた。

（7）Allan I. Ludwig, *Graven Images*: New England Stonecarving and Its Symbols (Middletown: Wesleyan University Press, 1966): 57-58

〔補注〕**アラン・ラドウィグ**（一九三三～）　Allan I. Ludwig はドイツ語で読めばルーツィヒで、ニューヨーク州ヨンカーで生まれた歴史家兼写真家。一九六四年にイェール大学で美術史の Ph.D を取得、ニューイングランドの墓石の数多くの写真とともに墓石研究の第一人者となり、イェールやシラキュース大学などで教授をつとめた。一九八〇年にAGCフォーブス賞を受賞。写真コレクションはアムハースト大学が所蔵。

（8） フィレンツェの葬儀の厳しい取り締まりについてはLauro Martines, *The Social World of the Florentine Humanists* (Princeton: Princeton University Press, 1963): 239-45。その取り締まりの揺らぎの効果についてはJ. Coolidge, "Further Observations on Masaccio's Trinity," *Art Bulletin* 48 (1966): 382-84;「一四二〇年代には、新たに物故した故人を絶賛するのが、公的生活の顕著な特徴となった。これは好戦的かつ奔放で、社会的に破壊的でもある政治感情を表出する手段だったが、芸術を支援する主たる機会を引き継いだ」。この引用はジーン・ブルッカー教授のご好意による。

〔補注〕**ラウロ・マルティネス**（一九二七〜） アメリカのルネサンス学者。九二年までカリフォルニア大学ロサンジェルス校の欧州史教授。サヴォナローラやルネンサンス期フィレンツェなどについての著作がある。

〔補注〕**ジョン・P・クーリッジ**（一九一三〜一九八四） アメリカの建築史家でハーヴァード大学教授、フォッグ美術館館長を務めた。マサチューセッツ州の工場都市ローウェルの社会都市学的な研究に始まり、パトロンと建築の関係やギュスターヴ・ドレなどの著作がある。

（9） Augustine Confessions 6. 2. 2.

（10） Augustine Ep. 29. 9.

（11） J. Quasten, "Vetus superstitio et nova religio': The problem of refrigerium in the Ancient Church of North Africa,' *Harvard Theological Review* 33 (1940): 253-66, and Bruck, *Totenteil and Seelengerät*, p. 290, accept this explanation.

〔補注〕**ヨハネス・クァステン**（一九〇〇〜一九八三） ドイツのカソリック神学者で教父学が専門。ミュンスターのフランツ・デルガーのもとで、古代異教と斎食の音楽や歌を研究する論文を書いた。ミュンスター大学で教授となったが、ナチスと対立して、ローマから三八年に米国に亡命。七〇年までアメリカ・カソリック大学の教授。

（12） J. N. D. Kelly, *Jerome* (London: Duckworth, 1975): 290

〔補注〕**ジョン・N・D・ケリー**（一九〇九〜一九九七） スコットランド生まれの英国国教会派の神学者。オクスフォード大学教授で同大学セント・エドマンド・ホール校長。初期キリスト教の教義が専門で、その著書は神学校の教本として使われている。

（13） Jerome Contra Vigilantium 4, PL 23. 357B

〔補注〕**ウィギランティウス**は第一章原注36の補注参照。

（14） Paulinus Carm. 31. 109-10

Ut de vicino sanctorum sanguine ducat　　傍らの聖者の血から引き出し
quo nostras illo spargat in igne animas.　　焔にわれらが魂を散らす

(15)　この書簡が書かれた環境については、P. Courcelle, *Les Confessions de saint Augustin dans la tradition littéraire* (Paris: Etudes augustiniennes, 1963): 595-600 を参照。

〔補注〕**ピエール・P・クールセル**（一九一二〜一九八〇）　フランスの古代哲学およびアウグスティヌスなど教父学の研究者。一九三三年にソルボンヌ大学、一九五二年にコレージュ・ド・フランスの教授に就いた。アウグスティヌス関連の著作が多い。

(16)　Augustine *City of God* 22. 8

(17)　A. H. M. Jones, *The Later Roman Empire* (Oxfor Blackwell, 1964), 2: 963

(18)　David Hume, "A Natural History of Religion," *Essay Moral, Political and Literary* (London: Longman, Green, 1875), 2- 319。「人生のどの時代、どの時期が、もっとも迷信に溺れるか。何よりも弱く臆病なもの。どの性か？　出てくる答えは同じにちがいない」

(19)　Jerome *C. Vigilant*. 7. 361A and 9. 363B

(20)　とりわけキリスト教の俗信徒であり、マーニー教との論戦では司祭であり、異教徒を教育した時期のアウグスティヌスは、Ep. 17 and De moribus ecclesiae catholicae 1. 34. 75。「烏合の衆に従うなかれ。彼らは真の宗教自体にあっても迷信深い」Nolite consectari turbas imperitorum, qui vel in ipsa vera religione superstitiosi sunt。P. Brown, *Augustine of Hippo* (Berkeley and Los Angeles: University of California Press, 1967): 415 参照。

(21)　現在については、P. A. Février, "Le culte des morts dans les communautés chrétiennes durant le iiie siècle," *Atti del ix° congresso internazionale di archeologia cristiana* (Rome, 1977), 1: 212-74 による証拠史料の徹底した独創的な調査を参照。

〔補注〕**フェブリエ**は第一章原注10補注参照。

(22)　アフリカについては、P. Brown, "Christianity and Local Culture in Roman North Africa," *Journal of Roman Studies* 68 (1968), reprinted in Religion and Society in the Age of Saint Augustine (London: Faber, 1972): 288 参照。Johannes Geffcken, *The Last Days of Greco-Roman Paganism*, trans. Sabine MacCormack: 225-39 は依然として、曖昧な拡張に何が残ったかを調べた最上の研究である。

(23)　E. Marec, *Les monuments chrétiens d'Hippone* (Paris: Arts et Métiers graphiques, 1958): 43; H. I. Marrou, «La basilique chrétienne d'Hippone,» *Revue des études augustiniennes* 6 (1960): 125-28 in *Patristique et humanisme*, Patristica Sorbonensia 9 (Paris:

Le Seuil, 1976): 200-204

〔補注〕**エルワン・マレック**（一八八八～一九六八）フランスの考古学者。一九四七～一九六三年にアウグスティヌスが司教だったヒッポ・レギウスの遺跡を発掘調査し、小高い丘に「平和の聖堂」が建っていたとの結論に達した。

〔補注〕**アンリ・イレネ・マルー**（一九〇四～一九七七）フランスの古代史家で教父学の重鎮。高等師範学校卒で、ローマで学んだ後、シチリアや北アフリカの発掘調査にも関わり、カイロ大学、リヨン大学、パリ大学で教授を歴任した。戦時中はレジスタンスに参加、戦後もユマニストとしてアルジェリア独立に賛成するなど筆名で発言した。

（24）洗礼志願者の名前の読みあげについては、*The Sixth Book of the Select Letters of Severus* 1. 60 ed. and trans. E. W. Brooks (Oxford: Clarendon Press, 1903), 2: 187。志願者の洗足については、Caesarius of Arles Sermon 204.3, ed. G. Morin, Corpus Christianorum 104 (Turn- holt: Brepols, 1953): 821

〔補注〕**アルルのカエサリウス**（c 四六八／四七〇～五四二）ブルグンド族に事実上支配されたフランス中部に生まれ、ガリアの教会の精神的自立を志向するカンヌ湾のレリヌム（レラン）修道院に入ったが、なじめずアルルに移った。司教に叙階されたカエサリウスは、ガリアでせめぎ合う西ゴート、東ゴート、フランク、ブルグンドなど異民族の調整に奔走するとともに、アウグスティヌスの信奉者として半ペラギウス派と戦った。五二九年にはオラニエで教会の公会議を主宰したほか、二百五十点の説教を残している。

（25）F. W. Kent, *Household and Lineage in Renaissance Florence* (Princeton: Princeton University Press, 1977): viii

（26）Antoninus Placentinus 4, *Corpus Scriptorum Ecclesiasticorum Latinorum* 39. 161

〔補注〕**ピアチェンツァのアントニヌス**（d 三〇三）エジプトのキリスト教徒、コプト人だけで編成され、欧州に派遣されたというローマの伝説の軍団「テーベ軍団」に所属していた兵士で、ディオクレティアヌス帝の迫害で殉教したこと以外、詳細は不明。半世紀以上経ってその地の司教となったサビヌスが亡骸を発見したと言い出し、殉教者の血がまだ液状だと喧伝したため、全土から巡礼者がピアチェンツァを訪れるようになった。

（27）Sozomen *Historia Ecclesiastica* 5. 15.

（28）P. Brown, *The Making of Late Antiquity* (Cambridge: Harvard University Press, 1978): 77-78

（29）A. Stuiber, „Heidnische und christliche Gedächtniskalendar,“ Jahrbuch für Antike und Christentum 3 (1960): 24-33

〔補注〕**アルフレート・シュトイバー**（一九一二～一九八一）ドイツの聖職者兼考古学者。一九四〇年に医療兵としてドイツ国防軍に従軍、ソ連軍の捕虜となり、終戦で釈放されてボンのカソリック神学校で博士号を取得、初期キリスト教の墳墓の美術を専門とした。クラウザーらとともに『古代とキリスト教年鑑』を編集、一九六八年から新設のルール大学教授に就任した。

（30） Cyprian *Ad Demetrianum* 10; Eusebius *Historia ecclesiastica* 7. 22; Julian *Ep.* 22. 三番目のものはユニークなケースだった。A. Harnack, *Mission und Ausbreitung des Christentums* (Leipzig: Hinrichs, 1906): 143-45. Paul Veyne, *Le pain et le cirque* (Paris: Le Seuil, 1976): 291-92 は、埋葬でのお供えの所作の重要性をはっきり見ている。

〔補注〕**キュプリアヌス**（c 二〇〇～二五八） カルタゴの司教。カルタゴの裕福な家庭に生まれ、修辞家、弁論家として名をなしたが三十五歳で受洗、財産を投げうって聖職者となる。司教に叙階されたのち、デキウス帝の迫害で潜伏、信者を励ました書簡や文書が残っている。司教が空位となったローマ教会との折衝ではノウァティアヌスと協力し、棄教者の教会復帰の条件と手続きを定める。ウァレリアヌス帝の迫害で殉教した。

〔補注〕**ポール・ヴェーヌ**（一九三〇～二〇二二） フランスのアナール派歴史家。七六年からコレージュ・ド・フランス教授。古代ローマの恵与指向をめぐる主著が『パンと競技場』（鎌田博夫訳）。ウェーバーの宗教社会学の手法に則った社会歴史学的な考察は、本章の基調をなす。成句「パンとサーカス」は「パンと競技場」の誤訳で、シルク・ド・ソレイユのような軽業の見世物の巡業が古代ローマにあったわけではない。本章訳注43参照。

〔補注〕**パンと競技場** 「パン」とは市民に対し無料で穀物を分配した制度のこと。「クーラ・アンノーナ」cura annona（アンノーナは擬人化された女神の名）と呼ばれ、共和制時代の前一二三年、グラックス兄弟の弟ガイウスが元老院の地主貴族の反対を押し切って実現したのが発端。土地分配や負債問題とともに、穀物分配は常にローマの政治問題となり、プレブスの人気をつなぎとめるため、北アフリカなど海外の属州からの穀物輸入で賄って帝国の財政を圧迫した。パウロがローマへ向かったのもこの穀物船に乗ってだった。四世紀には十五万人がこの恩恵に与っていたが、ブラウンは『貧者を愛する者』で「貧者の与り知らない、平民だけを相手にした制度」とみている。ヴァンダル族の侵入などでローマが穀倉を奪われたことなどから、五世紀以降は細っていく。

（31） Cyprian Ep. 1. 2

（32） Cyprian Ep. 12. 2 and 39

（33） 三世紀半ば、ローマ教会は聖職者百五十五人のスタッフを抱え、千五百人の寡婦と貧者を援助していた。Eusebius *Hist. Eccles.* 6. 43. ローマ最大の職人の寄り合いが千二百人から千五百人の成員を擁していたことを想えば、その大半がかなり零細だったとしても、教会の共同体がすでに危険なほど大きく、手に負えない母体となっていたように見える。R. Duncan-Jones, *The Economy of the Roman Empire* (Cambridge: At the University Press, 1974): 283. For Alexandria: H. I. Marrou, «L'Arianisme comme phénomène alexandrin.» *Comptes rendus de l'Academie des Inscriptions et Belles Lettres* (1973): 535-38 in

Patristique et Humanisme, PP. 323-26

〔補注〕**リチャード・ダンカン＝ジョーンズ**（一九三七〜二〇二四）　英国の歴史家で、古代ローマの経済・社会史が専門。父オースティンは哲学者、妹キャサリンはシェイクスピア学者という学者一家。ケンブリッジ大学のコンヴィル＆カイウス・カレッジのフェローだった。

（34）　Février. «*Le culte des morts.*» p. 254。三世紀末のカタコンベに言及して「わたしはさまざまな階級の反対が、死のように転位に逆行するのを待てない」と述べた。

（35）　G.Kretschmar, «Die Theologie der Heiligen in der frühen Kirche,» *Aspekte frühchristlicher Heiligenverehrung*, Oikonomia: Quellen und Studien zur orthodoxen Theologie 6 (Erlangen: Zantner-Busch Stiftung, 1977): 111 は、エルサレムの典礼自体でこれを明らかにしている。「いずれにせよ、聖者崇拝が広がっていき、故人や個々の家族、その他の社会構造の執り成しのパトロンへといよいよ変容していくにつれて、もとはエルサレムの特徴だった教会社会学的な重し《アンカリング》が緩んでいく」。これがまさにウィギランティウスの懸念だった。

〔補注〕**ゲオルク・クレッチマー**（一九二五〜二〇〇九）　ドイツのプロテスタント神学者。教父学が専門。一九六七年からミュンヘンのルートヴィヒ・マクシミリアン大学教授。ベルリンの壁崩壊後、旧ソ連圏のラトビアのほか、ロシア、ウクライナなどでルーテル福音教会の再建に携わり、サンクトペテルベルクに住んで二〇〇五年まで大司教を務めた。

（36）　Jerome C. Vigilant. 6. 359A

（37）　Ibid. 13. 349C.

（38）　Ibid. 9. 347C

（39）　この〔僻地の〕環境についてはJ. Fontaine, «Société et culture chrétiennes sur l'aire circumpyrénéenne,» *Bulletin de littérature ecclesiastique* 75 (1974): 241-82; J. F. Matthews, Western Aristocracies and Imperial Court, A.D. 364-425 (Oxford: Clarendon Press, 1975): 146-153 参照。

（40）　A. Goldberg, „Der Heilige und die Heiligen: Vorüberlegungen zur Theologie des heiligen Menschen im rabbinischen Judentum," *Aspekte frühchristlicher Heiligenverehrung*, p. 29 and Kretschmar, „*Die Theologie der Heiligen*," ibid., p. 89

〔補注〕**アルノルト・ゴルトベルク**（一九二八〜一九九一）　ドイツの聖書研究家でヘブライ語聖書の翻訳者。一九六八年、フランクフルト大学のユダヤ学科設置に貢献した。

（41）　Acta Maximiliani 3, 4, ed. and trans. H. Musurillo, The Acts of the Christian Martyrs (Oxford: Clarendon Press, 1972):

Aanay 248

(42) E. Dyggve, History of Salonitan Christianity (Oslo: Aschenhoug, 1951): 78.

(43) Février, "*Le culte des morts*," p. 269 は ILCV 2071 を引用しているが、殉教者の両親が紀元三二九年に碑文を草したくだりである。

(44) *Gesta apud Zenophilum*: appendix to Optatus of Milevis *De schismate Donatistarum*, in *Corpus Scriptorum Ecclesiasticorum Latinorum* (Vienna: Tempsky, 1893), 7: 194; Augustine *Ad Catholicos epistula* 25. 73

〔補注〕**ミレウィスのオプタトゥス**　北アフリカの内陸、ヌミディアのミレウィス（現ミラ）司教。アウグスティヌスより前、四世紀のエジプト出身の人だったようだが、カソリックと敵対するドナティスト派の強い地域だけに、徹底弾圧を唱えたアウグスティヌスとは異なり、やや宥和色の強いドナティスト考六巻と付録が残っている。付録にはコンスタンティヌス帝の宸翰とされる文書があり、真偽について議論がある。

(45) Optatus of Milevis *De schism.* Don. 1. 16

(46) ILCV 2148; 何例かの碑文はそれを望まないと大げさに示している。ILCV 1194.5:「敬虔な聖者のご利益のある墳墓にしがみついても、何の助けにもならず。いや、かえって傷つける。最上の生は身辺にあり」。それでもこの碑文は、聖ローレンス（ラウレンティウス）の霊廟のすぐ外から出土したものなのだ！

〔補注〕**聖ラウレンティウス**　二五八年のウァレリアヌス帝の迫害で、ローマ教会の司教シクストゥス二世が殉教したのち、知事に教会の富を献上せよと言われて、首席助祭のラウレンティウスが貧者を集めて「これが教会の富だ」と述べた。怒った知事はラウレンティウスをゆっくりと火あぶりにしろと命じた。生きながら金網の上で焼かれたが、「こちらも焼いて食え」と豪気をみせて殉教した（実際は斬首されたらしい）。聖アンブロシウスが殉教伝を広めたため、ローマ城壁外に競技場型の大聖堂が建てられた。それがローマ五大聖堂のひとつ、サン・ロレンツォ・フォーリ・レ・ムーラ大聖堂である。この逸話は中世の聖遺物容器に「金網のラウレンティウス」像として造形され、ルーブル美術館は嬉々として網焼きにされるこの聖者のやけに生々しい立体像の容器を展示している。

(47) Ludwig, *Graven Images*, p. 57.

(48) Augustine *De cura gerenda pro mortuis* 4. 6。キュイギウスの碑文がこの問題を明らかにしている。ILCV 3482. 6「かくてこの青年は、キリストの最後の審判にも安全でいられるだろう」。フローラの家系については Matthews, Western Aristocracies, p. 144 を参照。

(49) Augustine *De cura ger.* 18. 22; Courcelle, p. 699.

（50） Augustine *Ep.* 22. 6

（51） Brown, Augustine of Hippo, pp. 226-27

（52） Ch. Pietri, *Roma christiana*, Bibliothèque de l'école française d'Athènes et Rome 224, 2 vols. (Paris: Boccard, 1976), 1: 581

（53） Paulinus *Ep.* 13. 15。こうした饗宴は教皇のプロパガンダと密接に結びついていた。Ch. Pietri, «Concordia apostolorum et renovatio urbis' (Culte des martyrs et propagande pontificale),» *Mélanges d'archéologie et d'histoire* 73 (1961): 275-322。これをわずかに修正したものは同じ著者の Roma christiana, p. 605n.1. と P.A. Fevrier, *Natale Petri cathedra,» Comptes rendus de n.l. P. A. l'Académie d'Inscriptions et Belles Lettres* 1977: 514-31。

（54） アウグスティヌスもEp. 29. 10で気づいているように。彼に特徴的なのは、しっかりと教会をコントロールするうえで邪魔になるとして、これらのお勤めを説明していることだ。彼がピエトリ教授の文章を読めたらよかったのに！

（55） 聖ラウレンティウスの巨大な墓地の聖堂と、一般に共同墓地エリアの重要性および二面性の素晴らしい議論については、R. Krautheimer, "*Mensa, coemeterium, martyrium,*" *Cahiers archéologiques* 11 (1960): 15-40, in *Studies in Early Christian, Medieval and Renaissance Art* (New York: New York University Press, 1969): 35-58。貴族がパトロンとして支援する異端宗派が、殉教者の霊廟を流用することができた異例の出来事の注は、Praedestinatus *De haeresibus* 1. 86, PL 53. 616

〔補注〕**リヒャルト・クラウトハイマー**（一八九七～一九九四）　ドイツの美術史および建築史の歴史家。ユダヤ系オーストリア人の建築史家パウル・フランクルに師事、ナチスに追われて渡米、初期キリスト教会の学術的な目録編纂に携わった。戦後もニューヨーク大学教授となり、初期キリスト教とビザンティン建築の「ペンギン美術史」を出版した。

〔補注〕**プラエデスティナトゥス**　アウグスティヌス所蔵の写本にあった三巻本のタイトル『聖定論または聖定論異端』を書いた筆者の仮名（本名もプロフィルも不明）。この論考は教皇シクストゥス三世（在位四三二～四四〇）のころにローマで書かれたとされ、アウグスティヌスが晩年に唱えた聖定説（予定論）を批判するユニークな内容である。

（56） Collectio Avellana 1. 9, Corpus Scriptorum Ecclesiasticorum Latinorum (Vienna: Tempsky, 1895), 35: 4.

（57） Jerome, Ep. 22. 28

（58） E. Dassmann, „Ambrosius und die Märtyrer," Jahrbuch für *Antike und Christentum* 18 (1975): 49-68

（59） Ambrose *Ep.* 22. 10; Dassmann, "Ambrosius," pp. 54-55

（60） Ambrose *Ep.* 22.9

(61) Augustine *Confessions* 6. 2. 2
〔補注〕**斎食に制限**　敬虔なキリスト教徒である母モニカがアフリカからミラノに来て、蕩児だったアウグスティヌスも感化されて反省するようになった。『告白』によると、その母が聖者の「記念堂」に供物の粥とパンとワインを携えていくと、堂守に司教〔アンブロシウス〕から斎食禁止令が出ていると知る。参詣した墓場で多くの男女が酩酊し、讃美歌を聞くと鼻白むという現状があったからだ。

(62) ILCV 1700; P. Courcelle, «Quelques symboles funéraires du néo-platonisme latin,» *Revue des études anciennes* 46 (1944): 65-73

(63) ILCV 1825. 6-9; 11-13

(64) Augustine *City of God* 22. 8。アウグスティヌスは、癒されたひとがカルタゴの権門の女性で、市に何も公表しなかったと聞いて「ひどく落胆した」。

(65) H. Delehaye, «Les premiers 'libelli miraculorum,' *Analecta Bollandiana* 29 (1910): 427-3

(66) *Miracula sancti Stephani* 1. 14, 2. 1, PL 40. 841-42

(67) N. Himmelmann-Wildschütz, *Typologische Untersuchungen an römischen Sarkophagreliefs des* 3. und 4. Jahrhunderts (Mainz: Zabern, 1973): 24-28; Février, «Le culte des morts,» pp. 245-51, and «A propos du culte funéraire: *Culte et sociabilité*,»Cahiers archéologiques 26 (1977): 29-45
〔補注〕**ニコラウス・ヒンメルマン＝ヴィルトシュッツ**（一九二九〜二〇一三）ドイツの考古学者。三十三歳でドイツの古典考古学の最年少教授となり、ボン大学教授ほかドイツ考古学研究所の主要メンバーだった。古代ギリシャの蛇紋、ヘレニズムからローマの石棺など研究対象は幅広い。

(68) Augustine Sermon 310. 2; John Chrysostom *In sanctum martyrem Ignatium* 1, PG 50: 587; Maximus of Turin *Sermon* 3. 2., ed. A. Mutzenbecher, *Corpus Christianorum* 23 (Turnholt: Brepols, 1962): 11。「パトロン」が振る舞う祝宴については、S. Lancel, "Le populus Thuburbusitanus et les gymnases de Quintus Flavius Lappianus," *Karthago* 6 (1958): 142-57. S. Mrozek, „Munificentia privata in den Städten Italiens der spät- römischen Zeit," *Historia* 27 (1978): 355-68
〔補注〕**クリュソストモスのヨハネ**（c三四七〜四〇七）コンスタンティノポリス大司教でアウグスティヌスの同時代人。隠者を経てアンティオキア派で頭角を現わし、華麗な弁舌から「金口のイオアン」と呼ばれた。東ローマ帝国を牛耳る宦官によって首都の大司教に指名され、アレクサンドリア大司教テオフィロスと激しい政争になる。
〔補注〕**トリノのマクシムス**（c三八〇〜四六五）北イタリアに生まれ、ミラノのアンブロシウスの弟子となった。

三九八年にトリノ司教となる。ゴート族の侵入で難民が押し寄せる事態を迎え、大地主たちにその富を隠すよりも、難民救済や人質の身代金に使えと主張した。約九十の説教が残っており、略奪を受けたミラノなどについて貴重な記述がある。

〔補注〕**セルジュ・ランセル**（一九二八～二〇〇五）　フランスの考古学者。スタンダール大学教授。北アフリカが専門で、カルタゴのビュルサの発掘調査に従事した。

(69) Paulinus Carm. 27. 511-36

(70) Ibid. 542-67

(71) Greg. Tur. *VJ* 36. 129

(72) Pseudo-Athanasius canon 16, cited by E. Wipszicka, Les ressources et les activités économiques des églises en Egypte, *Papyrologica Bruxellensia* 10 (Brussels: Fondation égyptologique Reine Élizabeth, 1972): 110

〔補注〕**偽アタナシオス**　アレクサンドリア大司教アタナシオスの名を騙った本名不祥の筆者による文書は『黙示録』『処女について』などがあるが、筆者が同一人物かどうかも不明。ここに引用されているのは教会法（カノン）をめぐる文書。

(73) Aline Rousselle, «Aspects sociaux du recrutement ecclésiastique au ive siècle,» Mélanges d'archéologie et d'histoire: *Antiquité* 89 (1977): 333-70. それより少し後年の事例については、ルスティクス司教とその支援者の建築活動を参照。ILCV 1806, with H. I. Marrou, «Le dossier épigraphique de l'évêque Rusticus de Narbonne,» *Rivista di archeologia cristiana* 46 (1970): 331-49, and Matthews, *Western Aristocracies*, pp. 341-42

〔補注〕**アリーヌ・ルーセル**（一九三九～二〇一九）　モロッコ生まれのフランスの女性歴史家。ペルピニャン大学、トゥールーズ・ル・ミライユ大学で教鞭を執った。マタイ福音書などに使われているΠορνεία（淫行）の意味を探求した『ポルネイア　古代の欲望と肉体』などが代表作で、ブラウンの主著『肉体と社会』The Body and Society でも引用されているほか、本書第三章、第六章でも言及している。

〔補注〕**ルスティクス**（c四五五～五〇一）　兄弟のウィウェンティウスとともにリヨンの貴族の家に生まれ、官職にあったが、四九四年にリヨン大司教となった。

(74) Paulinus of Milan Vita Ambrosii 4; Augustine *Confessions* 6. 13. 22

(75) N. Gussone, „Adventus-Zeremoniell und Translation von Reliquien: Victricius von Rouen ,De laude sanctorum,“ *Frühmittelalterliche Studien* 10 (1976): 126-27

（76） Sidonius Apollinaris *Ep.* 7. 1. 7

〔補注〕**シドニウス・アポリナリス**（c 四三〇～四八九） ガリアのルグドゥヌム（現リヨン）で生まれた元老院貴族。西ローマ皇帝の娘パピアニラを妻とした名門で、アヴェルナ（クレルモン）の司教をつとめた。詩歌集カルミナや書簡集など。西ゴート族のエウリック王の侵入に対し、ガリア・ローマ人貴族の仲間と市を守るために懐柔策をとった。その仲間はリモージュ司教ルリキウス（Ruricius）、ヴィエンヌ司教アウィトゥス（Alucimius Ecdicius Avitus）、ティキヌム司教であったアルルのマグヌス・フェリクス・エンノディウス（Magnus Felix Ennodius）らである。

（77） Jones, *Later Roman Empire*, 2: 894-910; W. Zeisel, Jr., "An Economic Survey of the Early Byzantine Church" (Ph.D. diss., Rutgers University, 1975); R. M. Grant, *Early Christianity and Society* (New York: Harper and Row, 1977); R. Staats, "Deposita pietatis Die Alte Kirche und ihr Geld," *Zeitschrift für Theologie und Kirche* 76 (1979): 1-29

〔補注〕**ロバート・M・グラント**（一九一七～二〇一四） アメリカの神学者。初期キリスト教が専門で多数の著作がある。南部大学の講師を皮切りに、シカゴ大学教授などを歴任した。人種差別撤廃に積極的に関わり「セルマの行進」に参加した。

（78） Ramsay MacMullen, *Roman Social Relations* (New Haven: Yale University Press, 1974): 101-2. したがって、聖職者の遺産狙いに対し四世紀の観察者が極端に神経を尖らせたことは、Ammianus Marcellinus 27. 3. 14; Collectio Avellana 1. 9; *Codex Theodosianus* 16. 2. 20

〔補注〕**アンミアヌス・マルケリヌス**（c 三二五／三〇～三九一） コンスタンティウス二世治下でローマ軍兵士となり、遠征でサーサーン朝ペルシャやガリアのアレマン族と戦った。背教者ユリアヌス帝に心酔したが、帝の敗死後に退役して、『歴史』Res Gestae 三十一巻を書いた。タキトゥス『同時代史』の結末以降のネルウァ帝に始まり、ウァレンス帝までをカバーし、山沢孝至の邦訳『ローマ帝政の歴史』全三巻がある。

（79） Augustine Ep. 126. 7

（80） こうしてアウグスティヌスは、裕福な聖職者レポリウスに対し、宿坊と八人の殉教者のための拝所を建てるよう進言した。他方で彼の後継者のヘラクリウスは、聖ステファノスのための拝所を建てた。*Sermon* 356. 7 and 9.

（81） J. Gaudemet, *L'église dans l'Empire romain* (Paris: Sirey, 1958): 311-15; Grant, *Early Christianity*, pp. 55-65. Athanasius Historia Arianorum 78. 1 も参照。「税を免れ、パトロンを演じる機会を得たいという卑劣な動機から」司教になりたがる人もいた――ローマ末期の人間にとってこれ以上の動機はなかったが、これほど大きな嫉妬の対象もなかった。

〔補注〕**ジャン・ゴードメ**（一九〇八～二〇〇一） フランスの法制史家。グルノーブル大学、ストラスブール大学教会法研究所、パリ第二大学の教授を歴任した。

（82） 東方帝国〔東ローマ〕での自己防衛のかたちとしての司教の公共建築については、Theodoret of Cyrrhus *Epp.* 68 and 81。司教及びその息子たちまで気晴らしのゲームは禁じられていた。*Breviarum hipponense* 11, ed. C. Munier, *Concilia Africae*, A.345- A.525, *Corpus Christianorum* 259 (Turnhout: Brepols, 1974): 37, and Innocent I *Ep.* 2. 2, PL 20. 478A

〔補注〕**キュロスのテオドレトス**（三九三～c四五七） 五世紀の単性論派論争で反単性論の旗頭となったシリア北縁のキュロスの司教。アンティオキアで生まれ、三十歳で司教となった。マルキオン派千人を改宗させたほか、エウセビオスの後を継ぐ『教会史』Historia ecclesiastica や『〔シリア〕修道士列伝』Historia religiosa など多数の著作を書いた。コンスタンティノポリス大司教だったネストリウスとともに、マリアを「テオトコス」（神の母）と呼ぶことに反対、アレクサンドリアのキュリロス派と激しい論争となり、ネストリウスは異端として追放され、抵抗したテオドレトスは四五一年のカルケドン公会議で信条採択に署名したが、会議後に消息不明となってしまう。

（83） E. Patlagean, *Pauvreté économique et pauvreté sociale à Byzance, 4-7e siècles* (Paris: Mouton, 1977): 181-95; 426-27. 84. Palladius *Dialogus de vita Johannis* 6, PG 47. 22.

〔補注〕**ガラティアのパラディウス**（c三六三～c四二〇） ビチュニアのヘレノポリス司教だった年代史家。金口（クリュソストモス）のヨハネの弟子で、師についての対話篇『ヨハネの伝記についての対話』のほか、エジプトの砂漠の隠者たちについての史書 Η *Λαυσαϊκή Ιστορία* を書き、ラテン語やアラビア語、コプト語などに翻訳された。

（84） Palladius *Dialogus de vita Johannis* 6, PG 47. 22

（85） 異教の官僚たちは、市の城壁や寺院に逆らって〔霊廟を〕建てたキリスト教聖職者を大喜びで罰したものだ。Symmachus *Relatio* 22 and the anonymous *Carmen adversus paganos* 39

〔補注〕**クイントス・アウレリウス・シュマクス**（三四五～四〇二） ローマの政治家で、アフリカ属州知事、首都ローマの都市知事などを務めた。キリスト教改宗に抗い、ローマの伝統宗教を守ろうとしてアンブロシウスに糾弾された。書簡集などが残っている。Carmen adversus paganos（異教徒に抗う歌）は、四～五世紀の筆者不詳の詩で、異教へのつかのまの回帰を憂うる内容である。

（86） この一事だけでも、城市の当局との緊張なしには済まなかった。Paulinus Carm. 21. 655-717――聖フェリクスの霊廟への水の供給をめぐり、ノーラの町と小競り合いがあった。

（87） 助祭ラウレンティウスが物乞いや障碍者の群れを知事に見せて、これが教会の唯一の富だと言い放った場面は、

Prudentius *Peristephanon* 2. 137-84。この点は、事実かどうか疑いを持ったかもしれない五世紀の読者にも忘れられることはなかったろう。Augustine *Ep.* 126. 7では、ヒッポの教会の富はアウグスティヌスが夢見た以上に大きくなったが、「資産家として」ut dominus 私有しているわけではないと、とても残念そうに指摘している。

(88) ローマ司教についてアンミアヌス・マルケリウスが記したなかで真に呪わしいのは、司教たちの足の引っ張りあいを当然とみなし、教皇の富と影響力を「都市の諸問題……の現象」ostentatio...rerum urbanarum の単なる一例とみていることだ。Amm. Marc. 27. 3. 12。知事のプラエテクスタトスは、教皇ダマススにこんなジョークを飛ばすことができた。「私をローマ市の司教にしてみろ。そうしたら迷わずキリスト教徒になってやる!」。Jerome *Contra Johannem Hierosolymitanum*, *PL* 23. 361. ローマの助祭は「いかなる秩序も彼を鼻高々の称賛で酔わせることはなかった」non illum sublimis honor non extulit ordo といわなければならない。ILCV 1195. 7

(89) 「パトロヌス」の司教が、パトロンである聖者の後継として持つ能力については、A. M. Orselli, *L'idea e il culto del santo patrono citadino nella letteratura latina cristiana* (Bologna: Zanichelli, 1965): 97-119, reprinted in Sofia Boesch Gajano, Agiografia altomedioevale (Bologna: il Mulino, 1976): 85-104; Peter Brown, *Relics and Social Status in the Age of Gregory of Tours*, Stenton Lecture (Reading: University of Reading Press, 1977): 15-19. モロッコの拝所の「ミズワル」(mizwar、指導者)が日常の自己と、拝所での施しを結びつけた理想の交換体系の長としての立場の間に距離を置く手法については、V. Crapanzano, *The Hamadsha: A Study if Moroccan Ethnopsychiatry* (Berkeley and Los Angeles: University of California Press, 1973): 117-23

〔補注〕**アルバ・マリア・オルセッリ**(一九三四〜二〇二二) イタリアの聖者研究の第一人者。ボローニャ大学ラヴェンナ校教授。古代末期から中世にかけて、イタリアの歴史家。ラヴェンナ、ボローニャ、パヴィアなどの城市の宗教的心性の変遷を聖者伝などから研究した。俗ラテン語が分化していく過程のシソーラスも編纂。

〔補注〕**ミズワル** モロッコの聖者(マラブー)崇拝の共同体の指導者。原住民のベルベル語の amzwaru が語源でアラビア語化したもの。マウレタニアと呼ばれたモロッコでは、内陸のアトラス山地に住むベルベル人地帯に、イスラーム化後も習合して独自の聖者信仰が現代まで残り、文化人類学者のクリフォード・ギーアツが『二つのイスラーム社会』でインドネシアと比較している。ここでブラウンがモロッコの事例を引用するのは唐突だが、比較をキリスト教の聖者崇拝に拡張していると思われる。

〔補注〕**ヴィンセント・クラパンザーノ** ニューヨーク市立大学大学院センター教授の人類学者。プリンストン、ハーヴァード、シカゴ、パリ、ブラジリア、ケープタウン大学などで教鞭を執り、野外調査もモロッコからアルジェリアの外人部隊（ハルキ）、アパルトヘイト下の南ア英系白人とアフリカーナーや、アメリカのキリスト教原理主義者や法曹界の保守派まで幅広く、メディアにも発信をしている。邦訳は『精霊と結婚した男　モロッコ人トゥハーミの肖像』大塚和夫・渡部重行訳（原題 Tuhami）のみ。

（90）ILCV 1825. 1-4

（91）本書第Ⅰ章 above, pp. 7-8〔原書〕および Krautheimer, "*Mensa, coemeterium, martyrium*," pp. 42-48〔同〕参照。

（92）Jerome, *Ep*. 107. 1

（93）Pietri, *Roma christiana*, pp. 127-29。主な徹夜の祈禱は暖かい夏の夜だった。

（94）Victor Turner, "Pilgrimages as Social Processes," *Dramas, Fields and Metaphors* (Ithaca: Cornell University Press, 1974): 166-230

〔補注〕**巡礼と行進の開放性**　日本の中世の熊野詣や時衆、幕末のおかげ参りやえじゃないか運動を思わせ、遊行聖に率いられた踊り念仏の衆に似ている。

（95）William A. Christian, Jr., *Person and God in a Spanish Valley* (New York: Seminar Press, 1972): 70

（96）Prudentius *Peristephanon* 11. 191-92; 199-202。ローマにおけるキリスト教の祝祭の役割のこの側面は Matthews, *Western Aristocracies*, pp. 368-69 によく示されている。

（97）Ibid. 11. 203-9。地中海一帯の都市に与えた山の民のインパクトは、F. Braudel, *The Mediterranean and the Mediterranean World in the Age of Philip II*, trans. S. Reynolds (London: Collins, 1972): 44-47 が Stendhal, *Promenades dans Rome* を引用している。「彼らは聖ペテロの祝日を祝い、la funzione（ミサにあたる）に参列するため、山から下りてきた……もじゃもじゃの黒髪から覗く野生の瞳……この農民たちは、同じく野生の姿をした家族を連れていた」。帝国の法がこの地域の山賊行為を取り締まっていたことは *Cod. Theod*. 9. 30. 1-5 and 31. 1。MacMullen *Roman Social Relations*, pp. 30-40 and notes on pp. 156-61 は、都会が彼ら農民を軽蔑し搾取していたことの包括的で気の滅入る環境のカタログを載せている。

〔補注〕**フェルナン・ブローデル**（一九〇二〜一九八五）「アナール派」の中心的な歴史家。アルジェやパリのリセの教師を経て、一九三七年からパリ高等実習研究院（ＥＰＨＥ）。リュシアン・ルフェーブルのもとで『フェリペ二世時代の地中海と地中海時代』（邦訳『地中海』）を書きだしたが、第二次大戦に動員され捕虜となった。収容所でも執筆をつづけ、解放された戦後の一九四九年に出版するとともに、コレージュ・ド・フランス教授となった。レヴィ＝ストロースの無時間性の構造を批判、長波・中波・短波の重層的な構造によって、国境を超えた歴史のうねりを追う史学を志向した。

〔補注〕**スタンダール『ローマの遊歩道』** 一八二六年末にイタリア旅行のエッセー『ローマ、ナポリ、フィレンツェ』を出版したが、出版社の都合で削った部分を従兄弟の手を借りて組み直し、旅日記と旅案内を兼ねた『遊歩道』を二九年に出版した。

(98) Paulinus Carm. 13. 25-59; 18. 105-8; 21. 655-711 and 816-18

(99) アンティオキアの上流階級の女性は、驢馬の背に乗ってしか外出できなかった。John Chrysostom *De virginitate* 66. 1, PG 48. 583, and *Hom.* 7 in *Matth.* 5, PG 57. 80。ローマでもJerome *Ep.* 66. 13

(100) Theodoret of Cyrrhus *Historia religiosa* 20, PG 82. 1429.

(101) Jerome C. *Vigilant.* 9. 363B; *Ep.* 107. 9。キリスト教徒の娘は、聖者の徹夜祭では母にぴたりと寄り添い、爪の幅ほども微動してはならなかった。John Chrysostom *Homilia in Martyres*, PG 50.663; Schenute of Atripe, in A. Zoega, *Catalogus Codicum Copticorum* (Leipzig: Hinrichs, 1903): 423; Augustine *Confessions* 3. 3. 5; *Miracula sanctae Theclae* 14, PG 85. 597AB, ed. G. Dagron, *Vie et miracles de Saint Thècle* no. 33. *Subsidia Hagiographica* 62 (Brussels: Société des Bollandistes, 1978): 378。淑女が悪魔に転ずるといった――破滅的な寸景は Hamza b. Abi Salāma, Masālik al-Ahṣar 313-16 cited in H. Putman, L'eglise et *l'Islam sous Timothée* I (780-823) (Beirut: Dar el-Mashreq, 1975):122; H. Idris, «Fêtes chrétiennes en Ifriqiya,» *Revue africaine* 98 (1954): 273

〔補注〕**アトリペのシェヌート**（c三四九～四六六） 上エジプトの現ソハグの修道院長となり、アレクサンドリアのキュリロスとともに四三一年のエフェソス公会議に出席、多神教の信者と戦い、バストナードと呼ばれる足裏を連打する体罰を導入したとされる。その名を冠した修道院は「白い修道院」とも呼ばれ、コプト教の重要拠点となった。

〔補注〕**ハンス・プトマン**（d二〇二〇） オランダのイエズス会士でシリア、エジプト、スーダンなどを現地で調査研究した。この論考は、東方教会の総主教で中央アジアなどとも興隆したティモテオス一世（七八〇～八二三）とアッバース朝の第三代カリフ、アル・マフディとのキリスト教・イスラーム教の論争などを研究したものである。

〔補注〕**ハロルド・イドリス・ベル**（一八七九～一九六七） 大英博物館のキュレーターでパピルス学が専門。四六年にサーを叙爵。詩人でウェールズ文学にも貢献した。この文献の「イフリキーヤ」とはチュニジアからアルジェリア一帯を指すアラビア語の地名。

(102) 特徴的なのは、巡礼に出たローマの貴婦人について書いたJerome *Ep.* 54. 13。Gregory of Nyssa, *Ep.* 2, *PG* 46. 1012Bにも同じ留保の言葉がある。

(103) Turner, "Pilgrimages," p. 208:「かくて社会的および文化的差別は撤廃されない。しかしそれが決定因となる棘は除去される」。Cf. A. Dupront, «Pèlerinages et lieux sacrés,» *Mélanges F. Braudel*, « (Toulouse: Privat, 1973), 2: 201:「巡礼者の社会は結合された社会である。それゆえ明らかに、年齢も性別も階級もなく、さらには聖職者か俗人かの別もない共同性として参加する、一体化された社会である」

(104) とりわけ、M. Meslin, *La fête des kalendes de janvier dans l'empire romain* (Brussels: Collection Latomus, 1970) を参照。Libanius *Oration* 9. 10 は、もし朔日（新月の日）の昂揚が年中続くのなら、人はもはや「極楽」the Islands of the Blessed を必要としなくなるだろうと言っている。古代末期の都市で行われていた世俗の儀式については、その重要性と社会学的な関心に見合う研究がまだ行われていない。James W. Halporn, "Saint Augustine 'Sermon 104' and the Epulae Venerales" *Jahrbuch für Antike und Christentum* 19 (1976): 82-108 の思慮に富んだ所見を参照。また O. Pasquato, *Gli spettacoli in Giovanni Crisostomo: Paganesimo e cristianesimo ad Antiochia e Costantinopoli* (Rome: Pontificium Institutum Orientalium Studiorum, 1976) and Y. M. Duval, «Des Lupercales de Constantinople aux Lupercales de Rome,» *Revue des études grecques* 55 (1977):222-70 も参照。

〔補注〕**ミシェル・メスリン**（一九二六〜二〇一〇） フランスの宗教人類学者。パリ第四大学（ソルボンヌ大学）教授。宗教学研究所（ＩＲＥＲ）創設に尽力した。一九七三年の『宗教学のために』で聖化の科学的分析を定型化している。

〔補注〕**ローマの祭日** Foriae (holiday の語源の holy day の意) と呼ばれ、神々を称える公の祭日 (publicae) と、特定の個人や一族を称える私事の祭日 (pravatiae) がある。ほかに Ludi と呼ばれる裕福な人が拠出する私的な祭事があり、毎月の新月の日 kalendae に神官がその月の祭日を公表することになっている。オウィディウス『祭暦』参照。

〔補注〕**ジェームズ・W・ハルポーン**（一九二九〜二〇二〇） アメリカの古典文献学者。コーネル大学で Ph.D を取得、一九六〇〜九三年にインディアナ大学で教鞭を執り、晩年はハーヴァード大学古典学部門の助教授をつとめた。カッシオドルスの『デ・アニマ』を皮切りに、ギリシャ・ローマの韻文が専門。

〔補注〕**オットリーノ・パスクァート**（一九三一〜二〇〇八） イタリアの教会史家。

(105) このため女性の共同墓地参詣にあまねく疑いがかけられた。Synod of Elvira (A.D. 306) *canon* 35:「共同墓地での徹夜祭に女性の参加は禁止と定められた。祈禱を口実に密かに罪を犯すことがたびたびあったためである」。Calif al-Hakim of Cairo (A.D. 1101) も同意見だった。「女性が墓地を詣でることは禁じられた。それゆえ公の祭日に共同墓地では一人の女性の姿も見えない」。Bernard Lewis, *Islam* (New York: Harper Torch books, 1974), 1: 55

〔補注〕**エルヴィラ教会会議** (Synod) 三〇五〜六年ころにヒスパニア南部、グラナダの近くで開催された地域会議。十九人の司教と二十六人の長老が参加、教会の規律と秩序を回復するための教会法 canon が公布された。アルル、アンキュラとともに初期の地域教会会議の一つで、後に全地公会議（Council）の土台になった。

〔補注〕**カイロのカリフ・アル＝ハーキム**（九九六〜一〇二一）エジプトのファーティマ朝の第六代カリフ。十一歳でカリフになったが、スラブ人の宦官が宰相となり専権を振るったため、十六歳で宦官を刺殺した。イスマーイル派の盟主として厳格な教義を履行、飲酒と歌舞や音楽を一切禁じ、キリスト教徒やユダヤ教を弾圧した。他方で「知恵の館」を建てて、古代ギリシャとイスラームの学問を融合する研究を奨励している。

〔補注〕**バーナード・ルイス**（一九一六〜二〇一八）ロンドン生まれのユダヤ系イスラーム・中東史家。大戦中は外務省に勤務したが、戦後にロンドン大学教授となり、七四年に渡米してプリンストン大学教授に就任。イスラーム文明の没落という論調から、アフガニスタン、イラクに侵攻したブッシュ政権を主導したネオコンの理論的支柱とされた。

（106）*Mirac. Thelae* 8. 577B and 10. 581B: *Vie* nos. 24 and 26, ed. Dagron, pp. 350 and 356。「青年たちは木陰のピクニックで娘たちを拾いたがっていた」。19. 600B: *Vie* no. 34, ed. Dagron, p.380。ペゲ Pégé の聖処女の宗廟についてはProcopius *The Buildings* 1.3.6 を参考。「その場所には糸杉が密生していて、柔らかな土の真ん中にふんだんに花の咲いた草の野原があった。美しい灌木の豊かな公園で、さらさらと静かな小川があって、甘い水が優しく流れ、わけても聖域にふさわしいところだった」。Fatima Mernissi, "Women, Saints and Sanctuaries," *Signs* 3 (1977): 101-12ha は、北アフリカのムスリムの拝所を訪れた女性たちの生き生きした知覚を記述している。

〔補注〕**ファーティマ・マルニーシー**（一九四〇〜二〇一五）モロッコの社会学者。ソルボンヌ大学、米国ブランディス大学で政治学を学び、帰国してムハンマド五世大学で家族社会学などの教鞭を執った。イスラーム社会で女性が自由を失い、「家庭内ハーレム」に甘んじるようになったのはウマイヤ朝から、とする『ヴェールを越えて　イスラーム社会の男女のダイナミクス』を出版。筆名で小説も書き、フェミニスト運動に関わった。

（107）*Miracula sancti Stephani* 2. 2. 1, PL 40: 843

（108）Ibid. 2. 2. 1. 844

（109）Ibid. 2. 2. 5. 846

（110）Ibid. 2. 2. 7. 847

（111）Ibid. 2. 2. 5. 846; 2. 2. 6. 847; 2. 2. 9. 848

（112）Ibid. 2. 2. 6. 847

（113）Ibid. 2. 2. 6. 846-47

(114) Patlagean, *Pauvreté*, pp. 114-28

(115) Ambrose *De viduis* 11. 54, PL 16. 250

(116) Turner, "*Pilgrimages*," p. 177。「巡礼者たちが代表していたのは、いわば地位優先の社会秩序の真っただ中で、選択対義務のジレンマの増幅されたシンボルであった」

(117) Greg. Tur. *VJ* 9. 118; 12. 119; *VM* 1. 31. 153; 1. 40. 154

(118) Jerome *Ep.* 66. 5 and 79. 2 and Brown *The Making of Late Antiquity*, p. 79 and p. 128 n.98

(119) Patlagean, *Pauvreté*, pp. 17-35; Veyne, *Le pain et le cirque*, pp. 45-66

(120) A. Chastagnol, *La préfecture urbaine à Rome sous le basempire* (Paris: Presses universitaires, 1960): 312-34; J. M. Carrié, «Les distributions alimentaires dans les cités de l'empire romain tardif,» *Mélanges d'archéologie et d'histoire: Antiquité* 87 (1975): 995-1101

〔補注〕**アンドレ・シャスタニョール**（一九二〇〜一九九六） ラテン碑文などを専門とするフランスの歴史家で、アルジェ、レンヌ大学などを経てパリ・ソルボンヌ大学教授。

〔補注〕**ジャン＝ミシェル・カリエ**（一九四三〜） フランスの古代ローマ史の歴史家。パリ第十大学ナンテール校、フィレンツェ大学、トリノ大学で教授を歴任。

(121) A. Alföldi, *Die Kontorniaten* (Leipzig: Harrassowitz, 1943); H. Stern, *Le calendrier de 354* (Paris: Geuthner, 1953)

〔補注〕**アンドラーシュ・アルフェルディ**（一八九五〜一九八一） 古代末期を専門とするハンガリーの歴史家。第一次大戦で戦傷を負い、戦後は考古学に活路を求めた。ハンガリー第二の都市デブレッツェン大学、ブダペシュト大学教授を歴任、戦後、ハンガリーがソ連圏に入ると、スイスを経てプリンストンの高等研究所に移った。この論文は、古代末期のメダリオン「コントルニアテス」に関する妻との共同研究。

〔補注〕『**三五四年の暦**』 三五四年に裕福なウァレンティアヌスがつくらせた最古のキリスト教の暦の写本。教皇ダマスス一世の石工、フリウス・ディオニュシオス・フィロカロスが彫ったもので、その端正なフォントはフィロカリア文字と呼ばれるようになった。暦の原本である石碑は現存していない。ローマの祝祭や黄道十二坐のほか、すでにクリスマスや殉教者のリストなどが載っている。アンリ・スターンの論文はその研究と考察。

(122) S. Mazzarino, *Aspetti sociali del quarto secolo* (Rome: Bretschneider, 1951): 217-69; L. Ruggini, *Economia e società nell' „Italia annonaria"* (Milan: A. Giuffrè, 1961): 116-76

〔補注〕**サント・マッツァリーノ**（一九一六〜一九八七） イタリアのマルクス主義歴史学者。主著は『古代世界の終焉』La fine del mondo antico で、退廃の果てのローマの死を検証した。カターニア大学とローマ大学で教鞭を執った。

（123） Ambrose *De officiis* 3. 45-51; Ammianus Marcellinus 14. 6. 17; H. P. Kohns, *Versorgungskrisen und Hungerrevolte im spätantiken Rom* (Bonn: Habelt, 1971); L. Cracco-Ruggini, Fame laborasse Italiam': Una nuova testimonianza della carestia del 383,» *Athenaeum*, fascicolo speciale 1976 (Pavia: Tipografia del Libro, 1976): 83-98

〔補注〕**レッリア・グラッコ・ルッジーニ**（一九三一～二〇二一）イタリアの古代末期史の研究者。パヴィア大学教授、トリノ大学古代史研究書所長、プリンストン高等科学研究所フェローを歴任した。この論文は三八三年の飢饉の証言を調べたもの。

（124） Matthews, *Western Aristocracies*, pp. 18-21.

（125） Veyne, *Le pain et le cirque*, pp. 682-701

（126） Ammianus Marcellinus 27. 3. 5

（127） Harnack, *Mission und Ausbreitung*, pp. 59-67。喜捨の施主として、また教会の裏方の「元老院」として、ローマの女性が果たしていた役割は、すでに三世紀に異教徒〔新プラトニスト〕であった〔テュロスの〕ポルピュリオスの目にも明らかだった。Porphyry, *Gegen die Christen*, no.94, ed. A. Harnack, *Abhandlungen der preussischen Akademie der Wissenschaften. Philos.-Hist. kl.* 1916, 1: 104; J.-M. Demarolle, «Les femmes chrétiennes vues par Porphyre,» *Jahrbuch für Antike und Christentum* 13 (1970): 42-47

〔補注〕**アドルフ・フォン・ハルナック**（一八五一～一九三〇）現エストニア生まれで、グノーシスや教義史研究家としてベルリン大学教授などを歴任した。プロテスタント新自由主義派に属し、第二帝政のヴィルヘルム二世の庇護を得て、カイザー・ヴィルヘルム協会（後のマックス・プランック研究所）の初代総裁を務めた。森鷗外が中編『かのやうに』で皇帝と親密に歩むハルナックの生き方を羨んでいる。主著は『キリスト教の本質』『マルキオン　異邦の神の福音』『教義史教本』など。森鷗外『かのやうに』参照。

〔補注〕**ジャンヌ＝マリー・デュマロユ**（一九三六～）フランスの歴史家。ロレーヌ地方のガリア・ローマ人などを研究。フランス北部のメス大学で講師など。

（128） これは同時代のコンスタンティノポリスについての記録が十分ある。Kenneth G. Holum, "Pulcheria's Crusade A.D.421-422 and the Ideology of Imperial Victory," *Greek, Roman and Byzantine Studies* 18 (1977): 153-72。それは彼の来るべき新著 Theodosian Empresses: Women and Imperial Dominion in Late Antiquity の主要テーマになるだろう。

〔補注〕**ケネス・G・ホルム**（〜二〇一七）　イタリアの古代末期の歴史家。八八年にパレスティナの海辺のカエサリア発掘に米メリーランド大学のスタッフとともに従事した。イタリア上院大学の教授のほか、ハーヴァード大学図書館ダンバートン・オークスのフェローなどを歴任。『テオドシウスの皇女たち』は本書刊行の翌年、一九八二年に出版された。

（129）　S. Mazzarino, *The End of the Ancient World*, trans. G. Holmes (London: Faber, 1966): 131-32

（130）　Cod. Theod. 6. 4. 17

（131）　ランパディ家の二枚折書字板を参照。R. Delbrueck, *Die Consulardiptychen* (Berlin: de Gruyter, 1929): 218-21

〔補注〕**リヒャルト・デルブリュック**（一八七五〜一九五七）　ドイツの古代考古学者。ニーダーザクセン州の名門の出身で、一九〇九年からドイツ考古学研究所教授となりローマ部門を率いた。専門はローマ建築史と古代末期の皇帝らの肖像画で、第一次大戦後はギーセン大学、ボン大学の教授を歴任したが、二八年に政治的な理由から辞任した。

（132）　Peter Brown, "Pelagius and his Supporters," *Journal of Theological Studies* n.s. 19 (1968): 98-100, reprinted in Religion and Society, pp. 189-92; Matthews, I*mperial Aristocracies*, pp.. 289-91. A. Demandt and G. Brummer, „Der Prozess gegen Serena im Jahre 408 n. Chr.," *Historia* 26 (1977): 479-503

〔補注〕**アレクサンダー・デマント**（一九三七〜）　ドイツの古代史研究家。マールブルクでケルト人の発掘調査に従事したほか、ペルガモンとガラティアを視察した。一九七四年以降は、ベルリン自由大学のフリードリッヒ・マイネッケ研究所で古代史教授。

グントラム・ブルマー（一九三八〜二〇二二）　ドイツの博学家。ユーバーリンゲンの文化局長。故郷のメーアスブルクを含むボーデン湖周辺の伝説や歴史を研究した。

（133）　Matthews, *Imperial Aristocracies*, p. 365

（134）　〔A. H. M. Jones, J. R. Martindale and J. Morris, *The Prosopography of the Later Roman Empire* (Cambridge: At the University Press, 1971): stemma no. 7, p. 1133

〔補注〕**ジョン・ロバート・マーティンデール**（一九三五〜）　英国の歴史家で、オクスフォード大学でA・H・M・ジョーンズに師事、大著であるローマ末期とビザンティン帝国の「人物誌」prosopographyを師と共著で出している。

（135）　Augustine *Ep*. 150; Pelagius *Ep*. ad Demetriadem 14, *PL* 30. 30B; Jerome *Ep*. 130. 3。どれもが一族の男たちから威厳を引きはがす身ぶりとして表現している。

（136） Zosimus *Historia nova* 6. 7

（137） Jerome *Ep*. 130. 6

（138） *Liber pontificalis*, ed. L. Duchene (Paris: de Boccard, Press, 1978): 70

〔補注〕『**教皇の書**』 初代ローマ司教とされる使徒ペテロから十五世紀ピウス二世までの教皇伝。逐次追加されたが、初源の筆者にはウルガタ聖書の訳者ヒエロニュムスなど諸説ある。内容は教皇庁の宣伝文書のため真偽の精査が必要でモムゼンらが携わった。

〔補注〕**ルイ・デュシェーヌ**（一八四三〜一九二二） フランスのカソリック司祭で、典礼などの文献学者。ローマに遊学中、アトス山、小アジア、シリアに遠征、初期キリスト教に関心を持ち、その批判的史学は教皇庁に警戒され、ピウス十世に有罪判決を受けた。

（139） Katherine M. D. Dunbabin, *The Mosaics of Roman North Africa: Studies in Iconography and Patronage* (Oxford: Clarendon press,1978): 70

〔補注〕**キャサリン・ダンバビン** 英国の考古学者でローマ美術が専門。一九七〇年にオクスフォード大学で博士号取得、マクマスター大学教授。北アフリカはじめローマ、ギリシャのモザイク美術が専門で、その著作は高い評価を受けた。

（140） Ramsay MacMullen, *Enemies of the Roman Order* (Cambridge: Harvard University Press, 1967): 170-79; Alan Cameron, *Circus Factions* (Oxford: Clarendon Press, 1976): 157-192; Veyne, *Le pain et le cirque*, pp. 682-701

〔補注〕**アラン・キャメロン**（一九三八〜二〇一七） 英国の古典学者。ヘレニズムからローマ末期までの宮廷詩や文芸など幅広く研究し、この本は円形競技場の馬車競走をめぐり、現代プロサッカーのようなファンクラブが盛んだったことがテーマ。オクスフォード大学で学び、六二〜八〇年は古代末期やビザンティン史を専攻する歴史学者アヴェリル・キャメロンの配偶者だった。キングズ・カレッジ・ロンドンや米コロンビア大学教授などを歴任した。

第三章

（1） Theodoret *Curatio affectionum graecarum* 8. 67, PG 83. 1033A

（2） Gregory of Nyssa *Encomium on Saint Theodore*, PG 46. 745D

（3） *Miracula sancti Demetrii* 1. 14, PG 116. 1213A

（4） Plutarch *De facie lunae* 28, 943A; Peter Brown, *The Making of Late Antiquity* (Cambridge: Harvard University Press, 1978): 68-

72.
（5） Plotinus *Ennead* 3. 4. 3 が明らかにしてくれる。
（6） Brown, The Making of Late Antiquity, p. 72 and p. 121 n.64
（7） Ammianus Marcellinus 21. 14. 3; M. Riley, "The Purpose and Unity of Plutarch's De genio Socratis," Greek, *Roman and Byzantine Studies* 18 (1977): 257:「プルタルコスはいかに案内が有効か、いかに思索家と行動家の溝が埋められるかを示したがっていた」
（8） A. Henrichs and L. Koenen, „Der Kölner Mani-Kodex," *Zeitschrift für Papyrologie und Epigraphik* 19 (1975): 23; The Cologne Mani Codex. "Concerning the Origin of his Body". ed. And trans. Ron Cameron and Arthur J. Dewey (Missoula, Mont.: Scholars Press, 1979): 20-21

〔補注〕**アルベルト・ヘンリクス**（一九四三〜二〇一四） ドイツ・ケルン生まれの古典学者。ケルン大空襲を生き延び、進駐軍の米兵と遊んだ記憶がある。ケルンで博士号を取得後、ミシガン大学でパピルス文書研究に従事、カリフォルニア大学バークレー校を経て、二十六歳でマーニー教のケルン写本の研究書を出版した。七三年に三十歳でハーヴァード大学教授。二世紀の古代小説『フェニキアのサガ』を含むパピルス文書を発掘した。

〔補注〕**ルートヴィヒ・ケーネン**（一九三一〜二〇二三） ケルン生まれのパピルス学者で、マーニー教ケルン写本をヘンリクスと共同研究した。七五年にミシガン大学教授。

（9） *Panegyrici Latini* 7. 21. 4. Compare Cologne Mani Codex, pp.18-19.
（10） Origen *Contra Celsum* 7. 34.
（11） Gregory Thaumaturgus *In Origenem* 4, PG 10. 1064A. グレゴリウスの同一性はさらに再分割されてきた。P. Nautin, *Origène: Sa vie et son oeuvre* (Paris: Beauchesne, 1977): 82-86. わたし〔ブラウン〕のこの修正は、レイモンド・ヴァン・ダムのご好意による。

〔補注〕**ピエール・ノータン**（一九一四〜一九九七） フランスの古典学者。サンティティエンヌ生まれで、一九六三〜八二年にＥＰＨＥに在籍した。

（12） Synesius *Hymn* 4. 264, trans. A. Fitzgerald, The Essays and Hymns of Synesius of Cyrene (Oxford: Clarendon Press, 1930), 2: 386.
（13） W. H. C. Frend, "Paulinus of Nola and the Last Century of the Western Empire," *Journal of Roman Studies* 59 (1969): 1-11; Joseph T. Lienhard, Paulinus of Nola and Early Western Monasticism, *Theophaneia* 28 (Cologne: Peter Hanstein, 1977): 24-29

〔補注〕**W・H・C・フレンド**（一九一五〜二〇〇五） 英国の教会史家で国教会司祭。グラスゴウ大学の教授や神学部長を歴任。代表作はアウグスティヌスが北アフリカで戦ったドナティストの研究書『ドナティスト教会 ローマ帝国北アフリカの抵抗運動』（一九五二年）。「ノーラのパウリヌスと西ローマ帝国の最後の世紀」は一九六九年寄稿で、五世紀に De gubernatione Dei（神の支配について）を書いたキリスト教著述家、ガリアのサルウィウスが、パウリヌスのような大資産家を指弾したことをテーマとしている。

（14） J. F. Matthews, *Western Aristocracies and Imperial Court A.D. 364-425* (Oxford: Clarendon Press, 1975): 77-87.

（15） Augustine *City of God* 1. 10; Sulpicius Severus *Vita Martini* 25:「もっとも傑出した事例」。Ambrose Ep. 58. 1-3; Lienhard, *Paulinus of Nola*, p. 29

（16） Paulinus *Carm.* 21. 344-46

（17） E. Lucius, *Die Anfänge des Heiligenkultes in der christlichen Kirche* (Tübingen: Mohr, 1904): 302

（18） Helen Waddell, *Wandering Scholars* (London: Constable, 1927): 12.

（19） Lienhard, *Paulinus of Nola*, p. 141:「彼の作品はアウグスティヌスやヒエロニュムスの作品よりも、初期西欧の修道士たちの比較的単純で、ほとんど純心なところをはるかによく示している」。パウリヌスが特別に修道士に関わりがあることを、著者〔リーンハード〕が強調するのは正しいが、そのナイーヴな目 l'oeuil naïf なるものは、われわれが西方の修道士に期して学んできたものではない。いまは Philip Rousseau, *Ascetics, Authority and the Church in the Age of Jerome and Cassian* (Oxford: Clarendon Press, 1978) の素晴らしい研究を参照。参考は A. Michel, In hymnis et canticis: *Culture et beauté dans l'hymnique chrétienne latine* (Louvain: Publications universitaires, 1976): 50。「〔旧約の〕『詩篇』に、この時代のキリスト教徒はとても繊細な文化をとても繊細に達成するとともに、ラディカルな改宗の言葉を見出していた」

〔補注〕**フィリップ・ルソー**（一九三九〜二〇二〇） アメリカの初期キリスト教研究者で、アメリカ・カソリック大学で特別顕彰教授および初期キリスト教研究センター所長を歴任。エジプトの修道院長だったパコミオスの研究書がある。

（20） J. Fontaine, «Valeurs antiques et valeurs chrétiennes dans la spiritualité des grands propriétaires terriens du ive siècle occidental,» *Epektasis: Mélanges patristiques offerts au cardinal Jean Daniélou* (Paris: Beauchesne, 1972): 571-95

（21） Lienhard, *Paulinus of Nola*, p. 151。「彼は無邪気に喜んで、盛り上がる聖者崇拝を受け容れた」。G. Boissier, *La fin du paganisme* (Paris: Hachette, 1891), 2: 105-17

〔補注〕**ガストン・ボワシエ**（一八二三〜一九〇八） フランスの古典学者で、コレージュ・ド・フランス教授やアカデミー・フランセーズの常任幹事を歴任した。詩人アッティウスやヴァッロの研究に始まり、キリスト教改宗前の古代ローマの宗教運動の研究 La religion romaine, d'Auguste aux Antonins が主著。

（22） A. Michel, *In hymnis et canticis*, p. 50。「優しいパウリヌスにとって、行路の果てに待つのは沙漠ではない。邑里《いなか》と自然、そしていまひとたびのウェルギリウスである」

〔補注〕**アラン・ミシェル**（一九二九〜二〇一七） 古代思想史の研究者で、高等師範学校卒業後、リール大学、パリのソルボンヌ大学で教授を歴任した。クセジュ文庫の『ローマの政治思想』の邦訳（国原吉之助・高田邦彦訳）がある。

（23） Aline Rousselle, «Deux exemples d'évangélisation en Gaule à la fin du ive siècle: Paulin de Nole et Sulpice Severe,» *Béziers et le Biterrois, 43e Congrès de la Fédération historique du Languedoc méditerranéen et du Rousillon* (Montpellier, 1971): 91-98; Rousseau, *Ascetics, Authority and the Church*, pp. 143-65。パウリヌスは〔ローヌ河畔の〕ヴィエンヌでマルティヌスと会ったことがある。Paulinus, Ep. 8. 9。彼はマルティヌスによって眼疾を治してもらった。Sulpicius Severus *Vita Martini* 19. 3。しかも「マルティヌスが誰よりもよく会う祝福された人」Martini beatissimi frequentator としてスルピキウスを知っていた。Paulinus *Ep.* 11. 13。大メラニアがパウリヌスを訪問したとき、彼が彼女に朗読して聞かせたのはスルピキウスの『マルティヌス伝』だった。Paulinus, *Ep.* 29. 14:「そうした物語に関心を寄せる彼女に、私は彼のマルティヌス伝を朗読して差し上げた」Martinum illum nostrum illi studiosissimae talium historiarum recitavi。

〔補注〕**大メラニア**（c三五〇〜c四一〇／四一七） ヒスパニアで生まれ、十四歳で結婚してローマに移ったが、夫も子二人も亡くしてキリスト教に入信した。ローマ帝国でもっとも裕福な女性だった彼女はアレクサンドリアを訪れ、砂漠の修道士たちと暮らして感銘し、修道院運動に深く関わって、「沙漠の母」と呼ばれるようになる。のち、エルサレムに移ってヒエロニュムスとは衝突したが、ローマに帰ったのち、縁戚であるパウリヌスを訪れた。小メラニアは彼女の孫にあたり、彼女も修道女になっている。

（24） Rousseau, ibid., p. 94。「強調すべきは、手本が必要なことと、手本が示される文芸の両方が、西方に対する禁欲生活自体の特徴だったことである」

（25） F. Nietzsche, *Die fröhliche Wissenschaft* 3. 261 (Stuttgart: Alfred Kröner, 1956): 175-76

〔補注〕**ニーチェの『華やぐ知恵』** 独創性について２６１で「万人の眼の前にありながら、まだ名を持っていないもの、まだ呼ばれたことのないものを、見ることだ。人間の常として、名称があってはじめて事物が見えるようになるのである。独創的な人物とはだいたい命名者であった」（氷上英廣訳）と述べている。

(26) Plotinus *Enneads* 3. 4. 3
(27) Porphyry *Life of Plotinus* 10; Brown, *The Making of Late Antiquity*, p. 69 and p. 120 n.54
(28) Marcus Aurelius *Meditations* 5. 27
(29) Horace *Ep.* 2. 2. 183; Firmicus Maternus *Mathesis* 2. 19. 12
〔補注〕**ユリウス・フルミクス・マテルヌス**　四世紀前半のコンスタンティヌス大帝の時代の元老院貴族で占星術を嗜み、三三四～七年に『占星術八巻』Matheseos libri octo を著した。三四六年ころ、大帝の子のコンスタンティウス二世のために『冒瀆の宗教の誤謬について』De errore profanarum religionum を献じてキリスト教の護教論者となったが、かつて占星術に凝っていたアウグスティヌスは彼の無節操を批判している。
(30) Paulinus *Carm.* 15. 188:「すでにあらゆることでキリストに結びつけられている」Cui iam sociatus in omnia Christus.
(31) したがって、聖フェリクスの外観とともに、キリストが幻影となって現われることが可能なのだ。Paulinus *Ep.* 49. 3
(32) Paulinus *Carm.* 21. 355-57; cf. *Carm.* 15. 5-6. 33. Paulinus *Ep.* 5. 4.
(33) Paulinus *Ep.* 5. 4
(34) Paulinus *Carm.* 22. 80
(35) Ibid. 23. 214。「それゆえ、来たれ。フェリクスと魂の永遠のパトロンよ」。改宗以前でも、パウリヌスは神殿での「パンの配給」depositio barbae の昔ながらのローマの儀式を選んだ。*Carm.* 21. 377-78; Lienhard, *Paulinus of Nola*, p. 26, n.56。一般論は E. Cesareo, *Il Carme Natalizio nella poesia latina* (Palermo: Società tipografica "Orfani di Guerra," 1929): 169-79 参照。
(36) Paulinus *Carm.* 21. 175-77; 183-86; 448-59, and *Carm.* 27. 146-47:「されど個人の特別な星まわりのために、そうした日々は無数のパトロンを生んだだけだ」
(37) Paulinus *Ep.* 30. 2。「哀れな涙に暮れる我が身よ。いまだに地上のイメージのおぞましさに戸惑い、肉の身と現世の振る舞いの意味では、第二のアダム〔イエス〕より第一のアダムに共感を覚えてしまう。あなたにそんな自分をどうして描いてみせられようか」。Cf. Prophyry *Life of Plotinus* 1。「画家または彫刻家の前に座って〔モデルとなることに〕頑として嫌がるそぶりもみせた……『自然がわれわれを閉じ込めたこの影像《イメージ》を持ち運ぶだけで十分ではないか。後世に残す望ましい見世物として、わたしが影像の影像を残すことにも同意すべきだと、きみはほんとうに思うのか』」、さらに *the Acts of John* 29, trans. M. R. James, *The Apocryphal New Testament* (Oxford: Clarendon Press, 1924): 234:「おまえは死んだ人間の死んだ肖像を描いたのだ」(大貫隆訳)
〔補注〕『**ヨハネ行伝**』　新約聖書外典に属すグノーシス系の文献。使徒ヨハネが主人公で、エフェソスの将軍とその妻を救う奇蹟を行うと、感激した将軍が画家を呼んで密かにヨハネの肖像画を描かせる。それを見たヨハネは、それまで鏡を見たことがなかったので、肖像の老人が自分だとは信じられない。鏡を見てからも「私の肉の形姿に似ているだけだ」といい、むしろおまえが画家になって、使徒の自分を通じイエスを写しとれという。ここに本来的自己と非本来的外界というグノーシスの構造を見て取ることができる。

（38）Gregory of Nyssa *Vita Macrinae*, PG 46. 961B; Grégoire de Nysse: *Vie de sainte Macrine*, Sources chrétiennes 178, ed. and trans. P. Maraval (Paris: Le Cerf, 1971): 146-47 を参照。二人のテクラは酷似している。一人の女性がじぶんの娘に似ていると聖テクラを認識するようになり、娘にテクラと命名したほどだから！ *Vie et Miracles de Sainte Thècle* 11. ed. G. Dagron, Subsidia Hagiographica 62 (Brussels: Société des Bollandistes, 1978): 314

（39）Gregory of Nyssa *Vita Macrinae*: 964D

（40）Ibid.: 969CD

（41）Brown, *The Making of Late Antiquity*, pp. 73-76。皇帝が帝位に就くことによって達成した、星辰とは独立した新しい自己同一性、誕生 natalis としての思考は、H. Stern, *Le calendrier de 354* (Paris: Geuthner, 1953): 74; Sabine MacCormack, "Roma, Constantinopolis, the Emperor and His Genius," *Classical Quarterly* 25 (1975): 137-38 を参考に。

〔補注〕**サビーヌ・マコーマック**（一九四一～二〇一二）フランクフルト生まれのドイツ系アメリカ人の歴史家で、古代末期とラテンアメリカが専門。オクスフォード大学でブラウンの門下となり、テキサス大学、スタンフォード大学を経て、ミシガン大学、ノートルダム大学で教授を歴任した。古代と南米を跨ぐ『時の翼に』などの著作がある。

（42）A. Poidebard and R. Mouterde, «A propos de saint Serge,» *Analecta Bollandiana* 67 (1949): 114

〔補注〕**アントワーヌ・ポワデバール**（一八七八～一九二五）フランスの考古学者でイエズス会士。レバノンのアルメニア難民救出に従事、フランスの航空連隊と行をともにして、シリア砂漠を上空から観察してローマの痕跡を発見、航空考古学の祖となった。

〔補注〕**ルネ・ムーテルデ**（一八八〇～一九六一）フランスの考古学者でイエズス会士。一九〇五年に中東に定住して、ロンゼヴァルやジャラベールらとシリアの碑文研究に従事、航空考古学のボワデバールとも聖セルギウスの共同研究をおこなった。

（43）J. Wilpert, *Die Malereien der Katakomben Roms* (Freiburg in Breisgau: Herder, 1903): 392, pl. 132,2; F. Cumont, *Recherches sur le symbolisme funéraire des romains* (Paris: Geuthner, 1942): 29; B. Andreae, *Studien zur römischen Grabkunst* (Heidelberg: F. H. Kerle, 1963): 30-39

〔補注〕**ヨゼフ・ヴィルペルト**（一八五六〜一九四四） シレジア生まれのドイツの司祭兼考古学者で、カタコンベの権威。一八八四年に教会法の研究のためにローマに来たが、考古学者ジョヴァンニ・デ・ロッシと出会い、墓地のフレスコ画の図像学を研究した。
〔補注〕**ベルナルト・アンドレーエ**（一九三〇〜） オーストリア生まれのドイツの古典考古学者。ルール大学ボーフムの教授やドイツ考古学研究所のローマ部長を歴任。石棺や霊廟の美術から古美術収集、ナポリの北西にあるスペルロンガの発掘で貢献した。

（44） P. Styger, *Römische Märtyrergrüfte* (Berlin: Verlag für Kunstwissenschaft, 1935), I: 168
〔補注〕**パウル・シュタイガー**（一八八七〜一九三九） スイスのカソリックの司祭で考古学者。ローマ時代の殉教者の墳墓を研究した。

（45） Matthews, *estern Aristocracies*, p.5; P. Fabre, *Saint Paulin de Nole et l'amitié chrétienne* (Paris: de Boccard, 1949)

（46） Paulinus *Carm.* 27. 346-48

（47） Uranius *De obitu sancti Paulini* 2, PL 53. 860A
〔補注〕**ウラニウス** ノーラの教会の長老。パウリヌス没後にその弔辞を書いた。デニス・トラウトの評伝十章 De obitu を参照。

（48） Paulinus *Carm.* 10. 21-22 and 29; C. Witke, *Numen Litterarum* (Leiden: Brill, 1971): 44-46 and 80-83

（49） Paulinus *Carm.* 10. 148-152

（50） Ibid. 11. 47-48

（51） Ibid. 11. 54-56, trans. Waddell, Wandering Scholars, p. 11
〔補注〕ブラウンが引用したヘレン・ワデルの英訳は、簡潔な原詩を補っている部分が多く、意訳し過ぎと思える。ラテン語の直訳は以下の通り。
〔自ら身を引く前は
わがからだは汝が胸のごとく〕

（52） Uranius *De obitu* 3. 861A
〔補注〕**山にむかひて目をあげん** Levavi oculos は旧約聖書『詩篇』第百二十一歌の冒頭で、詩には「都詣での歌」との題辞がある。韻文なのでリズムのいい文語訳を使うと、「山にむかひて目をあげる／わが扶助《たすけ》はいづこよりきたるや／わがたすけは天地《あめつち》をつくりたまへるヱホバよりきたる」と自問自答したあと、「汝を護るものは微睡《まどろ》み給ふことなし／視よイスラエルを守りたまふものは微睡むこともなく寝《ねぶ》ることもなからん／ヱホバはなんぢの右手をおほふ蔭なり／ひるは日なんぢをうたず／夜は月なんぢをうたじ／ヱホバは汝を守りてもろもろの禍害《わざわひ》をまぬかれしめ、並《ならびに》なんじの霊魂《たましひ》をまもり給はん」とあって、古代の守護神の付き添い信仰がここでは歴然としている。

この歌詞はアントニア・ガブリエッリからステファノ・ロセッティ、スタニスラフ・ガレオンスキーらまで、ミサ曲や葬送曲などに数多く作曲されている。

(53) G. N. Knauer, *Psalmenzitate in Augustins Konfessionen* (Göttingen: Vandenhouck and Ruprecht, 1955)。『詩篇』の言語はパウリヌスに浸透しているが、同じように使われているわけではない。P. G. Walsh, The Poems of Paulinus of Nola, *Ancient Christian Writers* 40 (New York: Newman Press, 1975) 18-19 and Lienhard, *Paulinus of Nola*, pp. 129-30

〔補注〕**ゲオルク・N・クナウアー**（一九二六〜二〇一八）ドイツ系アメリカ人の文献学者で、ウェルギリウスとホメロスを比較した。ベルリン自由大学、ペンシルベニア大学教授。妻はシルクロードの専門家、エルフリーデ・クナウアー。

〔補注〕**パトリック・G・ウォルシュ**（一九二三〜二〇一三）英国の古典学者。第二次大戦で空軍情報部隊に勤め、戦後にアイルランド国立大学で学び、ダブリン大学を経てエジンバラ大学教授となる。リーウィウスからラテン小説、パウリヌスらを幅広く研究した。

(54) Augustine *City of God* 10.1, 3, 7, and 20.

(55) Ibid. 8. 27

(56) Ibid. 10. 16

(57) Augustine Sermon 319. 8. 7

〔補注〕**……神の恵みを得ん**　和訳文はあえてブラウンの英語引用文から訳した。四語しかない簡潔なラテン語を、かなり意訳しているからだ。ラテン語原文を直訳すれば「ともに働いて、恵みを享受しましょう」であって、「同輩の僕」の語はない。

(58) G. Dix, *The Shape of the Liturgy* (London: Dacre Press; A. and C. Black, 1945): 380-82; E. Nordström, *Ravennastudien* (Uppsala: Almqvist and Wiksell, 1953): 21-24. G. E. M. de Ste Croix "Suffragium: From Vote to Patronage," *British Journal of Sociology* 5 (1954): 46; G. Gagov, "Il culto delle reliquie nell'antichità riflesso nei due termini 'patrocinia' e 'pignora,'" *Miscellanea Francisana* 58 (1958): 484-512; A. M. Orselli, *L'idea e il culto del santo patrono citadino nella letteratura latina* (Bologna: Zanichelli, 1945): 40-61

〔補注〕**グレゴリー・ディックス**（一九〇一〜一九五二） 英国の国教会牧師で教皇派として、統合を可能にするよう典礼改革を唱え、歴史的研究から『典礼の形』を出版した。

〔補注〕**ジョフリー・サントクロワ**（一九一〇〜二〇〇〇） 英国の左翼の歴史家。少年時代はテニスがうまくウィンブルドンに出場した。第二次大戦中は飛行士官としてアフリカ、中東に駐屯した。戦後にユニバーシティー・オブ・カレッジで学び、オクスフォードで博士号を得てオクスフォードのニューカレッジで古代史のフェロー。古代ギリシャの階級闘争を分析して史的唯物論の正当性を主張、ローマのキリスト教迫害も研究した。

(59) 中世キリスト教の美術から大天使 archangel の重要性が最終的に消えたのは、聖処女マリアのような人間の取り次ぎ役に置き換えられたからだが、それについては C. Lamy-Lassalle, «Les archanges en costume impérial dans la peinture murale italienne,» *Synthronon: Art et archéologie de la fin de l'antiquité et du moyen âge: Recueil d'études par André Grabar et un groupe de ses disciples* (Paris: Klincksieck, 1968): 189-98。天使は神の絶対的な一元支配との結びつきを自ら持ち込むが、神は傅《かしず》く僕《しもべ》たちに囲まれていて、庇護者《パトロヌス》の直取引《マニピュレーション》に左右されない。E. Peterson, *The Angels and the Liturgy* (New York: Herder and Herder, 1964): 25。ビザンティンの世界で天使が引き続き重要だったのは、一部には、生き延びた東方帝国でも庇護《パトロネージ》は受け容れられていたものの、固定した身分の官僚ヒエラルキーを通じた絶対的支配に対する唯一の実現可能な代案として、西方ほど無二なものとして現れることのない社会だったからだ。コプト教の伝説によると、大天使ミカエルは、正規のビザンティン宮廷の仕来りに従って、総司令官の免状まで受けている。C. Detlef and G. Müller, *Die Engellehre der koptischen Kirche* (Wiesbaden: Harrassowitz, 1959): 16。R. Rémondon, «Les contradictions de la société égyptienne l'époque byzantine,» *Journal of Juristic Papyrology* 13 (1974): 17-22 参照。

〔補注〕**大天使** ギリシャ語で「使者の長」の意味だが、カソリックでは、『ヨハネ黙示録』で天使の軍を率いるミカエル、マリアに受胎を告知したガブリエル、『トビト記』に登場するラファエルを三大天使とみなす。東方正教会は七大天使で、イスラームは預言者ムハンマドにコーランを伝えたジブリール（ガブリエル）と戦士のミーカーイール（ミカエル）が大天使の役をつとめる。プロテスタントは天使を認めない。

〔補注〕**コレット・ラミ＝ラサール**（一九〇六〜二〇〇一） フランスの美術・建築史家。ソルボンヌ大学でアンリ・フォション、ジャン・ユベールに師事、中世の聖地巡礼で購入されたブローチなどのカタログを作成、十世紀以前のパリの教会建築も研究した。

〔補注〕**エリック・ペーターゾン**（一八九〇〜一九六〇） ドイツのカソリック神学者兼教会史家。ハンブルク生まれで、キルケゴールの影響を受けた福音派だったが、現象学を経てカソリックに改宗、同じカソリックだが国家社会主義に傾斜したカール・シュミットを批判した。戦後は教皇庁キリスト教考古学研究所で教授。シュミット『政治神学再論』（長尾龍一他訳）、和仁陽『教会・公法学・国家——初期カール・シュミットの公法学』参照。

〔補注〕**カスパー・デトレフ・グスタフ・ミュラー**（一九二七〜二〇〇三）　ドイツの宗教史家でコプト語学者。戦前はエジプト学者フリッツ・ヒンツェに、戦後はカンペンハウゼンに師事して、ハイデルベルク大学でコプト教会の天使の教義を研究した。七六年からボン大学教授。なお、原著の注はデトレフとミュラーの二人の筆者と勘違いしているが一人の名である。ブラウンの勘違いか、シカゴ大学出版の校正が怠惰だったと言うほかない。

〔補注〕**ロジェ・レモンドン**（一九二三〜一九七一）　フランスの歴史学者でパピルス学者。ギリシャ・ローマ時代のエジプトが専門。カイロのフランス東洋考古学研究所に所属、のちにリール大学教授となる。西ローマ帝国の衰退を叙述した『ローマ帝国の危機』など。

（60）Maximus of Turin Sermon 12.1, ed. A. Mutzenbecher, *Corpus Christianorum* 23 (Turnholt: Brepols, 1962): 41

（61）Ibid. 12. 2. 41-42

（62）Ibid. 36. 2. 141.

（63）Ibid. 83. 2. 336.

（64）R. C. Trexler, "Ritual Behavior in Renaissance Florence," *Medievalia et Humanistica* n.s. 4 (1973): n.59:「私的な儀式への創造的なこだわりは、庇護の対手とおなじくパトロンにも様式化された振る舞いを求める」

（65）Origen *In Num. hom.* 10. 2; W. Rordorf, «La 'diaconie' des martyrs selon Origène,» *Epektasis*, p. 395-40

〔補注〕**ウィリー・ロルドルフ**（一九三三〜）　スイスの教父学と初期キリスト教の研究者。スイスのヌーシャテル大学神学部の教授をつとめた。

（66）E. Dassmann, *Sündenvergebung durch Taufe, Busse und Märtyrerfürbitte in den Zeugnissen frühchristlicher Frömmigkei und Kunst* (Münster in Westfalen: Aschendorff, 1973): 438 は紀元初期の数世紀間、聖者が取り次いでくれるという信仰が、地下墳墓の美術に反映されなかったことに困惑している。じっさい、ある集団が信じていることと、その集団が表現様式を進化させることの間に空隙が生じることはありうる。

（67）Clifford Geertz, «Art as a cultural system,» *Modern Language Notes* 91 (1976): 1478 では、美術の形式について「それは経験の仕方を物質化することだ。人が目で見ることのできる対象の世界に、心の特定の投射を映すことなのだ」と述べている。

（68）E. Josi, «Il 'coemeterium maius,'» *Rivista di archeologia cristiana* 10 (1933): 11-13, fig. 6

〔補注〕**エンリコ・ジョシ**（一八八五〜一九七五）イタリアの考古学者。ローマ生まれで高校生時代からカタコンベの発掘調査に参加、一九二〇年からコエメテリウム・マイウスを調査、二一年には聖パンフィルスの墓廟を無傷で発見して知られた。後年、ヴァティカンの大聖堂の地下に使徒ペテロの墓を発見している。

（69） Nordström, *Ravennastudien*, pp. 42-45; 80-81, and 83-87. A. Grabar, *Christian Iconography: A Study of its Origins* (Princeton: Princeton University Press, 1968): 31-54; Ch. Pietri, *Roma Christiana Bibliothèque de l'Ecole française d' Athènes et Rome*, 224 (Paris: de Boccard, 1976), 2: 1413-1654.

〔補注〕**カール・オットー・ノルドシュトレーム** 未詳。スウェーデンの美術史家か。一九五〇〜六〇年代にラヴェンナの遺跡やアルバ公の聖書の研究書を出版している。

〔補注〕**アンドレ・グラバール**（一八九六〜一九九〇）André Nicolaevitch Grabar はキーウ（現ウクライナ）生まれのロマネスクおよびビザンチン美術の研究家。十月革命後のロシアでは美術史研究が困難になりブルガリアに出国、フランスではストラスブール大学や高等実習研究院（ＥＰＨＥ）で教鞭を執った。一九五八年に渡米、ハーヴァード大学のダンバートン・オークス研究所の教授となる。

（70） Gibbon, *The Decline and Fall of the Roman Empire*, ed. J. B. Bury (London: Methuen, 1909), 3: 164。ギボンはさらに「いい趣味といい感覚の組み合わせがあまりにも自然なので、そのコントラストにわたしはいつも愕然とする」と付け加えた。『マルティネス伝』にこうした驚きをみせる評者は彼が最後ではない。

（71） R. Rémondon, *La crise de l'empire romain* (Paris: Presses universitaires de France, 1964): 304:「社会的カテゴリー(例えば軍隊、宮廷、聖職者）間の葛藤に乗じて、彼らは庇護に対する庇護に反対する」。P. Brown, "The Rise and Functon of the Holy Man in Late Antiquity," *Journal of Roman Studies* 61 (1971): 85-87。また聖者に対する女性の関係については本書第二章（above, p. 44）を参照。

（72） 同一化は適度の親密度合いを保っていた。パウリヌスが聖フェリクスの肖像を描くとき、フェリクスは一介のよそ者で、アブラハムのように見知らぬ土地から墓を建てるためにやって来た存在だった。*Carm.* 15. 61ff. これはまさしく現代の作家がパウリヌスについて言うことである。Ps. -Jerome, *Ep.* 2: *Ad Geruntii filias* 7, PL 30. 50A. 彼の相続資産が兄弟に帰したことは——*Carm.* 15. 76——フェリクスは富を放棄するモデルであった。*Carm.* 21. 530:「かつての富者から貧者へ転じたひとと」。迫害者によって資産を奪われ、拷問にかけられたフェリクスとの同一化は、四一〇〜四一一年のゴート族の侵寇に際し、パウリヌスがみせた模範的な勇気と超然とした態度を説明している。Augustine *City of God* 1. 10

（73） 本書第二章参照（原書 above, p. 43）

（74） Frend, "*Paulinus of Nola*," pp. 6-8

（75） P. Brown, *Augustine of Hippo* (Berkeley and Los Angeles: Unïversity of California Press, 1967): 146-57 and *The Making of Late Antiquity*, pp. 98-99.

（76） P. Brown, *The World of Late Antiquity* (New York: Harcourt Brace, 1972): 107-8 and *Relics and Social Status in the Age of Gregory of Tours, Stenton Lecture* (Reading: University of Reading Press, 1977): 10; Averil Cameron, *Agathias* (Oxford: Clarendon Press, 1970): 53-56; L. Cracco-Ruggini, "The Ecclesiastical History and the Pagan Historiography: Providence and Miracles," *Athenaeum* 55 (1977): 107-26

〔補注〕**レッリア・クラッコ・ルッジーニ**（一九三一〜二〇二一） 第二章原注123補注参照。ミラノ生まれのイタリアの古代末期史家。異教からキリスト教移行期の性の倫理などを研究。夫はパドヴァ大学正教授となったジョルジュ・クラッコで彼女は夫が第二巻を担当した『ヴェネチアの物語』シリーズの共同編集者を務めた。

（77） W. Liebeschuetz, "Did the Pelagian Movement have Social Aims?" Historia 12 (1963): 228-32; Matthews, *Western Aris tocracies*, pp. 7-31; F. Pedersen, "On Professional Qualifications for Public Posts in Late Antiquity," Classica et Medievalia 31 (1975): 180

〔補注〕**ウォルフ・リーベンシュッツ**（一九二七〜二〇二二） 英国の古代末期専門の歴史家。ハンブルク生まれのユダヤ系ドイツ人で、父も中世研究家だった。三八年に英国に脱出、ユニバーシティ・カレッジ・ロンドンで学び、アンティオキアのローマ帝国の都市行政を手始めに、古代末期の宗教の変容と継続、「蛮族」の役割を研究した。

（78） Rousselle, «*Deux exemples d'évangélisation en* Gaule,»P. 96

（79） Sulpicius Severus *Vita Martini* 7. 7

（80） Sulpicius Severus *Ep*. 2, PL 20. 178-79

（81） Ibid.: 179C

（82） Ambrose *De excessu Satyri* 1. 29; R. I. Frank, "Commendabilis in Ammianus Marcellinus," *American Journal of Philology* 88 (1967): 309-18.

（83） J. Wilpert, *Die Malereien der Katakomben Roms*, p. 394, pl.247.

（84） Brown, *The Making of Late Antiquity*, pp. 99-100; G. M. H. Hanfmann, *The Season Sarcophagus in Dumbarton Oaks* (Cambridge: Harvard University Press, 1951), 1: 237-38:「三世紀に入って鳴り響いていた新しい音は、個々人の魂と、それが永遠の宇宙の秩序と結びついているという意識に深く没頭することなのだ」。四世紀までにこの意識は置き換えられた。キリス

ト教徒の石棺では、個人の〔付き添い〕頼みの図柄に代わっている。以前は天国ですでに独りになった姿だったのが、今や堂々たる保護者たちが列をなして寄り添っている。F. Gerke, *Die christlichen Sarkophage der vorkonstantinischen Zeit* (Berlin: de Gruyter, 1940): 60

〔補注〕**ジョージ・M・H・ハンフマン**（一九一一〜一九八六）サンクトペテルブルク生まれのアメリカの考古学者。地中海の古代美術が専門。ドイツのイェーナ大学、ベルリン大学で学び、米国に移住した。戦時中は戦争情報局に勤務、戦後はハーヴァード大学フォッグ美術館の学芸員となり、五六年に正教授に就任した。サルディスの発掘にも従事した。

〔補注〕**フリードリッヒ・ゲルケ**（一九〇〇〜一九六六）ドイツの初期キリスト教研究家。石棺彫刻などの研究書がある。

（85）Tertullian *De anima* 53. 6

（86）P. Nautin, «L'évolution des ministères au iie et au iiie siècle,» *Revue de droit canonique* 23 (1973): 57。「コンスタンティヌス帝の改宗と、司教たちが宮廷入りしたことは、これまで信じられているほど、奥底まで教会の生活を様変わりさせたわけではない。現代的な野心と齟齬をきたした教会に属し、そこで行動する方途を見出そうとするとき、それは『皇帝教皇主義』le césaro-papisme の結果だから、と言うのをよく耳にする……それは言い訳の見解であって、歴史を反映していない。違うのだ。過ちはコンスタンティヌスのせいではない。われわれが議論してきた構造、心性、振る舞い、それらはすべて四世紀より前に発している」。このはっきりした警告は、古代末期や初期教会を学ぶ学生たちに対して、いくら口を酸っぱくして繰り返しても言い過ぎになることはない。

（87）C. Andresen, *Die Kirchen der alten Christenheit* (Stuttgart: Kohlhammer, 1971): 401

〔補注〕**カール・アンドレーゼン** 第一章原注15補注参照。

（88）本書第二章（原書の above, p. 28）を参照。

（89）Brown, *Augustine of Hippo*, pp. 177-79 and *The Making of Late Antiquity*, pp. 89-94

（90）Gregory of Nyssa *Vita Macrinae*: 984B; see Grégoire de Nysse: *Vie de sainte Macrine*, ed. P. Maraval, pp. 74-77. J. Ntedika, *L'évocation de l'au delà dans la prière pour les morts* (Louvain: Nauwelaerts, 1971): 259 は、絶命の瞬間、悪魔が魂をさらうのではないかという心配が募っていると注記している。

（91）Brown, *Augustine of Hippo*, pp. 29-30

（92）Augustine *Confessions* 9. 13. 36

〔補注〕『告白』のこの部分はブラウンが引いた英訳から訳した。山田晶訳の『告白』とは、「暴力」「たくらみ」など訳語に異同がある。

（93） I. Guidi, «Vita di Daniele,» *Revue de l'Orient chrétien* 5 (1900): 563

（94） E. Le Blant, *Les inscriptions chrétiennes de la Gaule* (Paris: Imprimerie Impériale, 1856), 2: no. 708

第四章

（1） ILCV 1549

（2） Prudentius *Cathemerinon* 10. 161-62

（3） Ibid. 10. 45。アウグスティヌスの母の葬儀が、キリスト教徒のグループ全体のコントロール下にあって、慟哭を麻痺させる効果があったことは Augustine Confessions 9. 12. 29-33 を参考に。われわれと初期キリスト教の世界がどれほど離れているかを測るには、「十字架のマリア」について Ambrose, De obitu Valentiniani 39 の「彼女は立っていたとわたしは読んだ。泣いていたのではない」Stantem illam lego, flentem non lego という言葉と、「嘆きの聖母」Mater Dolorosa の中世のイメージを比較するだけで足りる。Millard Meiss, Painting in Florence and Siena after the Black Death (Princeton: Princeton University Press, 1951): 128-30. キリスト教の葬儀で嗚咽をこらえさせたことについては、Ernesto de Martino, Morte e pianto rituale nel mondo antico (Turin: Einaudi, 1958): 334-36; Grégoire de Nysse: Vie de sainte Macrine, Sources chrétiennes 178, ed. and trans. P. Maraval (Paris: Le Cerf, 1971): 77-89

〔補注〕**十字架のマリア**　十字架上の瀕死のイエスの足もとに母マリアが寄り添う光景は、もっとも遅くに成立したヨハネ福音書だけにあるが、イエスがマリアに「これがあなたの子です」と言い、弟子には「これがあなたの子です」と言ったとき、マリアは何も反応しない。後世の受難画や彫刻では身悶えして悲しむ「嘆きの聖母」となった。

〔補注〕**ミラード・マイス**（一九〇四〜一九七五）　アメリカの美術史家。ゴシック美術が専門。コロンビア大学教授、プリンストン高等科学研究所などを歴任。十四世紀カタルーニャ、黒死病後のルネサンス期のフィレンツェとシエナ、フランス絵画の研究がある。

〔補注〕**エルネスト・ディ・マルティーノ**（一九〇八〜一九六五）　ナポリ生まれのイタリアの人類学者兼哲学者、宗教史家。反ファシストで共産党に入党したこともある。オモテオやクローチェに師事、五八年からカリアリ大学教授。聖ペテロと聖パウロの祝祭日に暴動が起きるのは、毒蜘蛛タランテラに咬まれて踊り狂うからという巷説（イプセン『ノラ』のタランテラの踊りの場面はこの説を取り込んだもの）を生んだ南イタリアの葬制とタランティズムの現地調査をおこなったほか、世界の終りの概念についての人類学的研究の途上で物故した。邦訳は『呪術的世界——歴史主義的民族学のために』（上村忠男訳）。

（4）Prudentius *Cathemerinon* 10. 158。「死から暗黒の勝利を得るもの」

（5）A. Mócsy, Pannonia and Upper Moesia (London: Routledge, 1974): 334-35, pl. 40c

〔補注〕**アンドラーシュ・モチ** András Mócsy（一九二九〜一九八七）ハンガリーの考古学者。ブダペシュト大学で学び、ハンガリー国立博物館を経てエトヴェシュ・ロランド大学教授、副学長。パンノニア属州の社会史研究で八三年にハンガリー国家賞受賞。

（6）J. Mossay, *La mort et l'au delà dans saint Grégoire de Nazianze* (Louvain: Publications universitaires, 1960); Robert C. Gregg, *Consolation Philosophy* (Cambridge, Mass.: Philadelphia Patristic Foundation, 1975)。Jaroslav Pelikan, The Shape of Death: *Life, Death and Immortality in the Early Fathers* (New York: Abingdon Press, 1962) の美しく書かれた研究書を除くと、われわれには初期キリスト教の世界での死の意味について、さらに埋葬の実践や追悼への態度にみられる表現について考究した研究が欠けている。P. A. Février, «Le culte des morts dans les communautés chrétiennes durant le iiie siècle,» *Atti del ixº congresso internazionale di archeologia cristiana* (Rome, 1977), 1: 265。「じっさい、死についても、死の考えについても、最近の研究がないのは奇妙なことだ」

〔補注〕**ジャスタン・モセー**（一九二〇〜二〇一二）ベルギーの司祭兼古典文献学者。歴史家。リエージュの神学校で学び、六六〜六八年にコンゴの現キンシャサで大学講師、帰国後はルーアンのカソリック大学教授。ビザンティン史が専門。

〔補注〕**ロバート・C・グレッグ**（一九三八〜二〇二三）アメリカの宗教史家、スタンフォード大学教授、学部長を歴任した。古代末期から中世初期にかけての地中海とレバントの宗教の相剋が専門。アタナシオスの「アントニオス伝」の翻訳のほか、啓典三宗教共存のアプローチを推進し、三教の聖典で共有のアベルとカインの物語などを分析した。

〔補注〕**ヤロスラフ・ペリカン**（一九二三〜二〇〇六）アメリカのルター派牧師兼キリスト教史家。シカゴ大学で博士号、イェール大学教授。マルティン・ルター全集を編纂、ペリカン版と呼ばれる。エキュメリズムに好意的で、一九九八年に正教会に改宗している。『イエス像の二千年』など多数の著作がある。

（7）Gregory of Nyssa *Vita Macrinae*, PG 46. 996A

（8）Gregory of Nyssa *Encomium on saint Theodore*, PG 46. 737C

（9）Greg. Tur. *GC* 72: 341

（10）Greg. Tur. *VP* 1. praef.: 213

（11）P. Brown, *Augustine of Hippo* (Berkeley and Los Angeles: University of California Press, 1967): 403

（12）J. Chéné, «Le origines de la controverse semi-pélagienne,» *Année théologique augustinienne* 13 (1953): 90
〔補注〕**ジャン＝マルク・シェネ**　未詳。一九五〇年代にアウグスティヌスの論考を数点発表している。この論考は、アウグスティヌスの主張と、その論敵で異端とされたペラギウスを折衷したといわれる南フランスのサン・ヴィクトワール修道院などで広がった「半ペラギウス主義」の起源を論じたもの。本章訳注8参照。

（13）Brown, *Augustine of Hippo*, p. 407

（14）Augustine *De corruptione et gratia* 12. 35

（15）Augustine *De dono perseverantiae* 7. 14

（16）R. Bernard, *La prédestination du Christ total chez saint Augustin* (Paris: Etudes augustiniennes, 1965)

（17）J. Gagé, «Membra Christi et la déposition des reliques sous l'autel,» *Revue archéologique* 5. ser. 29 (1929): 137-53
〔補注〕**ジャン・ガジェ**（一九〇二〜一九八六）　フランスの古代ローマ史家。高等師範学校を卒業後、アルジェで発掘調査に従事、布教でサンパウロに行き、第二次大戦中も留まった。戦後、コレージュ・ド・フランス教授となった。『夜想曲とメリディエンヌ』『タルクィニウス家の崩壊と共和制の始まり』でアカデミー・フランセーズの賞を受賞。

（18）A. Grabar, Martyrium (Paris: Collège de France, 1946), 2: 57, pl. 56, 2:「キリストと殉教者の図像学的な結びつきをこれ以上完璧に表したものは想像できない」

（19）H. J. W. Drijvers, „Spätantike Parallelen zur altchristlichen Heiligenverehrung unter besonderer Berücksichtigung des syrischen Stylitenkultes," *Aspekte frühchristlicher Heiligenverehrung*, Oikonomia: Quellen und Studien zur orthodoxen Theologie (Erlangen: Zantner-Busch Stiftung, 1977): 71-72
〔補注〕**H・J・W・ドライフェルス**（一九三四〜二〇〇二）　オランダのセム語研究者で、フローニンゲン大学教授。古代シリア語文献の研究が専門で、『エデッサのバルダイサン』などの著作がある。この論考でドライヴェルスは、シリアの柱頭行者崇拝と古代末期の聖者崇拝を比較した。柱頭行者は、メルヴィル『白鯨』、トウェイン『アーサー王の宮廷のヤンキー』、ルイス・ブニュエル『砂漠のシモン』、エーコ『バウンドリーノ』などに登場するほど人口に膾炙したが、ブラウンが一九七一年に象徴人類学的な手法を用いた画期的な The Rise and Function of the Holy

Man in Late Antiquity で分析している。
（20） Augustine *Sermon* 344. 4
（21） P. Brown, “Pelagius and His Supporters,” *Journal of Theological Studies* n.s. 19 (1968): 108-14 in *Religion and Society in the Age of Saint Augustine* (London: Faber, 1972): 193-207
（22） Paulinus *Carm*. 19. 18
（23） Ibid. 15:「殉教者はその地の星であり、同時に尊い癒しである」Martyr stella loci simul et medecina colentum
（24） Greg. Tur. *LH* 2. 6. 47
（25） Ibid. 8. 33. 402-3。グレゴリウスは他の家屋がすべて木造だったことを明かしてはいるが、強調する文章は省いてしまった！
（26） Genesis 3. 19 and Psalm 103
（27） Allan I. Ludwig, *Graven Images: New England Stone Carving and Its Symbols* (Middletown: Wesleyan University Press, 1966): 17
（28） Grabar, *Martyrium*, 2: 39
（29） Greg. Tur. *LH* 10. 13
（30） Edward Gibbon, *The Decline and Fall of the Roman Empire*, ed. J. B. Bury (London: Methuen, 1909), 3: 223
（31） Maximus of Turin, *Sermon* 14. 2, ed. A. Mutzenbecher, Corpus Christianorum 23 (Turnholt: Brepols, 1962): 55.
（32） Greg. Tur. *LH* 2. 16. 64; 2. 31. 77; *GC* 94. 359.
（33） Robert Murray, *Symbols of Church and Kingdom: A Study in the Early Syriac Tradition* (Cambridge: At the University Press, 1975): 261

〔補注〕**ロバート・P・R・マレー**（一九二六〜二〇一八） 英国のシリア初期キリスト教史の研究家。両親は宣教師で中国生まれ。戦後、オクスフォード大学に入りカソリックに改宗、イエズス会士となる。『指環物語』のトールキンとは生涯の友。彼の関心は幅広く、中世の修道女兼詩人、ビンゲンのヒルデガルトから現代のシモーヌ・ヴェイユの象徴的思考にまで及んだ。四世紀のシリア詩人兼輔祭のエフレムを再評価した。

（34） Sulpicius Severus *Vita Martini* 13. 1-2; but see *Sulpice Sévère: Vie de saint Martin, Sources chrétiennes* 134, ed. and trans. J. Fontaine (Paris: Le cerf, 1968), 2: 741. E. Mâle, *La fin du paganisme en Gaule* (Paris: Flammarion, 1950). F. Graus, *Volk, Herrscher und Heiliger im Reich der Merowinger* (Prague: Československá Akademie Věd, 1965): 186-88

〔補注〕エミール・マール（一八六二〜一九五四） フランスの美術史家でソルボンヌ大学教授。ラテン語の古文書に通じ、中世ラテン美術の図像学的な説明を探求、図像学マニュアルであるチェーザレ・リーパ著『イコノロギア』を再発見した。

（35） Greg. Tur. *GM* 90: 98

（36） Greg. Tur. GC 50: 328。このセウェルスがスルピキウス・セウェルスなら、ぴったりなのだが〔確証はない〕。

（37） Greg. Tur. GC 40. 323

（38） Greg. Tur. *LH* 4. 12. 143

（39） Paulinus *Carm.* 21. 633-35。「敬虔なる者への生きた恩寵は墓にも及ぶがゆえに／死をも恐れずキリストに奉仕した者は、葬られた後も／平和に眠る安らぎの時を過ごすことが証される」 unde piis stat gratia viva sepulchris/quae probat in Christo functos sine morte sepultos/ad tempus placido sopiri corpora somno.

（40） Prudentius *Cathemerinon* 10. 97-100.

（41） Greg. Ttur. *VP* 7.3. 328

（42） A. H. M. Jones, The Later Roman Empire (Oxford: Blackwell, 1964), 2: 963-64

〔補注〕**A・H・M・ジョーンズ** 第二章訳注10参照。

（43） Augustine City of God 22. 9

（44） Brown, Augustine of Hippo, pp. 415-18

（45） Augustine Sermon 344. 4

（46） H. I. Marrou, The Resurrection and Saint Augustine's Theology of Human Values (Villanova, Pa.: Villanova University Press, 1966); in a French version, "Le dogme de la résurrection des corps et la théologie des valeurs humains selon l'enseignement de saint Augustin," Revue des études augustiniennes 12 (1966): 111-36 in Patristique et Humanisme, Patristica Sorbonensia 9 (Paris: Le Seuil, 1976): 429-55――は巨匠の作である。M. R. Miles, *Augustine on the Body*, American Academy of Religion Dissertation Series 31 (Missoula, Mont.: Scholars Press, 1979)

〔補注〕**マーガレット・R・マイルズ**（一九三七〜） アメリカの神学者で、十八年刊、ハーヴァード大学で教鞭を執った。若きアウグスティヌス論のほか、乳房考ともいえる『複雑な悦び　乳房の俗化』など著作多数。

（47） Victricius of Rouen *De laude sanctorum* 11, PL 20. 454 B

（48） Ibid. 10. 453A

（49） H. Buschhausen, *Die spätrömischen Metallscrinia und früh- christlichen Reliquiare* (Vienna: Böhlau, 1971)
〔補注〕**ヘルムート・ブッシュハウゼン**（一九三七〜二〇一四） ドイツの美術史家。ミュンスター大学で学び、トルコ南部のモプスエスティアの発掘に参加。ウィーン大学美術史研究所とビザンティン現代ギリシャ研究所でビザンティン美術史の准教授を務めた。

（50） Paulinus *Ep.* 31. 1

（51） Paulinus *Carm.* 19. 358-62; Greg. Tur. *GM* 12. 46。 Gregory Nazianzenus, *Oratio* IV. 664; PG 35. 589C と比較せよ。

（52） Victricius of Rouen *De laude sanctorum* 10. 452B

（53） Ibid. 12. 456CD

（54） *Decretum Gelasianum*, PL 59. 171; M. Férotin, *Le Liber Mozarabicus Sacramentorum* (Paris: Firmin-Didot, 1912): 394。聖ローランの殉教については「ひ弱な骨格に縛りつけられた肉体が、あなたなしでこんなにも数多くの葛藤と力を合わせられるなんて、どうして信じられましょうか?」 Nam quis crederet corpus fragile compage glutinatum tantis sine te sufficere conflictibus potuisse?
〔補注〕**マリウス・フェロタン**（一八五五〜一九一四） フランスの修道士で、古文書収集・分類・生理にあたるアーキヴィスト。中仏ソレムの修道院でベネディクト会に入り、教会史の文献収集にあたる。一八八〇年に宗教的迫害が激しくなり、スペインのサント・ドミンゴ・デ・シロスの修道院に定住し、文献整理に打ち込んだ。

（55） *Passio Perpetuae et Felicitatis* 15. 5-6, ed. and trans. H. Musurillo. *The Acts of the Christian Martyrs* (Oxford: Clarendon Press, 1972): 123-25.

（56） Augustine *Gesta cum Felice* 1. 12

（57） Grabar, *Martyrium*, 2. 14。焼き格子のうえで火に炙られたラウレンティウス（聖ロレンツォ）の殉教は、一枚のメダルの表裏に天上の魂と〔地上の〕拝所を刻印していた。

（58） Aelius Aristides *Sacred Tales* 3. 15, trans. C. A. Behr (Amsterdam: Hakkert, 1968): 244.

（59） H. Delehaye, *Les Passions et les genres littéraires* (Brussels: Société des Bollandistes, 1921): 313.

（60） B. de Gaiffier, «La lecture des Actes des martyrs dans la prière liturgique en Occident,» *Analecta Bollandiana* 72 (1954): 134-66
〔補注〕**ボードワン・ド・ガイフィエ・デストロワ**（一八九七〜一九八四） ベルギーの名門出のイエズス会神学者で、ボランディスト協会に加わって聖者を研究した。先祖は裕福な織物商で十七世紀に貴族に叙され、一七一三年にナミュール伯爵領の領主となったが、主家と分家に分かれた。ボードワンは分家の家系に連なる。

(61) Greg. Tur. *VM* 2. 43. 174

(62) Joseph Engemann, „Zu der Apsis-Tituli des Paulinus von Nola," *Jahrbuch für Antike und Christentum* 17 (1974): 33

〔補注〕**ヨーゼフ・エンゲマン**　第一章原注66補注参照。

(63) Paulinus *Carm.* 20. 28-32. C. Witke, *Numen Litterarum* (Leiden: Brill, 1971): 80-90

(64) Eusebius, *Vita Constantini* 1. 10; *Scriptores Historiae Augustae: Quadriga Tyrranorum* 1. 2。この作者は「自らも神話史の書物に含まれる存在となった」qui et mythistoricis se volumnibus implicavit というマリウス・マクシムスのようにはなるまい。われわれは今や、エウセビウスがその言葉で捉えた以上のことを知っている。R. Syme, *Ammianus and the Historia Augusta* (Oxford: Clarendon Press, 1968): 2-3

〔補注〕**マリウス・マクシムス**（c一六〇〜c二三〇）　伝記作者だが、執政官を二度務め、ローマの首都知事や属州総督も歴任した元老院議員 Lucius Marius Maximus Perpetuus Aurelianus と同一人物とみられている。マルクス・アウレリウス帝時代は軍人として奉職、セウェルス朝まで要職にあったが、引退後にスエトニウスの皇帝伝に倣って、続きの十二人の皇帝伝を書いた。原本は現存しないが、筆者不詳の『ローマ皇帝群像』はマクシムスの幻の皇帝伝を二次資料にしたらしく、間接的に生き延びている。

〔補注〕**サー・ロナルド・サイム**（一九〇三〜一九八九）　ニュージーランド生まれ、英国の古代史の研究者。驚異的な記憶力を持ち、ローマが共和政から帝政に変わる「内乱の一世紀」を、ローマ軍の無産階級による革命とみる『ローマ革命』（逸見喜一郎訳がある）を三九年に出版、戦時中はベオグラードで大使館に勤務、戦後はオクスフォード大学教授。晩年は専ら『ローマ皇帝群像』の研究に打ち込んだ。ブラウンの inverted multitude には、サイムが「ローマ革命」でみせた逆転の発想が一部流れこんでいるのかもしれない。

(65) G. Rodenwaldt, „Eine spätantike Kunstströmung in Rom," *Römische Mitteilungen* 36/37 (1921/1922): 67-83

〔補注〕**ゲアハルト・ローデンヴァルト**（一八八六〜一九四五）　ベルリン生まれの古代ローマ美術と石棺の研究者。一九一七年にギーセン大学研究所、ドイツ考古学研究所を経て、三一年にベルリン大学教授。ナチス政権下ではヒトラーやムソリーニが称賛する古代ローマ美術の学術会議をベルリンで開いたが、赤軍の帝都占領時に自殺した。

(66) Greg. Tur. *GM* 75. 89

(67) Greg. Tur. *LH* 5. 4. 200

〔補注〕**兎のシチュー**　地中海世界では、牛肉や羊肉に縁のない貧しい庶人に古くから親しまれた料理。兎狩りには、イタチの仲間で肉食動物であるフェレットを飼いならして使った。フェレットはネズミなどの駆除にも使われ、ペットにもなったので、欧州全円にフェレットが広まったのは古代ローマ人の置き土産ともいえる。レオナルド・ダ・ヴィンチの『アーミンを抱く女』がかかえている動物がフェレットである。

(68) Greg. Tur. GM 79. 92. この特質は Emil H. Walter, "Hagiographisches in Gregors Frankengeschichte," Archiv für Kulturgeschichte 48(1966):298-303 がよく見ている。

(69) Greg. Tur. *VM* 1 praef.: 135; GC 6. 302

(70) Greg. Tur. *GC* 94: 359

(71) Greg. Tur. *VM* 2. 14. 163; 2. 29. 170; 2. 49. 176

(72) Greg. Tur. *VJ* 16. 121

(73) Sabine G. MacCormack, «Latin Prose Panegyrics,» *Revue des études augustiniennes* 22 (1976): 41-54
〔補注〕**サビーヌ・マコーマック**　第三章原注41補注参照。

(74) Greg. Tur. *GM* 63. 81

(75) T. Baumeister, *Martyr Invictus* (Münster: Regensberg, 1972): 169
〔補注〕**テオフリード・バウマイスター**（一九四一〜）ドイツのカソリック系歴史家。聖者伝やコプト学が専門。ルール地方で生まれ、フランシスコ会の大学で学び、七六年にマインツ大学教授に就任。初期コプト教会の殉教者インビクトゥスの研究など。

(76) R. W. Gaston, "Prudentius and Sixteenth-Century Antiquarian Scholarship," *Medievalia et Humanistica*, n.s. 4 (1973): 169。「臓腑《ヴィセラル》の、ほとんど猥褻なリアリズム」
〔補注〕**ロバート・W・ガストン**　オーストラリアの美術史家。ロンドン大学ウォーバーグ研究所で博士号を取得、メルボルン大学准教授兼美術史主任研究員。フレンツェのサン・・ロレンツォ教会の研究など、ルネサンスと古代の関係を研究している。

(77) Prudentius *Peristephanon* 1. 26

(78) Ibid. 3. 91-93

(79) Ibid. 3. 144

(80) Angel Fábrega Grau, *Pasionario hispánico* (Barcelona: Instituto P. Enrique Florez, 1955), 2: 76-77。スペインの典礼では会衆の参加が見込まれている。M. Férotin, *Liber Mozarabicus* p. 482 の「信仰の意図を持つ人びとと会話すると、信じられるこ

とを寿げと諭されてはいるが、やはり朗読を期待しているらしい」Ut in conversatione gestorum populi fidelis intentio, dum admonetur celebrare quod creditur, videatur sibi exspectare quod legitur、およびp.484の「殉教者の苦しみを寿ぐこの民を慈悲の目で見給うことを、そして誰しもにその求めるところを許されたし、汝〔神〕は敵に打ち勝つことを殉教者に授けたがゆえに」"Hanc plebem Martyrum agonibus congaudentem intende clemens; et da singulis quod poscunt, qui sanctis tribuisti de hoste triumphare。

〔補注〕**アンヘル・ファブレガ・イ・グラウ**（一九二一～二〇一七）　スペインの教会史・聖者伝研究者。一九四五年に司祭叙階、グレゴリオ大学で教会史を学び、バチカン公文書館を経て、バルセロナ神学校で教鞭を執るかたわら、大聖堂のアーキビストとして文書整理にあたったほか、大聖堂の修復にも寄与した。

（81）　Venantius Fortunatus *Carm*. 5. 3. 11

〔補注〕**「特別の門下」**　ブリウードのユリアヌスとトゥールのグレゴリウスは二百五十年の時代差がある。手本として私淑したということだろうが、訳注31の聖ベニグヌスを〝発掘〟した手振りといい、その口承の同工異曲といい、両聖者ともよく似すぎていて、グレゴリウスに〝つくられた聖者〟であることをうかがわせる。

（82）　Greg. Tur. *VJ* 25. 125

（83）　Greg. Tur. *GM* 50. 73

（84）　Venantius Fortunatus *Carm*. 2. 7. 38 and 41-42

〔補注〕丸カッコ内は英訳だが、やはりラテン語の原詩から相当に意訳している。

（85）　Helen Waddell, Wandering Scholars (London: Constable, 1927): 30

第五章

（1）　G. W. F. Hegel, The Philosophy of History, trans. J. Shibree (New York: Wiley Book Co., 1944): 377

〔補注〕**ヘーゲルの引用**　シブリーの英訳から採っているが、それを重訳するとヘーゲルのドイツ語原文との乖離が大きくなるので、グロックナー版ヘーゲル全集第十一巻を底本とした長谷川宏訳『歴史哲学講義』（岩波文庫）の第四部第二章「中世」から引用する。ここでいう「物」とは聖体拝領の聖パン（聖餅）のことで、ヘーゲルは「ルターの宗教改革がとくに聖パンの教理に反対したのは正しかった」とプロテスタントの肩を持つ。

（2）　ILCV 1831; Y. M. Duval and Ch. Pietri, «Membra Christi: Culte des martyrs et théologie de l'Eucharistie,» *Revue des études augustiniennes* 21 (1975): 289-301

〔補注〕**イヴ＝マリー・デュヴァル**（一九三四〜二〇〇七）　フランスのラテン文学および古代末期史の研究者。パリ・ナンテール大学（第十大学）教授のほか、トゥール大学などでも教鞭を執った。ヒエロニュムスのヨナ記注釈などの研究書がある。イヴェット・デュヴァルとは別人。

（3）　A. Dupront, «Pèlerinages et lieux sacrés,» *Mélanges F. Braudel* (Toulouse: Privat, 1973), 2: 190

（4）　Victor Turner and Edith Turner, *Image and Pilgrimage in Christian Culture* (New York: Columbia University Press, 1978):15。「巡礼とは、とびきり『遠方』の境遇に身を置き、自らの信仰の基本的な要素や構造を、遮るものなき未体験の照明に曝して、宗教に付きまとう現世のしがらみ——地域の拝礼の羈絆から、じぶんを解き放つものなのだ」

（5）　Dupront, «Pèlerinages,» p. 191。このゆえに啓発の手紙では、エルサレムへ行くべきか、それとも家にとどまって真の宗教を見出したほうがいいか、などというテーマと絶えず戯れることになる。巡礼に賛成を唱えるのは、Epistola *"Honorificentiae tuae"* 2, ed. C. P. Caspari, *Briefe, Abhandlungen und Predigten* (Christiania: Mallingsche Buchdruck, 1890): 8。「そしてわたしが祖国にとどまっていたときは、じぶんを神の崇拝者と考え、ひとり悦に入っていたのですが」Et ego me, cum in patria consisterem, Dei aestimabam esse cultorem et placebam mihi。反対論は Gregory of Nyssa, *Ep.* 2 PG 46. 1012C; Jerome *Ep.* 58. 3——とはいえ、これらの書簡は聖地から届いたものである。両者の議論はその後も続いた。G. Constable, "Opposition to Pilgrimage in the Middle Ages," *Studia Gratiana* 19 (1976): 123-46

〔補注〕**カール・パウル・カスパーリ**（一八一四〜一八九二）　ノルウェーのルター派神学者兼旧約聖書註釈者。デッサウのユダヤ人家庭で生まれ、ライプツィヒ大学でアラビア語とペルシャ語を学び、キリスト教に改宗。オスロ大学に招聘され、聖書のみならず、洗礼の式文などから広汎な教父研究のパイオニアとなった。

〔補注〕**ジャイルズ・コンスタブル**（一九二九〜二〇二一）　ロンドン生まれの中世史家で、ハーヴァード大学教授、ダンバートン・オークス図書館長、プリンストン高等科学研究所教授を歴任した。クリュニーなど中世修道院の研究が専門。

（6）　Urs Peschow, „Fragmente eines Heiligensarkophags in Myra," *Istanbuler Mitteilungen* 24 (1974): 225-31。飾り気のない大理石の側面には、覗きの穴か、癒しの没薬が流れだすような穴が穿たれている。

〔補注〕**ウルス・ペスコウ**（一九四三〜二〇一八）　ドイツの美術史家・考古学者。マールブルク、テッサロニケ、マインツ大学で学び、イスタンブールのイレーネ教会の研究で博士号。ドイツ考古学研究所、ゲッティンゲン大学を経てヨハネス・グーテンベルク大学マインツ校教授。古代末期とビザンティンの美術・建築史が専門。

（7）　J. Christern, *Das frühchristliche Pilgerheiligtum von Tebessa* (Wiesbaden: F. Steiner, 1976): 245-46; Dupront, *Pèlerinages*, p. 204:

「長旅の果てにまた歩く」Au terme du voyage, de marcher encore.

〔補注〕**ユルゲン・クリステルン**　第一章原注32補注参照。

（8）Charles Pietri, Roma Christiana (Paris: de Boccard, 1976): 39-40

（9）Greg. Tur. *GM* 27. 54

（10）Ibid. 27. 54

（11）Ibid. 27. 54

（12）Collectio Avellana 218, *Corpus Scriptorum Ecclesiasticorum Latinorum* (Vienna: Tempsky, 1895), 36: 678-79

（13）第二章参照。〔原書の〕above p. 44

（14）*Miracula sancti Stephani* 2. 6, PL 41. 847

（15）ILCV 2129　ある墓は「ad domnu Laurentium」の碑銘を買った。

（16）第四章参照。〔原書の〕above pp. 78-79。J. M. McCulloh, "The Cult of Relics in the Letters and Dialogues of Pope Gregory the Great: A lexicographical study," *Traditio* 32 (1975): 158-61

〔補注〕**ジョン・M・マッカロー**　未詳。アメリカの古代末期研究者。カリフォルニア大学バークレー校でPh.D取得。カンザス州立大学教授。この論考は、教皇の大グレゴリウスの書簡と対話から、当時の聖遺物崇拝を研究したもの。

（17）F. Prinz, "Stadtrömisch-italische Märtyrer und fränkische Reichsadel im Maas-Mosel-Raum," *Historische Jahrbuch* 87 (1967): 1-25は、イタリアが聖遺物を〔東方から〕輸入することによって、以前は僻陬の地が政治的な重要性をいかに正当に評価するようになったかの好例である。そうした物語はアングロ・サクソンのイングランドでも中欧でも同じである。

〔補注〕**フリードリッヒ・プリンツ**（一九四四〜一九八四）　ドイツの古典史家。マールブルク大学で古典文献学を学び、ゲッティンゲン大学で博士号を取得。研究助手として、ヘラクレスなどの研究のほか、パウリー古代百科（RE）に寄稿。四十歳で早逝した。

（18）F. Pfister, *Der Reliquienkult im Altertum* (Giessen: Töpelmann, 1912), 2: 614は、古代の異教社会で聖遺物崇拝がほとんど存在していなかったという面を明確にしている。

〔補注〕**フリードリッヒ・プフィスター**（一八八三〜一九六七）　第一章原注19補注参照。

（19）Patrick J. Geary, *Furta Sacra: Thefts of Relics in the Central Middle Ages* (Princeton: Princeton University Press, 1978)

〔補注〕**パトリック・ギアリー**　増訂版序文原注50補注参照。

（20） W. Liebeschuetz, "Did the Pelagian Movement have Social Aims?" *Historia* 12（1963）: 228-38; J. F. Matthews, *Western Aristocracies and Imperial Court, A.D. 364-425* (Oxford: Clarendon Press, 1974): 7-31; Paulinus *Ep.* 31. 1「しかし、われわれはそうした贈り物が十分にないので、聖シルヴィアから同じ恩寵を授かる望みを持っていると彼は言った」。聖遺物の約束については Greg. *Tur.* GM 5. 41「それなら、さだめし彼にはそれに値するご加護があったのでしょう」が聖遺物の保持者に対し、猜疑する司教が投げた最初の質問だが、対する答えは司教を安心させるものだった。「彼が言うには、わたしがエルサレムに参りましたとき、修道院長フーテンを見つけました。彼は皇妃ソフィアのご寵愛を受けておられます、と」

〔補注〕**ヴォルフガング・リーベシュッツ**　第三章原注77補注参照

〔補注〕**聖シルヴィア**（三三〇～四〇六）アクィタニア（現アキテーヌ）生まれで、禁欲主義に傾倒した貴婦人で、六十歳になってから聖地を巡礼した。シルヴィアは、アルカディウス帝治下の東ローマを実質支配したフラウィウス・ルフィヌスの姉妹である。

（21） Santo Mazzarino, *Stilicone e la crisi imperiale dopo Teodosio* (Rome: Signorelli, 1942): 78-91; G. Dagron, *La naissance d'une capitale: Constantinople et ses institutions de 330 à 451* (Paris: Presses universitaires de France, 1974): 72; S. G. MacCormack, 'Roma, Constantinopolis, the Emperor and his Genius,» *Classical Quarterly* 25（1975）: 148

〔補注〕**サント・マッツァリーノ**　第二章原注122補注参照。

（22） ILCV 2068

（23） Helen Waddell, *Wandering Scholars* (London: Constable, 1927): 28.

（24） Paulinus *Ep.* 32. 3.

（25） E. D. Hunt, "Saint Silvia of Aquitaine: The Role of a Theodosian Pilgrim in the Society of East and West," *Journal of Theological Studies* n.s. 23（1972）: 357-73; Kenneth G. Holum, "Pulcheria's Crusade A.D. 421-22 and the Ideology of Imperial Victory," Greek, *Roman and Byzantine Studies* 18（1977）: 153-72; Kenneth G. Holum and Gary Vikan, "The Trier Ivory, Adventus Ceremonial and the Relics of S. Stephen," *Dumbarton Oaks Papers* 33, in press

〔補注〕**ゲイリー・ヴァイカン**（一九四六～）アメリカの中世美術史家。ジョン・ホプキンズ大学、カールトン・カレッジなどを経て、ウォルターズ美術館館長。

（26） Victor Turner and Edith Turner, *Image and Pilgrimage*, p. 233

（27） Augustine *Sermon* 319. 6. 6

（28） P. Peeters, *Le tréfonds oriental de l'hagiographie byzantine* (Brussels: Société des Bollandistes, 1950): 56, on Aramaic fragments of the letter of Lucianus.

〔補注〕**パウル・ペータース**（一八七〇〜一九五〇） 第一章原注48補注参照。

（29） *Epistula Luciani* 2, PL 41. 809

（30） Ibid. 8: 815

（31） Ibid. 9: 815

（32） Sozomen *Historia ecclesiastica* 9. 17; Glenn F. Chesnut, *The First Christian Historians* (Paris: Beauchesne, 1977): 167-200

（33） N. H. Baynes, "The Supernatural Defenders of Constantinople," *Byzantine Studies and Other Essays* (London: Athlone Press, 1960): 248-60; P. J. Alexander, "The Strength o the Empire and Capital as Seen through Byzantine Eyes, *Speculum* 37 1962): 349-57

〔補注〕**ノーマン・ヘプバーン・ベインズ**（一八七七〜一九六一） 英国のビザンティン史家。ユニバーシティ・カレッジ・オブ・ロンドンの教授。第二次大戦に先立ち、二年がかりでヒトラーの演説集を編集、ドイツ語から翻訳し注をつけて出版した。

〔補注〕**ポール・ジュリアス・アレクサンダー**（一九一〇〜一九七七） アメリカのビザンティン史家。ベルリン生まれで、パリを経て一九三五年に米国に亡命。ハーヴァード大学でPh.Dを取得した。カリフォルニア大学バークレー校、ミシガン大学で教授。

（34） Augustine *Sermo de urbis excidio* 9に報告されている事件で、異常な雰囲気が明らかになっている。

（35） Dagron, *Formation d'une capitale*, p. 102 n.7。聖ステファノスの聖遺物の到着を彫った象牙の記念像の質についてはHolum and Vikan, «The Trier Ivory»（掲載予定）参照。われわれが忘れてならないのは、都市が救われることを祈願する世俗的で半ば異教的な儀礼が根強いことである。市民はコンスタンティヌス帝の斑岩像の足もとに集まり、「犠牲を捧げ、松明と薫香を焚き、破局を避ける嘆願をおこなった」。*Philostorgius Historia* ecclesiastica 2. 7。同市の完全に非キリスト教的な神話とその保護のさらなる事例については、Dagron, *Formation d'une capitale*, pp. 307-9参照。

（36） G. W. Bowersock, *Greek Sophists in the Roman Empire* (Oxford: Clarendon Press, 1969): 58

〔補注〕**グレン・W・バウアーソック**（一九三六〜） アメリカの古代ローマ・ギリシャ・近東史家。オクスフォード、ハーヴァード大学、プリンストン高等科学研究所で教授を歴任、主著『古代末期のヘレニズム』で米国歴史学会から受賞。

（37） Gregory of Nyssa *Vita Macrinae*, PG 46: 981B
（38） 第三章 p. 64 以下、および同章の原注72を参照。
（39） Paulinus, *Ep.* 31. 1。「それゆえ、あなたの仲間にあらゆる善きことあれと望む、一心同体の同胞から受け取って」Accipite ergo ab unanimis fratribus in omni bono vestrum sibi consortium cupientibus.
（40）〔エジプトの〕ヘルモポリス・マグナの貴人が、ガッリエヌス帝の宮廷でその利害を代表する哲学者宛てに送った手紙を参照。彼らは「我らが郷里の町の神、ヘルメスが汝の傍らにあれ」と祈った。G. Méautis, *Hermoupolis la Grande* (Lausanne: Université de Neuchâtel, 1918), p. 175。パウリヌスはその旅のさなか、常にフェリクスの加護を経験していた。*Carm.* 12. 25 and 13。彼は〔友人〕スルピキウス・セウェルスが個人で聖なる十字架の遺片を「日々の加護と薬代わりに」ad cotidianam tutelam atque medecinam 携帯することを祈念していた。*Ep.* 32. 7。人質として北方へ赴いたとき、トゥールのグレゴリウスの父は、名も知れぬ聖遺物の入った黄金のロケットを携えていったという。Greg. Tur. *GM* 83. 94。これらの聖遺物は他の護身符と同じくお守りだった。e.g., *Codex Bonnensis* 218 (66a) in J. Tambornino, *De Antiquorum Daemonismo* (Giessen: Töpelmann, 1909): 26。グレゴリウス自身は、首のまわりに「無鉄砲ではあるけれど」licet temerario ordine 聖マルティヌスの聖遺物をぶら下げて旅をした。Greg. Tur. *VM* 3. 17. 187; J. Engemann, „Magische Übelabwehr in der Spätantike," *Jahrbuch für Antike und Christentum* 18 (1975): 22-48.
〔補注〕**ヘルモポリス・マグナ** ナイル川中流の古代都市で、トート神の万能神殿がある。ヘリオポリスやメンフィスと並ぶ信仰の中心地だった。
〔補注〕**ガッリエヌス帝**（c 二一八〜二六八） 軍人皇帝時代に父ウァレリアヌス帝との共同統治で、二五三〜二六〇年まで西方の平定にあたった。東方で父がペルシャに捕縛されてからは、六八年まで単独統治したが、各地で蹶起した僭称帝たちに手を焼き、腹背に敵を抱える状況を打開できなかった。僭称帝ポストゥムスとの戦いで深手を負っている。
〔補注〕**ジョルジュ・メオーティス**（一八九〇〜一九七〇） スイスのヘレニズム研究家。ヌーシャテル大学で教授、学部長、学長を歴任した。ヘルモポリス・マグナの研究書を出版した。ピュタゴラスを信奉、スイス神智学協会会長も務めた。
（41） Ambrose *Ep.* 22. 12。教皇ダマスス〔一世〕も、ローマの地下墳墓《カタコンベ》で殉教者を発見し、それを確証したことを、彼らと個人的な関係があったことを強調するかたちで、私かに仄めかしている。*ILCV* 1981. 7; 1993. 9-10
（42） Sidonius Apollinaris *Ep.* 7. 1

〔補注〕**シドニウス・アポリナリス**　第二章原注76補注参照。

（43）P. Brown, *Relics and Social Status in the Age of Gregory of Tours*, Stenton Lecture (Reading: University of Reading Press, 1977): 15

（44）Gaudentius of Brescia *Sermon* 17, PL 20. 965A

（45）Ibid.: 964A

（46）Ibid.: 965A。「われわれはこうした奉仕を承認してもらうに値する信者なのだ」Idoneos veneratores tanti nos esse muneris approbantes。

（47）Ibid.: 971A

（48）Ibid.: 960A.

（49）Paulinus *Ep.* 18.9

（50）Ibid. 18. 4

（51）E. Demougeot, «La Gaul nord-orientale à la veille de l'invasion germanique,» *Revue historique* 236 (1966): 17-46

〔補注〕**エミリエンヌ・デムージョー**（一九一〇〜一九九四）フランスの古代末期と初期キリスト教の研究家。ソルボンヌで研究助手を務めたあと、フランスの女性大学教授の先駆けとして五七年からモンペリエ大学教授。アカデミー・フランセーズから受賞。

（52）ガリア知事の妻の遺体は埋葬のため、トリーアからパヴィアまで運び戻された。E. Gabba and G. Tibiletti, «Una signora di Treveri sepolta a Pavia,» *Athenaeum* n.s. 38 (1960): 253-62

〔補注〕**エミーリオ・ガッバ**（一九二七〜二〇一三）イタリアのローマ史家。パヴィア生まれで、ガイウス・マリウスによるローマ軍政改革の研究でデビュー。ローマ史の大家、モミリアーノと親しくなり、ピサ大学とパヴィア大学で教授を歴任した。

（53）Paulinus *Ep.* 18. 5

（54）Innocent *Ep.* 2, PL 20. 469B

（55）Victricius of Rouen *De laude sanctorum* 1, P/L 20. 443B

（56）H. Delehaye, *Les origines du culte des martyrs* (Brussels: Société des Bollandistes, 1912): 65

（57）Victricius *De laude* 1: 444B.

（58）Ibid. 2: 445A.

（59）Ibid. 6: 448B; cf. Paulinus *Ep.* 32. 17。「ここに敬虔なる聖櫃を蔵するとともに、その胸に数多くの名があった」Hic simul unum pium complectitur arca coetum et capit exiguo nomina tanta sinus。

（60）Ibid. 7: 449E

（61）Ibid. 1: 444A; J. Gagé, «Membra Christi et la déposition des reliques sous l'autel,» *Revue archéologique* 5 ser. 9 (1929): 137-53.

（62）セバステの四十人の殉教者の聖遺物は遺灰だったので、文字通り見分けがつかず、集団の完全なイメージは渾然一体となっていた。Gaudentius *Sermon* 17. 971A

（63）A. P. Billanovich, «Appunti di agiografia aquileiense,» *Rivista di storia della chiesa in Italia* 30 (1976): 5-24

〔補注〕**フェリクスとフォルトゥナトス**（d三〇三）二人はディオクレティアヌス帝の迫害で殉教した兄弟である。パウリヌスが聖者に仕立てたフェリクスとも、メロヴィング朝のラテン詩人とも関係がない。アクィレイア近くの森に住み、野生動物と親しんでいたが、知事に捕らえられ、キリスト教徒であることを告白して、生贄の儀礼を拒んだため、拷問の末に斬首された。ヴィチェンツアの大聖堂に二人の骸骨を収めた聖遺物函が陳列してある。二人とも平凡な名前で紛らわしいが、シンギドゥム（現ベオグラード）の執事で、三〇五年ころ殉教したアクィレイアのフォルトゥナトスも別人である。

（64）Ch. Pietri, «Concordia Apostolorum et Renovatio Urbis (Culte des martyrs et propagande pontificale),» *Mélanges d'archéologie et d'histoire* 73 (1961): 275-322 and *Roma Christiana*, Bibliothèque de l'Ecole française d'Athènes et Rome, 224 (Paris: De Boccard, 1976), 1: 350-51。モーセとして描かれたペテロも反抗的な共同体のシンボルである。P. A. Février, «Natale Petri de cathedra,» *Comptes rendus de l'Académie d'Inscriptions et Belles-Lettres*, 1977: 514-31.

（65）*Chromace d'Aquilée*: Sermons, Sources chrétiennes 154, ed. J. Lemarié (Paris: Le Cerf, 1969): 182

（66）本書第二章、〔原書〕pp. 42-43 以下参照。

（67）I. N. Wood, "Early Merovingian Devotion in Town and Country," *The Church in Town and Countryside*, Studies in Church History 16, ed. D. Baker (Oxford: Blackwell, 1979): 72

〔補注〕**イアン・N・ウッド**（一九五〇〜）英国の初期中世史の研究家で、一九七六年からリーズ大学教授。主著は『メロヴィング王朝（四五〇〜七五一年）』Merovingian Kingdoms (450 ~ 751)。二〇一九年に英国学士院フェロー。

（68）Greg. Tur. *VJ* 30. 126-27。点在する市の合流点としてのブリウドについてはWood, "Early Merovingina Devotion," p. 74; cf. Victor Turner and Edith Turner, *Image and Pilgrimage*, pp. 200-201。〔同じオーヴェルニュで大聖堂のある〕ル・ピュイの似たような現代の役割を「主要な行政の中心から離れたところ」としている。

（69）　Greg. Tur. *LH* 9. 20. 438。〔ブルゴーニュ王とアウストラシア王妃が締結した〕紀元五八八年のアンドロ条約では、王たる者は互いに「純粋で単純……神の名のもとに協調」すると銘記された。フランク族の協調はおそらく大使によってビザンティンまで伝えられた。Agathias *Historiae* 1. 2。協調が必要なことは、ガリア・ローマ人の司教職や貴族たちの態度にも影響し、メロヴィング朝の王たちのあいだで、地域を土台に権力の分割がおこなわれることを保証したかもしれない。I. N. Wood, “Kings, Kingdoms and Consent,” *Early Medieval Kingship*, ed. P. H. Sawyer and I. N. Wood (Leeds: The School of History, University of Leeds, 1977): 6-29——は言い古されたトピックからの新たな出発である。グレゴリウス自身の心からの願望は Greg. Tur. *LH* 5 praef.　しばしば公会議で示された教会の連帯については Council of Orléans (A.D. 541), canon 38, ed. C. de Clercq, *Concilia Galliae*, Corpus Christianorum 148A (Turnholt: Brepols, 1963): 142。「教会の規律は長老たちの結束を通して輝き、聖職者の法理は揺るぎなし」Ut per unitatem antestitum ecclesiastica fulgeat disciplina et inconvulsa maneat constitutio sacerdotum。

〔補注〕**アンドロ条約**　西ゴート族の血を引くアウストラシア王妃ブルンヒルダは、北欧伝説や『ニーベルンゲンの歌』のブリュンヒルデのモデルとされるが、メロヴィング朝のシゲベルト一世と結婚、その子から曽孫に至るまで摂政を務め、血で血を洗う政争を権謀術数で生き抜いた。アンドロ条約はアウストラシアとブルゴーニュの恒久的な和平条約で、メロヴィング朝の他の王たちとの角逐を封じるための複雑な取引で、トゥールのグレゴリウスがその『歴史十巻』に条約全文を引用しているので、全容が知れる。

〔補注〕**ピーター・ヘイズ・ソーヤー**（一九二八〜二〇一八）英国の中世初期イングランドの研究家。『ヴァイキングの時代』では彼らが侵略者でなく交易の商人だったと主張、アングロサクソンの勅許状の目録を作成した。

（70）　Greg. Tur. *VJ* 50. 133.

（71）　Sabine G. MacCormack, “Change and Continuity in Late Antiquity: The ceremony of Adventus,” *Historia* 21 (1972): 721-52; N. Gussone, “Adventus-Zeremoniell und Translation von Reliquien: Victricius von Rouen De laude sanctorum,” *Frühmittelalterliche studien* 10 (1976): 125-33。ヴィエンヌでの奉遷を六世紀に彫刻したものついては、*Bulletin de la société des amis de Vienne* 67 (1971): 31, fig. 2。この祭儀はガリアでは世俗形式で生き延びた Greg. Tur. *LH* 6. 11. 281; 8. 1. 370

〔補注〕**還御**　古代ローマの adventus（ギリシャ語では「衛兵」を意味する ἀπάντησις）とは、帰還する皇帝や属州総督らを出迎え、都市の安全を祝福する儀式のこと。歓迎の列が市外に出て、皇帝らを先導し、頌詞《パネギリック》を捧げ、飾り付けた街路を行進して祝典となる。歓呼に応える騎乗の皇帝を刻印した貨幣も adventus と呼ばれた。後にこれが西方教会では、聖マルティヌスの「聖名祝日」十一月十一日からクリスマスまで、断食してキリストの来臨を待ち望む「待降節」Advent に転じ、教会暦では一年の最初の節となった。そもそもは、ルーアンのウィクトリキウスが皇帝の「還御」の儀を模して、聖者の聖遺物奉遷を祝ったことに始まった、というサビーヌ・マコーマックやニクラウス・グルッソーネの説を、ブラウンも踏まえている。

（72） Sabine G. MacCormack, *Art and Ceremonial in the Later Roman Empire* (Los Angeles and Berkeley: University of California Press, 1980)、刊行予定。

〔補注〕「刊行予定」は本書執筆中のことで、一九八〇年に初版が刊行され、一九九二年一月に再版が出ている。

（73） Victricius *De laude* 12: 454D-455A; Venantius Fortunatus *Carm.* 5. 3. 3; Greg. Tur. *LH* 8. 1. 370。王を出迎えるパレードは、ヘブライ語やシリア語で歌うユダヤ人やシリア人も含まれていた。Gregory Nazianzenus *Oratio* XXI, 29; PG 35 1116B を比較せよ。

（74） Victricius *De laude* 2. 446B。「したがって、一言でいえば、陛下の周りに全員の思いが一つになりました」Hinc denique totius populi circa maiestatem vestram unus affectus.

（75） P. Andrieu-Guitrancourt, «La vie ascétique à Rouen au temps de saint Victrice,» *Recherches de science religieuse* 40 (1952): 90-106

〔補注〕**ピエール・アンドリュー＝ギトランクール**（一九〇一〜一九八四）フランスの中世史研究家。失われたノルマン「帝国」の研究が専門。この論考はサン・ヴィクトワール修道院が隆盛だった時代のルーアンの禁欲主義者を研究したもの。

（76） Victricius *De laude* 3. 445C

（77） ベッコ伯は侍従を従え盛装して、ブリウードの聖ユリアヌスの拝所に乗り込んだ。その際は何の利もなかったが、祭典には毎年臨席することを狙いとしていた。Greg. Tur. *VJ* 16. 121

（78） 紀元五〇七年にクローヴィス王が執政官の印章を授与される際、その祭儀の不可解な形式はこれと難なく結びつけられる。この祭儀はあらゆる点で、聖マルティヌス崇拝に関連した祭列の道筋と結びついているからである。Greg. Tur. *LH* 2. 38. 89.

（79） Venantius Fortunatus *Carm.* 4. 26. 14-17; cf. *Carm.* 2. 8. 23-37。聖セウェルニウスの教会を建てたラウネボデ〔イス〕Launebod (is) とその妻ベルクトルーダ Brechtruda については、ベルクトルーダが個人で喜捨を配っているのに、ローマ人は何もしなかった。喜捨を通じた女性の社会融合については、第二章、〔原書〕pp. 46-47 参照。

〔補注〕**ラウネボデとベルクトゥーダ**　トゥールーズ公夫妻で、その名からしてもフランク族であってローマ人ではない。五七〇年前後に新築した教会に、メロヴィング朝のラテン詩人ウェナンティウス・フォルトゥナトスがお祝いの詩を捧げている。

（80） Greg. Tur. *VM* 2. 28. 169。これは復活祭でのアプローチだった。そこで共同体の主導メンバーは、彼らの屋敷に居残らないよう命じられ、司教の祝福を受けるために祭儀に来るように言われていた。Council of Orleans, canon 25, *Concilia Galliae*, p. 11; *Concilium Epaonense* 35: 33; Clermont 15: 109.

（81） Greg. Tur. *VM* 2. 14. 163

（82） Greg. Tur. *VM* 1. 11. 145

（83） Greg. Tur. *VJ* 9. 118。「がんじがらめの鎖が、手足から地面にがらがらと砕け落ちたかに見えた」Visum est ei quasi multitudo catenarum ab eis membris solo decidere。Greg. Tur. *GC* 86. 354; 93. 357

（84） こうした祭儀が司教の地位に及ぼした効果については、Brown, *Relics and Social Status*, pp. 19-21。司教の選出は賛同する共同体の合意の結果だったが、それは聖者の祭典での合意が司教選出の再現であり顕現でもあったからだ。聖者の拝所にミズヴァル（同胞団の長）が「到来」する際の、これと類似した合意の示威運動についてはV. Crapanzano, *The Hamadsha: A Study in Moroccan Ethnopsychiatry* (Los Angeles and Berkeley: University of California Press, 1973): 116-17 参照。理想の司教は、ハイレベルの和合を維持したひとであった。Venantius Fortunatus Carm. 3. 4. 25-26 は、ボルドーのレオンティウスについて「なぜなら彼は静かな声で市民たちにこう警告した。こうしてわたしが面々に語ったことを汝らは告白せよと」Nam suos cives placida sic voce monebat,/ confiteris ut hunc ad sua membra loqui。これははるか後代まで前例となった。Brown, *Relics and Social Status*, pp.17-20

〔補注〕**ミズワル**　ブラウンは「二〇一四年版序文」でも述べているように、キリスト教の聖者崇拝をモロッコのアトラス山地に残る聖者（マラブー）崇拝としばしば比較している。mizwar とはライオンを意味し、信仰集団「スィーイド」(Siyyd 同胞団）の首長を指す。ベルベル語の amzwaru をアラビア語化したもの。その聖者崇拝の儀礼については、クリフォード・ギーアツの論考『二つのイスラーム社会』参照。

〔補注〕**ヴィンセント・クラパンザーノ**　第二章原注89補注参照。主著『ハマドシャ』は、モロッコの都市メクネスと、ヴォルビリスの古代遺跡があるゼルフーンの山地で一九六七〜一九六八年におこなわれたモロッコの聖者崇拝の野外調査の成果をまとめたもの。

（85） 無残に処刑された罪人との結びつきについては、A. D. Nock, *Sallustius: Concerning the Gods and the Universe* (Cambridge: At the University Press, 1926): xcii n.219, and "Tertullian and the Ahori," *Vigiliae Christianae* 4 (1950): 129-41 in *Essays in*

Religion and the Ancient World, ed. Z. Stewart (Oxford: Clarendon Press, 1972), 2: 712-19。聖マルティヌスは拝所内の墓を殉教者の墓か、処刑された盗賊の墓かを決めなければならなかった。Sulpicius Severus *Vita Martini* 11.
〔補注〕**アーサー・D・ノック** 第一章原注21補注参照。

（86） Sulpicius Severus *Vita Martini* 20; *Dialogi* 2. 3; 2. 5; 3. 4; 3. 8; 3. 11-13

（87） Victricius *De laude* 1. 443A

（88） これはわれわれが考えている以上に広がっていた傾向だった。キリスト教共同体は、ローマの世俗の当局から不当に処刑されたと思われる人物なら誰であれ、殉教者として崇める用意があった。ヒエロニュムスの異様な書簡、ウェルチェリスで起きた当時の事件に関する「七度鞭打たれた女について」De muliere septies percussa 参照。ウァレンティニアヌス一世帝が、パンノニアの三つの市の平民評議会員の処刑を思いとどまったのは、ミラノで処刑した廷臣のように、殉教者として崇拝されるのを恐れたからである。Ammianus Marcellinus 27. 7. 5-6; H. I. Marrou, «Ammien Marcellin et les 'Innocents' de Milan,» Recherches de science religieuse 40 (1952): 179-90
〔補注〕**ウァレンティニアヌス一世**（三二一～三七五） 将軍の大グラティアヌスの子としてパンノニアで生まれ、長じてローマ軍に入り、コンスタンティウス二世、ユリナウス、ヨウィアヌス帝に仕えたのち、三六四年に皇帝に就任、実弟のウァレンスを東帝国の共同正帝として、自らは西帝国の正帝となった。しかしその治世はブルグンド、アルマン、サクソン、フランクなど蛮族の襲撃や叛乱に翻弄され、戦陣の生涯だった。
〔補注〕**七度鞭打たれた女** ヒエロニュムスは、第一書簡（チューリッヒ大学所蔵）でパンノニアのウェルチェリスで起きた奇蹟譚を記している。夫に無実の不倫で訴えられた妻が、相手の青年とともに処刑された事件で、青年は拷問で罪を犯していないと告白して死んだが、何度も鞭打たれて息絶えた妻のほうはよみがえり、陳情によって皇帝の恩赦を得た。

（89） 聖ラウレンティウスの殉教の生々しくも多弁な殉教については、Prudentius *Peristephanon* 2. 313-488 参照。それでもローマ教会の富に悪評が立ち、司祭たちが市の異教徒の知事の司法による拷問に屈した、と直近になって信じられるような時代だったので、この詩全体に話題性が出てくる。Symmachus *Relatio* 21。

（90） *Miracula sancti Stephani* 2. 5. 851

（91） Ibid. 2. 5. 852

（92） Ibid. 2. 5. 852

（93） カルタゴの属州総督の行動は、〔犯罪人の〕名がリストから読み上げられるや、喝采や舌打ちといった形で飛んでくる民衆の判断に従った。pseudo-Prosper of Aquitaine（Quodvultdeus）*Liber de promissionibus et praedictionibus Dei* 5. 14-15, PL 51. 855

（94） P. Brown, Augustine of Hippo (Los Angeles and Berkeley: University of California Press, 1967): 336-37

（95） オーヴェルニュのフランク族系の公伯と、ブリウードの聖ユリアヌスの拝所のあいだの関係のように。Greg. Tur. *VJ* 16. 121。ベッコ伯の場合は ibid. 43. 131。拝所からぶら下がっている絹には、治療効果のちからがある。「そして判事の権力は、彼が不必要にその座を占めるたびに、混乱に陥る」et potestas iudicum, quotienscumque in eo loco superflue egit, confusa discessit.»

（96） *Epistula Severi ad omnem ecclesiam*, PL 41. 821-32

（97） Ibid. 2. 822

（98） Ibid. 4. 823

（99） Ibid. 10. 825。彼らはこの危機の時に、お互いに夢を語りあうことまでしていた。ibid. 8. 824

（100） Ibid. 4. 823.「そしてキリスト教徒は内心が謙虚であり、その強さにおいても謙虚だったので……庇護者のステファノスに保護を祈願した」Christiani autem ut corde, ita etiam et viribus humiles... patroni Stephani patrocinium deprecabantur.

（101） Ibid. 5-6. 823。双方とも手にしたのは「武器」armies だったと語っている。ibid. 9.824。彼らは棍棒や石、投石具で武装していて、ローマ法では盗賊を撃退するときだけ許される武装をしてみせた。ユダヤ人の転向者の何人かはひどくあからさまだった。ibid. 14. 829。「なので私は、身に迫る死の危険を鑑みて、進んで教会へ行こうと思う。そうすれば、私に用意された死を免れるかもしれないから」Ego igitur vitae meae periculo consulens ad ecclesiam iam pergam, ut necem quae mihi paratur effugiam.

（102） Ibid. 3.823

（103） Ibid. 10. 825

（104） Ibid. 11. 826; 13. 827-28

（105） セウェルスは〔ミノルカ島西部の〕ヤンモーナ〔現在のシウタデリャ〕にユダヤ人の住民が一人もいないと知って喜んだが、彼または彼の支持者が、島からユダヤ人を追い出そうと企てていたとか、そうする立場にあったとの証拠はない。ibid. 2. 822

（106） Ibid. 12. 826; 14. 829; 17. 831; 18. 832 には、ユダヤ人一族の地位と相互関係をはっきり示す寸描がある。ある一族の若い一員がテオドルスに言ったように、「わがテオドルスよ、何を心配しているのだ？　あなたが身の安全を望み、名誉を守り、裕福でありたいなら、私が信じたように、キリストを信じなさい。あなたはただ立っていればいい、私が司教たちといっしょに座ろう」Quid times, domine Theodore? Si vis certe securus et honoratus et dives esse, in Christum crede, sicut et ego credidi. Modo tu stas, et ego cum episcopis sedeo。共同体の共同トップとして、俗人のパトロンが司教の傍らに同席することの重要性については、Julian *Ep.* 18, 450C 参照。

（107）Ibid. 15: 830。彼らははじめそれを天使と思った。

（108）Ibid. 15: 830

（109）Ibid. 17: 831

（110）*Miracula sancti Stephani* 2. 1. 843

第六章

（１）Jerome *Ep.* 103. 13

（２）J. D. Mansi, *Sacrorum conciliorum nova et amplissima collectio*（Venice, 1776）, 9: 771B
〔補注〕**ジョヴァンニ・ドメニコ・マンシー**　十八世紀のルッカ大司教で、過去に開かれた公会議の記録を収集・編纂し、注釈を施した全三十一巻の Sacrorum Conciliorum nova et amplissima collectio（『公会議集覧　新訂及び増訂版』）を編んだ。教皇の不興を買い、作業は中断している。拙著『聖霊の舌』エピローグ訳注２参照。

（３）Greg. Tur. VP 15. 3. 272

（４）Augustine *Ep.* 78. 3。「素晴らしいことに、汚鬼どもが恐懼して告白するところ」Ubi mirabiliter et terribiliter daemones confitentur

（５）A. Stuiber, „Heidnische und christliche Gedächtniskalendar,“ *Jahrbuch für Antike und Christentum* 3（1960）: 30. 6
〔補注〕**アルフレート・シュトイバー**　第二章原注29補注参照

（６）N. Z. Davis, “The Reasons of Misrule,” and “The Rites of Violence,” *Society and Culture in Early Modern France*（Stanford: Stanford University Pres, 1975）: 97-123; 152-87

（７）わたしがもっとも助けをえられたのは S. M. Shirokogoroff, *The Psycho-Mental Complex of the Tungus*（Peking and London: Routledge, 1935）; M. Leiris, *La possession et ses aspects théâtraux chez les Ethiopiens de Gondar*（Paris: Plon, 1958）; *Spirit Mediumship and Society in Africa*, ed. J. Beattie and J. Middleton（London: Routledge, 1969）; I. Lewis, *Ecstatic Religion*（Harmondsworth:

Penguin, 1971).

〔補注〕**セルゲイ・M・シロコゴルフ**（一八八九～一九三九）はロシアの人類学者でツングース研究の第一人者。モスクワ東方百九十キロのスズダリで生まれ、パリ大学に留学、サンクトペテルブルク大学でツングース語の研究を始めた。満州族の研究ではアムール河畔の未開地アイグーン（現黒河）で現地調査、ツングースのシャマニズムの第一人者となった。ロシア革命でウラジオストックから上海に逃れ、蔡元培のもとで研究を続行、輔仁カトリック大学や精華大学で教鞭を執り、北京で客死した。日本が満洲国を併合した戦前に『北方ツングースの社会構成』、戦後に『満州族の社会組織』『ツングースの人々の精神的複合』が邦訳された。フィンランドのウノ・ハルヴァ（一八八二～一九四九）の定番『シャマニズムI・II』田中克彦訳の参考文献にも挙げられている。

〔補注〕**ミシェル・レリス**（一九〇一～一九九〇）はシュルレアリズムを脱して、バタイユの『ドキュマン』に参加したのち、一九三一年から民族学者マルセル・グリオールが率いるアフリカ横断のダカール＝ジブチ調査団に加わった。サンガ（現マリ）のドゴン族の秘密言語、ゴンダル（現エチオピア）の憑依現象を研究、ブラウンが挙げたのは後者の論考で『ゴンダルのエチオピア人における憑依とその演劇的諸相』である。邦訳『日常生活の中の聖なるもの（ミシェル・レリスの作品4）』所収。レリスは帰国後の一九三四年に、民族誌と植民地への呪詛の入り混じった奇妙な『幻のアフリカ』（岡谷公二訳）を出版した。

〔補注〕**ヨアン・M・ルイス**（一九三〇～）はオクスフォードで人類学を学び、ソマリランドで遊牧民の野外調査を行って博士号を取得した。ロンドン・スクール・オブ・エコノミクス教授。主張『エクスタシーの人類学』Ecstasic religion は憑依とシャーマニズムの包括的研究書で、平沼孝之の邦訳がある。

（8）„Exorzismus," *Reallexikon für Antike und Christentum* (Stutgart: Hiersemann, 1969), 7: 44-117; „Geister," ibid. 1975), 9:546-797

（9）P. Brown, "The Rise and Function of the Holy Man in Late Antiquity," *Journal of Roman Studies* 61 (1971): 88-89

（10）Greg. Tur. *VJ* 30. 127

（11）Paulinus *Carm.* 14. 35°「……復讐者は隠れている。それが罰にみえる」... latet ultor, poena videtur

（12）Victricius of Rouen *De laude sanctorum* 11, PL 20. 453D- 454A

（13）T. Mommsen, *Römischer Strafrecht* (Leipzig: Dunckner and Humboldt, 1899): 405-8

〔補注〕**テオドール・モムゼン**（一八一九～一九〇三）十九世紀ドイツを代表する歴史家で、主著は『ローマの歴史』で、ラテン碑文やローマ法制史の研究もある。文献学から考古学なども含めた史学の総合化に踏み出したが、その解釈にはときに現代の視点を交えて歪めていると批判された。政治家としてはビスマルクの政敵でもあった。

（14）Sulpicius Severus Dialogi 3. 6, PL 20: 215C。「彼らは審問がなくても苦しみ、告白するのを見ることだろう」Videres sine interrogatione vexatos et sua crimina confitentes/

（15）Ibid.

（16）Vita sancti Severi Viennensis presbyteri, *Analecta Bollandiana* 5 (1886): 422:「汚鬼は目にみえず、地域によって姿を現わすこともないので、想像によって解き放たれることはけっしてない。むしろ暗闇のなかをさまよっている」Cum se daemonia nullis fantasiae figmentis ab eo possent ullatenus expedire, qui nulla quiverit locali visibili- tate conspicari, sed negotium magis perambulans in tenebris

（17）Sulpicius Severus *Vita Martini* 21. 1

（18）Sulpicius Severus *Dialogi* 2 (3). 15. 220-21

（19）Sulpicius Severus *Vita Martini* 18. 2

（20）K. E. Kirk, *The Vision of God* (London: Longman, 1931): 275-79

〔補注〕**ケネス・E・カーク**（一八八六～一九五四）英国国教会のオクスフォード主教。ロンドンの学生キリスト教運動（SCM）でインド人留学生への伝道活動を進めて幹部となる。第一次大戦は牧師として従軍、戦後にオクスフォードでキリスト教倫理学を復活させ、トリニティ・カレッジのフェローとなる。道徳神学の書『神のヴィジョン』を書き、三七年からオクスフォード主教に叙任された。

（21）*Vita Rusticulae* 13, *Monumenta Germaniae Historica, Scriptores Rerum Merovingicarum* (Hanover: Hahn, 1892), 4: 346

（22）聖フェリクスの祝祭が近づくにつれ、その拝所でもしばしば物憑きが出るようになった。Paulinus *Carm.* 23. 58。パウリヌスは物憑きたちの振る舞いと、バッコスの陶酔《トランス》状態が似通っていることに目ざとく気がついていた。*Carm.* 19. 276。「いにしえの聖なる祭りを思い出す……」sacrorum memores veterum... 。しかし彼は聖者による裁きの尋問として、物憑きの発症と消散を解釈していた。

（23）*Statuta ecclesiae antiqua* 62 and 64, ed. G. Morin, *Sancti Caesarii Arelatensis Opera Varia* (Maredsous, 1942), 2: 94-95.

〔補注〕**ジェルマン・モーラン**（一八六一～一九四六）フランス系ベルギー人のベネディクト会司祭で歴史学者。欧州の図書館でアルルのカエサリウスやヒエロニュムス、アウグスティヌスの未編集の説教や文書を発見、その出版に生涯をかけた。

（24）Greg. Tur. *LH* 8. 29. 349.

（25）　Ibid. 4. 11. 142
（26）　Greg. Tur. *VP* 17. 2. 279
（27）　Paulinus *Carm*. 14. 34
（28）　Paulinus *Carm*. 26. 307-318
（29）　Jerome *Ep*. 108. 13
（30）　Paulinus *Carm*. 23. 66-68; 88-94
（31）　Paulinus *Carm*. 26. 352
（32）　F. Dölger, *Exorzismus im altchristlichen Taufritual* (Paderborn: F. Schöningh, 1909): 56-62; 75-76
〔補注〕**フランツ・デルガー**　第一章原注76補注参照。
（33）　Paulinus *Carm*. 23. 124-125; Venantius Fortunatus *Carm*. 1. 1. 1°「豪壮なホールは硬質の完璧な金属に輝き／そこはいつまでも夜の訪れない昼／場所自体が永遠の光のもとに神を招いている」emicat aula potens solido perfecta metallo / quo sine nocte manet continuata dies / invitat locus ipse deum sub luce perenni
（34）　ILCV 1769A
（35）　Augustine *Ep*. 78. 3.
（36）　聖メダルドゥスのブドウ園の窃盗についてはVenantius Fortunatus *Carm*. 2. 16. 30°「おまえは今、有罪であることは許されない」Te praesente tamen non licet esse reum
〔補注〕**メダルドゥス**　フランス北東部のノヴィオマグス・ヴェロマンドゥオルム（現ノワイヨン）の司教で、フランス語ではメダールと呼ばれ、呵々大笑している姿に描かれるため、歯痛除けとして人気がある。四五六年ころにフランク族の貴族の父と、ガリア・ローマ人の母の間に生まれた。三十三歳で聖職に就き、メロヴィング朝クロテール王に仕えた。ラテン語詩人のウェナンティウス・フォルトゥナトゥスやトゥールのグレゴリウスがメダルドゥス崇拝を盛り上げ、悪天候や不妊症などの厄除け聖者としても信奉された。
（37）　Greg. Tur. VM 2. 4. 161; 2. 57. 178; 2. 58. 178; 2. 59. 179; 3. 46. 193; 4. 46. 211; *GC* 67. 338
（38）　W. C. Till, „Die koptischen Rechtsurkunden aus Theben," *Sitzungsberichte der österreichischen Akademie der Wissenschaften* 244, 3 (Vienna, 1964): 173; L. S. B. MacCoull, „Child Donations and Child Saints in Coptic Egypt," *East European Quarterly* 13 (1979): 409-415.
〔補注〕**ヴァルター・クルト・ティル**（一八九四〜一九六三）　オーストリアのコプト学者。商業見習いからウィーンの貿易大学を経て、ウィーン大学でコプト語を学び、ドイツ考古学研究所の助成金を得て、エジプトで調査。コプト教会の文書や殉教伝、聖者伝を研究し、絶滅したコプト語で、エジプト語の下地になったサヒド語文法をまとめた。

〔補注〕**レスリー・S・B・マッコール**（一九四五〜二〇一五）　アメリカのパピルス学者でビザンティン史が専門。イェール大学でPh.D、アメリカ・カソリック大学で博士号を取得したあと、カイロのアメリカン研究センターでフェロー、一九七八年からコプト考古学協会の研究部長となった。主著は『アフロディトのディオスコルス』で、六世紀のコプト教徒が残した詩の草稿や法律文書のパピルスのアーカイブに画期的な分析を施した。

（39）Greg. Tur. *VJ* 31. 127。祝祭で群衆と、この潜在的に危険とされる動物とが接して混じりあうことは、古代の〔祭礼の〕モティーフになっている。ストラトニケイアでのゼウス・パナマロスの祭列にまじる牡牛については L. Robert, *Hellenica* 11-12 (1960): 543。奇蹟はもちろん、牡牛が逃げ出して、生贄も食肉も免れることだ。「勇敢で気さくな牡牛は幸運でもあった」Ce brave boeuf sociable a d'ailleurs eu de la chance)。しかしこの場合の牡牛の行儀のよさは、神の裁きが「坐《おわ》します」ことの反映と考えられていたわけではなく、執務中の司祭の非の打ちどころのないほど品行方正な宗教活動の反映と思われたのだろう。

〔補注〕**ストラトニケイア**　アナトリア半島南西端に近いカリアにあった古代都市で、近くに聖域パナマロアがあった。祀られていたのはおそらくゼウス神と地祇の習合であるゼウス・パナマロスである。その祝祭は毎年催されたが、ゼウスの祭り（Panamareia と Komyria）とゼウスの正妻ヘラの祭り（Heraia）が交互に開かれており、ゼウスの祭りでは聖域に男だけが入って女は外で待ち、ヘラの祭りではその逆になるという性差があった。コミリアの祭りは十代の少年でおこなわれた。ゼウスの祭り（パナマレイア）では、山上から市の中心まで祭列で練り歩き、牡牛の生贄も供されたという。

〔補注〕**ルイ・ロベール**（一九〇四〜一九八五）　フランスのギリシャ史と碑文の研究者。結核で二年を療養所で過ごしたのち、パリの高等実習研究院（ＥＰＨＥ）とコレージュ・ド・フランスの教授。ギリシャ語やトルコ語に精通した妻ジャンヌ・ヴァンヴェレンとの共同研究で、碑文の研究書『ヘレニカ』を十三巻まで公刊している。

（40）［Marcellus Burdigalensis, *De medicamentis*, ed. M. Niedermann, trans. J. Kollesch and D. Niebel, Corpus Medicorum Latinorum 5, 2 vols. (Berlin: Akademie Verlag, 1968); Aline Rousselle, «Du sanctuaire au thaumaturge: La guérison en Gaule au ive siècle,» *Annales* 31 (1976): 1085-1107

〔補注〕**『医薬の書』**　プリニウス『博物誌』から抜粋したMedicina Plinii や偽アプレイウスのHerbarius、スクリボニウス・ラルグスの薬物考などから縦横に引用しているほか、呪言にはケルト語、コプト語、俗ラテン語やガリア語

などが含まれ、言語史的にも貴重な資料となっている。構成は

(1) マルケッルスの息子たちに宛てた書簡体の序文
(2) 目次（全体が三十六章）
(3) 計量考　ギリシャの度量衡にラテン語で注記
(4) 他の医典作者からの七つの書簡、医の方法論や診断法、医師の倫理的な義務など
(5) 三十六章の薬石の調合レシピや咒言の列挙
(6) 「種の歌」Carmen de speciebus と題した薬を讃える歌

Materia medica（医典）と呼ばれた西欧の本草学の書籍は、実はマルケッルスだけでなく、ヒポクラテス、テオフラストゥス、ガレノス、ディオスコリデスらも残した。マルケッルスの特徴は、そこからケルトなど先住文化との習合が透けてみえることだ。

〔補注〕**マックス・ニーダーマン**（一八七四〜一九五四）スイスの言語学者。バーゼル大学でラテン語とサンスクリット語の正教授をつとめ、主著は『ラテン語音声史辞典』。リトアニア語の専門家として、第一次大戦後に難民対策に奔走した。

（41） J. F. Matthews, *Western Aristocracies and Imperial Court* (Oxford: Clarendon Press, 1974): 155-56; 159-60

（42） Marcellus *De medicamentis*, praef. 2. 2.

（43） J. Grimm, „Über Marcellus Burdigalensis,“ *Kleinere Schriften* (Berlin: F. Dümmler, 1865): 121-25

〔補注〕**ヤーコプ・グリム**（一七八五〜一八六三）グリム童話集を編纂したグリム兄弟の一人。ヤーコプは二男、ウィルヘルムが六男、二人ともゲッティンゲン大学の教授となった。ヤーコプは法制史・ゲルマン語が専攻で、子音の推移の法則である「グリムの法則」で知られる。マルケッルスについての論考は没後に雑誌で公刊された。

（44） [H. J. Rose], "Superstition," *The Oxford Classical Dictionary*, 2d. ed. (Oxford: Clarendon Press, 1970): 1024。「古い習わしの療法と呪術の異様な混淆は、ボルドーのマルケッルスから現代のわれわれのもとに及んでいる」

〔補注〕**H・J・ローズ**（一八八三〜一九六一）カナダ生まれの英国の古典学者。ウェールズ、セントアンドリュース大学教授。一九二九年に公刊された『ギリシャ神話ハンドブック』は六版を重ねたロングセラー。没後もラトレッジ版として改訂を重ねている。

（45） V. Crapanzano, *The Hamadsha: A Study in Moroccan Ethnopsychiatry* (Berkeley and Los Angeles: University of California Press, 1973): 133. Loring M. Danforth, "The Role of Dance in the Ritual Therapy of the Anastenaria," *Byzantine and Modern Greek*

Studies 5 (1979): 144-48

〔補注〕**ローリング・M・ダンフォース**（一九四九〜）アメリカの人類学教授。プリンストン大学で「アナステナリア：ギリシャ儀式療法の研究」の論文により博士号を取得。マケドニア紛争などの民族ナショナリズムも研究している。

（46）*Miracula sanctae Theclae* 2, PG 85: 568C, ed. G. Dagron, *Vie et Miracles de Sainte Thècle* no. 18, Subsidia Hagiographica 62 (Brussels: Société des Bollandistes, 1978): 338。「その女アウァはまだ異教徒だった。しかし彼女はユダヤ人を忌み嫌うこともせず、キリスト教徒から離れて遠巻きにする彼女はうろうろと、あらゆる人に会い、儀式をのぞいてまわった」。トゥールの聖マルティヌスの拝所で癒された少女は、村に帰る道で異教に舞い戻ってしまった。Greg. Tur. *VM* 1. 2. 137

（47）Crapanzano, *The Hamadsha*, p. 179

（48）Rousselle, *«Du sanctuaire au thaumaturge,»* p. 1095

（49）外科手術への恐怖は、手術を待つ人間がどれほど怖がるかを書いたAugustine City of God 22. 8. 106-19を参照。

（50）〔Marcellus De medicamentis, praef. 3. 2.

（51）Pliny the Younger *Ad amicos de medicina* cited by Marcellus, ibid., p. 34; Oribasius, *Liber ad Eunapium*, Corpus Medicorum Graecorum 6, 3 (Leipzig: Teubner, 1926): 317-18

〔補注〕**小プリニウス**（c六一〜c一一三）『博物誌』の大プリニウスの甥で、その養子になったローマの軍人および元老院議員。ビチュニアの属州総督として赴任した。トラヤヌス帝への頌詞と帝との文通を含む書簡集で知られる。

（52）*Every Man His Own Doctor; or, The Poor Planter's Physician* (1734); Williamsburg, Va.: Printing and Post Office, 1971)。この引用、およびこの楽しいマニュアルのコピーについては、ガイ・リトルのご好意による。

（53）Ibid., p. 45

（54）Rousselle, «Du sanctuaire au thaumaturge,» p. 1092

（55）Marcellus ibid. *Carmen de speciebus* 1-4. 624

（56）Ibid. 20-21. 624。「地と海の善性とはなにか／曰く、創造すると同時に育むことなり」Quae quis natura bonis terraque marique / Edidit, illa suis altrix simul atque creatri

（57）「アスクレピオスの子たち」としての医師についてはGlen Bowersock, *Greek Sophists in the Roman Empire* (Oxford: Clarendon Press, 1969): 69-70.

(58) J. Grimm, „Über die marcellischen Formeln," *Kleinere Schriften*, pp. 152-72.
(59) J. F. Matthews, "Gallic Supporters of Theodosius," *Latomus* 30 (1971): 1083-87
(60) それゆえ、諸書から抜粋した薬材の広大な範囲から、五世紀の読者は、例えば〔初代皇帝〕アウグストゥスの妹オクタウィアの歯磨き粉の調合成分が知れたかもしれない。Marcellus *De medicamentis* 13. 1: 2。〔前三九年にアウグストゥスと結婚した〕リウィア・アウグスタの面皰《にきび》と高血圧の療法は ibid. 15. 6: 248; 35. 6: 588。その成分を周知のありとあらゆる世界から集めたとされている。
(61) Marcellus *De medicamentis*, praef. 2: 2
(62) Ibid. 4: 2
(63) それゆえ多くの異教徒は、治療の一形式として鬼祓いを受け容れる際に、極端に嫌がった。彼らが怖気を振るったのは、汚鬼《おき》を信じているからではなかった。あるいはそうした治療のなかで、権威と依りすがりの心理劇が暗示するような、憑依の可能性があるせいでもなかった。Plotinus *Enneads* 2. 9. 14。「こうしたみせかけは、魔術師の霊力を鵜呑みにする群衆どもの、彼ら〔グノーシス派〕の重要性を強めてしまうかもしれない」。これはまさしく群衆がキリスト教の拝所でしていると思われていることであった。Paulinus Carm. 14. 40。「……身を震わせる膨大な群衆が集まった」…concurrit hiantum turba tremens hominum

〔補注〕**プロティノス**（c二〇五～二七〇）　三世紀の新プラトニズムの巨頭で、主著『エンネアデス』は弟子のポルフュリオスが編纂した五十四編の論文集で、完全数の六巻に各九編が配されている。II・9は「世界創造者は悪者であり、世界は悪であると主張する人々に対して」と題されたグノーシス派批判。ポルピュリオスの『プロティノス伝』によれば、このグノーシス派はキリスト教系とみられる。その第十四章は、呪文を唱えて神々を瞞着し、病気を呪言で癒そうとするグノーシス派を叡智界の冒瀆と批判するくだりである。ブラウンの英訳と中公版邦訳は微妙に異同があるので、邦訳も併載しておく。

「ところが実際には彼らは病気そのものを実体化して悪霊であるとなし、これをことばの力によって追い払うことができると称して宣伝している。彼らはこのことによって、魔術師たちの力に驚嘆するような大衆の目には、いっそう偉いように映るかもしれないが、しかし明確に思考する人々を説得して、病気の原因は疲労や（栄養などの）過多や不足や腐敗や、一般に身体の内部あるいは外部に起因する変化にあるのではない、と信じさせることはできないであろう」（中央公論『世界の名著』水地宗明訳）
(64) Marcellus *De medicamentis* 8. 30: 122

（65） Greg. Tur. *GM* 50: 73; see chap. 4, above, p. 84.

（66） Rousselle, «*Du sanctuaire au thaumaturge,*» p. 1095.

（67） これが暗示するところをすべて勘案しても、ガリアのキリスト教の拝所で孵化が起きていたとは見えない。P. Brown, "Eastern and Western Christendom in Late Antiquity: A Parting of the Ways," *The Orthodox Churches and the West*, Studies in Church History 13, ed. D. Baker（Oxford: Blackwell, 1976）: 18-19

（68） Greg. Tur. *VJ* 46: 132

（69） P. Brown, *Relics and Social Status in the Age of Gregory of Tours.* Stenton Lecture 1976（Reading: University of Reading Press, 1977）: 8-9.

（70） Caesarius of Arles *Sermon* 44. 7, ed. G. Morin, *Corpus Christianorum* 103（Turnholt: Brepols, 1953）: 199

〔補注〕**アルルのカエサリウス**　第二章原注24補注参照。

（71） Greg. Tur. *VM* 1. 26: 151。フランキアの森でパニックの恐怖に襲われた猟師は、最初は親戚の男が施療した。「農民の慣習どおり、魔術師と道化が彼に飲み物を持ってきた」Ut mos rusticorum habet, sortilegis et hariolis ligamenta ei potiones deferebant。

（72） Greg. Tur. *VJ* 46: 132

（73） Greg. Tur. *GM* 100: 105

（74） *Memoirs of the Baron de Tott on the Turks and Tartars,* vol. 1（London: 1785）cited in F. Braudel, *The Mediterranean and theMediterranean World in the Age of Philip II,* trans. S. Reynolds（London: Collins, 1972）: 40

〔補注〕**フランソワ・ド・トット男爵**（一七三三〜一七九三） スロバキア系の血をひくハンガリアの貴族出身で、フランス生まれで軍人となり、クリミアのタタール人を煽動して第一次露土戦争（一七六八〜一七七四）を起こした。フランスの軍人からオスマン帝国に移ったクロード・アレクサンドル（アフメト・パシャ）に倣い、ド・トットもオスマンに移って軍制改革を進め、ボスフォラス海峡に砲台を築き、機動砲兵隊を創設した。のち、オスマン領内を旅行、アレクサンドリアやチュニスなど地中海沿岸を訪れた。その回想録はフランス革命直前の一七八五年、パリで二巻本として刊行された。

（75） Theodoret of Cyrrhus *Historia religiosa*, PG 82. 1444BC。ここでは聖者は随分はっきりと「市の守護者」と呼ばれている。

（76） Sebastian Mariner, "La difusión del cristianismo como factor de latinizición," in *Assimilation et résistance à la culture gréco-*

romaine dans le monde ancien, Travaux du VIe Congrès International d'Etudes classiques, Madrid 1974 (Bucharest: Editura Academiei; Paris: Les Belles Lettres, 1976): 271-82; J. Whatmough, *The Dialects of Ancient Gaul* (Cambridge: Harvard University Press, 1970): P. Brown, "Christianity and Local Culture in Late Roman Africa," *Journal of Roman Studies* 58 (1968), reprinted in *Religion and Society in the Age of Saint Augustine* (London: Faber, 1972): 289-90. J. Ropert, «Mentalité religieuse et régression culturelle dans la Gaule du ive au viiie siècle,» Les cahiers de Tunisie 24 (1976): 45-68

〔補注〕**セバスティアン・マリナー**（一九二三〜一九八八）　スペインのラテン文献学者兼言語学者で、グラナダ大学やマドリードのコンプルセンテ大学で教授を勤め、スペインに構造主義言語学を紹介した。

〔補注〕**ジョシュア・ワットモー**（一八九七〜一九六四）　英国の言語学者で、古代イタリアとガリアのラテン語方言を専攻、ケンブリッジ、ハーヴァード大学で教鞭を執った。主著『古代ガリアの方言』を一九七〇年に公刊。

（77）　J. Geffcken, *The Last Days of Greco-Roman Paganism*, trans. Sabine MacCormack (Amsterdam: North Holland, 1978): 25-29。85-87 の脚注には翻訳者による最新の文献リストの言及がある。E. Wightman, "Il y avait en Gaule deux sortes de Gaulois," *Assimilation et résistance*, pp. 407-20 は、ガリアに過去との訣別をもたらしたのは、ローマ人の衝撃よりも、むしろケルト社会の先在した部門の役割が大きいことを正しく強調している。

〔補注〕**ゲフケン**　第一章原注77補注参照。

〔補注〕**エディス・メアリー・ワイトマン**（一九三八〜一九八三）　英国の古代史家兼考古学者。スコットランド生まれで、マクマスター大学教授。カルタゴやイタリアのリリ渓谷の発掘調査に従事したほか、ベルギーやフランス、オランダの考古学研究所に通い、ガリア・ベルジカの研究成果は没後に出版された。

（78）　F. Dölger, „Christliche Grundbesitzer und heidnische Landarbeiter," *Antike und Christentum* 6 (1958): 297-320

（79）　Greg. Tur. *VM* 1. 27: 151; C. E. Stancliffe. "From Town to Country: The Christianisation of the Touraine," in *The Church in Town and Countryside,* Studies in Church History 16, ed. D. Baker (Oxford: Blackwell, 1979): 43-51 はよく考えられた調査である。

〔補注〕**クレア・E・スタンクリフ**　オクスフォードで学び、ケンブリッジ大学の研究員で、聖マルティヌスとその伝記のモノグラフを完成させた。その後はトゥーレーヌの改宗や、アイルランドの聖人故ルンバヌスに対象を広げた。ダーラム大学講師。

（80）　I. N. Wood, "Early Merovingian Devotion in Town and Country," The Church in Town and Countryside, p. 72

（81）　Greg. Tur. *VP* 80: 349。ある農夫は聖者の祝祭のために休業するのを拒否した。「なぜなら、そうした聖者を飾りたてるより、家で必要な仕事していたほうがましだから」Melius est enim opus necessarium in domo exercere, quam talem sanctum excolere."

(82)〔スペイン中西部のポルトガル国境に近い〕エストレマドゥーラの草深い邑里では、新たに派遣されてきた斎《いっ》きのひとを、農民たちは単純に殺してしまった。「こんな主人に仕えるくらいなら、死んだほうがわれわれにとっては好都合だ」。Melius est nobis mori quam tali domino servire. *The Vitas Patrum Emeritensium* 3. 8, ed. and trans. J. N. Garvin (Washington, D.C.: Catholic University of America, 1940): 158

(83) Greg. Tur. *VP* 80: 349。「おお、むきだしの野鄙よ。いつもぶつくさと神と神の朋に不平を呟いている」O cruda rusticitas, quae semper in Deum et eius amicos murmuras

(84) 前四世紀および前三世紀に〔黒海西岸の〕トラキアで、ギリシャの影響圏の周縁に癒しのカルトが擡頭したが、それとのアナロジーもありうることは、I. Chirassi-Colombo, «Acculturation et cultes thérapeutiques,» in *Les syncrétismes dans les religions de l'antiquité*, ed. F. Dunand and P. Lévêque (Leiden: Brill, 1975): 96-111。ギリシャの神アポローンが病とともに癒しをもたらすことも、文化触変 acculturation を引き起こすことになる。

〔補注〕**フランソワーズ・デュナン**(一九三四〜) フランスのエジプト史家。ハルガ・オアシスの墓地を発掘調査し、ミイラなどの古病理学研究も手がけた。ロジェ・リヒテンベルクとの共著『ミイラ　永遠への旅』など。

〔補注〕**ピエール・レベーク**(一九二一〜二〇〇四) フランスのギリシャ・ヘレニズム研究家。デロス島の彫像やタソス島の遺跡を発掘した。『アテネのクレイステネス』『ギリシャの誕生』など。日本の古代神話の論攷もある。

〔補注〕**文化触変** 米国の人類学者メルヴィル・ハースコヴィッツ、ラルフ・リントン、ロバート・レッドフィールドの三人が一九三五年に定義した概念で、移民やマイノリティーなど異文化の集団同士の直接接触が持続すると、文化型が独自の変容を見せることをいう。東欧アシュケナージのイディッシュ語や、日本の神仏習合が例とされる。

(85) Greg. Tur. *VJ* 27: 127

(86) M. Renard, «Technique et agriculture en pays trévire et rémois.» *Latomus* 18 (1959): 321-33; J. Kolendo, «La moissonneuse antique,» *Annales* 15 (1960): 1099-1114

〔補注〕**イエジー・コレンド**(Jerzy Władysław Kolendo 一九三三〜二〇一四) ポーランドの古代ローマ史家兼考古学者。ポーランド科学アカデミー考古学研究所、ワルシャワ大学考古学研究所で教授を歴任。前一世紀ガリアの叛乱や、一〜二世紀アフリカのローマ植民地や古代イタリアの農業と労働力などの論考がある。

(87) Greg. Tur. *VM* 1. 40: 150。「あたかも彼がふたたび生まれたかと思っているように」Ut putaris eum denuo fuisse

renatum

(88) Greg. Tur. VM 1. 25: 151。「両親のことは忘れて、彼は今日までご利益《りやく》を賜ろうとそこで奉仕していた」Oblitisque parentibus, in eo loco usque hodie pro beneficio accepto deservit."

(89) Greg. Tur. *VM* 3. 46: 193。ポワチエの邑里《いなか》から出てきた女は、その所有者が後ろ盾になろうとすると、ふたたびからだが麻痺してしまった。VM 2. 59: 179。せっかく自由を得たのに、所有者の息子によって蛮人の奴隷に売り飛ばされる恐れがでてきた女も、からだが麻痺した。「聖者の御力で一段と身を護られそうな」virtute sancti, quo facilius defense。拝所が女性に保護を申し出るやり方については、本書第二章参照。

(90) Greg. Tur. *VJ* 45: 131.

(91) J. Biraben, *Les hommes et la peste en France et dans les pays européens et méditerranéens* (Paris: Mouton, 1976), 1: 25-48

〔補注〕**ジャン - ノエル・ビラベン**（一九二八〜）フランスの医師、人口学者。フランス国立科学センター（ＣＮＲＳ）研究部長、七八〜八〇年に国立人口研究所（ＩＮＥＤ）所長。ペストなどの疫病による人口および社会の変容を古代から現代まで研究している。

(92) Greg. Tur. *VP* 11. 2: 254。五七一年の疫病のさなか、奉献で横たわっていた女性レウベッラは聖マルティヌスを幻視した。

(93) 飢饉の時代は Greg. Tur. LH 7. 44: 365

(94) Greg. Tur. *LH* 9. 6: 418

(95) Ibid.: 417。「そして彼は言うかもしれない。祝福されたマルティヌスよ、わたしは自分自身より若いけれども、実際は使徒と同じ年齢なのだ」Ut iuniorem sibi beatum Martinum esse di- ceret, se vero apostolis coaequaret.

(96) Ibid.: 420.「なぜなら、こうした誘惑を実行してみせ、邑里の人々を誤った道に導くのをやめない連中が大勢いるからだ」Multi enim sunt qui has seductiones exer- centes populum rusticum in errore ponere non desistunt.

(97) 聖ボニファティウスが放浪の説教師、アルデベルトスという男を抑えこもうとしたとき、民衆が不満の声を発した。「われわれから、何より聖なる使徒にしてパトロン、代弁者にして、徳篤きひと、明徴の注ぐ慈雨を取り上げるにひとしい」quod eis sanctissimum apostolum abstulerim, patronum et oratorem virtutumque factorem et signorum ostensorem abstraxerim。*Concilium romanum ab annum 745, Monumenta Germaniae Historica: Concilia* (Hanover: Hahn, 1908), 2: 39-43。アルデベルトスには、奉献された小礼拝堂と彼の名で捧げられた祈禱があった。なぜひとはローマに巡礼する必要があるのかと彼は尋ねた。彼は野と泉に十字架を置き、小礼拝堂で罪を赦した。彼には懺悔なしでもその罪が見えた。聖ペトロの聖遺物とともに、彼はじぶんの髪と爪を配ったという。

〔補注〕**聖ボニファティウス**　六七五年ころ、ブリタニアのエセックス王国の名門の生まれで、修道士を経て司祭になった。ライン川以東のゲルマニア深く入って布教し、もとの名はウィンフリートだが、ローマで教皇グレゴリウス二世にボニファティウス（善をなすひと）と命名された。北欧神話の雷神トールに捧げられた楢の木に、旧約聖書の預言者エリアに倣って「聖樹ならわが身に落雷せよ」と叫んで切り倒したが、無事だったので民衆が雪崩を打って改宗したという伝説がある。ヘッセに最初の修道院を建てバヴァリアに四つの司教座を設けた。フランク王国カロリング朝とも協調し、教会会議を四回開いて教会改革を進めた。七五四年、フリートラントで布教中、襲われて刺殺された。「ドイツの使徒」Apostel der Deutschen と呼ばれ、ドイツの守護聖人とされた。

〔補注〕**アルデベルトゥス**　史書にちらと姿をみせただけのこの説教師の詳細は不明。リヨンの西方にこの地名があるが、いちめんの葡萄畑にサン・ロマン・ル・ピュイ修道院の廃墟が建っていて、フォレズ平原を一望できる。カロリング朝のロマネスク建築の遺構といわれるが、この地名を冠したワインがある以外、説教師が放浪の末来たかどうかは分からない。

(98) Severus Endelechius *Carmen bucolicum de virtute signi Crucis* 105, PL 19. 798。「牛たち（の額）にあった御印は神の偉大な十字架であった。都市ではそれだけを崇めている」Signum quod perhibent esse Crucis Dei magnis qui colitur solus in urbibus

〔補注〕**セウェルス・エンデレキウス**（エンデレクス）　四世紀の詩人。ノーラのパウリヌスやスルピキウス・セウェルスの友人だった修辞学者セウェルスと同一人物とされている。牛疫を悲しむ羊飼いの詩篇 De Mortibus Boum が残っており、感染せずに済んだ牛の額に十字があったのを見て羊飼い二人がキリスト教に改宗する護教的な筋立て。

(99) Leo *Sermon* 82. 1, PL 54. 422-23; the anonymous *De vocatione omnium gentium* 2. 16, PL 51. 704A; Patrick *Confessio* 16, PL 53. 809; Martin of Braga *In Basilica*, ed. C. W. Barlow, *Martini Bracarensis opera omnia* (New Haven, Conn.: American Academy at Rome. 1950): 282。マヨリアヌス帝に奉仕するために集まった部族については、シドニウス・アポリナリス Sidonius Apollinaris Carm. 5, 7ff の忠実な写本による。

〔補注〕**教皇レオ一世**（c 四〇〇〜四六一）　ローマの貴族出身で、四四〇年から教皇。蛮族来襲の多難な時代にペラギウス派やプリスキリアヌス派など異端と戦うかたわら、ガリアなどの地域紛争の調停に東奔西走、四五一年にイタリアに侵入したフン族のアッティラと会って軍の撤退の説得に成功したこともある。しかし東ローマのマルケアヌス帝が招集したカルケドン公会議では、キリストの神性と人性をめぐる論争で合意に至らず、ローマの優位を譲らなかったため東西教会の分裂を招くことになった。

〔補注〕**聖パトリキウス**（Naomh Pádraig c三八七～四六一）ウェールズ生まれのケルト人で、その生涯は『告白』と題する伝承以外不明。大陸で神学を学び、ドルイド教と習合する形のキリスト教布教を始めた。三つ葉のシャムロックで三位一体を説き、一人の殉教者もなく伝道に成功、「聖パトリック」はアイルランドの守護聖人となる。

〔補注〕**ブラガのマルティヌス**（c五二〇～五八〇）ガラエキア（現在はポルトガルのブラガ）のブラカラ・アウグスタの大司教。パンノニア生まれだが、ヒスパニアに渡り、ゲルマン系のスエヴィ人をアリウス派からカソリックに改宗させ、各地に修道院を建てた。五六一年と五七二年に地域教会会議を主宰している。重要著作はスエヴィ王に進言した『誠実な生の定式』Formula vitae honestae のほか、地方の異教とどう戦うかを論じた『野鄙の矯正について』De correctione rusticorum がある。五七二年会議の後、助言を求めたアストゥリアカ司教ポレミウスに答えた書簡体である。

〔補注〕**マヨリアヌス帝**（四二〇～四六一）西ローマ最末期の皇帝。四五一年にフン族を撃退した「最後のローマ人」アウィトゥスによって将軍に抜擢されたが、蛮族の侵略が相次ぎ、四五五年にはヴァンダル族にローマを掠略され、四五七年にアウィトゥスが暗殺されると、帝位に推戴された。マヨリアヌス帝は税制改革や地方移譲を進めるとともに、北アフリカに渡ったヴァンダル族征伐に乗り出したが、四六一年に兵士の叛乱で殺された。

〔補注〕**シドニウス・アポリナリス**　第五章原注42補注参照。

（100）このトゥーレーヌ人〔グレゴリウス〕が与える印象は、ローマ時代にはより大きなケルトの聖所はまだ占領されておらず、いかなるローマ化したカルトや建物によっても置き換えられていなかったことである。J. Boussard, «Le peuplement de la Touraine du ier au viiie siècle,» *Le Moyen Age* 60 (1954): 261-91。人口は五世紀と六世紀の過程でそれまでの中心地からさらに四散していった。Stancliffe, "From Town to Country," pp. 45-46

〔補注〕**ジャン・ブサール**　フランスの建築家（一八四四～一九二五）。郵便局の建築設計を手始めに、パリの五区と六区の豪華なアパルトマンや、地方にはローマ風の別荘や墓所も建てた。古来の建築のコレクターでもあり、建築百科事典も編纂した。

（101）J. Fontaine, «Séance de clôture,» *Assimilation et résistance*, p. 549。「しかしわれわれが汎ローマ（Pax Romana）の時代に見つけだしたモデル以前は、共存のモデルだったのだ」Mais le modèle devant lequel nous nous trouvons aux temps de la pax Romana, c'est celui de la coéxistance。非クリスチャンや異端が「蛮人」として扱われた態度の硬化については P. Brown, "Approaches to the Religious Crisis of the Third Century," *English Historical Review* 83 (1968), reprinted in *Religion and Society*, pp.90-91

(102) 儀式に拘束的性質があるという感覚と、社会構造の特定の様式の間には、緊密な共依存関係があるとわたしが気づいたのは、Mary Douglas, Natural Symbols (New York: Vintage Books, 1973) の著作に負うところが大きい。

〔補注〕**メアリ・ダグラス**（一九二一～二〇〇七） 英国の社会人類学者。オクスフォード大学でエヴァンス＝プリチャードに師事、コンゴなどでフィールドワーク、一九七七年に米国に移住した。象徴人類学を主導した。『汚穢と禁忌』など。

(103) J. Le Goff, «Paysans et monde rural dans la littérature du haut moyen-âge.» *Settimane di Studi del Centro Italiano di Studi sull'Alto Medio Evo* 13 (Spoleto: Centro di Studi sull'Alto Medio Evo. 1966): 723-41 and «Culture cléricale et tradition folklorique dans la civilisation mérovingienne,» *Annales* 26 (1971): 587-603 in *Pour un autre moyen-âge* (Paris: Gallimard, 1977): 131-44。フォークロアで（俗人の）上流階級が表現されるようになるのは、十二世紀以降に限られている。J. Le Goff, «Mélusine maternelle et défricheuse,» *Annales* 26 (1971): 587-603, *Pour un autre moyen-âge*, pp. 307-34。似たような「信仰復興《リバイバル》」は中世末期の中欧でも起きた。F. Graus, *Volk, Herrscher und Heiliger im Reich der Merowinger*, Prague: Československa Akademie Věd, 1965): 195-96

〔補注〕**フランティシェック・グラウス** 第一章原注60補注参照。

(104) I. N. Wood, "Early Merovingian Devotion in Town and Country," *The Church in Town and Countryside*. p. 76。「異端または野鄙はあまりにも簡単に出現しかねなかったが、これに対し城市は真の宗教の要塞だった」。この古代末期の状況はモロッコにおけるイスラームの状況と相似形である。Ernest Gellner, *Saints of the Atlas* (London: Weibenfeld, 1969): 1-8。モロッコでは、「野鄙」に染まっているのは聖者崇拝のほうだという決定的な違いがあるが。

(105) William A. Christian, Jr.. *Person and God in a Spanish Valley* (New York: Seminar Press. 1972): 181。「咒師の古手組は、自然の執り成し役は務めても、それと同じように神との執り成し役を務めたわけではない……彼らは村と村の境界を区切り、耕作地と非耕作地の境界を区切っていた。スペイン全土で彼らは、生態系《エコシステム》の臨界点——他の世界との接点を指示していた」

〔補注〕**ウィリアム・A・クリスチャン**（一九四四～） 第二章訳注40参照。

(106) Sulpicius Severus *Vita Martini* 13.

(107) Ibid. 12。元軍人で市中の住民でもあったため、マルティヌスの特徴として、葬列をそうした祭礼と誤解していた。

(108) Martin of Braga *De correctione rusticorum* 8, 10, 12, 16, ed. C. W. Barlow, p. 198; S. MacKenna, *Paganism and Pagan Survivals in*

Spain up to the Fall of the Visigothic Kingdom (Washington, D.C.: Catholic University of America, 1938); M. Meslin, *La fête des kalendes de Janvier dans l'empire romain* (Brussels: Collection Latomus. 1970): 119-23.

〔補注〕**スティーヴン・マッケンナ**（一八七二〜一九三四）　アイルランド系のジャーナリスト兼言語学者。新プラトン派のプロティノスを翻訳、紹介した。ほかにウェルギリウスの『農耕詩』やソフォクレスも翻訳、名文家として知られた。熱烈なアイルランド信奉者でゲール語を学び、シングらのアイルランド文芸復興を支援した。

〔補注〕**ミシェル・メスリン**（一九二六〜二〇一〇）　第二章原注104参照。

（109）　Graus, *Volk, Herrscher und Heiliger*, pp. 481-84.

（110）　A. Dupront, «Pèlerinage et lieux sacrés,» *Mélanges F. Braudel* (Toulouse: Privat, 1973), 2: 190-91; Rousselle, «*Du sanctuaire au thaumaturge,*» p. 1104。「しかし大きな違いとなるのは、場所を人間に代理させることだ」Mais ce qui fait la grande différence... c'est la substitution de l'homme au lieu。

（111）　Greg. Tur. *VP* 2: 300

（112）　これ自体は、この宗教の合流点としての機能が変わらなかったということで、驚くほどのことではない。Victor Turner and Edith Turner, *Image and Pilgrimage in Christian Culture* (New York: Columbia University Press. 1978): 33。「コムニタス（共同体）が自ら姿を現わすところではどこでも、往々にして大規模な信仰復興の可能性がある。たとえ、それが異なる宗教体系と結びついている場合でも」

（113）　Greg. Tur. *VP* 2: 300。ブリウードの聖ユリアヌスの拝所の由来伝説も、同じストーリーを語っている。この拝所は隣接する異教の社祠と「奉納物」ex veto を競っていた。社祠では定期的に祭典が開かれていたが、ブリウデが市の中央に残したコムニタス communitas が、貴族の庇護《パトロネージ》関係のネットワークと繋がった。この由来記によると、このネットワークはすでにヒスパニアからトリーアまで広がっていた。Greg. Tur. *VJ* 4-7: 116-17

（114）　P. Brown, *The Making of Late Antiquity* (Cambridge: Harvard University Press. 1978): 99-100

（115）　Sir James George Frazer, *The Golden Bough*, pt. 2 (New York: MacMillan, 1935), 3: 218

解題　白昼の星天——ピーター・ブラウンの読み方

余人は知らず、本書には震撼させられた。

最初に読んだのは初版（一九八一年）でなく、新たな序文を加えた増訂版（二〇一五年刊行）だった。忘れもしない、刊行翌年の二〇一六年八月、築地の聖路加国際病院で手術ロボット「ダヴィンチ」による、癌細胞の全摘手術を受けたときである。

全身麻酔から覚めて、手術室の脇の通路で猛烈なシバリング（悪寒戦慄）に襲われた。裸の蛍光灯の下で、歯の根が鳴りやまない。腰を斜めにあげたまま、八時間余も固定されたせいで、背中と腰の筋肉がこわばり、尋常でないしこりが残った。ストレッチャーで運ばれた病室の細い縦窓から、墨田川の夏の夕暮れの青空を仰ぎみたのを覚えている。

だが、ペニスの先まで管を通されて、排尿も何もかも人頼み、人間はただの糞袋であって、やっぱり腔腸動物と同根か、と内心は屈託していた。予後に読もうかと持ってきた『聖者崇拝』を開いたのは、眠れぬ一晩が過ぎてからだ。なかなか文章が頭に入らない。だが、他にすることもなく、我慢して流し読みするにつれ、また悪寒に似たものが背筋を走り抜けた。とんでもないものを読んでいる、というのが第一印象である。

ヘレム（破門）され、匿名で『神学・政治論』を出版したスピノザが暴漢に襲われたように、この本もミーハーな一口知識でしかない聖人事典の対極にあって、洗礼名の由来を聞いて無邪気に喜ぶ敬虔な信者を逆撫でにしただろう。キリスト教圏は一年三百六十五日の守護聖人のほか、都市も教会も街路も隅々まで聖者が浸透し、虚実とりまぜた殉教譚が日常生活に溶け込んでいるからだ。

そればかりか、一二七四年に修道院で没したトマス・アクィナスの遺骸を、釜茹で（湯灌《ゆかん》?）して頭部を切断、その髑髏《されこうべ》を五つの鍵で厳重保管したという逸話を、どこかで聞いたことがある。死体フェチというか、聖者および聖遺物崇拝のおぞましさがようやく分かった気がした。と同時に、聖者を完膚なきまでに偶像破壊する論調には聞き覚えがあった。

ここで人間にとって諸物の関係という幻影的な形態をとるものは、ただ人間自身の特定の社会的関係でしかないのである。それゆえ、その類例を見いだすためには、われわれは宗教的世界の夢幻境に逃げこまなければならない。ここでは、人間の頭の産物が、それ自身の生命を与えられてそれら自身のあいだでも人間とのあいだでも関係を結ぶ独立した姿に見える。同様に、商品世界では人間の手の生産物がそう見える。これを私は呪物崇拝と呼ぶのである。

（カール・マルクス『資本論』第一部第一篇第一章第一節　大月書店版）

わたしはマルクシストではないが、「シナと机が踊りだした」という突飛すぎるユーモアとともに、この使用価値と交換価値の置き換えQuidoproquoのくだりは、記憶の片隅に残っていた。宗教的世界の夢幻境？　商品の呪物崇拝（物神性）の顚倒《てんとう》が、聖者崇拝の価値顚倒のアナロジーだと、マルクスはさすがに気づいていたのか。

だが、ピーター・ブラウンの行文には難渋した。一文一文が迷路のようだ。この博覧はただものではない。結局、退院まで読了できなかった。しかし悪寒を覚えたあの価値顚倒はいったい何だったのか。家で静養して近所を徘徊しながら考えた。やたらと枝分かれした息の長い構文が、見え隠れしながらどこまでも続くその文体に、ふとデジャヴを感じた。

柳田国男の文体は、筋肉や神経のあいだを体液がぬってゆくような文体だ。この文体がひたすら村里の共同の習俗にそそぎこまれ、流れはじめる。外部がない内視だけにみえるが、ほんとは外視の記述をじぶんに封じているだけなのだ。そしてこの封じた分だけ柳田の方法は、楽天的にとどまりえない固有の習俗を、掘り起こすことになっている。

（吉本隆明『柳田国男論集成』「体液の論理　序にかえて」）

老境に至ってブラウンの文体は平易になったが、三十代は気負いのせいか佶屈聱牙《きっくつごうが》だった。跋渉した無数のヒントが、筋書きのない、語りだけのナラティヴとなって、果てしなく続く。それはまた柳田のメトードでもあり、骨肉と化した文体だった。たとえば、明治四十三年（一九一〇年）が初版という『石神問答《いしがみもんどう》』。同年の『遠野物語』の直前、柳田民俗学の黎明を告げる三十四通の往復書簡集だが、書簡体の候文ながら、すでに無脊椎動物のような「柳田節」で叙述されていて、三十五歳の柳田の学は濫觴《らんしょう》から完成形だったと知れる。

かの本も愈々《いよいよ》聚精堂から出してもらふことゝ成り申し候　独逸《ドイツ》の本などゝ違ひ結論は到底書けさうにも無きとぼけた書物に候　しかも其の第一版に候　損をさせねばよいがと憂ひ候　全体ヂレッタンチズムの流行せざる國に生て　随筆的感性を悦ぶ時代に在りて　大きな題目の片端を捉へて　こんなエチュドめきたる作品を世に公にするは無分別なるべく候か　我等しきの暗中模索の記録など　誰かは精読し鑑賞する者あらんやにて　人は必ず気が知れぬと申すなるべく候

弟宛ての掉尾の手紙に、それでもディレッタントの不安を漏らしている。各地の地名に散在する「シャグジ」が、石神の呉音ではないかという臆説を糸口にして、サグジ、サゴジ、三狐神、赤口、杓子、精進、サヰ、サヘノカミ、将軍塚、十三塚などを手繰り寄せ、村はずれにある塚を賽《さえ》(境界)の神の名残ではないかと考える。前年の『後狩詞記《のちのかりことばのき》』ともども、仏教以前の古代信仰の影絵を追う主題は気宇壮大だが、その原野の裾をとぼとぼ歩く、起承転結のない、書き散らしのようなものを、誰か分かってくれるだろうか。

ブラウンの文体も、この体液の論理が通《かよ》っていると言っていい。蠕動《ぜんどう》する第一胃で発酵・分解し、第二胃で口に戻して咀嚼《そしゃく》し、第三胃で区分けして、第四胃で粥《かゆ》状にする牛の上部消化器系のようだ。考証は擁書万巻に及ぶが、表面だけだと、ぬめぬめとした第一胃《ルーメン》の手触りしかない。が、行き当たりばったりではない。とにかく酵素なしに何でも分解してしまう。あの直感、あの咀嚼力は、二人に共通した万能の溶解液なのだ。

それが分からない鈍感な門下に、癇癪《かんしゃく》持ちの柳田は切れた。アイルランドの少数派プロテスタント出身のブラウンにも、屈託の胆汁がある。自伝『心の旅』で「私は何世紀も未来を否定された島で育った」と書いたように、イエズス会の羈絆《きはん》を離脱した同国人のジェームズ・ジョイスと共通している。しかも三十二歳で書いた処女作が、カソリックの王道であるアウグスティヌス伝だったこともあって、ローマ衰亡史観に拘泥する史学界からは、華々しい「古代末期」という時代区分が、やっかみ半分の標的ともなってきた。

＊

もとより体液の論理は通時的ではない。時代を超えてレゾナンス（残響）がこだまするポリフォニーなのだ。柳田のいう「独逸の本のような」結論、すなわち一分の隙もない線形の論証や考証の体系など、何の価値もない。『石神問答』が往復書簡の輻輳《ふくそう》であるように、また『遠野物語』が佐々木喜善からの聞き書きであるように、各地の物知り諸家を糾合している。だから本書の参考文献も、能う限り査読してポルトレを載せた。

ブラウンの博覧とその語り（narrative）を、ある訳者は「歴史研究書というより歴史語り」「必ずしも論証的でない」などと難じ、東方への関心を「つまみ食い」と切り捨てた。しかし、つまみ食いというなら、柳田も南方熊楠も折口信夫も井筒俊彦も、ジェームズ・G・フレイザーの『金枝篇』も、クロード・レヴィ＝ストロースの『神話論理』も、ウロボロスの蛇のように頭も尾もみえない巨大なナラティヴである。もう一度、吉本を引く。

だがもうすこし注意してみると、外視鏡の視線をまったく知らずに、固有の村里の語り草をただ祖述しているとはとうていおもえなくなってくる。すでにあらかじめ把握されたひとつの外部からの世界像があり、それを文体にひそませ、しかもその記述をじぶんに禁じていると感じられてくる。そしてじしんの内視鏡の視線と、表面では禁じたじぶんの外部からの世界把握が交錯するところに、いわば既視現象みたいに、あの〈空隙〉や〈亀裂〉の像《イメージ》を浮かび上がらせている。（前掲書）

ブラウンの批判者の多くは、この〈空隙〉や〈亀裂〉をあげつらっているにすぎない。死穢《しえ》の物神化、墓場のカルト――ブラウンは断層ではなく、〈空隙〉や〈亀裂〉のある多孔空間を見ている。そこに「表面では禁じた外部からの世界把握」が身を潜めている。この体液の論理を丸ごと日本語に移すには、何が外挿されたかを手探りするしかないが、ひょんなことからヒントを得た。七十人訳ギリシャ語旧約聖書の秦剛平訳『ヨブ記』である。

秦が二〇〇二年から始めたこの壮挙も、二四年一月に最終巻『箴言』で完結した。『ヨブ記』は最後から二番目、penultimateにあたる。まず目を剝くのは、他の既訳にも増してヘブライ語聖書との異同を示す太字明朝体だらけなこと。『ヨブ記』では九百八十八文節に及ぶという。ウルガタ、ルター訳、欽定訳などで見慣れた文章がズタズタである。内村鑑三『ヨブ記講演』の精読は、いったい何だったのか。しかも秦によれば、「本来のギリシャ語訳でなく、アレクサンドリアのアゴラ（市場のたつ広場）か、そこに設置された特設舞台で上演された『舞台用の朗読詩』に改められた」ものだというのである。

暗い砂漠を背に、松明の揺らめく薪能のような舞台で、ヨブが「わが生まれし日亡びうせよ」と呪う闇《スコトス》と死の陰。その舞台には、『悲劇の誕生』のような、観衆とコロスの別なくぞよめく群像がうずくまっていて、神が臨在＝「影向《えいごう》」していた。だが、その神は普遍たりうるのか。ブラウンは本書で「想像的弁証法」imaginative dialecticという概念を用いる。これが難解で、じれったいほどイメージが浮かばない。が、アゴラの〝薪能〟と、亡霊の対話劇を思い浮かべたとき、エウレカ！　と思った。

聖者を祀《まつ》る拝所で起きたのは、古代信仰の死穢の恐れを、死の聖別化、物神化に反転させた〝奇蹟〟劇だったのではないか。イエスをメシアとして復活させただけではない。死んで四日も経ってから、屍衣のままゾンビのように起ちあがるラザロもそうだ。使徒も殉教者も聖職者も、死穢をフィルターにして「聖者」に変成させてしまう。遺骸を掘りだして切り刻み、血痕や干からびた皮膚、骨や歯や爪の先まで奪いあう。聖者を祀る舞台も、墓場から都市へと逆流する。夥しい数の聖者の墳墓や拝所は、はじめ城壁外の共同墓地に安置されたが、やがてネクロポリスに壮麗な拝所が林立し、都市からの参拝者が引きも切らず、奇蹟を求める病者、跛者、物乞い、そして女性や巡礼が門前市をなす祝祭空間、カーニヴァルと化して、とうとう霊廟が都市を圧倒する。ヴァチカンがいい例だ。神殿や皇帝宮殿が立ち並ぶフォロ・ロマーノの対岸の丘に、使徒ペテロの霊廟が巨大化し、大都を睥睨《へいげい》するようになった。

死なばこそ、それがキリスト教の正体なのではないか。

ＡＩＤＳの死が忍び寄っていたミシェル・フーコーの晩年は、洗礼を死と重ねるパウロのアナロジーに回帰していたかにみえる。浸水と埋葬、洗礼槽と「墓の形態」、三度の信仰宣言に続く三度の浸水と、十字架刑から「復活」までの三日間のアナロジー。遺作『性の告白』で彼は mortification（難行＝死化）へとひそやかに後ずさりしていく。

だとすれば、教会が乱発した殉教譚や奇蹟譚の聖者伝のほとんど荒唐無稽といい、それに尾ひれをつけた聖者や聖遺物崇拝のネクロフィリア（屍体嗜好症）といい、倒錯の一語で済むのだろうか。一神教が自ら駆逐した多神教とこっそり習合しただけなのか。三位一体など解すべくもない暗愚の大衆が、キリスト教をそれと知らずに堕落させたのか。一神論と自然宗教の「二層」モデルに対し、ブラウンは「想像的弁証法」を対置する。

＊

不可視と可視、パトロンと取り巻き、垂直と水平、浄と不浄、畏敬と野鄙、都市と邑里《いなか》……さまざまな対概念が「対話《ダイアログ》」する力場、舞台である。『マラー／サド』のような心理劇《サイコドラマ》を想像したくなるが、あれは支配と被支配の心理グリッドから解放する現代の集団療法であって、古代末期のキリスト教改宗は必ずしも現世での解放を約束していない。貴族の身づくろい《グルーミング》の親炙《しんしゃ》を辺境の伝統や遺習と入れ換える「社会化」と併行していて、庇護はほとんど共依存に近い。ブラウンの言う「対人関係」、あるいは吉本の「関係の絶対性」の膠着《こうちゃく》から抜け出せるわけではないのだ。

原始キリスト教が、いわば観念の絶対性をもって、ユダヤ教の思考方式を攻撃するとき、その攻撃自体の観念性と、自らの現実的な相対性との、二重の偽善意識にさらされなければならない。〔中略〕加担というものは、人間の意志にかかわりなく、人間と人間との関係がそれを強いるものであるということだ。人間の意志はなるほど、撰択《せんじゃく》する自由をもっている。撰択のなかに、自由の意識がよみがえるのを感ずることができる。だが、この自由な撰択にかけられた人間の意志も、人間と人間との関係が強いる絶対性のまえでは、相対的なものにすぎない。〔中略〕秩序にたいする反逆、それへの加担というものを、倫理に結びつけ得るのは、ただ関係の絶対性という視点を導入することによってのみ可能である。

（吉本隆明『マチウ書試論』）

物憑きと鬼祓《おにやら》いは、苦艱《くげん》者を神の社殿に見立てる「審問」となり、そこに臨在する見えざる聖者が判事となって、憑依した汚鬼《おき》を問糺する逆転を「癒し」と呼んでいる。ブラウンはそれを「天と地が邂逅する瞬間」とみた。シュペングラーの『西欧の没落』を逆立させて、「古代の終焉」がかえって『西方キリスト教の勃興』The Rise of Western Christendom をもたらしたという彼の後年の筋書きには、天と地の間仕切りを破ってコスモスが降臨するという「外部からの世界把握」が隠れている。本書のもとになったシカゴ大学講義から三十六年後に書かれた二〇一四年版序文で、ようやく彼はじぶんが絶えず回帰するテーマがそれだったと明かした。

聖者崇拝とともに、キリスト教による「コスモス」への挑戦は、異教徒の心にとっては一段と鋭く——露骨でおぞましいものとなります。キリスト教の聖者崇拝が、「古代の間仕切りの緩慢かつ恐ろしい崩壊」をもたらす危惧が出てきました。死者の墓は、天国の不穢《ステンレス》な完璧さが、単なる人間の朽ちた亡骸《なきがら》と混ぜあわされる場所だと、キリスト教徒が信じる中心となったのです。人間の面影《フィギュア》が（多くは最近死んだ人であり、暴力に虐げられたひとですが）、伝統的な天国への道をしだいに妨げるようになりました。

すでに頭上をふり仰いでも「空虚な天空」しか見えないわれわれには、古代の星辰《せいしん》がどのように見えたかが想像できない。だが、西ローマ帝国が滅びるまで帝都だったラヴェンナで、ガッラ・ブラキディア廟の遥か高みの穹窿《ヴォールト》に輝く満天星を見る機会があった。蛮族のローマ掠奪で拉致された皇妹が寄進した記念堂である。ガリアで蛮族の王に嫁し、子までなしながら、王の暗殺後にラヴェンナに帰され、

「王昭君」と「西太后」を兼ねたような悲劇の貴人がふりさけ仰ぎみた星空がここにある。それはほとんど、十四歳の柳田國男が、隣家の祠《ほこら》を密かに開けて玉石を見た瞬間の「白昼の星天」を思わせた。

　その美しい珠をそうっと覗いたとき、フーッと興奮してしまって、何とも言えない妙な気持になって、どうしてそうしたのか今でもわからないが、私はしゃがんだまま、よく晴れた青い空を見上げたのだった。するとお星様が見えるのだ。今も鮮やかに覚えているが、じつに澄み切った青い空で、そこにたしかに数十の星を見たのである。昼間は見えないはずだがと思って、子供心にいろいろ考えてみた。そのころ少しばかり天文のことを知っていたので、今ごろ見えるとしたら自分らの知っている星じゃないんだから、別にさがしまわる必要はないという心持を取り戻した。（柳田國男『故郷七十年』）

はしなくも柳田は、ここで外視のコスモスを明かしている。この白昼の星天が苦艱者のもとを訪《おとな》うとすれば、天を仰ぐのではなく、ヘブライ語の「昼の星」hâlal、ギリシャ語の「光臨」Φωσφόρος のように向こうから降りてきて、横たわる躬《み》にそっと寄り添うにちがいない。墨田川べりの病院で見た縦窓の青く澄んだ夕空を思いだした。

*

　この「影向」の奇蹟を、ブラウンは inverted multitude と呼んだ。これまた難語である。直訳すれば「逆転した多数性／群衆」あたりだろうが、どうみても意味不明である。

　現代数学・物理学に inverted multitude にあたる概念があるかと、惑星気象学の畏友に探してもらったが、該当するものはないらしい。やむなく稀少な聖遺物のかけらにこそ、全天を覆う神性が局在できると解し、「蠡測《れいそく》の見」では字が難しすぎるから、思い切って「壺中の天」と意訳した。聖遺物には、ふつう「徳」と訳されるウィルトゥス virtus というバイラル（ウイルス的）な増殖性がある。生きもののような感染性《コンテイジョン》のマイコプラズマなのだ。これぞゾンビを聖化させる妖術である。

聖人の遺体に宿るウィルトゥスは、その遺体がどんなに細かく分割されようとも、どの細部にも宿るとされた、分割された各部分に基本的に優劣はなく、どの部分であっても、遺体全部と等しく、それぞれの部分に聖人の現前が保証された。ごく小さな部分であっても、五体満足な遺体全部と等価値という考え方は、「部分は全体 par pro toto」と形容される。

（秋山聰『聖遺物崇敬の心性史』）

「徳」の欺瞞をよく知るマキャベッリも、このウイルス性に気づいていた節がある。ローマ史を隠れ蓑に共和政を論じた『ディスコルシ』では、訳者（永井三明）がこの virtu を「力量」「能力」「才幹」「手腕」「武勇」「美徳」「気力」「実力」などと、ありったけのバラエティーを繰りだして訳し分けたが、そこに浮かぶのは virtus のシネクドキ（提喩）――部分で全体を表し、全体で部分を表す修辞にこそ、君主制・寡頭制・民主制に通底する政治の揺らぎの無限循環があることだろう。

レオ・シュトラウスは、この多義のマイコプラズマをキリスト教への「冒瀆」を韜晦《とうかい》したとみた。ユダヤの王ダヴィデを僭主とみなし、その末裔とされるイエスを影法師にして、「ウィルトゥス」を惰弱にせしめた根源が、宗教の仮面にあったと暗示しているという。フランシス・ベーコンもこのアクロバットを見抜いた。マキャベッリこそ「キリスト教信仰は、善良な人間たちを僭主的で不正義な人びとの餌食に供してきたと、自信を持ってほとんどあからさまに書いた」（『随想集』13）と。

それに比べればトマス・アクィナスは甘い。ウィルトゥスがハビトゥス（習慣）的な恩寵か否かを問い、「能力 potentia の極限 ultimatum」と定義して、対神徳 virtus theologicae を「範型的 exemplares でなく模型的 exemplatae」（『神学大全』第二部第六十二問題）と分類するだけで、範型だろうが模型だろうがお行儀のいい「徳」の概念の域を出ない。没後にその頭蓋が切りだされ、聖遺物として崇められたのは、壮大な「スンマ」の伽藍を模した髑髏盃《どくろはい》なのだろうか。

天と地が邂逅する「拝所」は、その par pro toto の力場だった。いつのまにか、そこでは multitude も magnitude も消えてしまう。フラクタルの怪物曲線と同じように、視点をズームインしてもズームアウトしても、同じ形状が続くスケーリング現象が現れる。これを数学的に表現すると、「頂点が次数 k を持つ確率 p（k）の分布が $p(k) \propto k^{-\gamma}$ の冪乗《べきじょう》則になる」（γ はスケーリング指数）ことだ。このような分布では分散は無限大となり、分布の偏りを特徴付ける平均的スケールが存在しなくなる。この空間の自己相似を「スケールフリー」（スケール不変）と呼ぶが、実は素粒子物理学の最先端から借りてきたものだ。

一九六〇年代末、イリノイ大学の物理学者レオ・カダノフが、磁石の磁化や液体の結晶化などの相転移現象から発見された臨界指数を説明するには、スケールフリーと臨界不変の二つの指数で足りるとしたことに始まる。臨界点近くでは、原子は個々に作用するというより、一体のコミュニティーになるとの考え方で、これにより解像度の高い空間から低い空間への射影とも言える「粗視化」を可能にした。

カダノフのこの着想から、臨界点近くで物理法則があらゆるスケールで等しく成り立つスケーリング則を仮定し、場の量子論で計算値が無限大となる発散を回避する「くりこみ群」（renormalization group）理論が生まれた。「ある意味で、くりこみ群の方法とは、ニュートン方程式を細かく分割して解き、それらの結果を巧みにつなぎ合わせること」だと学習院大学の田崎晴明は言う。

スピン系における臨界現象や、連続時空での場の量子論に関わる問題では、非常に大きなスケールにわたっての系の自由度の相互作用が本質的な役割を果たしている。そのような問題は、異なったスケールを別個に扱う従来の解析法（たとえばフーリエ解析やそれに基づいた摂動論）では、取り扱うことができず、理論物理学におけるもっとも難しい問題に分類されている。くりこみ群の方法は、これらの問題をまず異なったスケールに分割して解き、それらの結果をくりこみ群の方程式によって「つなぎ合わせる」というものである。基本的な方法論は、我々のニュートン力学の問題と全くかわらない。しかし、一つ決定的に違うのは、臨界現象や場の量子論の場合には、くりこみ群を使わなくては問題を解くことができないという点である。

（田崎晴明『くりこみ群とはなにか』）

ここまでくると、スケールとは何かを考えざるをえない。非線形系では重ね合わせの原理が通用せず、フーリエ展開は厳密解が求められない。北京の蝶と北半球の天候のように、スケールがかけ離れていても必ずしも無関係と言えなくなり、予測不能になってしまう。これを「スケール干渉」と呼ぶが、臨界点近傍で起きる「スケールフリー」な臨界現象とは、この干渉によって多くの異なったスケールのほぼ線形中立なモードが絡み合い、大きなゆらぎとして立ち上がってくる現象を指している。それゆえ、天体という極マクロから素粒子という極ミクロまで「普遍性の仮説」が貫けるかという問題ににじり寄っていく。

まさしく par pro toto は聖者のウィルトゥスの「ドロステ効果」であり、だからキリスト教は拝所で無限大になるフォーミュラを獲得したのだ。拝所が祝祭空間として解放区になるのは、このスケーリング現象が理由ではなかったか。

＊

十九世紀のウォール街で代書人バートルビーが、「お墓」と称される留置所の中庭に身を横たえていたのは偶然ではなかった。かつての雇用主が面会に来てかがみこむと、うっすらと瞳があいていた。元雇用主は弁当の差し入れ屋に言う。

「晩餐なしでも生きるのさ」と、私が言いながら、両瞼を閉じてやりました。
「へえ！——眠っとるんでしょうな、旦那？」
「世の君主《きみ》ら、議官らとともにあらん」と、私が呟きました。

（ハーマン・メルヴィル『バートルビー』坂下昇訳）

この終油の儀式のような呟きは、ヨブ記第三章から引いている。幸い、七十人訳でも相当するくだりがあって、生まれてすぐ亡びてしまえば、「無礼な仕方で剣を振りかざす地上の王たちや参議たちとともに」（秦訳）今ごろはまどろみ、休息していただろうと嘆く。しかしこの対話劇こそ、資本の深部で囁かれる「想像的弁証法」ではなかろうか。

そこから本書の翻訳を決意するには、『ヨブ記』七十人訳でもうひとつ驚いたことがあったからだ。秦は「あとがきに代えて」で、その副題に「なにを隠そう、キリスト教はカルト宗教の一つである」と言い切った。

いかなる人間も復活しない。それゆえ、もしイエスが人間であるならば、彼も復活しない。そういえば、それで十分である。人間は死ねば、その生は終わりである。一丁あがりである。「一丁あがり」に例外をもうけてはならない。例外をもうけるのがそもそもカルトである。

『ヨブ記』秦訳を青土社が刊行したのが二〇二三年七月十日。一年前の七月八日に安倍晋三首相が、旧統一教会信者二世によって射殺された。それを踏まえて秦は、聖遺物の物神崇拝も容赦しない。大聖堂の地下の「宝物室」に麗々しく飾ってある聖遺物を「貧しい信者から金を巻き上げるための……目眩まし」と断じた。

単なる無神論者の弁ではない。フラウィウス・ヨセフスの『ユダヤ戦記』『ユダヤ古代誌』、エウセビオス『教会史』、そして七十人訳聖書全巻の訳業を遂げた秦にして、はじめて言える断言だろう。でも、キリスト教がそれだけでは済まない厄介なカルトであり、商品の物神性のQuidoproquoと相似形なことは、ブラウンの『聖者崇拝』なら証明できるかもしれない。このフォーミュラは資本の「力能」にも通用するからだ。

金銭は、混乱と矛盾とに満ちた活動ともいうべきものを表す。固定した、外的な、認識可能な徴証《サイン》であり、儀式とは、内的状態を可視的な外的徴証《サイン》に変えるものだからである。金銭はさまざまな業務を媒介し、儀式は社会的経験を含む諸経験を媒介する。金銭は価値を測定する基準を提供し、儀式はさまざまな状況を標準化することによってそれらを評価する助けとなる。金銭は現在と未来とを繋ぐ作用をするが、儀式も同様である。〔中略〕、つまり金銭とは、極端かつ特殊化された型の儀式にほかならないのである。

（メアリ・ダグラス『汚穢と禁忌』塚本利明訳）

二〇〇八年九月十五日、米投資銀行リーマン・ブラザーズが、空前の負債総額六千億ドル、六十四兆円を抱えて破綻した。が、問題はその翌日である。ニューヨーク連銀は保険最大手の巨人ＡＩＧに八百五十億ドルの連銀資金を投じて連鎖を封じこめた。ポールソン財務長官が、巨大金融機関の後始末にもう税金を投入しない、と言った舌の根も乾かぬうちに。

ＡＩＧを放置できないほどの窮地に陥らせた元凶、金融商品のＣＤＳとは、Credit default swap の略称で、対象となる企業が破綻し、金融債権や社債などの支払いができず債務不履行《デフォルト》になった場合、ＣＤＳの買い手が金利や元本に相当する支払いを受け取る仕組みである。

リスクをヘッジ（回避）する一種の倒産保険だが、問題は swap にある。ＣＤＳを引き受ける保険会社がリスク丸かぶりを避けるため、ＣＤＳそのものを転売（リスク移転）して帳消しにできる。ウィルトゥスが分割され拡散していくように、デフォルトのリスクは誰でも参加できる万能の手品となり、システム全体が無限大のリスクの受け皿になるかに見える。それが金融・資本市場の機制の根源なのだ。

その有頂天に par pro toto の落とし穴が待っている。転嫁されたリスクが逆流する相転移が始まるのだ。金融システムが信用収縮に転じた瞬間、inverted multitude がやってくる。

＊

一五一七年、ヴィッテンベルクの教会の扉に「九十五箇条」を貼り出したルターが、聖遺物の贖宥状の呪《じゅ》を解いたように、頂門の一針でCDSの呪物崇拝が消え、分散した本源リスク（使用価値）が、セカンダリーリスク（交換価値）の返し波となって、たちまちAIGを呑みこんだ。市場は常に par と toto の間を行き来する振動子だが、臨界点がスケールフリーなので、現在進行形のバブルを感知できず、いつも遅すぎる後悔か、早すぎる警鐘でしかない。

このドロステ効果こそ、聖者崇拝の定番ではないか。『汚穢と禁忌』が言うとおり、「リスクとはタブーに似ている」。晋の王衍《ワンヤン》が金銭を「阿堵物《あとぶつ》」（こんなもの！）と吐き捨てたように、リスクという「穢れ」は市場の禁忌であり聖遺物 relic なのだ。共同体を支える見えざる秩序が覆えされないよう、リスクを移転するのがヘッジという裏技であり、「しないほうがいいですが」I would prefer not to と呟きつづけるバートルビーである。市場は拝所のように「穢れ」を「浄め」と交換する装置にほかならない。ルターに続いてカルヴァンも一五四三年に『聖遺物考』Traité des reliques を公刊した。かくて、プロテスタントの始祖が贖宥状の息の根を止めたと？　とんでもない。資本に置き換えただけと言ったほうがいい。堕罪と贖いのバランスシートは、六世紀にアイルランドのコルンバヌスが大陸に持ち込んだ「懺悔式目」Penitential に始まる。だから十三世紀になって、フランシスコ会聖霊派が、会計の複式簿記《バランスシート》を考案できたのだ。

やはりウェーバーの「プロ倫」は書き直さなければならない。アリストテレス以来、子を産まない「石」とされてきた貨幣を、種子（利子）を生む異類とみた嚆矢は、聖霊派の論客オリーヴィである。スペインのサラマンカ大学を牙城とした近世スコラ哲学「サラマンカ学派」のもとで、ドミニコ会士の神学教授ファランシスコ・デ・ヴィトリアが徴利論、マルティン・デ・アスピルクエタが貨幣数量論を講じた。新大陸から金や銀が流れ込んでインフレに見舞われたからで、その下地があってはじめてアダム・スミスの『国富論』が書かれた。その連続体だから、バートルビーもウォール街の留置場に横たわっていたのだ。

現代の「拝所」＝市場は、単なる「祓《はら》へ」の場ではない。排他的な「攘《はら》へ」の場にもなる。n期までの確率変数の推移がわかっているとき、n＋1期の条件付き期待値がn期の値と同じになるマルチンゲールの世界（ナンピン買い）がある。公平に賭け続ける限り、期待利得は回を追うにつれて低下し、財をなすことができない（現実のカジノは公平なゲームではないからこの原理が通じないが）。そこに任意停止原理を入れれば、ワルドの方程式によって破産時間の期待値が求められる。裏返せば「勝ち逃げ」という「攘へ」によって有限に収斂できる。それが累積したとき、市場はリスクの無限大の受け皿になることをやめる。ジャック・ラカンの口吻を借りれば「フェティシズムとは欠如のシニフィアンであるファルスに何らかの想像的な形象を与えること」だからである。

四世紀以降、教会からはみ出て、雨後の筍《たけのこ》のごとく聖者の拝所や記念堂、社祠が簇生《そうせい》し、多神教の古代は「異教」paganとされて次々に「攘へ」に見舞われた。異端hereticもおなじだ。モンタノス派が滅びたのも、新エルサレム降臨の共同幻想を拝所に食われたからだろう。彼らの聖都ペプーザは、宗祖の霊廟を暴かれ、焼き討ちで除祓された。以来、穹窿の青天は天使や使徒や聖者ら人間の面影の偶像《イコン》に埋もれて、星空が見えなくなった。

媒体である宇宙《コスモス》のうちに充満していた明るみは、一点に引き戻され、凝集することで、形而上学的な極へと対象化される。光の照射は、下降するものとなり、闇へと消え去り、光の充溢は消耗に変わる。洞窟の「不自然な」隔離は宇宙全体に拡がり、宇宙が洞窟の性格を帯びて光を奪い、呑み込み、無力化する。かつて光を透過した天宮は、厚みを増して洞窟の壁となる。世界の外部に移された純粋な光は、もはや浄福な静観である観照《テオーリア》の境地へと導くものではなくなってしまう。観照の境地へいたるには、この世ならぬ忘我体験《エクスタシー》への転向が必須である。

（ハンス・ブルーメンベルク『真理のメタファーとしての光』村井則大編訳）

宇宙から光が縮退した。聖者崇拝の天地邂逅も、宇宙を「ヒト化」した帰結だった。だから、自意識があらゆる形象をデリートして、天空は空っぽになった。ベーコンの言う「洞窟のイドラ」である。蒼穹は裏返しの洞窟と化した。

NOPE！　あの寂れたテーマパークの野外劇場は、現代の拝所としか思えない。曠野の群雲に隠れた巨大なマザーシップをおびき寄せる司会者や、客席に座るヴェールで顔を隠した女は、トラウマを背負う苦艱者なのだ。誰もが天を仰いで携挙《ラプチュア》を祈る。肉食の円盤は茫たる青空の一角、ぴたりと動かない雲の裏にいた。考えてみれば、暗闇に銀幕の輝くキネマ（映画館）も拝所と同じく、そこに「壺中の天」の似姿が二重に複製される。

＊

神は罪を赦《ゆる》せるが、自然は赦せない――ブラウンは最終章で、だしぬけに『金枝篇』の一節を持ち出す。ロール・プレイングゲームのフィナーレのように、しずしずと彼方からマザーシップが迫りあがってくる。

サヴォイ・オペラ並みに薄っぺらな『金枝篇』第二章第一節の「ミカド」で馬脚を現す安楽椅子のフレイザー。大団円では、ネミの森に聞こえるはずのないローマの晩鐘を鳴らして、Le roi est mort, vive le roi!（王は死んだ、王に弥栄《いやさか》あれ！）と歌わせてしまう。未完の『セム族の宗教』を残して他界した同郷人、ウィリアム・ロバートソン・スミスから「二次的・付随的テーマをとりあげて比較宗教学を袋小路に追い込んだ」とまで、メアリ・ダグラスには貶された。このラスボスに、縮退した宇宙の空虚を埋められるのか。

だが、本書はフレイザーを引用する前に、ボルドーのマルケッルスの『医薬の書』に触れ、閑却された薬師《くすし》の呪《まじな》いと本草という長いコーダを挿入している。少年熊楠が日夜読み暮らした『訓蒙図彙《くんもうずい》』の世界が浮かびあがる。博物と本草と伝承が渾然一体の森の宇宙。消えがての先住民ケルトの民間療法は、貴族教養人の「インプレッサーリオ」に放逐された、あのハイネの「流竄《るざん》の神々」なのか。そこへの回帰がブラウンのマザーシップだったとは。

ＮＯＰＥ！　ブラウンは「かむながら」へ先祖返りするのではない。宣長の『古事記伝』でさえ、最後の附巻に「かむながら」の考証とは場違いな服部中庸の『三大考』をぶら下げているではないか。その図を見るかぎり、前漢武帝の太初暦を編暦した落下閎の「渾天」説——世界を卵白に浮かぶ卵黄のような鶏卵とみる見方「天如雞子、地如雞中黄、孤居於天内、天大而地小」（晋書）にまだ泥《なず》んでいるか、不干斎ハビアンの『妙貞問答』や、『乾坤弁説』『二儀略説』など、南蛮渡来のコスモロジーをこっそり借りてきたとしか思えない。

晩年の小林秀雄が「有るがままの人生を観ずる作者は、見るものと見られるものとが一体となった純乎たる経験のうちで覚めきっていた」（『本居宣長』）と曰《のたも》うたが、この「純粋経験」はベルクソン論『感想』の無残な破綻に蓋をしたイチヂクの葉にすぎない。外視に目をつぶっただけで、「主客の相違はどこまでもあっても、依《よ》す側も依された側もあくまで相離れぬ」（保田與重郎『校註 祝詞』）という堂々めぐりから一歩も出ていないのだ。

この最後のどんでん返しをどうしたらいいのか。『神の国』最終巻でアウグスティヌスが突然語りだす聖ステファノス奉遷の奇蹟もそうだ。なぜ烏合の衆を是としたのか。後世の神学の内視鏡では手に負えない。ブラウンの「二層」モデル批判は、ヒュームやギボンといった仮想敵だけでなく、ほんとうは宗派を問わず、社会と教会の暗黙の共依存に射程が及んでいる。

その外に立つ気なら、いっそ内視と外視を入れ替えたらいい。母語が他者の言葉になるところ、ハロウィーンの原点、ケルトの冬祭「サムハイン」の夜のように万霊が塚や穴の暗がりからうようよと地涌《じゆう》する。ついにドイツ語を「國語にいひかへる技術」を習得できず、神仏道儒の習合を「韓意《からごころ》」と忌んだ保田與重郎も、初期には〈洋〉を迎え撃とうと悪戦したように、そこでは不気味な響き、消えたはずの鼓声がどろどろとまじる。

……久しくなづみて進むことなく、一月たち二月過ぎ、なほもすでになりし作に向ふ。そのさまを見るに、身は山野の枯木の如くやせ、白眼は儘《ことごと》く血ばしり、一向に狂気せる如く、黙々として聲だになし。發せば鼓の響自作を奏すばかりなる。ふらんす人のいふに、斯く考ふること詮なきこと也、即ち君の血、陰《くら》く、人の気を滅入らして華やかさ無し。君初めて洋楽を作るその作品の不安なることを憂ふるなし、と。

（保田與重郎『やぽん・まるち』）

エクソフォニー。天底に残るのは、異類のナラティヴだけだ。宇宙から光が縮退し、すぼんで一点となった白光の下で、『石神問答』の体液のポリフォニーが、目にも見えず、耳にも聞こえず、ただ果てしなく、「天」と「地」、「聖者」と「亡骸」、「ハレ」と「ケ」、「不可視」と「可視」の想像的弁証法としてどよみあう。その対話は、神学でも史学でもダンバー数でもない。見えざる存在への否応ない共依存が、religio の始原なら……本書のキアスム（交差）は、Nur da wo du bist da ist nichts ／あなたのいるところだけなにもない、ただ火は亡者を捲《ま》いて立ち直る。
あっは、死なばこそ、白昼の星天！

令和六年十二月二日、小池三子男氏の訃報に接して

阿部重夫

索引

＊太字は訳注・補注および訳注文・補注文のなかに登場する頁を示す。また本文に登場する場合はそちらを優先し、同頁内における訳注・補注に登場しても太字にしていない。欧文表記の箇所についても記載した。

あ行

アイケルマン、デール　Eickelman, D.　**269**
アウグスティヌス、聖　Augustine, Saint　23-4, 33, 35-6, 55, 84-9, 94, 98-104, 106-7, 112-3, 119, 125-7, 130, 132, 139-43, 148, 152-3, 158-61, 168-70, 193, 211, 213, 219, 227, 235, 249, 259-61, 268, 278-80, 283-7, 289, 291-2, 296, 299, 301, 304, 307, 310, 312-5, 321-5, 330, 333-4, 337, 340
アウソニウス　Ausonius　**129**, 138-9
アスクレピオス（医神）　Asclepius　130, **131**, 174, 337
アタウルフ（西ゴート王）　Ataulf　**235**, 261
アタナシウス、聖　Athanasius　218, 267, 286, 311
アッティラ　Attila　162, **163**, 343
アナスタシウス（殉教者）　Anastasius　96, **97**
アニキア家　gens Anicii　118, **119**
アリスティデス、アエリウス　Aristides, Aelius　130, **131**, 174
アルデベルトゥス　Aldebertus　342, **343**
アルテミス（女神）　Artemis　51, **131**
アルテミドロス、ダルディスの　Artemidorus of Daldis　48, **49**
アルフェルディ、アンドラーシュ　Alföldi, A.　**294**
アルボイン王（ランゴバルド族）　Alboin　218, **219**
アレクサンダー、ポール・ジュリアス　Alexander, P. J.　**322**
アレクサンドロス、聖（テベッサ司教）　Alexander, Saint　103, 108-9
アレクシュー、マルガレット　Alexiou, Margaret　**276**
アレン、ジョン・ロミリー　Allen, J. Romilly　**270**
アントニオス、聖　Anthony, Saint　54, **55,** 267
アントニヌス、ピアチェンツァの　Antoninus Placentinus　**280**
アンドリュー＝ギトランクール、ピエール　Andrieu-Guitranscourt, P.　**327**
アンドレーエ、ベルナルト　Andreae, B.　**303**
アンドレーゼン、カール　Andresen, Carl　**264**, 309
アンドロ条約　Treaty o Andlot　**326**
アンブロシウス、聖　Ambrose, Saint　12, 67, 88, 101-4, 106,-7, 114, 129, 145, 150-1, 171, 199, 201, 205, 283-5, 288, 295, 299, 306, 310, 323
アンミアヌス・マルケリヌス（歴史家）　Ammianus Marcellinus　116, 125, **287**, 289, 295, 298, 308, 316, 329
異教／異教の　Paganism/Pagan　20-1, 30, 35, 37-8, 40, 49-53, 55-6, 61, 63, 67, 72, 75-7,

80-1, 84, 86, 88-9, 92, 101-2, 120, 140, 151, 153, 166, 170, 174, 183, 223, 234-6, 238-41, 245-7, 266-7, 273, 275-6, 278-9, 288, 295, 299, 308, 313, 320, 322, 329, 337-8, 340, 344-6
イスラーム　Islam　18-9, 21, 35, 37-8, 58-9, 63, 81-3, 192, 195, 213, 231, 233, 254, 268-9, 272-3, 289, 291-4, 305, 328, 345
異端　heresy　22, 32-3, 63, 99, 111, 127, 133, 161, 163, 185, 195, 203, 213, 217-8, 270, 273, 284, 288, 312, 343-5
斎きのひと　holy men　**95**, 168, 341
邑里（いなか）／野鄙　Country/Rusticitas　116, 237-9, 241-2, 245-6, 325, 341-2, 345
イマーム・レザー　Imam Reza　19, **21**
癒し　Healing　36, 47, 66, 87, 114, 138, 164, 169, 172, 175-9, 181-2, 216, 220-1, 228-33, 235-8, 240-1, 243-4, 313, 319, 341
インプレッサーリオ（座元）　Impressario　23, 26, 57, 90, 104, 121, 146, 152, 162, 192, 257
ヴァイカン、ゲイリー　Vikan, Gary　**321**, 322
ウァレンティニアヌス一世帝　Valentinian Ⅰ　129, **329**
ヴィーコ・ジャンバッティスタ　Vico, Jeanbattista　68, **69**
ウィギランティウス、カラグリスの　Vigilantius of Calagurris　**33**, 34, 84, 88, 94, 259, 278, 282
ウィクトリキウス、ルーアンの　Victricius of Rouen　170, **171,** 200-2, 205-7, 209, 223, 259, 286, 314-5, 324, 326-7, 329, 332
ウィクトル将軍、聖　Victor the General, Saint　60, **61**, 145
ウィリスルータ、パリの　Willithruta of Paris　207
ヴィルペルト、ヨゼフ　Wilpert, J.　302, **303**, 308
ヴェイラール＝コスメ、クリスティアーヌ　Veyrard-Cosme, C.　**257**
ヴェーヌ、ポール　Veyne, Paul　30, 73, **281,** 294-5, 297
ウェナンティウス・フォルトゥナトス　Venantius Fortunatus　12, 22, **23**, 182-3, 254, 263-4, 318, 327-8, 334
ウォード＝パーキンス、ジョン・ブライアン　Ward-Perkins, J. B.　73, **265**
ウォールズ、アンドリュー　Walls, Andrew　**37**, 260
ウォルシュ、パトリック・G　Walsh, P. G.　**304**
ウッド、イアン・N　Wood, I. N.　**325**, 326, 340, 345
エウナピオス、サルディスの（弁論家）　Eunapius of Sardis　**53**, 266-7
エウラリア、メリダの（殉教者）　Euralia of Merida　40, **41,** 180-1
エウリピデス　Euripides　51, 65
エーペン、アレクシス　Oepen, A.　**258**
疫病　Plague　216, 239, 244, 342
エグモンド、ウォルフレット・S・ヴァン　Egmond, W.S. van　**256**
エルマン＝マスカール、ニコル　Hermann-Mascard, Nicole　**271**
エレミアス、ヨアヒム　Jeremias, Joachim　58, **59**, 268
エンゲマン、ヨゼフ　Engemann, Josef　**274** , 316, 323

大旦那衆　Grand seigneur　27, 106, 145
オーツ、デヴィッド　Oates, D.　**271**, 272
オーバーマン、ヘイコ・A　Oberman, Heiko A.　274, **275**
汚鬼　demon　**141**, 220, 222-7, 331, 333
お勤め／勤行／実践　practice　37, 52, 67, 74, 76, 81, 83-4, 86, 88-91, 94, 97, 100, 103, 161, 202, 206, 284, 311
鬼祓い　exorcism　**216**, 220-2, 224-30, 338
オプタトゥス、ミレウィスの　Optatus of Milevis　260, **283**
オリゲネス　Origen　33, 111, 126, **127**, 151, 205, 263, 268, 298, 306
オルセッリ、アルバ・マリア　Orselli, A. M.　**289**, 304
オルテガ・イ・ガセット、ホセ　Ortega y Gasset, José　**197**

か行

カーク、ケネス・K　Kirk, K. K.　**333**
ガイフィエ、ボードワン・ド　Gaiffier, B. de　**315**
ガウデンティウス、ブレスキアの　Gaudentius of Brescia　200, **201,** 202, 204
カエサリウス、アルルの　Caesarius, of Arlea　91, 238, **280**, 333, 339
ガジェ、ジャン　Gagé, J.　**312**, 325
ガジャーノ、ソフィア・ベーシュ　Gajano, Sofia Boesch　**271**, 289
ガストン、ロバート・W　Gaston, R. W.　**317**
カスパーリ、カール・パウル　Caspari, C. P.　**319**
家政　household　30, 32, 253, 273, 280
ガッバ、エミーリオ　Gabba, E.　**324**
ガッラ・プラキディア（皇妹）　Galla Placidia　149, 235, **261**, 355
ガッリエヌス帝　Gallienus　**323**
カリストゥス　Callistus　92, **93,** 111
カリフ・アル=ハキーム、カイロの　Calif al-Hakin, of Cairo　292, **293**
還御／待降節　Adventus/Advent　205-7, 209, **326**, 327
ギアリー、パトリック・J　Geary, Patrick J.　17, **271**, 273-4, 320
ギーアツ、クリフォード　Geertz, Clifford　59, 269, 289, 306, 328
儀式　Ceremony　53, 84, 89, 93, 105, 109, 113, 178, 187, 216, 230, 235, 244, 269, 273, 276, 292, 301, 306, 326, 337, 345
寄進　Almsgiving　29, 31, 54, 62-3, 101, 107, 118, 161, 191-2, 217, 261
奇蹟（奇瑞）　Miracles　33, 41, 48, 61, 86-7, 103-4, 106, 137, 141, 143-4, 147, 149-50, 165-6, 168-9, 172, 174, 176, 178, 188, 193-4, 204, 208, 215, 220, 229, 233, 244-5, 254, 256, 258, 262-4, 268, 272, 291, 302, 308, 329, 335, 337
貴族化　Aristcratization　26, 28
キッツィンジャー、アーンスト　Kitzinger, Ernst　**273**
規範／正典／教会法　cannon　49, 73, 75, 87, 173, 271, 243, 286, 288, 292, 303
ギボン、エドワード　Gibbon, Edward　23, 67-9, 75-6, 119, 147, 166, 261, 272, 275, 307,

313
キャメロン、アラン　Cameron, Alan　**297**
ギュイオン、ジャン　Guyon, J.　**264**
キュプリアヌス、カルタゴの、聖　Cyprian, Saint, of Carthage　96, 114, 145, 151, **281**
キュモン、フランツ　Cumont, F.　**261**, 267, 302
浄め（不浄）　clean/unclean　45, 208, 210, 212-6, 223, 226, 230, 242
教皇／教皇庁　Papa/Papacy　22, 34, 56, 100, **101**, 111, 148-9, 161, 163, 173, 177, 187, 213, 219, 259, 269, 284, 289, 294, 297, 305-6, 309, 320, 323, 331, 343
行者　apa　60, **61**, 254, 270, 312（270 に見当たらないです）
共生的　symbiotic　36, **37**
共同墓地／ネクロポリス　Cemetery/necropolis　30, 47-9, 54-5, 57, 80, 83-4, 92-3, 100, 102, 108, 110, 113, 115, 156-7, 159, 284, 292
距離の療法（巡礼）　therapy of distance, une thérapie par l'espace　186, 191
キリスト教美術　Christian art　144, 264
ギルスナン、マイケル　Gilsenan, M.　19, **253,** 269
儀礼　ritual　16, 18, 24, 32, 51, 56, 81-2, 86, 92-3, 97, 138-9, 208, 243, 249, 259, 269, 276, 299, 306, 310, 322, 325, 328, 336
ギンズバーグ、ルイス　Ginsberg, Louis　**275**
ギンズブルグ、カルロ　Ginsburg, Carlo　**259**
禁欲（者）／禁欲主義　Ascetic/Asceticism　32-3, 88, 91, 95, 128, 135, 137, 148-50, 152, 158, 174, 198, 200, 206, 217, 219, 259, 274, 299-300, 303, 321, 327
クアステン、ヨハネス　Quasten, J.　**264**, 278
クーリッジ、ジョン・P　Coolidge, J.　**278**
クールセル、ピエール・P　Courcelle, P.　**279,** 283, 285
クナウアー、ゲオルク・N　Knauer, G. N.　**304**
グラウ、アンヘル・ファブレガ・イ　Grau, Angel Fábrega y　317, **318**, 372
クラウザー、テオドール　Klauser, T.　**264**, 265, 280
グラウス、フランティシェック　Graus, F.　**272**, 313, 345-6
クラウトハイマー、リヒャルト　Krautheimer, R.　**284**, 290
クラッコ＝ルッジーニ、レリア　Cracco-Ruggini, L.　295, **308**
グラバール、アンドレ　Grabar, André　165, 265, 305, **307**, 312-3, 315
クラパンザーノ、ヴィンセント　Crapanzano, Vincent　230, **289**, **328**
グラント、ロバート・M　Grant, R. M.　**287**
クリスチャン、ウィリアム　Christian, William　110, **111**, 345
クリスチャン・ネーム（洗礼名）　Christian names　136-7
クリステルン、ユルゲン　Christern, Jürgen　**267**, 319
クリストファロス、聖　Christopher　41, **42**
クリスピーナ、聖　Crispina, Saint　54, **55**, 105
グリム、ヤーコプ　Grimm, J.　**336**, 338
グレゴリウス、トゥールの　Gregory of Tours　12, 22, **23**, 40-1, 106, 158, 162-3, 165-9,

177, 179, 181-3, 187, 199, 204, 207-8, 222, 228, 236-45, 247-50, 254, 259-60, 282, 298, 302, 313, 318, 323-4, 326, 334, 339, 340
グレゴリウス、ラングレの　Gregory of Langres　168, **169**
（大）グレゴリウス（教皇グレゴリウス一世）　Great Gregorius　33-4, 320
グレゴリオス、タウマトゥルゴスの　Gregory Thaumaturgus　126-7, 137, **263,** 298
グレゴリオス、ニュッサの　Gregory of Nyssa　59, 136-7, 156-7, 201, 256, **270**, 291, 297, 302, 309, 311, 319, 323
グレゴリオス、ナジアンズスの、聖　Gregory Nazianzenus　315, 327
グレッグ、ロバート・M　Gregg, Robert C.　**311**
クレッチマー、ゲオルク　Kretschmar, G.　**282**
クロマティウス、アクィレイアの　Chromatius of Aquileia　204, **205**
ケ（褻）　day-to-day　145
敬愛／神事／宗教　religio　138, **139,** 248, **249,** 278
恵与指向　euergetism　29, **31,** 100-1, 281
ケーネン、ルートヴィヒ　Koenen, L.　**298**
ゲフケン、カール・ハインリヒ・ヨハンネス　Geffcken, Johannes　**276**, 279, 340
ゲラシウス勅令　Decretum Gelasianum　172, **173,** 315
ケリー、ジョン・N・D　Kelly, J. N. D.　**278**
ゲルウァシウス、聖　Gervasius, Saint　101-2, **103,** 199, 227
ゲルケ、フリードリッヒ　Gerke, F.　**309**
ゲルナー、アーネスト　Gellner, Ernest　**19**, 269, 345
ゲルマヌス、オーセルの　Germanus of Auxerre　218, **219**, 221
ケント、フランシス　Kent, Francis　90, **91**, 280
元老院階級（貴族）　Senatorial class (aristcrats)　23, 28-9, 45, 73, 100-1, 105, 115, 118-9, 128, 131, 138, 140, 169, 204, 217, 229, 281, 287, 295, 301, 316, 337
拷問　Torture　29, 41, 61, 63, 127, 172-3, 180-1, 210-1, 220-3, 237, 249, 307, 325, 329
コエメテリウム・マイウス（大カタコンベ）　Coemeterium Maius　144, **145**, 284, 290, 306-7
ゴードメ、ジャン　Gaudemet, J.　283, **284**
コスモス　cosmos　36-9, 45
壺中の天　Inverted magnitudes　**171**, 186, 202
ゴルトツィエール、イグナーツ　Goldziher, I.　**268**
ゴルトベルク、アルノルト　Goldberg, A.　**282**
コレンド、イエジー　Kollendo, J.　**341**
コンスタンティヌス帝　Constantine　72, 91, 126, **127**, 151, 177, 187, 191, 218, 257, 283, 301, 309, 322
コンスタンティウス二世　Constantius II　105, 191, 287, 301, 329
コンスタンティウス三世　Constantius III　203
コンスタブル、ジャイルズ　Constable, G.　261, 299, 318, **319**, 321

さ行

斎食　refrigerium（feasting at gravesites）　84, **85**, 99, 106, 278, 285
サイム、ロナルド　Syme, R.　**316**
ザカリヤ（預言者）　Zechariah　**195**
サテュルス、ミラノの（アンブロシウスの兄）　Satyrus of Milan　150, **151**
サルウィアヌス　Salvianus　**266**
サントクロワ、ジョフリー・E・M・ド　Ste Croix, G. E. M. de　304, **305**
讃美歌　Hymns　23, 128-9, 183, 208, 285, 299, 300-1
ジェームズ、エドウィン・O　James, E. O.　**257**
シェヌート、アトリペの　Schenute of Atripe　**291**
シェネ、ジャン＝マルク　Chéné, J.　**312**
ジェルネ、ルイ　Gernet, L.　**265**, 277
死者の復活　Ressurection of the dead　34, 44-6, 82, 86, 102, 150, 156, 163, 165-70, 174, 185, 314
死者の身じまい（家族による）　care of dead (by family)　57, 80-1, 85, 90, 92, 98
シドニウス・アポリナリス（元老院議員）　Sidonius Apollinaris　199, **287**, 323, 343
私物化　privatization　22, 96-7, 99
シャスタニョール、アンドレ　Chastagnol, A.　**294**
修道院／修道院生活　Monastery/Abbey/Monasticism　217-8, 221, 228, 266, 268, 270, 274, 280, 298, 300, 312, 315, 319, 329, 343-4
修道院長　Abbot　228, 249, 257, 270, 274, 291, 299, 321
祝祭　festival　24, 35-6, 40, 94, 105, 112-3, 115, 135, 141, 176-8, 197, 203-8, 210, 218, 221, 242, 290, 294, 310, 333, 335, 340
守護天使　Guardian angels　37, 123-4, 126-7, 146, 199
守護霊　Genius　124, 134-5, 137-8, 302, 321
首席司祭ミルマン　Milman, Dean Henry Hurt　68, **69**, 272
シュタイガー、パウル　Styger, P.　**303**
シュトイバー、アルフレート　Stuiber, A.　**280**, 321
シュトラック、ヘルマン・レーベレヒト　Strack, H. L.　**262**
受難／受難記　Passion/passio/Passiones　24, 172, 175-9, 181, 209-10, 251, 266, 277, 310, 315
シュネシオス、キュレネーの　Synesius of Cyrene　128, **129**, 298
シュマクス、クイントス・アウレリウス　Symmachus　**288**, 329
殉教者　Martyr　23, 25, 31, 35-6, 41-3, 50-4, 59-60, 63, 69, 71, 84-6, 88, 90, 92-7, 101-6, 108, 111-2, 123, 136-7, 139-45, 151, 153, 155, 157-8, 160-2, 164-7, 171-6, 178-83, 186, 188, 199-201, 204-5, 209-10, 213, 219, 223, 227, 239, 243, 253-60, 263-7, 269, 271, 276, 280, 282-5, 287, 290-1, 294, 303, 306, 312-3, 315, 317-8, 320, 323-5, 329
巡礼／巡礼者（団）　Pilgrimages/Pilgrim　13, 19, 21, 23, 27, 29, 32, 39, 54, 57, 91, 101, 110, 112, 145, 186-9, 191-3, 198, 201-2, 210, 217, 229, 235, 247-8, 257, 264, 269, 272, 280, 290-2, 294, 305, 319, 321, 325, 342, 346

証聖者　confessor　25, 43, 174, **175**, 176, 209, 239
ジョーンズ、アーノルド・H・マーティン　Jones, A. H. M.　**87**, 279, 287, 296, 314
ジョシ、エンリコ　Josi, E.　306, **307**
ジョリヴェ゠レヴィ、カトリーヌ　Jolivet-Levi, C.　255, **256**
シラッシ゠コロンボ、I　Chirassi-Colombo, I　341
自立　autarky　232
シルヴィア、聖（聖地巡礼者）　Silvia, Saint　**321**
シロコゴルフ、セルゲイ・M（ツングース研究）　Shirokogoroff, S. M.　331, **332**
神格化　Apotheosis　44, **45**
心理劇　psychodrame　178, **179**, 235, 338
随身　famulus　140, **141**
スーフィー（イスラーム神秘主義）　Sufi　19, 253-4, 269, 277
スタンダール　Standahl　290, **291**
スタンクリフ、クレア・E　Stancliff, C. E.　**340**, 344
ステファノス、聖　Stephen, Saint　86-7, 104, 114, 119-20, 141-3, 162, 168, 193-5, 210-5, **258**, 287, 321-2, 330
スミス、ジュリア・M・H・　Smith, Julia M. H.　**256**
スルピキウス・セウェルス　Sulpicius Severus　131-2, **133**, 146-7, 149, 152, 225, 299-300, 308, 313-4, 323, 329, 333, 343, 345
聖者の傍らへの伴葬　Depositio ad sanctos　85, 94, 98
聖者伝　hagiography　**17**, 23, 27, 36, 176-7, 191, 242-3, 256, 268-9, 271-2, 289, 291, 302, 317-8, 335, 337
聖定説／予定説　Predestination　158, **159,** 161, 284, 312
生徒　almus　140, **141**
聖堂　basilica　23, 27, 55, 63, 80, 85, 100, 102-3, 105, 112-3, 119, 139, 141, 149, 151, 166, 177, 183, 187, 205, 207, 218-9, 226-7, 249, 254-5, 261, 265, 280, 283-4, 307, 318, 325, 343
聖なる薫布　brandea　188-9
聖なるヨハネ　John the Divine　142, **143**
セウェルス・エンデレキウス　Severus Endelechius　**343**
セルギウス、聖　Sergius, saint　61, **63,** 137, 256, 302
占星術（の信仰）　Astrology/Astrological belief　134-5, 301
洗礼／受洗　Baptism　23, 35, 89, 99, 101, 133, 135-7, 155, 195, 201, 247, 280-1, 319
ソヴァージュ、ジャン　Sauvaget, J.　**271**
ソーヤー、ピーター・ヘイズ　Sawyer, P. H.　**326**
俗衆　vulgar　7, **65**, 66-7, 69-71, 73, 75-6, 78, 86, 88, 90, 95
ソゾメノス（歴史家）　Sozomen　91, **93**, 191, 195, 280, 322
ソティネル、クレア　Sotinel, C.　**258**
ソフィスト　Sophists　53, 131, 198, 266, 322, 337

た行

ターナー、ヴィクター　Turner, Victor　110, **269**, 290-1,294, 319, 321, 325, 341
大族長／大司教　patriarch　46, **47**, 54, 63, 96, 151, 195, 203, 218, 282, 285-6, 288, 331, 344
ダイヒマン、フリードリッヒ・ヴィルヘルム　Deichmann, F. W.　**266,** 267
大メラニア　Melania the Elder　190, **300**
タイラー、エドワード（詩人）　Taylor, Edward　164, **165**
対話（関係、モデル）　dialogic　16, 29-30, 34-6, 65, 78, 95, 97, 128, 147, 222-3, 225, 260, 288, 320, 329, 338
高浮き彫り　high-ridged　57, **61**, 105
ダグラス、メアリ　Douglas, Mary　**345**
ダグロン、G　Dagron, G.　**264**, 268, 291, 293, 302, 321-2, 337
多神教　Polytheism　67-8, 124, 291
ダスマン、エルンスト　Dassman, Ernst　**101**, 264, 284, 306
魂／魄　Soul　34, 37, 40, 44-8, 60, 70, 86, 98, 101, 124, 128, 150, 153, 157-8, 160, 166-7, 170, 180, 261, 266, 276, 279, 301, 304
ダマスス一世（教皇）　Damasus　**22**, 23, 100-1, 151, 173, 289, 294, 323
ダル・サント、マシュー　Dal Santo, Matthew　33, **35**, 259
ダンカン＝ジョーンズ、リチャード　Duncan-Jones, R.　281, **282**
ダンバビン、キャサリン・M・D　Dunbabin, Katherine M. D.　**297**
ダンフォース、ローリング・M　Danforth, Loring M.　336, **337**
地祇　Gods, pagan　134, **335**
チャドウィック、ヘンリー・E　Chadwick, H. E.　**268**
中流層　mediocres　29
罪／罪障　Sin　**41**, 53, 65, 114, 135, 148-9, 151, 153, 162, 194, 197, 208, 225, 228, 250, 292, 329, 342
ディーフェンバッハ、シュテファン　Diefenbach, Stephan　**254**
ディグヴェ、エジナル　Dyggve, E.　**265**, 283
ディックス、グレゴリー　Dix, G.　304, **305**
ティル、ヴァルター・クルト　Till, W. C.　**334**
デーヴィス、ナタリー・Z　Davis, Natalie Z.　221, **274**, 331
テオドシウス（一世）大帝　Theodosius Ⅰ　23, 54, 67, 129, 229, 235, 261, 296
テオドシウス二世帝　Theodosius Ⅱ　93, **195**, 196
テオドルス、マンリウス　Theodorus, Manlius　102, **103**
テオドルス（ミノルカ島のユダヤ人）　Theodorus　212-4, 331
テオドレトス、キュロスの　Theodoret of Cyrrhus　123, 240, **288**, 291, 297, 339
テクラ　Thecla　136, **137**, 264, 268, 302
デシデリウス　Desiderius　244
デマント、アレクサンダー　Demandt, A　**296**
デムージョー、エミリエンヌ　Demougeot, E.　**324**

デメトリアス（アニキア一族） Demetrias 118, **119**, 120
デュヴァル、イヴ＝マリー Duval, Y. M. 318, **319**
デュヴァル、イヴェット Duval, Y. **255**
デュシェーヌ、ルイ Duchesne, L. **297**
デュナン、フランソワーズ Dunand, F. **341**
デュフルク、アルベール Dufourcq, A. **276**
デュプロン、アルフォンス Dupront, Alphonse **39**, 186, 247, 292, 319, 346
デュマロユ、ジャンヌ＝マリー Demarolle, J-M. **295**
テリー、アン Terry, A. 254, **255**
デルガー、フランツ・ヨーゼフ Dölger, Franz Josef 76, **77**, 264, 276, 278, 334, 340
テルトゥリアヌス Tertullian 85, 151, 189, **273**, 309, 328
デルブリュック、リヒャルト Delbrueck, R. **296**
デレハイエ、イッポリト Delehaye, Hippolyte 71, **269,** 270, 272, 285, 315, 324
天使 Angels 37-9, 83, 123-7, 132-3, 136-8, 142-3, 146, 151-2, 195, 199, 224, 305, **305**, 306, 331
徳／有徳／美徳 virtus/virtue 44, **45,** 139, 196, 224, 342
都市知事 praefectus urbi **105**, 116, 119, 288
トット男爵、フランソワ Tott, Baron de **339**
ドナトゥス派 Donatists **99**, 213
ドライフェルス、H・J・W Drijvers, H. J. W. **312**
執り成し Intercession 21, 33, 37, 50, 59, 93, 108, 133, 135, 151, 153, 162, 185, 248, 265, 282, 345
取り巻き／食客 cliens/client 23, **31**, 96, 99, 116, 133, 142, 144
トリンカウス、チャールズ Trinkaus, Charles **274**
ドルイド Druid **235**, 344
トレクスラー、リチャード・C Trexler, R. C. 274, **275**, 306
ドレッシャー、J Drescher, J. **270**

な行

ニーチェ、フリードリッヒ Nietzsche, Friedrich 132, **300**
ニケティウス、トリーアの Nicetius of Trier **218,** 219, 243
偽アタナシオス Pseudo-Athanasius **286**
二層モデル Two-tiered model 7-8, 34, **35**, 90, 230
ニューマン、ジョン・ヘンリー（枢機卿） Newman, John Henry 70, **259**, 272
ニルソン、マルティン・P Nilsson, M. P. **275**
ネストリウス派（キリスト教異端） Nesotrian 62, **63**, 185, 195, 271, 288
農奴 Serfdom 228, 237, 243
ノータン、ピエール Nautin, P. **298**, 309
ノック、アーサー・D Nock, A. D. **265**, 267, 276, 328, 329
ノルドシュトレーム、カール・オットー Nordström, C. 261, 304, **307**

は行

バートレット、ロバート　Bartlett, R.　**255**
バーナード、L　Bernard, Lewis　292, **293**
拝所　Shrines/Schrein　13, 17, 19, 21-2, **23**, 27-8, 34-5, 40-1, 48-9, 54-8, 60-3, 86, 90, 96, 102-5, 108, 110-4, 116-7, 119, 130-1, 137, 148, 155, 162-3, 167-9, 171-2, 174, 176, 179, 181-3, 186--90, 204-5, 210, 215-7, 220-2, 225-8, 230, 232, 236-45, 256, 268-9, 287, 289, 293, 315, 327-30, 333, 337-9, 342, 346
ハインツェルマン、ミヒャエル　Heinzelmann, M.　28, **257**
バウデリウス（殉教者）　Baudelius, martyr　**153**
バウマイスター、テオフリード　Baumeister, T.　**317**
パウラ、ローマの（ヒエロニュムスのパトロン）　Paula, of Rome　101, **217**, 221, 227
パウリヌス、ノーラの、聖　Paulinus, Saint, of Nola　12, 22, **23**, 27-8, 33, 54, 85, 99-101, 105-6, 108, 128-9, **129**, 130-6, 138, 140-1, 146-9, 152, 161, 167-8, 171, 176-7, 190-1, 198, 200-2, 250, 254, 266-8, 278, 284, 286, 288, 291, 298-301, 303-4, 307-8, 313-6, 321, 323-5, 332-4, 338, 343
パウロ、聖（使徒）　Paul, saint　26, 56, 63, 73, 75, 101, 137, 162, 192, 203, 244, 268, 281, 310
バウワーソック、J・W　Bowersock, G. W.　**322**, 337
パスカル　Pascal　**147**
パスクァート、オットリーノ　Pasquato, O.　**292**
パツォルト、シュテフェン　Patzold, S.　**258**
バッスス、ユニウス（都市知事）　Bassus, Junius　**105**
パトラジアン、イヴリーヌ　Patlagean, Evelyne　73, 107, **109**, 115, 288, 294
パトリキウス、聖（アイルランドの守護聖人）　Patric, Saint　343, **344**
パトロクルス、トロワの、聖　Patroclus, Saint, of Troyes　178, **179**
パトロン／庇護者　patron/patronus/patroni　21, 24, 29, **31**, 32, 46, 95, 97, 100-6, 108, 116, 118, 128, 130-5, 140-2, 144-9, 152, 197, 203-4, 206, 211-2, 214-5, 217, 232, 278, 282, 284-5, 287, 289, 301, 304-6, 330-1, 342
祓い浄め　wash　157, 164-5
パラディウス、ガラティアの（年代史家）　Palladius, of Glatia　**288**
バルサヌフィオス（修道院長）　Barsanuphe　**270**
ハルナック、アドルフ・フォン　Harnack, A. von　63, 281, **295**
ハルポーン、ジェームズ・W　Halporn, James W.　**292**
ハレ（霽）　prominent/prominence　18, 86, 90, 92, 100, 109, 118, 120, 157, 230
ハワード＝ジョンストン、ジェームズ　Haward-Johnston, James　**255**
ハンター、デヴィッド・G　Hunter, David G.　**33**, 259
ハント、エドワード・デヴィッド　Hunt, E. D.　28, **257**, 321
ハンフマン、ジョージ・M・H　Hanfmann, G. M. H.　308, **309**
半ペラギウス主義　Semipelagiarism　280, 312
パンマキウス（元老院議員）　Pammachius　100, **101**

万霊／ダイモーン　Daimōnes　37, 123-4, **125**, 127, 132-4, 141
ピエトリ、シャルル　Pietri, Charles　26, **27**, 100, 254-5, 257-8, 284, 290, 307, 318, 320, 325
ヒエラルキー／位階制　hierarchy　24, 38, **39**, 57-8, 89, 95, 124, 142, 305
ヒエロニュムス、聖　Jerome, Saint　22, 33, 56, 59, 88, 100-1, 110, 119, 161, 173, 205, 213, 217-8, 235, 268, 270, 278-9, 282, 284, 289-91, 294, 296-7, 299-300, 307, 319, 329, 331, 333, 334
庇護（のシステム）/ 庇護の働き　Patronage (systems)/patrocinium　21, 31, 100-1, 106, 108-10, 134, 136, 139-40, 145-50, 187, 191, 198, 208, 211-2, 214-5, 239, 241, 243, 250, 295, 297, 330, 304-7, 346
ヒッポリュトス、聖（『全異端反駁』の作者）　Hippolytus, Saint　93, **111**
ヒッポリュトス（エウリピデスの悲劇）　Hippolytus (Euripides)　**51**
ヒト化　hominization　39, **247**, 248
ヒューム、デヴィッド　Hume, David　64-71, 87, 272, 279
憑依、物憑き　Possession　19, 104, 173, 188, 204, 208, 218, 220-5, 227, 331-3, 338
ビラーベック、パウル　Billerbeck, P.　**262**
ビラベン、ジャン・ノエル　Biraben, J. N.　**342**
ヒラリウス、聖　Hilarius, Saint　218, **219**, 221, 248
貧者　Poor　13, 21, 27, 30-1, 55, 83, 92, 98, 100-1, 106-10, 114-7, 133, 281, 283, 307, 337
ヒンメルマン＝ヴィルトシュッツ、ニクラウス　Himmelmann-Wildschütz, N.　**285**
フィヌケーン、ロナルド・C　Finucane, Ronald C.　**272**
フェヴリエ、ポール・アルベール　Février, P. A.　**263**, 275, 279, 282-5, 311, 325
フェリキタ（殉教者）　Felicitas　**173**
フェリクス、ノーラの　Felix, Saint　23, 25, **27**, 54, 85, 98-9, 105, 112, 130-6, 138-40, 147-8, 161, 167-8, 176, 288, 301, 307, 323, 333
フェリクスとナボル（ミラノの殉教者）　Felix and Nabol, Saint　102, **103**
フェリクスとフォルトナトゥス（アクィレイアの殉教者）　Felix and Fortunatus　203-4, **325**
フェロタン、マリウス　Férotin, M.　**315**, 317
フォーデン、エリザベス・ケイ　Fowden, E. Key　**256**
フォーブス、ダンカン　Forbes, Duncan　**272**
フォンテーヌ、ジャック　Fontaine, J.　26, 39, **254**, 257, 260, 282, 299, 313, 344
ブサール、ジャン　Boussard, J.　344, **344**
双子／一対　twin　45, 101-2, **103**, 126-7, 131, **203**, 204
ブッシュハウゼン、ヘルムート　Buschhausen, H.　**315**
プトマン、ハンス　Putman, Hans　**291**
プフィスター、フリードリッヒ　Pfister, F.　**265**, 320
プラエデスティナトゥス　Praedestinatus　**284**
ブラッタ夫人　, Lady　41-2
ブラッドバリー、スコット　Bradbury, S.　**259**

フランク族　Franks　163, 179, 207, 213, 218-9, 326-7, 330, 334
ブリクティオ（トゥールの長老）　Brictio　224, **225**
プリンツ、フリードリッヒ　Prinz, F.　**320**
プルタルコス　Plutarch　44, **45**, 65, 124, 262, 297-8
ブルック、エーベルハルト・F　Bruck, E. F.　**277**, 278
プルデンティウス　Prudentius　22, **23**, 40-1, 45-6, 111, 167-8, 179-80, 210, 254, 262, 289-90, 310-1, 314, 317, 329
ブルマー、グントラム　Brummer, G.　**296**
フィルミクス・マテルヌス　Firmicus Maternus　**301**
フレイザー、サー・ジェームズ・ジョージ（『金枝篇』）　Frazer, Sir James George　250, 346
フレンド、W・H・C　Frend, W. H. C.　298, **299**, 292, 308
ブローデル、フェルナン　Braudel, F.　259, **290**, 292, 319, 339, 346
フローラ（キュネギウスの母）　Flora　85, 98-9, 283
プロタシウス、聖（殉教者）　Protasius, Saint　101-2, **103**, 199, 227
プロティノス（哲学者）　Plotinus　87, 298, 301, **338**, 346
フロレンティウス（カルタゴ市の経理）　Florentius　210-1
文化触変　acculturation　**341**
平民　plebs　28-9, 111, **115**, 116, 118, 140, 281
ペイン、リチャード　Payne, R.　**256**
ベインズ、ノーマン・ヘプバーン　Baynes, N. H.　**322**
ヘーゲル、ゲオルク・W・F　Hegel, Georg Wilhelm Friedrich　**185**, 187, 318
ペータース、パウル　Peeters, P.　270, **271**, 322
ペーターゾン、エリック　Peterson, E.　**305**
ヘーロース（半神）崇拝　Heroes, cult of　50, **51**, 265
ペスコウ、ウルス　Peschow, Urs　**319**
ペテロ、聖（使徒）　Peter, Saint　55-6, 79, 100, 105, 116, 137-9, 162, 187-9, 192, 203, 244, 290, 297, 307, 310, 325
ペトロニウス・プロブス　Petronius Probus　118, **119**
ペトロニッラ（使徒の娘？）　Petronilla　138, **139**
ベニグヌス、ディジョンの、聖　Benignus, Saint　169, 182, **183**, 236, 318
ペラギウス（アウグスティヌスの論敵）　Pelagius　23, 149, **161**, 219, 221, 296, 312-3
ヘリオドロス、エメサの　Heliodorus　**267**
ペリカン、ヤロスラフ　Pelikan, Jaroslav　**311**
ベル、ハロルド・イドリス　Bell, Harold Idris　**291**
ベロック、ヒレア　Belloc, Hilaire　**73**
ベン・ハマ、ピンハス　Ben Hama, Pinhas　46, **47**, 57, 262
ヘンリクス、アルベルト　Henrichs, A　**298**
ボウズ、キンバリー　Bowes, Kimberly　**31**, 258
奉遷（移葬）　transfer (of relics)　33, 41, 48, 85-6, 102-3, 143, 169-71, 189-93, 195-6, 198,

200, 208-9, 261, 270, 326-7
ホスロー二世アパルウィーズ　Khusro II Aparwez　62, **63**
ボニファティウス、聖（本名ウィンフリート）　Bonifatius　149, 342, **343**
ボランディスト協会　Bollandist Fathers/Société des Bollandistes　16, **17**, 71, 269, 271, 315, 322, 324, 337
ポリャンドリオン（共同墓地）　Polyandrion　158, **159**
ポルピュリオス、テュロスの（哲学者）　Porphyry, of Tyre　86, **87**, **143**, 295, 301, 338
ポルピュリオス、ガザの　Porphyrius, Saint (of Gaza)　**267**
ホルム、ケネス・G　Holum, Kenneth G.　191, 295, **296**, 321-2
ボワシエ、ガストン　Boissier, G.　**299**
ポワデバール、アントワーヌ　Poidebard, A.　**302**

ま行

マーカス、ロバート・A　Markus, Robert A.　**260**
マーティンデール、ジョン・ロバート　Martindale, J. R.　**296**
マーニー（教祖）　Mani　125-6, **127**
マーニー教　Manichaeism　127, 267, 279, 298
マール、エミール　Mâle, E.　313, **314**
マイス、ミラード　Meiss, Millard　**310**
マイルズ、マーガレット・R　Miles, M. R.　**314**
マクシミリアヌス（殉教者）　Maximilianus　95-6, **97**, 105
マクシムス、トリノの　Maximus of Turin　143, 166, **285,** 306, 313
マグヌス・マクシムス　Magnus Maximus　**129**
マクマラン、ラムゼー　MacMullen, Ramsay　**273**, 287, 290, 297
マクリナ　Macrina　136, **137**, 152, 156, 198, 302, 309, 311, 323
マグワイア、ヘンリー　Maguire, H.　254, **255**
マコーマック、サビーヌ　MacCormack, Sabine　276, 279, **302**, 317, 321, 326-7, 340
マシニョン、ルイ　Massignon, L.　**277**
マシューズ、ジョン・F　Matthews, J. F.　28, **257**, 282-3, 286, 290, 295-6, 299, 303, 308, 321, 336, 338
マッカロー、ジョン・M　McCulloh, J.M.　**320**
マッケンナ、スティーヴン　MacKenna, S.　345, **346**
マッコール、レスリー・S・B　MacCoull, L.S.B.　334, **335**
マッツァリーノ、サント　Mazzarino, Santo　**294**, 296, 321
マッツォラーニ、リディア・ストローニ　Mazzolani, Lidia Stroni　**261**
マヨリアヌス帝　Majorian　343, **344**
マラヴァル、ピエール　Maraval, P.　255, **256**, 302, 309-10
マリウス・マクシムス　Marius Maximus　**316**
マリナー、セバスティアン　Mariner, Sebastian　339, **340**
マルー、アンリ・イレネ　Marrou, H. I .　27, 31, 255-6, 279, **280**, 281, 286, 314, 329

マルケッルス、ボルドーの　Marcellus of Bordeaux　**229**, 230, 232, 234-8
マルケリヌス（アウグスティヌスの友人）　Marcellinus　212, **213**
マルティーノ、エルネスト・ディ　Martino, Ernesto de　**310**
マルティヌス、トゥールの　Martin, Saint, of Tours　23, 25, **27**, 47-8, 55, 131, 133, 140, 147, 149, 166, 200, 206, 208-9, 218, 224-6, 228-30, 232, 241, 243, 246, 300, 313, 323, 326-7, 329, 337, 340, 342, 345
マルティヌス、ブラガの　Martin, of Braga　343, **344,** 345
マルティネス、ラウロ　Martines, Lauro　**278**
マルニーシー、ファーティマ　Mernissi, Fatima　**293**
マレー、アレクサンダー　Murray, Alexander　**274**
マレー、ロバート・P・R　Murray, Robert　**313**
マレック、エルワン　Marec, E.　279, **280**
マンシー、ジョヴァンニ・ドメニコ　Mansi, J. D.　**331**
ミシェル、アラン　Michel, A.　299, **300,** 301
ミズワル（モロッコ聖者信仰）　mizwar　**289,** 328
身づくろい（グルーミング）　grooming　238, **239,** 240
ミドラーシュ（ヘブライ語聖書注解）　Midrash　**262**, 275
ミュラー、カスパー・デトレフ・グスタフ　Müller, Casper Detlef Gustav　305, **306**
ミルゲラー、アルベルト　Mirgeler, A.　**272**
民衆宗教　popular religion　18, 62, 70, 72, 74, 76-7, 88, 166, 259, 274
迷信　superstition　20, 26, 34, 64, 70, 72, 74-5, 81, 83-4, 86-8, 90, 94-5, 99-101, 139, 152, 230, 265, 279, 336
メイトランド、F・W　Maitland, F. W.　**253**
メオーティス、ジョルジュ　Méautis, G.　**323**
メゲティア　Megetia　114, 188
メスリン、ミシェル　Meslin, M.　**292**, 346
メダルドゥス、聖　Medardus　**334**
ムーテルデ、ルネ　Mouterde, R.　**302**
モーラン、ジェルマン　Morin, G.　280, **333**, 339
モチ、アンドラーシュ　Moćsy, Andras　**311**
モセー、ジャスタン　Mossay, J.　**311**
モミグリアーノ、アルナルド　Momigliano, Arnaldo　74, **75**, 274, 275
モムゼン、テオドール（歴史家）　Mommsen, T.　297, **332**
モレッリ、ジョヴァンニ・ディ・パゴロ　Morelli, Giovanni di Pagolo　80, 276, **277**

や行

ヤシン、アン・マリー　Yasin, AM　**255**
ヤヌアリウス（ジュナーリオ）、聖　Janualius / Junalio, Saint　140, **141**
ユーヒーマリズム　euhemerism　88, **89**
斎木　holy trees　166, **167**, 246

ユスティニアヌス帝　Justinian　63, 219
ユダヤ教　Judaism　37, 44, 46, 49, 57-8, 73, 95, 170, 212, 265-6, 293
ユベール、ジャン　Hubert, J.　262, **263**, 305
ユリアヌス、ブリウードの、聖　Julian, Saint, of Brioude　**181**, 204-5, 222, 228, 242-3, 318, 327, 330, 346
ユリアヌス帝（背教者）　Julian the Apostate　46, 52-3, 188, 266-7, 281, 287, 331
赦し　Amnesty　148-9, 155, 193, 195-6, 208, 210, 225, 250, 342
影向／臨在　praesentia/presence　61, 177-8, **179**, 189, 192-3, 196-7, 200-3, 205-6, 208-10, 215, 222-3, 225, 237, 240-5, 248, 250
ヨハネ、クリュソストモス（金口）の　John Crysostom　**285**, 288

ら行

ラウネボデとブレクトゥーダ　Launebod and Brechtruda　**327**
ラウレンティウス、聖　Lawrence, Saint　187, 189, **283,** 284, 288, 315, 325
ラティモア、リッチモンド　Lattimore, Richmond　**262**
ラドウィグ、アラン　Ludwig, Allan　164, **277**, 283, 313
ラミ＝ラサール、コレット　Lamy-Lassalle, C.　**305**
ランゴバルド族　Lombard　218, **219**
ランセル、セルジュ　Lancel, S.　285, **286**
ランパディウス（都市知事）　Lampadius　116
リーベンシュッツ、ウォルフ　Liebeschuetz, W.　**308**, 321
リーンハード、ジョゼフ・T・　Lienhard, Joseph T.　**268**, 298-9, 301, 304
力能／潜勢態　potentia　108, 178, **179**, 216, 220, 224, 226-8, 232, 236-7, 239-40, 250
ル・ゴフ、ジャック　Le Goff, J.　34, **259**, 345
ル・ブラン、エドモン＝フレデリック　Le Blant, E.　**263**, 310
ルイス、バーナード　Lewis, Bernard　292, **293**
ルイス、ヨアン　Lewis, I.　331, **332**
ルーセル、アリーヌ　Rousselle, Aline　149, 232, **286**, 300, 308, 335, 337, 339, 346
ルキアヌス（カファルガマラの司祭）　Lucianus　143, 193-4, 322, 332
ルキッラ（カルタゴ在住の貴婦人）　Lucilla　96-7
ルシウス、パウル・エルンスト　Lucius, Ernst　**266**, 299
ルスティクス（リヨン大司教）　Rusticus　**286**
ルソー、フィリップ・B　Rousseau, Philip B.　**299**, 300
ルッジーニ、レッリア・クラッコ　Ruggini, Lellia Cracco　294, **295**, **308**
ルビヤール、エリック　Rebillard, Eric　30, **31**, 258
ルフォール、ルイ・テオフィル　Lefort, L. Th.　269, **270**
ルプス　Lupus　218, 219, **221**
レオ一世（教皇）　Leo I　101, 163, 219, **343**
レベーク、ピエール　Lévêque, P.　**341**
レモンドン、ロジェ　Remondon, R.　305, **306**, 307

レリス、ミシェル　Leiris, M.　331, **332**
連続体　continuum　20, **21**, 37
ローズ、H・J　Rose, H. J.　**336**
ローソン、ジョン・カスパート　Lawson, J. C.　275, **276**
ローデンヴァルト、ゲアハルト　Rodenwaldt, G.　**316**
ロムルス（ローマの始祖）　Romulus　44, **45**, 203, 262
ロルドルフ、ウィリー　Rordorf, W.　**306**

わ行

ワイトマン、エディス・メアリー　Wightman, E.　**340**
ワットモー、ジョシュア　Whatmough, J.　**340**
ワデル、ヘレン　Waddell, Helen　182, **183**, 299, 303, 318, 321

著者　ピーター・ブラウン　Peter Brown

1935 年にダブリン生まれ、オクスフォード大学卒業で、32 歳で浩瀚詳細な『アウグスティヌス伝』を書いた。父がスーダン駐在だったことから、アフリカ、アジアなどへの造詣が深く、15 ヵ国語以上を読解する。聖者崇拝や禁欲主義が盛んだった「古代末期」は単なる「暗黒時代」ではないと、史学の独自概念を樹立し、ロンドン大学、カリフォルニア大学バークレー校、プリンストン大学で教授を歴任した。バークレー時代にミシェル・フーコーと交友、その遺作『肉の告白』にも影響を及ぼした。「古代末期」と名付けた 3 世紀から 8 世紀の研究においては世界的権威。歴史研究はもとより、当時の社会を宗教とくにキリスト教の変遷とともに研究し、多大な功績を残している。邦訳書に『古代末期の世界 ローマ帝国はなぜキリスト教化したか？』（刀水書房）、『アウグスティヌス伝（上・下）』（教文館）、『貧者を愛する者――古代末期におけるキリスト教的慈善の誕生』（慶應大学出版会）など。

訳者　阿部重夫（あべ・しげお）

1948 年東京生まれ。東京大学文学部社会学科卒業。日本経済新聞社で社会部、整理部、金融部、証券部、論説委員会を経て 92 年と 94 年に新聞協会賞受賞。95 年からロンドン駐在編集委員。98 年に退社、ケンブリッジ大学客員研究員の後、月刊誌『選択』編集長、2006 年に独立系の調査報道誌『FACTA』を創刊、19 年に退社し、現在はストイカ・オンライン編集代表。著書に『異端モンタノス派』（平凡社）、『イラク建国』（中公新書）、訳書に W・タバニー『聖霊の舌――異端モンタノス派の滅亡史』（平凡社）。そのほか P・K・ディック、エルンスト・ユンガー、デヴィッド・フォスター・ウォレスの翻訳、斎藤栄功『リーマンの牢獄』（講談社）、麻生太郎『自由と繁栄の弧』（幻冬舎）の監修も手掛ける。

聖者崇拝

キリスト教の正体

2025 年 2 月 25 日　第 1 刷印刷
2025 年 3 月 10 日　第 1 刷発行

著者——ピーター・ブラウン
訳者——阿部重夫

発行人——清水一人
発行所——青土社
〒 101-0051　東京都千代田区神田神保町 1-29　市瀬ビル
［電話］03-3291-9831（編集）　03-3294-7829（営業）
［振替］00190-7-192955

印刷・製本——シナノ印刷

装幀——緒方修一

帯写真（ガッラ・プラキディア廟の天井画）
——FrDr

Printed in Japan
ISBN978-4-7917-7702-0